Eudämonie – Vom guten, besseren, gelingenden Leben

Gerhard Danzer

Eudämonie – Vom guten, besseren, gelingenden Leben

Gerhard Danzer
Potsdam, Deutschland

ISBN 978-3-662-67422-2   ISBN 978-3-662-67423-9 (eBook)
https://doi.org/10.1007/978-3-662-67423-9

Die Deutsche Nationalbibliothek verzeichnet diese Publikation in der Deutschen Nationalbibliografie; detaillierte bibliografische Daten sind im Internet über https://portal.dnb.de abrufbar.

© Der/die Herausgeber bzw. der/die Autor(en), exklusiv lizenziert an Springer-Verlag GmbH, DE, ein Teil von Springer Nature 2023

Das Werk einschließlich aller seiner Teile ist urheberrechtlich geschützt. Jede Verwertung, die nicht ausdrücklich vom Urheberrechtsgesetz zugelassen ist, bedarf der vorherigen Zustimmung des Verlags. Das gilt insbesondere für Vervielfältigungen, Bearbeitungen, Übersetzungen, Mikroverfilmungen und die Einspeicherung und Verarbeitung in elektronischen Systemen.

Die Wiedergabe von allgemein beschreibenden Bezeichnungen, Marken, Unternehmensnamen etc. in diesem Werk bedeutet nicht, dass diese frei durch jedermann benutzt werden dürfen. Die Berechtigung zur Benutzung unterliegt, auch ohne gesonderten Hinweis hierzu, den Regeln des Markenrechts. Die Rechte des jeweiligen Zeicheninhabers sind zu beachten.

Der Verlag, die Autoren und die Herausgeber gehen davon aus, dass die Angaben und Informationen in diesem Werk zum Zeitpunkt der Veröffentlichung vollständig und korrekt sind. Weder der Verlag noch die Autoren oder die Herausgeber übernehmen, ausdrücklich oder implizit, Gewähr für den Inhalt des Werkes, etwaige Fehler oder Äußerungen. Der Verlag bleibt im Hinblick auf geografische Zuordnungen und Gebietsbezeichnungen in veröffentlichten Karten und Institutionsadressen neutral.

Planung/Lektorat: Renate Scheddin

Springer ist ein Imprint der eingetragenen Gesellschaft Springer-Verlag GmbH, DE und ist ein Teil von Springer Nature.

Die Anschrift der Gesellschaft ist: Heidelberger Platz 3, 14197 Berlin, Germany

Das Papier dieses Produkts ist recyclebar.

Vorwort

Der Titel *Eudämonie* verspricht Schönes, Angenehmes, Erbauliches, und alles das will und soll dieses Buch auch leisten. Wer von uns wünschte sich nicht ein gutes und gelingendes Leben, ohne allerdings so mir nichts, dir nichts sagen zu können, woraus denn dieses Gute, Schöne und Wahre besteht. Wer von uns kennt nicht den intensiven Wunsch nach Glück und Zufriedenheit, und wem begegneten bei seiner oder ihrer Suche nach Glück und Zufriedenheit jedoch nicht Hürden und Herausforderungen aller Art, die uns bisweilen rat- und hilflos haben werden lassen? Allein schon aufgrund dieser persönlichen Kalamitäten, die jeder von uns oftmals zu gewärtigen hat, scheint es gerechtfertigt, über Eudämonie und über die Möglichkeiten eines gelingenden Lebens nachzudenken.

Darüber hinaus gibt es jedoch noch weitere Motive, grundsätzliche Überlegungen zur Eudämonie anzustellen. Sobald wir nicht nur das Lebensglück einzelner Personen, sondern von Gruppen, Sozietäten und ganzen Völkern im Blick haben, müssen wir zugeben, dass dieses Lebensglück in der Geschichte der Menschheit häufig mächtig bedroht war und ist: Hunger, Armut, Vertreibung, Flucht, Exil, Gewaltherrschaft, Rechtlosigkeit, Vorurteilsdominanz (Rassismus, Chauvinismus, Antisemitismus, Patriarchat), Bildungsmangel, Raubbau an Mutter Erde, Bürgerkrieg und Krieg – die Liste der Übel, die dem griechischen Mythos zufolge der Büchse der Pandora entsprungen sind und seither vielen Millionen Menschen ihr Dasein vergällen, scheint keine Ende zu kennen.

Bei derart weitverbreiteten inhumanen und bedrängenden Umständen fragt man sich, ob und wie Einzelne, Gruppen und Sozietäten überhaupt

Raum und Vorstellungen für ein gutes, zufriedenstellendes und womöglich sogar glücklich machendes Dasein entwickeln; und ob ihre eventuellen Glückskonzepte nicht nur aus den Verdrängungsleistungen dem überall nachweisbaren Unglück gegenüber resultieren.

Von Theodor W. Adorno stammt aus *Minima Moralia* (1951) der Gedanke: „Es gibt kein richtiges Leben im falschen."[1] Übertragen auf die Texte in diesem Buch dürfen wir und darf ich analog kritisch-skeptisch bedenken, ob und wie Eudämonie ausgemalt und umgesetzt werden kann, ohne dass wir das Negative, Inhumane, Destruktive des Lebens dem behaglichen Existenzmodus von Spieß- und Pfahlbürgern oder von Biedermeier-Verfechtern gemäß schlicht verleugnen oder naiv ausblenden.

Vor einem Vierteljahrhundert (1997) machte der italienische Film *Das Leben ist schön* von sich reden; zu Recht wurde er mit vielen Preisen versehen und erhielt 1999 sogar den *Oscar* für den besten fremdsprachigen Film. Die Handlung spielt in einem nationalsozialistischen Konzentrationslager und hält kein *Happy End* bereit. Außerordentlich anrührend und überzeugend ist jedoch die humane Haltung des inhaftierten Vaters seinem kleinen Sohn gegenüber: Um das Kind zu schonen, gaukelt er ihm lange vor, bei dem Lager handele es sich lediglich um ein kompliziertes Spiel mit schwer durchschaubaren Regeln, und beide, Vater und Sohn, sollten versuchen, trotz dieser komplexen Spielregeln zu gewinnen.

Fast alle von uns leben heute in unvergleichlich entspannteren Verhältnissen, und wenn uns ein Satz wie *Das Leben ist schön* über die Lippen kommt, bedeutet dies in der Regel keine heroische Kompensation eines aufwühlend tragischen Geschehens, sondern ist meist Ausdruck von tatsächlichem Glück oder von Zufriedenheit und Erfolg. Obwohl ich überzeugt bin, dass unser Dasein prinzipiell befriedigend schön sein kann und dass es die Eudämonie gibt, werden Sie als Leser in diesem Buch dennoch immer wieder auch Töne der Nachdenklichkeit und Skepsis vernehmen. Denn ein Bekenntnis zur Eudämonie schließt meiner Ansicht nach das nüchterne Realitätsprinzip nicht aus – im Gegenteil: Momente des Glücks und Phasen der Zufriedenheit anerkennen als ihr Fundament die nackte, pure Wirklichkeit, so zerklüftet, stumpf und widerständig auch immer sie sich zu präsentieren gefällt.

Eine wesentliche Grundannahme meines Textes lautet daher: Eudämonie bedeutet ein *glückendes* (Einleitung), aber mitnichten ein *dauernd glückliches* Leben (Finale). Dementsprechend berühren einzelne Kapitel bisweilen neben

---

[1] Adorno, Th.W.: Minima Moralia – Reflexionen aus dem beschädigten Leben (1951), Frankfurt am Main 1993, S. 42.

den angenehmen auch jene Seiten der menschlichen Existenz, die wir gemeinhin als problematisch, kränkend oder erschütternd erleben – und von denen ich jedoch zeigen möchte, wie wir mit ihnen derart umgehen können, dass wir trotz aller Bedrängnisse unsere Menschlichkeit und unsere personale Würde hochhalten und bewahren.

Potsdam, Deutschland   Gerhard Danzer
Frühjahr 2023

Inhaltsverzeichnis

Teil I Einleitung

1 Eudämonie oder Vom guten, besseren, gelingenden Leben   3

Teil II Leben zwischen Kunst und Spiel

2 Gelingendes Leben: Es kunstvoll und es gut machen wollen   19

3 Der Himmel ist leer, und alle Engel sind hier   35

4 Das Leben – ein Spiel? Ein Spiel!   49

Teil III Leben zwischen Ich und Du

5 Du denkst an mich, also bin ich   65

6 Freunde, Freundschaft, Lebensmensch   81

7 Einsamkeit, Vereinsamung, Alleine-Sein   95

Teil IV Leben zwischen verbaler Sprache und beredtem Leib

8   Wovon man nicht sprechen kann ... Versuch über das Schweigen 111

9   Empörung, Wahrhaftigkeit und *Common Sense* 125

10 Skizzen zu einer Kritik der leibhaftigen Vernunft 139

Teil V Leben zwischen Vergangenheit und Zukunft

11 Selbsthingabe als Fundament der Selbstrealisation 155

12 Ekstase, Rausch und Trance 169

13 Anläufe für den großen Sprung ins Jetzt 183

Teil VI Leben zwischen Kontemplation und Tat

14 Weltbürgertum – "think big, act small" 199

15 Wuwei: Lob des Nicht-Tuns, nicht des Nichts-Tuns 215

16 Vom ewigen und vom momentanen Frieden 229

Teil VII Leben zwischen Sinnlichkeit und Form

17 Höflichkeit, Wohlwollen, Takt – und dann? 245

18	Witz, Komik, Humor – Zur Anthropologie der guten Laune	259
19	*Homo movens et viator* – der reisende Mensch	273

Teil VIII Finale

20	Glück gehabt? – Person geworden!	289

Stichwortverzeichnis   305

Teil I

Einleitung

1

Eudämonie oder Vom guten, besseren, gelingenden Leben

Eudämonie oder vom guten, besseren, gelingenden Leben – so lautet das Thema dieses Einleitungskapitels, und so lautet zuletzt auch die Überschrift des gesamten Buches. Wer wollte es nicht, ein gutes, ein besseres, gelingendes Leben führen? Wer wüsste nicht gerne, wie es aussieht, dieses gelingende Leben; und vor allem: wie wir es erreichen, verwirklichen und womöglich sogar festhalten.

Übersetzt bedeutet das Wort so viel wie der gute Geist (Dämon) – wobei es für den Terminus Dämon diverse Bedeutungen gab: Geist; unheimliche oder aber beschützend-freundliche Macht; Schicksal oder (in christlicher Sicht) das Teuflische – wobei das Präfix *eu* in Eudämonie jedoch eine positive Konnotation signalisiert: „Glücklich ist", so bringt Robert Spaemann den Begriff Eudämonie und seine Bedeutung für antike Philosophen auf den Punkt, „wer in sich einen guten Dämon zum Führer hat."[1]

Die Eudämonie – ein Ausdruck aus der griechischen Antike – versteckt sich heute oft in Begriffen wie Lebenskunst oder Lebensqualität sowie in Konzepten wie der Work-Life-Balance oder dem Selbstverwirklichungsideal. Was aber gilt im 21. Jahrhundert als Lebenskunst, und passt der antiquiertverstaubt klingende Terminus vom guten Leben noch in unsere Zeit? Auf solche und ähnliche Fragen zielt mein Text; und weil wir uns terminologisch in Altgriechenland bewegen, liegt es nahe, einen Schwenk in die antik-griechische Philosophie zu unternehmen, bevor ich dem gelingenden Leben in der Jetztzeit nachspüre.

---
[1] Spaemann, R.: Glück, Glückseligkeit, in: Historisches Wörterbuch der Philosophie, Band 3, hrsg. von Joachim Ritter et al., Darmstadt – Basel 1974, S. 680.

Unter Eudämonie verstanden die Philosophen der Antike Unterschiedliches: Glück; Zufriedenheit; gelungene Lebensführung. Meist wird im Rückblick auf die antiken Vorstellungen einer befriedigenden Existenzform Aristoteles zitiert, der sich in seiner *Nikomachischen Ethik* fragte, mit welcher Lebensweise die Einzelnen am ehesten ihr Dasein gelingend und zufriedenstellend führen und damit Glück als hohes oder sogar höchstes Gut erreichen können. Aristoteles unterschied drei wesentliche Varianten der Daseinsgestaltung: Die Mehrheit der Menschen (die allermeisten) orientiert sich seiner Ansicht nach lediglich am Lustgewinn und am Genussstreben; diese Mehrheit verweist dabei auf die Hochmögenden und die Angesehenen im Staat, die derlei modellhaft vorleben.

Eine zweite Gruppe (die Praktiker) orientiert sich an Ruhm und Ehre, die durch Handlungen, Tatendrang, hohes Aktivitätsniveau erreicht und gesichert werden sollen. Diese Art der Daseinsgestaltung erhält von Aristoteles im Vergleich zur ersteren Lebensweise (die er als knechtisch oder viehisch bezeichnet) deutlich bessere Bewertungen, obschon er diese Spielart noch nicht als optimal ansieht:

> „Die edlen und tatenfrohen Naturen ziehen die Ehre vor, die man ja wohl als das Ziel des öffentlichen Lebens bezeichnen darf. Indessen möchte die Ehre doch etwas zu Oberflächliches sein, als dass sie für das gesuchte höchste Gut des Menschen gelten könnte."[2]

Die empfehlenswerteste Existenzform im Hinblick auf Glückseligkeit stellte für den Denker eine theoretische, betrachtend-kontemplative Lebensweise dar, wie sie bei Philosophen, Wissenschaftlern, Künstlern, Schriftstellern zu finden sei. *Bios theoretikos* sei dem *Bios praktikos* vorzuziehen, da so Weisheit, Erkenntnisse, Vernunftgebrauch möglich werden. Ein bevorzugt auf Gelderwerb ausgerichtetes Leben erachtete Aristoteles dagegen als gezwungen und widernatürlich, sodass er es als ernsthafte Alternative zu den geschilderten Varianten nicht in Betracht zog. Als grundwesentlich imponiert bei ihm noch der Hinweis, dass Eudämonie als Daseinsvollzug, Handlung, Ethos, Tat und nicht als wie auch immer gearteter Besitz von Gütern, Titeln oder sozialen Beziehungen vorzustellen und zu erreichen sei.

Eine weitere antike Philosophenschule möchte ich in Bezug auf ihr Eudämonie-Konzept erwähnen: die Stoa, die etwa 300 vor Christus in Griechenland entstand und mit Epiktet, mit Marc Aurel und Seneca einige prominente

---

[2] Aristoteles: Nikomachische Ethik, nach der Übersetzung von Eugen Rolfes, in: Philosophische Schriften 3, Hamburg/Darmstadt 1995, S. 5.

1 Eudämonie oder Vom guten, besseren, gelingenden Leben

Vertreter in der römischen Antike (im 1. und 2. Jahrhundert nach Christus) aufwies. Die Stoiker verbanden die Eudämonie als höchstes menschliches Handlungsziel mit drei für sie zentralen Haltungen: Autarkie, Apathie (Unabhängigkeit gegenüber Schmerzen, bedrängenden Leidenschaften), Ataraxie (Meeresstille des Gemüts, Seelenruhe) – Haltungen, die auf dem Boden von Logos und Vernunft erwachsen:

> „Glücklich also ist ein Leben, übereinstimmend mit dem eigenen Wesen, das nicht anders zuteilwerden kann, als wenn zuerst die Seele gesund ist und in beständigem Besitz ihrer Gesundheit, sodann tapfer und leidenschaftlich, ferner mit Haltung leidensfähig, ... mit ihrem Körper und allem mit ihm Zusammenhängendem achtsam ohne Ängstlichkeit, dann in den anderen Dingen ... sorgfältig ohne Überbewertung von irgendetwas, willens, zu nutzen des Schicksals Geschenke, nicht ihnen zu dienen."[3]

Vor allem die Stoa betonte, dass Eudämonie in keiner Weise mit Spaß, Jux und Hallodri zu verwechseln sei. Den Stoikern ging es nicht so sehr um ein *glückliches* als vielmehr um ein *glückendes* Dasein – um ein Dasein, das man mit Attributen wie gedeihlich und erfüllt charakterisieren kann und von dem wir irgendwann im Rückblick feststellen dürfen, dass es sehr wohl einen Unterschied macht, ob wir gelebt haben oder nicht. Im Gegensatz zu manchen rigoros argumentierenden Stoikern der griechischen Antike, denen asketische Überlegungen nicht fremd waren und die sich bisweilen in etwas moralinsauren Einstellungen gefielen, finden sich bei Seneca merkliche Einflüsse eines lebens- und antriebsfreundlichen Denkens, das sich mit Ataraxie, Apathie, Autarkie durchaus die Waage hält.

Solcherart Schreiben und Denken zeichnete auch Michel de Montaigne aus. In seinen *Essais* (1580ff.) befasste er sich mit dem gelingenden, glückenden, letztlich glücklichen Dasein – wobei seine Texte nie den Eindruck hinterlassen, es handle sich bei ihnen um ungedeckte Schecks oder spekulative Gespinste; vielmehr waren seine Gedanken von persönlichem Existenzvollzug hinterlegt und stets bezeugt. Der Titel seines Buches *(Essais)* darf ernstgenommen werden; es handelt sich um Anläufe und Versuche, sich selbst zu erforschen: „Ich studiere mich mehr als irgendetwas anderes – das ist meine Metaphysik, das ist meine Physik."[4]

---

[3] Seneca: Über das glückliche Leben, in: Philosophische Schriften zweiter Band, übersetzt von Manfred Rosenbach, Darmstadt 1999, S. 9.
[4] Montaigne, M. de: Essais (1580ff.), übersetzt von Hans Stilett, Frankfurt am Main 1998, S. 541.

Weil Montaigne immer vom eigenen Erleben und nicht von irgendwelchen hehren Wolkenkuckucksheimen oder hohlen Phrasen ausging, handeln die *Essais* von der tatsächlichen *Conditio humana* – und dementsprechend können wir uns auch heute noch mit ihren Überlegungen identifizieren. Dies ist vor allem dann der Fall, wenn Montaigne neben den menschlichen Tugenden auch die menschliche Natur bedenkt und für sie Partei ergreift:

> „Was immer die Philosophen sagen – selbst in der Tugend trachten wir letzten Endes nach *Lust*. Es macht mir Spaß, ihnen mit diesem Wort die Ohren vollzudröhnen, das sie derart anwidert. Und wenn man hierunter allerhöchstes Vergnügt-Sein und überschwängliches Glücksgefühl versteht, hat die Tugend sogar weit mehr Anteil daran als irgendetwas sonst. Dass die so geartete Lust munterer, muskulöser, markiger und mannhafter ist, macht sie nur umso ernsthafter lustvoll. Wir sollten die Tugend daher nicht mehr wie bisher *Kraft* nennen, sondern Lust, da dieser Name, freundlicher und ansprechender, ihre Natur besser wiedergibt."[5]

Bereits der Moderne (also der Zeit nach Beginn der industriellen Revolution) zugerechnet werden die Lebenskunst-Vorstellungen Arthur Schopenhauers (1788–1860) und Friedrich Nietzsches (1844–1900). Der Erstere wurde vor allem mit seinen *Aphorismen zur Lebensweisheit* (1851) als ein Philosoph bekannt, der sich ziemlich konkret und direkt dem Thema der Eudämonie, also der Lebenskunst und Lebensweisheit als Daseinsgestaltung zugewandt hat:

> „Ich nehme den Begriff der Lebensweisheit hier gänzlich im immanenten Sinne, nämlich in dem der Kunst, das Leben möglichst angenehm und glücklich durchzuführen, die Anleitung zu welcher auch Eudämonologie genannt werden könnte: sie wäre demnach die Anweisung zu einem glücklichen Dasein."[6]

Schopenhauer benannte drei Richtungen, die Menschen für sich und ihr Leben in der Regel einschlagen, um Glück, Erfolg und Zufriedenheit zu erobern: Personalität und Reifung der Persönlichkeit (in den Worten des Philosophen: was einer ist), Ansehen (Ruhm, Ehre, Titel, gesellschaftliche Platzierungen: was einer vorstellt) sowie Besitz in allen nur denkbaren Varianten (was einer hat). Diese drei Strebens-Richtungen untersuchte Schopenhauer sehr eingehend, wobei er eine eindeutige Priorisierung vornahm: Die

---

[5] Montaigne, M. de: Essais (1580ff.), übersetzt von Hans Stilett, Frankfurt am Main 1998, S. 46.
[6] Schopenhauer, A.: Aphorismen zur Lebensweisheit (1851), in: Parerga und Paralipomena I, Kleine philosophische Schriften, Erster Band, Zürich 1988, S. 313.

1 Eudämonie oder Vom guten, besseren, gelingenden Leben

Personalität war für ihn viel wertvoller als das Ansehen bei den Zeitgenossen oder der Besitz materieller Güter:

> „Was einer in sich ist und an sich selber hat, kurz die Persönlichkeit und deren Wert, ist das allein Unmittelbare zu seinem Glück und Wohlsein. Allein die Beschaffenheit des Bewusstseins ist das Bleibende und die Individualität wirkt fortdauernd, anhaltend in jedem Augenblick. Alles andere wirkt hingegen nur vorübergehend und ist zudem auch noch selbst dem Wandel unterworfen."[7]

Als der eigentliche Philosoph der Lebenskunst aber gilt Friedrich Nietzsche. In kaum einer seiner Schriften fehlen Hinweise auf diese Thematik, und in vielen Texten finden sich Passagen, Aphorismen oder zumindest indirekte Querverweise, mit denen er die für ihn zentrale Fragestellung ins Visier nahm: Wie Menschen der Moderne (nach dem Tod Gottes) ein authentisches, selbstbestimmtes, die Kultur und sich selbst steigerndes Leben führen, und welche Ethik, welche Werte dafür geeignet sind.

Nietzsche war ein Philosoph, der als Nachfolger der französischen Moralisten und als Vorläufer der Tiefenpsychologie um die vielen kleinen und größeren Mogeleien von Menschen wusste, sich ihr Dasein etwas zu erleichtern. Ohne zu moralisieren, benannte er manche dieser Mogeleien und überlegte, inwiefern sie Elemente einer Lebenskunst bedeuten und welche Beziehungen zwischen ihnen und der Kunst bestehen:

> „Ein Hauptmittel, um sich das Leben zu erleichtern, ist das Idealisieren aller Vorgänge desselben; man soll sich aber aus der Malerei recht deutlich machen, was idealisieren heißt. Der Maler verlangt, dass der Zuschauer nicht zu genau, zu scharf zusehe, er zwingt ihn in eine gewisse Ferne zurück, damit er von dort aus betrachte; er ist genötigt, eine ganz bestimmte Entfernung des Betrachters vom Bilde vorauszusetzen; ja er muss sogar ein ebenso bestimmtes Maß von Schärfe des Auges bei seinem Betrachter annehmen; in solchen Dingen darf er durchaus nicht schwanken. Jeder also, der sein Leben idealisieren will, muss es nicht zu genau sehen wollen und seinen Blick immer in eine gewisse Entfernung zurückbannen. Dieses Kunststück verstand zum Beispiel Goethe."[8]

Mit Nietzsche begegnet uns ein Skeptiker *par excellence*, wenn es um Glück und Glückseligkeit als direkt anzuvisierende Zustände geht: „Trachte ich denn nach Glücke?" – fragt er sich in *Also sprach Zarathustra* (1883–85); ganz

---

[7] Schopenhauer, A.: Aphorismen zur Lebensweisheit (1851), in: Parerga und Paralipomena I, Kleine philosophische Schriften, Erster Band, Zürich 1988, S. 322.
[8] Nietzsche, F.: Menschliches, Allzumenschliches (1878), in: KSA 2, München 1988, S. 229.

entschieden antwortet er darauf: „Ich trachte nach meinem Werke!"[9] Und in *Jenseits von Gut und Böse* (1886) nimmt er zum Eudämonismus recht konkret Stellung:

> „Ob Hedonismus, ob Pessimismus, ob Utilitarismus, ob Eudämonismus: Alle diese Denkweisen, welche nach *Lust* und *Leid*, das heißt nach Begleitzuständen und Nebensachen den Wert der Dinge messen, sind Vordergrunds-Denkweisen und Naivitäten, auf welche ein jeder, der sich gestaltender Kräfte und eines Künstler-Gewissens bewusst ist, nicht ohne Spott, auch nicht ohne Mitleid herabblicken wird."[10]

Wohlgemerkt: Lust, Glück, Wohlbefinden gönnte Nietzsche sich und den Anderen durchaus und vollumfänglich. Die Lebensgestaltung jedoch darauf auszurichten, derlei direkt anzusteuern – nach dem Motto: Heute will ich glücklich sein; heute will ich Lust erleben –, hielt er für töricht, aussichtslos und dekadent. Mit solchen Attributen belegte er auch jene Philosophen, die seiner Ansicht nach die bloße Lustsuche, das Glücksrittertum als hinreichenden Inhalt der Existenz propagieren.

Ein glückendes, gelingendes Dasein konnte sich Nietzsche nur im dynamischen Vollzug, als Handlung, Tat und als soziale oder kulturelle Leistung vorstellen – eine Vorstellung, ein Lebenskonzept, die aus seiner Biografie ebenso wie aus seinem Naturell gespeist waren und die sich durch die bitter-herben Erfahrungen seiner philosophischen Wanderschaft noch verstärkten und bestätigten: „Erster Satz meiner Moral:" – so lesen wir in seinem Nachlass – „Man soll keine Zustände erstreben, weder sein Glück, noch seine Ruhe, noch seine Herrschaft über sich …, sondern jede kleine und große Handlung so erhaben und schön wie möglich und auch sichtbar ausführen!"[11]

Zufriedenheit, Stolz, Triumph- und selten sogar Glücksempfindungen stellen sich möglicherweise von allein ein – oder auch nicht. So oder so sind sie nicht Ziel, sondern allenfalls Nebeneffekte unseres Tuns und Lassens und somit eine beinahe zu vernachlässigende Größe. Wer dennoch an ihnen als Fixsterne seiner Lebensreise festhält, verliert dadurch den kulturellen (und oftmals auch sozialen) Horizont aus dem Auge, auf den es eigentlich zuzusegeln gilt: „Wer eben Glück und Behagen vom Leben ernten will, der mag nur immer der höheren Kultur aus dem Weg gehen."[12]

---

[9] Nietzsche, F.: Also sprach Zarathustra (1883–85), in: KSA 4, München 1988, S. 408.
[10] Nietzsche, F.: Jenseits von Gut und Böse (1886), in: KSA 5, München 1988, S. 160.
[11] Nietzsche, F.: Nachgelassene Fragmente 1880–1882, in: KSA 9, München 1988, S. 592.
[12] Nietzsche, F.: Menschliches, Allzumenschliches (1878), in: KSA 2, München 1988, S. 277.

Doch damit genug des historischen Rückblicks. Unter den Philosophen des 20. und 21. Jahrhunderts gibt es ebenfalls mehrere – beispielsweise Max Scheler mit seiner materialen Wert-Ethik –, die sich um eine Klärung des Zusammenhangs von Glück und gelingendem Leben bemühten. Scheler, der im Gegensatz zu Immanuel Kants Pflicht-Ethik eine an Werten und Werthierarchien orientierte materiale Ethik ausgearbeitet hat, untersuchte in seinen Schriften das reziproke Verhältnis von Glückseligkeit und einem hochfein gestalteten, gelingenden Dasein. Vor dem Hintergrund des von ihm beschriebenen zirkulären Geschehens „Fühlen heißt Wert-Erkennen – Wert-Erkenntnis induziert Gefühle" formulierte er in *Der Formalismus in der Ethik und die materiale Wertethik*:

> „Alle Gefühle von Glück und Unglück sind auf das Fühlen von Werten fundiert, und das tiefste Glück, die vollendete Seligkeit, ist durchaus seinsabhängig vom Bewusstsein der eigenen sittlichen Güte. Nur der Gute ist der Glückselige ... Nur der Glückliche handelt gut."[13]

Neben Max Scheler gehörten auch Martin Heidegger, Karl Jaspers, Jean-Paul Sartre und (in einem weiteren Sinne) Albert Camus zur Philosophengruppe der Phänomenologen, die sich den Themen eines gelingenden Lebens auf eigene Manier zugewandt haben: Sie suchten nichts hinter den Phänomenen des Daseins, sondern beschrieben dessen „Oberfläche". Heidegger, Jaspers, Sartre und Camus zählt man aufgrund dieser Art sowie der inhaltlichen Ausgestaltung ihrer Schriften zu den Existenzphilosophen respektive Existenzialisten. Als solche untersuchten sie neben anderen Phänomenen auch existenziell relevante Stimmungsqualitäten, Emotionen und Situationen und ordneten sie jeweils als Spielarten menschlicher Welterschließung ein: Angst und Langeweile (bei Martin Heidegger); sogenannte Grenzsituationen wie Niederlagen, Krankheit, Schuld und Tod (bei Karl Jaspers); Daseins-Ekel sowie Scham (bei Jean-Paul Sartre); und schließlich das Absurde (bei Albert Camus).

Ein gelingendes Dasein war für diese Philosophen gekoppelt an die ernsthafte Auseinandersetzung mit und die Akzeptanz von existenziell zentral bewegenden Stimmungen und Situationen. Nur wer sich bewusst mit Angst, Langeweile, Ekel, Scham und Schuld oder dem Absurden konfrontiere, könne die weitverbreitete Existenzform der Entfremdung hinter sich lassen und zur Eigentlichkeit und Authentizität der eigenen Existenz (dem Ich-selbst-Sein) vordringen. Im *Mythos von Sisyphos* (1942) beschrieb Camus das häufig paral-

---

[13] Scheler, M.: Der Formalismus in der Ethik und die materiale Wertethik (1913/16), Bern 1980, S. 359f.

lel gehende Erleben des Absurden einerseits und andererseits von Glücksempfindungen:

> „Man entdeckt das Absurde nicht, ohne in Versuchung zu geraten, irgendein Handbuch des Glücks zu schreiben ... Glück und Absurdität sind Kinder ein und derselben Erde. Sie sind untrennbar. Ein Irrtum wäre es, wollte man behaupten, dass das Glück zwangsläufig der Entdeckung des Absurden entspringt. Ebenso gut kommt es vor, dass das Gefühl des Absurden dem Glück entspringt."[14]

In der Tradition von Nietzsche und Heidegger stehend und doch deren Philosophie in vielerlei Hinsicht weit hinter sich lassend, hat sich auch Michel Foucault (1926–1984) mit dem Thema von Glück und Eudämonie, eines guten und gelingenden Lebens befasst. Entsprechend seiner drei Werkphasen kann man unterschiedliche Annäherungen an diese Topoi bei ihm feststellen.

In den 60er-Jahren – zum Beispiel in *Die Ordnung der Dinge* (1966) – kritisierte Foucault sehr grundsätzlich diverse historisch-anthropologische Konzepte, die von homogenen Menschenbildern ausgehen und mit Glücksversprechungen aller Art den Individuen falsche Hoffnungen und Zukunftsszenarien suggerieren. Aufgabe der Philosophie sei es, Ideologiekritik zu betreiben und derartige Versprechungen als illusionär zu demaskieren.

In den 70er-Jahren untersuchte Foucault die Genealogie, Struktur und Aufgabe verschiedener Institutionen (Kliniken, Psychiatrien, Gefängnisse, Klöster). Dabei tauchen die Begriffe Glück und Unglück mehrfach auf: Die Medizin verhandelt das Glück und Unglück ihrer Patienten, indem sie diese einer speziellen Diagnostik und Therapie unterzieht; psychiatrische Anstalten ebenso wie Gefängnisse garantieren vielen Menschen ein angenehmes, unbeschwertes Leben, indem sie jene Wenigen separieren und von den Vielen fernhalten, die eventuell als Bedrohung für Glück, Wohlbefinden, Besitz und körperliche Integrität dieser Vielen gelten könnten (psychiatrisch Erkrankte, Kriminelle).

In den 80er-Jahren schließlich publizierte Foucault mehrere Bände, in denen Fragen der Sorge um das eigene Selbst und der Ästhetik der Existenz im Zentrum seiner Überlegungen standen. Unter Bezugnahme auf philosophische Texte der Antike beschrieb er Techniken der Selbstbeherrschung und Mäßigung sowie des Vernunftgebrauchs, womit er sich manch antiken Ideen von *phronesis* (Denken, Vernunft, z. B. bei Aristoteles) annäherte. Foucaults Plädoyer an Schüler und Leser, aus dem eigenen Leben ein Kunstwerk zu machen, erinnert an Goethe (der neben dem literarischen stets das existen-

---

[14] Camus, A.: Der Mythos des Sisyphos (1942), Reinbek bei Hamburg 1999, S. 158f.

zielle Werk der eigenen Person schaffen und gestalten wollte), sowie an Nietzsche (der in *Die fröhliche Wissenschaft* einen langen Abschnitt zum Thema *Seinem Charakter Stil geben* eingefügt hat).

Paul Ricoeur (1913–2005), in mancher Hinsicht ein philosophischer Antipode zu Foucault, erweiterte die Frage nach dem guten Leben als Sorge um das eigene Selbst um den Gesichtspunkt der Fürsorge, des guten Lebens *mit* Anderen und *für* Andere. In seinem Hauptwerk *Das Selbst als ein Anderer* (1990) zeigte er auf, dass das Thema der personalen Identität (wer bin ich?) und der Selbstschätzung der eigenen Person mit den Aspekten von Societät und Interpersonalität untrennbar verknüpft ist. Die entsprechende Hauptthese Ricoeurs lautet, dass …

> „die Fürsorge nicht von außen zur Selbstschätzung hinzukommt, sondern dass sie deren bisher übergangene dialogische Dimension entfaltet. Unter Entfaltung verstehe ich, … dass Selbstschätzung und Fürsorge nicht ohne die jeweils andere gelebt und gedacht werden können."[15]

Mit Paul Ricoeur, der in den 60er-Jahren eine voluminöse Abhandlung[16] über die Psychoanalyse Sigmund Freuds publiziert hat, schwenken wir von der Philosophie zur Tiefenpsychologie. Freud zufolge haben wir weder ein Anrecht auf Glück, noch ist Glück von der Natur oder der Kultur für uns vorgesehen: „Die Absicht, dass der Mensch *glücklich* sei, ist im Plan der *Schöpfung* nicht enthalten."[17] Dass es sich dennoch ab und an ereignet, liege vorrangig an überraschenden Befriedigungen unserer Triebe und Bedürfnisse. Solche Momente erleben wir etwa in Situationen von Zärtlichkeit und Sexualität, in denen die Spannung der Libido eine passagere Lösung erfahre, um bereits kurze Zeit später neuerlich wieder in den alten Status unbefriedigter Triebregungen und reduzierten Glücks zurückzufallen. Derartige Glücksmomente sind am ehesten als allzu flüchtiges Überwiegen des hedonistisch orientierten Lustprinzips einzuordnen.

Besonderen Anteil an den größtenteils unglücklichen, weil nicht befriedigten Phasen des Daseins hat dem Begründer der Psychoanalyse zufolge unsere Kultur, die sich im Laufe der Jahrtausende ein reiches Repertoire von Mechanismen der Triebunterdrückung erdacht habe. Viele Menschen weisen deshalb die Tendenz auf, sich in die Kinderzeit zurückzusehnen oder auf frühe Stufen der Entwicklung zu regredieren, um ihr (imaginäres) infantiles Glück

---
[15] Ricoeur, P.: Das Selbst als ein Anderer (1990), München 1996, S. 220.
[16] Ricoeur, P.: Die Interpretation – Ein Versuch über Freud (1965), Frankfurt am Main 1974.
[17] Freud, S.: Das Unbehagen in der Kultur (1930), in: GW XIV, Frankfurt am Main 1976, S. 434.

zu reaktivieren. Nur Wenigen stünden die Möglichkeiten offen, ihre Triebregungen zu sublimieren, ihre Libido in philosophische, wissenschaftliche oder künstlerische Prozesse umzuwandeln und dabei auch noch Glück zu empfinden.

Dieses Glück entspringt nicht dem Hedonismus und dem Lustprinzip, sondern ist Ausdruck des Erlebens von Sinn, Wert und Bedeutung sowie der Entwicklung der Persönlichkeit. Es anerkennt das Realitätsprinzip (diverse Limitierungen) und verzichtet auf die betäubenden Einflüsse von Drogen und angeblich alle Wünsche erfüllenden Weltanschauungen. Wegen dieser Qualitäten erschien Sublimierung für Freud als einzige und exquisite Möglichkeit, Eudämonie zu verwirklichen und ein befriedigendes sowie zugleich aufgeklärt-nüchternes Dasein zu führen.

Was für Sigmund Freud das Konzept der Sublimierung war, bedeutete für Alfred Adler der Begriff des *common sense*. Der Begründer der Individualpsychologie ging von einem fundamentalen Unterlegenheitsgefühl aller Menschen aus, die in Größenideen (Überlegenheitsgefühlen) oder im *common sense* (in Gemeinschaftsgefühlen) eine Kompensation des unangenehmen Inferioritäts-Erlebens suchen. Größenideen sind dabei ziemlich oft mit Verwöhnungs-Ansprüchen assoziiert, die das Entwerfen eines seriösen, tatsächlich befriedigenden Lebensstils (Eudämonie) häufig erschweren oder verunmöglichen.

Stattdessen greifen Menschen mit hartnäckig-ausgeprägten Größenideen auf Mechanismen des Haschens nach Glück zurück, die an eine bekannte Formel aus *Die Fledermaus* (eine Operette von Johann Strauß) erinnern: „Glücklich ist, wer vergisst, was nicht mehr zu ändern ist." Alkohol, Drogen, Events, Abenteuer und Verwöhnung aller Art generieren oft Momente dionysischer Hochstimmung, die jedoch aufgrund ihrer Flüchtigkeit und des beinahe regelhaften Katzenjammers danach Wiederholung und Dosissteigerung notwendig machen, ohne dass sie die Person wachsen und gedeihen lassen.

Das wusste auch schon Marie von Ebner-Eschenbach, die in einem Aphorismus äußerte: „Der sich keine Annehmlichkeiten versagen kann, wird sich nie ein Glück erobern."[18] Glück, Zufriedenheit, Eudämonie konnte sich Adler ähnlich wie Ebner-Eschenbach nur als Resultat eines Lebens vorstellen, das am Common Sense, an Gemeinschaft und Gesellschaft, an sozialer und kul-

---

[18] Ebner-Eschenbach, M.: Aphorismen (1911), in: Das Gemeindekind/Novellen/Aphorismen, München 1978, S. 875.

1 Eudämonie oder Vom guten, besseren, gelingenden Leben 13

tureller Beitragsleistung sowie an Versagungen von mancherlei Lustempfindungen orientiert ist:

„Eine genaue Betrachtung des persönlichen Lebens und des Lebens der Masse, der Vergangenheit und der Gegenwart zeigt uns das Ringen der Menschheit um ein stärkeres Gemeinschaftsgefühl. Es ist kaum zu übersehen, dass die Menschheit um dieses Problem weiß und von ihm durchdrungen ist. Was in der Gegenwart auf uns lastet, stammt aus dem Mangel an sozialer Durchbildung."[19]

Was aber macht nun die Eudämonie für uns im 21. Jahrhundert aus? Fassen wir die wichtigsten Aussagen der zitierten Philosophen und Ärzte zusammen, geht die Tendenz ihrer Überlegungen dahin, das gelingende Leben nicht im still-idyllischen Winkel einer Biedermeier-Existenz suchen oder im hedonistischen Daseinsvollzug verorten zu wollen. Für die meisten Denker war ein zufriedenstellendes Dasein an das Erleben von Sinn, Wert und Bedeutung gekoppelt – an ein Erleben, das für sie in der Hinwendung zu den Mitmenschen und damit zu den Themen von Sozietät und von Kultur Wirklichkeit werden konnte.

Übersetzt man diese Ideen in die Verhältnisse unserer Jetztzeit, bedeutet dies, dass Eudämonie und ein als gut empfundenes Dasein mit anderen Existenzformen verbunden sind als mit den aktuell häufig benannten Strategien von Work-Life-Balance, Wellness, Achtsamkeit, Nachhaltigkeit, Gelassenheit, Chillen, Anti-Aging und Resilienz. Nimmt man Denker wie Aristoteles, Montaigne, Schopenhauer oder Nietzsche, Max Scheler, Jaspers, Sartre und Camus oder Sigmund Freud und Alfred Adler in ihren Ausführungen zur Eudämonie ernst (und ich plädiere sehr dafür), landen wir bei einem Curriculum der Lebensgestaltung, das die eigene Person in dauernder Verschränkung mit potenziell allen Themen, Fragen und Problemen sieht, die unseren Globus derzeit und zukünftig charakterisieren.

Als zeitgenössischer Hauptvertreter einer derart konzipierten Lebenskunst im deutschsprachigen Raum gilt Wilhelm Schmid (geboren 1953). Im Rahmen einer Dissertation über Foucault, der in *Die Sorge um sich*[20] die in der Antike etablierte Kultur der eigenen Person beschrieben hatte, kam Schmid mit dem Thema der Lebenskunst in Berührung. In etlichen Büchern hat er die Tradition philosophisch inspirierter Lebenskunst aufgegriffen und mit Be-

---
[19] Adler, A.: Der Sinn des Lebens (1933), in: Studienausgabe, Band 6, Göttingen 2008, S. 165.
[20] Foucault, M.: Die Sorge um sich (1984), Frankfurt am Main 1986.

griffen wie Glück, Liebe, Weisheit, Sorge des Selbst um sich selbst (Selbstermächtigung, Autarkie) in Bezug gesetzt:

> „Die reflektierte Lebenskunst setzt an bei der Sorge des Selbst um sich, die zunächst ängstlicher Natur sein kann, unter philosophischer Anleitung jedoch zu einer klugen, vorausschauenden Sorge wird, die das Selbst nicht nur auf sich, sondern ebenso auf Andere und die Gesellschaft bezieht."[21]

Ähnlich wie in der Philosophie[22, 23, 24] hat sich in den letzten zwei Jahrzehnten die Thematik der Lebenskunst auch in anderen Disziplinen (Psychologie, Soziologie, Medizin) etabliert. Insbesondere unter Psychotherapeuten finden sich Verfechter eines Brückenschlags zwischen philosophischer Lebenskunst und den jeweiligen therapeutischen Konzepten. Wie sehr derlei häufig zum inflationären und meist oberflächlichen Hype mutiert, wird an zwei Begriffen überdeutlich, an denen die Lebenskunst oftmals exemplifiziert wird oder die mit ihr in eins gesetzt werden: die oft zitierte Work-Life-Balance und die noch häufiger zitierte Achtsamkeit.

In meinem Buch ziele ich auf Anderes ab. Zwar tauchen auch bei mir Begriffe wie Lebenskunst, gelingendes Dasein, Glück und Zufriedenheit sowie Sorge um die eigene Person auf. Diese Sorge um sich – das macht schon mein Inhaltsverzeichnis deutlich – geht dabei jedoch Hand in Hand mit der Sorge um die Mitmenschen, um die Natur sowie die gesamte Kultur. Und die Sorge vor Selbstentfremdung und Selbstvergessenheit von einzelnen Individuen darf sich, um ein gelingendes Dasein zu führen, meiner Ansicht nach stets die Waage halten mit deren ausgeprägter Sorge vor Weltentfremdung und Weltvergessenheit.

Gut möglich, dass mittels einer solchen Lebenseinstellung nicht durchgängig *luck, happyness, uplift* oder *gladness* von uns empfunden wird – dafür müssten wir (um mit Nietzsche zu sprechen) nicht nur der höheren Kultur, sondern auch den Tausend kleinen oder größeren ungelösten Aufgaben von Menschheit und Mutter Erde aus dem Wege gehen. Wer aber einen Eu-Dämon, einen guten Geist in sich verspürt, wird im Zweifel der anspruchsvoll-komplexeren Eudämonie den Vorzug vor dem verwöhnend-glücksheischenden Hedonismus geben.

---

[21] Schmid, W.: Philosophie der Lebenskunst – Eine Grundlegung, Frankfurt am Main 1998, S. 51.
[22] Z. B. Ernst, G. (Hrsg.): Philosophie als Lebenskunst – Antike Vorbilder, moderne Perspektiven, Berlin 2017.
[23] Z. B. Kersting, W. & Langbehn, C. (Hrsg.): Kritik der Lebenskunst, Frankfurt am Main 2007.
[24] Z. B. Fellmann, F.: Philosophie der Lebenskunst zur Einführung, Hamburg 2009.

Die griechische Mythologie kleidet diese Alternative in eine schöne Geschichte, die als *Herakles am Scheideweg* bezeichnet wurde. Herakles sollen, als er noch ein junger Mann war, zwei Frauen begegnet sein, die ihn beide aufforderten, jeweils mit ihnen zu gehen. Die erste – enorm attraktiv, faszinierend anzusehen – hieß Glückseligkeit; die zweite nannte sich *Arete* (Tugendhaftigkeit) – auch sie eine imposante Frau, wenngleich merklich weniger schillernd herausgeputzt. Die erste versprach ihm ein reiches Leben voll Genuss; die zweite hingegen betonte, dass die Götter das Schöne und Gute nur dem zukommen lassen, der es sich mit Müh und Fleiß verdient.

Herakles wählte die zweite Frau und hat damit eine Entscheidung getroffen, die ihn zum Heroen in einem sehr humanen, solidarischen Sinne werden ließ. Selbst wenn wir weit entfernt von jeglichem Heroismus unser Leben zu fristen gedenken, scheint es eine Überlegung wert, wie wir unsere Suche nach dem guten, besseren, gelingenden Leben, nach Eudämonie also, mit derart viel *Arete* durchsetzen, dass die Götter uns nicht nur mit flüchtigem Hedonismus, sondern mit den stabileren Empfindungen von Zufriedenheit, von sinn- und wertvollem Dasein belohnen.

So wandelt sich die suchende Frage nach dem guten, besseren, gelingenden Leben in die fragende Suche nach Sinn, Wert und Bedeutung unserer Existenz. So sehr wir uns bei der Lösung und Beantwortung dieser Themen Orientierung, Rat und Hilfe bei den dafür ausgewiesenen angeblichen oder tatsächlichen Experten (z. B. Philosophen, Personal Coaches, Psychotherapeuten, Lifestyle-Berater, Wellness-Vermittler etc.) erhoffen, so sehr sind wir im Grunde genommen bei diesen Fragen auf uns selbst zurückverwiesen. Denn unsere je eigene Biografie und Biologie, Talente, Neigungen, Temperamente und Fähigkeiten, die sozioökonomischen und gesellschaftlichen Rahmenbedingungen, in die wir hineingeboren und in denen wir sozialisiert wurden, sowie unsere bisherigen Daseinsentscheidungen und die zukünftigen Lebensentwürfe entscheiden maßgeblich darüber mit, welche Sinnpartikel und Wertaspekte wir überhaupt registrieren und realisieren.

Obwohl mein Buch keineswegs zum übergroßen Angebot der Ratgeberliteratur zählt, findet der Leser darin so manches Plädoyer für Sinn- und Werthorizonte oder für den einen oder anderen Weg, Sinn- und Bedeutungszusammenhänge im eigenen Leben wie auch in den Existenzen der Mitmenschen und ähnlich in der Natur- und Kulturgeschichte zu vermuten und ihnen nachzuspüren. Doch alle diese Hinweise sind mit einem eklatanten Vorbehalt versehen: Sie entspringen meiner subjektiven Interpretation des Lebens und erheben deshalb nur bedingt Anspruch auf Allgemeingültigkeit.

Dies beginnt bereits bei der Auswahl der einzelnen Kapitel und endet nicht bei deren inhaltlicher Ausgestaltung. Als Autor mag ich mit aller mir zur Verfügung stehenden Redlichkeit versuchen, die Fragen nach Sinn, Wert und Bedeutung des menschlichen Daseins und nach einem guten, gelingenden Leben zu beantworten, allein – es ist und bleibt doch stets meine Brille, durch die ich auf mich, die Mitmenschen und auf ihre Kultur blicke und sie beschreibe.

In Goethes *Zahmen Xenien* findet sich der oft zitierte Vers: „Wohl kamst du durch; so ging es allenfalls./Mach's einer nach und breche nicht den Hals."[25] Der Dichter bezog sich damit auf sein größtes Kunstwerk: sein eigenes Leben, das er nicht nur erleben, genießen, erleiden, sondern künstlerisch-kunstvoll gestalten und veredeln wollte. Ohne mich auch nur annähernd mit Goethe vergleichen zu wollen, kann ich seinen Satz (bezogen auf mein bisheriges Dasein) vollumfänglich unterschreiben. Konkret bedeutet dies, dass sich in meinem Text zwar immer wieder Spuren meiner Art zu leben und zu überleben finden, von denen ich jedoch ausdrücklich betonen möchte, dass sie (nur) für meine Lebenswirklichkeit passend waren. Wie sehr sie die geneigte Leserin oder der geneigte Leser für die eigene Existenz als relevant erachtet, mag und muss jede und jeder für sich selbst entscheiden – Verantwortung übernehme ich jedenfalls nur für mich selbst.

---

[25] Goethe; J.W. von: Zahme Xenien VII (1827), in: Sämtliche Gedichte, Frankfurt am Main 2007, S. 1003.

Teil II

Leben zwischen Kunst und Spiel

2

Gelingendes Leben: Es kunstvoll und es gut machen wollen

In seinem Essay *Meine Zeit* (1950) verwendete Thomas Mann einen Ausdruck, der mir ausgesprochen passend für unser Buch erscheint: die Gutmachung. Nicht von einer Wiedergutmachung ist dabei die Rede, sondern von einer Gutmachung; und nicht nur auf einzelne Projekte wollte er den Begriff bezogen wissen, sondern auf das Gesamt seiner literarischen Tätigkeit und letztlich auch auf das Ganze seines Lebens:

> „In Wirklichkeit setzt der … Drang nach Gutmachung des Lebens durch das Werk sich im Werke selbst fort, denn es gibt da kein Rasten und kein Genüge, sondern jedes neue Unternehmen ist der Versuch, für das vorige und alle vorigen aufzukommen, sie herauszuhauen und ihre Unzulänglichkeit gutzumachen."[1]

Dieses Motiv, sein Leben gutmachen zu wollen und damit ein gelingendes Leben geführt zu haben, lässt sich bei Thomas Mann in vielen Situationen seines Daseins wie auch an mindestens so vielen Stellen seines Werks nachweisen. Unwillkürlich fragen wir uns jedoch, was dieses Zitat für uns bedeuten und wie dieser Gedanke konkret für unser Dasein fruchtbar gemacht werden mag.

Die meisten Psychologen, Soziologen, Anthropologen, Philosophen im 20. und 21. Jahrhundert gehen davon aus, dass sich das Gelingen eines Lebens an einigen zentralen und wesentlichen Lebensaufgaben erweist, mit

---

[1] Mann, Th.: Meine Zeit (1950), in: Essays 1945–1955, Frankfurt am Main 1997, S. 161.

denen ein jeder von uns mehr oder minder intensiv konfrontiert wird. Zu diesen Aufgaben zählen:

- Lernen und Bildung – begonnen bei den motorischen Bewegungsabläufen, die Säuglinge und Kinder einzuüben haben, bis hin zu den hochkomplexen geistig-kulturellen Bildungsinhalten des Zeitgeistes (Sitte, Mode, Sprache, Politik, Mentalität) sowie von Wissenschaft, Kunst und Philosophie;
- Aus-, Fort- und Weiterbildung in den beruflichen Feldern unseres Lebens;
- Integration unterschiedlicher Lebensalter: vom Säugling bis zum Greis;
- Freundschaften; psychosoziale Einbettung; eventuelle Familiengründung;
- Liebesbeziehung; Partnerschaft; Zärtlichkeit; Sexualität;
- Common Sense; soziokulturelle Einbettung und Mitgestaltung;
- Entwicklung von eigener Weltanschauung und von Wert-/Sinnhorizonten.

Diese Aufgabenbereiche unserer Existenz sind samt und sonders mit dem Risiko von Irrtümern, Fehlschlägen, Niederlagen oder sogar des eventuellen Scheiterns, mindestens so sehr aber auch mit der Möglichkeit von Erfolgen, Zufriedenheit und Glück versehen. Leben heißt, sich in einem permanenten Prozess der Veränderung und des Werdens zu begreifen, der mit Tausenden von kleineren und Dutzenden größeren Entscheidungen und Weichenstellungen verknüpft ist – und damit mit Dutzenden, Hunderten, Tausenden von entweder Voll- und Haupttreffern oder von Trostpreisen oder aber von Nieten, Enttäuschungen, Verlusterfahrungen.

Neben die Chance oder Notwendigkeit, eigene Entscheidungen von mehr oder minder großer existenzieller Relevanz treffen zu können oder zu müssen, kennt in der Regel jedes Dasein auch unzählige Situationen, in die wir ohne unser Zutun hineingeraten. Häufig müssen wir diese pathisch ertragen, ohne sie mit unserer Initiative und Reagibilität verändern zu können; allenfalls ist es uns möglich, eine gedankliche Einordnung der diversen Zufälle und Schicksalsschläge vorzunehmen und uns damit ein Minimum an personaler Würde und Souveränität zu sichern.

Manches Leben ist mit seinen Zerklüftungen, Erschütterungen, Verwerfungen und beinahe nicht bewältigbaren Herausforderungen mit extrem schwierigen und kaum spielbaren Musikstücken zu vergleichen. Mir fällt Ludwig van Beethovens (1770–1827) *Klaviersonate Nr. 29* ein, die *Hammerklaviersonate*, von der es lange Zeit hieß, sie sei unspielbar. Die Sonate wurde 1817/1818 in (wie Beethoven selbst es ausdrückte) drangvollen Umständen geschrieben; lauscht man ihr mit offenem, empfänglichem Gemüt, kann man die Charakterisierung des Musik- und Theaterkritikers Joachim Kaiser nachempfinden, der an diesem Klavierstück Einiges der tragischen Breite der menschlichen Existenz zum Ausdruck gebracht empfand:

„Verzweiflungen, Fluchtpläne, Todesängste, aber auch klares Bewusstsein der eigenen Meisterschaft, künstlerische Selbstsicherheit und grandioser Selbstbehauptungswille gingen in die Hammerklaviersonate ein."[2]

Und so, wie sich schlussendlich immer wieder Pianisten fanden und finden, die sich an die Interpretation der *Hammerklaviersonate* wagten und zuletzt doch nicht an ihr scheiterten, dürfen auch wir uns immer wieder an den fast unspielbaren Partien des Daseins versuchen – selbst auf die Gefahr hin, bisweilen (so drückte Rainer Maria Rilke es aus) der „Tiefbesiegte von immer Größerem" zu sein.[3]

Für diese Versuche können wir uns an die ermutigenden Worte des bekannten Beethoven-Interpreten Daniel Barenboim halten, der über die *Klaviersonate Nr. 29* lächelnd-schulterzuckend gemeint haben soll: „Die Hammerklaviersonate wird nicht leichter, wenn man sie nicht spielt." Als Lebensmotto im übertragenen Sinne lässt sich dieser Satz für uns wohl ebenso in Erwägung ziehen: Die heiklen und schwierigen Passagen des Daseins werden nicht dadurch einfacher, dass wir sie nicht spielen, sie ausblenden oder ihre Bewältigung Anderen überlassen.

Wie aber gehen wir nun unsere verschiedenen Lebensaufgaben so geschickt und gekonnt an, dass daraus möglichst oft Zufriedenheit und selten Frustrationen entspringen? Charakter ist Schicksal – meinte bereits Heraklit. Und in der Psychologie wird diese Frage schon lange analog mit dem Verweis auf die Persönlichkeit des jeweils Einzelnen beantwortet, wobei immer wieder neu diskutiert wird, wie sich eine Persönlichkeit bildet und aus welchen Facetten sie sich zusammensetzt.

Seit den frühen Forschungen von William Stern (1871–1938), der als Begründer einer speziellen, differenziellen Persönlichkeitspsychologie gilt, sind die meisten Vertreter dieser Wissenschaftsdisziplin der Ansicht, dass sich die Persönlichkeit (manche sprechen eben von Charakter) eines Menschen in den ersten Jahren und Jahrzehnten seines Lebens als ein Zusammenspiel von dessen Biologie (Genom, Temperament, Organismus: *nature*) und dessen Biografie (familiäre Verhältnisse und Bindungserfahrungen, Peergroup, Bildungs-

---

[2] Kaiser, J.: Beethovens 32 Klaviersonaten und ihre Interpreten (1975), Frankfurt am Main 1979, S. 503.
[3] Rilke, R.M.: Der Schauende, in: Buch der Bilder (1902/1906), in: Die Gedichte, Frankfurt am Main 2006, S. 346.

schicksal, Wert-Sicht und Wert-Erfahrungen: *nurture*) entwickelt und dann über die ganze Lebensspanne hinweg einigermaßen stabil bleibt.

So trägt jeder von uns gleichsam ein Daseinsgesetz in sich, demgemäß er sich in vielen Situationen verhält und das zur meist unbewussten Orientierung in den Wechselfällen unserer Existenz dient. Dieses Gesetz haben bereits die Griechen der Antike als Phänomen intuitiv erfasst und mit dem Begriff des Charakters richtig beschrieben – Charakter als das fest Eingeritzte im Wesen eines Menschen. Viele Jahrhunderte später hat Goethe den Gedanken eines solchen Daseinsgesetzes in seinem Gedicht *Urworte. Orphisch* (1817) ausgeführt:

> „Wie an dem Tag, der dich der Welt verliehen, / Die Sonne stand zum Gruße der Planeten, / Bist alsobald und fort und fort gediehen / Nach dem Gesetz, wonach du angetreten. / So musst du sein, dir kannst du nicht entfliehen, / So sagten schon Sibyllen, so Propheten; / Und keine Zeit und keine Macht zerstückelt / Geprägte Form, die lebend sich entwickelt."[4]

Im 20. Jahrhundert interpretierte Alfred Adler (1870–1937) den Charakter und den Lebensstil eines Menschen als eine kreative Leistung, die er zwischen etwa seinem dritten und fünften Lebensjahr entwirft. Dabei komme es zu einer Verfestigung von gedanklich-emotionalen und sozialen Bewegungen, die dem Betreffenden eine imaginäre oder auch tatsächliche Überwindung von allfälligen Minderwertigkeitsempfindungen ermöglichen und die sich später als wiederkehrende *patterns of behavior* (Verhaltensmuster) bemerkbar machen. Beides, Charakter wie Lebensstil eines Individuums, bleiben Adler zufolge auch in den Wechselfällen des Lebens in ihrer Grundmelodie erhalten.

Der französische Philosoph und Moralist Alain (mit bürgerlichem Namen Émile Chartier, 1868–1951) bezeichnete dasselbe Phänomen und denselben Prozess als einen kindlichen Schwur; Jean-Paul Sartre (1905–1980) sprach davon als von einer prälogischen und präverbalen Urwahl. Deren basale Motive sollen ähnlich wie der Charakter, der Lebensstil oder die Persönlichkeit eines Menschen Sartre zufolge lebenslang nachweisbar bleiben, ohne dass sie dem Betreffenden deshalb auch bewusst sind. Einen analogen Gedanken verfolgte Hugo von Hofmannsthal (1874–1929), der in seinem *Buch der Freunde* (1922) bedauernd feststellte:

> „Wenn ein Mensch dahin ist, nimmt er ein Geheimnis mit sich: wie es ihm, gerade ihm – im geistigen Sinn zu leben möglich gewesen sei."[5]

---

[4] Goethe, J.W. von: Urworte. Orphisch (1817), in: HA Band 1, München 1981, S. 359.
[5] Hofmannsthal, H. von: Buch der Freunde (1922), Frankfurt am Main 1985, S. 38.

2 Gelingendes Leben: Es kunstvoll und es gut machen wollen

Bei so viel determinierenden, fixierenden Aspekten – Persönlichkeit, Charakter, Lebensstil, Urwahl, *patterns of behavior*, Daseinsgesetz – mag es wie eine putzige Idee klingen, wenn ich im Hinblick auf die Lösung von Lebensaufgaben auf einen anderen Gesichtspunkt verweise, der aller repetitiven Gesetzmäßigkeit unseres Wesens zu widersprechen scheint: auf die Lebenskunst. Ich bin überzeugt, dass die meisten menschlichen Existenzverläufe (in der westlichen Welt) neben den Determinanten der eigenen Persönlichkeit und der jeweiligen wirtschaftlich-sozialen, kulturellen, epochalen, gesellschaftlichen Rahmenbedingungen einen (wenn auch noch so geringen) Frei- und Spielraum der individuellen Gestaltung bereithalten, der im Sinne von Lebenskunst genutzt werden kann – und der die Wahrscheinlichkeit erhöht, dass die eigene Existenz allen Schwierigkeiten zum Trotz immer wieder einmal als gelingend empfunden werden kann.

Allerdings gibt es ernstzunehmende Einwände gegen eine simple Deklaration von Möglichkeiten der Lebenskunst. So dürfen wir uns fragen, wie viel existenzielle Sicherheit, Solidität und Konstanz erforderlich ist, um sich überhaupt den Themen einer wie auch immer gearteten Lebenskunst widmen zu können? Welch ein Luxus für uns, in Zentraleuropa lebend die Topoi von Kunst, Künstlertum, Lebenskunst denkend, lesend, schreibend oder auch realisierend ins Visier nehmen zu können! Wenige Flugstunden von uns entfernt fristen Menschen ein Dasein, das aufgrund von Hunger, Armut, Flucht und Krieg, von epidemischen Krankheiten, Ausbeutung, Naturkatastrophen für sie das alleinige Thema der *Überlebenskunst*, nicht aber der Lebenskunst bereithält. Es wäre zynisch, ihnen mit Begriffen wie Lebenskunst und nicht mit fundamentaler Solidarität und konkreter Hilfestellung zu begegnen.

Womit wir bereits inhaltliche Aspekte von Lebenskunst berühren. Mit dieser ist kein Mitmenschen- und Welt-vergessenes sowie Champagnergetränktes *Savoir-vivre* gemeint, kein Luftikus-Dasein, das sich in der bloßen Auswahl etwa von Kleidungs-Accessoires, Urlaubszielen, Schöner-Wohnen-Artikeln und im Connaisseur-haften Schwenken eines Rotweinglases gefällt. Die hier verhandelte Lebenskunst ist vielmehr eingebettet in eine humanistische Welt- und Lebensanschauung, für die das Mitgefühl mit möglichst vielen menschlichen Schicksalen (Nietzsches Begriff dafür war die Fernstenliebe) sowie das Verantwortungsempfinden für Natur und Kultur die wesentlichen Koordinaten des Denkens, Fühlens, Handelns bedeuten.

Wie aber kann unter solchen Prämissen unsere Lebenskunst konkret umgesetzt werden? Diese Frage bewegt Philosophen, Ärzte, Lehrer, Erzieher, Psychologen, Soziologen und natürlich auch die Lebenskünstler selbst schon seit Jahrtausenden. Von Epikur bis Nietzsche, von den Renaissance-Künstlern Raffael, Michelangelo, Leonardo da Vinci über Montaignes *Essais* (1580ff.)

und Hufelands *Makrobiotik oder die Kunst, das menschliche Leben zu verlängern* (1796) bis hin zu Goethes Exerzitien der Daseinsgestaltung reicht die Palette der Möglichkeiten, sich und das eigene Leben so ernst zu nehmen, dass Letzteres nicht nur von den jeweiligen familiären, gesellschaftlichen und epochalen Verhältnissen geprägt, sondern von uns selbst auch in Maßen kunstvoll mitgestaltet wird.

Bekannt und bis heute häufig zitiert sind die *Essais* von Montaigne (1533–1592), der darin mehrfach die Lebenskunst als Ziel seiner Überlegungen anvisierte. Er wollte darüber jedoch nicht nur klug reden, sondern diese authentisch der eigenen Existenz entspringen lassen. So findet sich in den *Essais* eine Abhandlung mit dem Titel *Über die Einsamkeit*. Montaigne plädierte dafür, das eigene Selbstwertgefühl nicht zu sehr von anderen Menschen und deren Anerkennung abhängig zu machen; man laufe Gefahr, sich zu verlieren und bei eventueller Abwendung der Mitwelt emotionale Erschütterungen zu erleben. Viel günstiger sei es, Halt und Orientierung in sich selbst zu suchen:

> „Entwinden wir uns den leidenschaftlichen Verstrickungen, die uns anderweitig fesseln und von uns selbst entfernen! … Die größte Sache der Welt ist, dass man sich selbst zu gehören weiß."[6]

Auch das 19. Jahrhundert steuerte Beiträge aus medizinischer und philosophischer Sicht zum Thema der Lebenskunst bei. Neben Christoph Wilhelm Hufeland (1762–1836) gehörten der Psychiater Johann Christian August Heinroth (1773–1843) mit seiner *Orthobiotik oder Die Lehre vom richtigen Leben* (1839), der Romantiker Carl Gustav Carus (1789–1869) mit *Die Lebenskunst nach den Inschriften des Tempels zu Delphi* (1863) sowie Ernst Freiherr von Feuchtersleben (1806–1849) mit *Zur Diätetik der Seele* (1838) und den *Beiträgen zur Literatur, Kunst- und Lebenstheorie* (1841) zu den Protagonisten der Lebenskunst. In ihren Schriften versuchten sie, Anleitungen zum Ausgleich zwischen Entzauberung und Verzauberung, zwischen Revolution und Restauration, dem Versprechen einer zukünftigen Moderne und den Sicherheiten der tradierten Vergangenheit zu formulieren. Stellvertretend für seine Kollegen schrieb C.G. Carus, ihm sei angesichts der Zeitläufte …

> „der Begriff einer Kunst, das Leben überhaupt würdig zu führen – es nicht nur zu schützen gegen tausend Zufälligkeiten, Schwächen und Schädigungen, son-

---

[6] Montaigne, M. de: Essais (1580ff.), Frankfurt am Main 1998, S. 126.

2 Gelingendes Leben: Es kunstvoll und es gut machen wollen 25

dern überhaupt seinen inneren Gehalt schön und tüchtig herauszubilden, … als die wichtigste Aufgabe des Menschen erschienen."[7]

Als mit Goethe befreundeter Arzt lag es nahe, dass Carus mehrfach ihn als Vorbild und Modell für ein hohes Maß an Lebenskunst beschrieben hat. Diese habe den Weimarer Dichter mehr beschäftigt als die allermeisten seiner Dramen, Romane, Gedichte, und sei wesentliches Thema seiner Autobiografie *Aus meinen Leben – Dichtung und Wahrheit* (posthum 1833) geworden.

Dieser Einschätzung hat sich Friedrich Nietzsche vollumfänglich angeschlossen. In seinen Schriften kam er wiederholt auf Goethe zu sprechen, an dem er dessen unbändigen Willen zur Gestaltung des Lebens bewunderte. In *Götzendämmerung* (1889) attestierte er ihm, dass er sich „zur Ganzheit schuf", das „Auseinander von Vernunft, Sinnlichkeit, Gefühl" überwand und Ehrfurcht vor sich selbst empfand;[8] und auch sein nächstes Zitat trifft auf Goethe und die Lebenskunst zu:

„Seinem Charakter „Stil geben" – eine große und seltene Kunst! Sie übt der, welcher Alles übersieht, was seine Natur an Kräften und Schwächen bietet, und es dann einem künstlerischen Plane einfügt, bis ein jedes als Kunst und Vernunft erscheint und auch die Schwäche noch das Auge entzückt … Zuletzt, wenn das Werk vollendet ist, offenbart sich, wie es der Zwang desselben Geschmacks war, der im Großen und Kleinen herrschte und bildete: Ob der Geschmack ein guter oder ein schlechter war, bedeutet weniger, als man denkt, – genug, dass es *ein* Geschmack ist!"[9]

Als zentralen Hinweis für uns an diesem Zitat lese ich, alles zu übersehen, was die Natur dem Einzelnen an Kräften und an Schwächen bietet. Unserem Charakter Stil geben und aus unserer Persönlichkeit kleine (oder auch größere) Werke der Lebenskunst erwachsen zu lassen gelingt jedenfalls nur, wenn wir uns auf jenes individuell-personale „Material" beziehen, das unsere je eigene Biologie wie auch Biografie zur Verfügung stellt.

Von Michelangelo wird erzählt, dass er sich gerne höchstpersönlich aus Florenz in das einige Dutzend Kilometer entfernte Carrara begab, um in den Steinbrüchen dort die weißen Marmorquader auszusuchen, die er bearbeiten wollte. Nach der Auswahl besah er die einzelnen Quader so lange, bis er die in ihnen vorhandenen Skulpturen erahnte – denn nur diese wollte und konnte er aus den Steinblöcken herausmeißeln. Es wäre ihm nie in den Sinn ge-

---
[7] Carus, C.G.: Lebenserinnerungen und Denkwürdigkeiten (1865/66), Berlin 2014, S. 519.
[8] Nietzsche, F.: Götzendämmerung (1889), in: KSA 6, München 1988, S. 151.
[9] Nietzsche, F.: Die fröhliche Wissenschaft (1882), in: KSA 3, München 1988, S. 530.

kommen, wider die Kristallinität und das Sedimentkorngefüge des Gesteins anzuarbeiten; versuchte er es trotz seines Wissens, bestrafte ihn der Marmor prompt mit Misslingen.

Analog zu Michelangelo und den vielen anderen Bildhauern, die sich in ihren Schaffensprozessen den jeweiligen Materialien anpassen dürfen und müssen, um daraus Kunstwerke entstehen zu lassen, sind auch wir gut beraten, bei unseren Versuchen einer lebenskünstlerischen Gestaltung des Daseins auf die stofflich-materialen Voraussetzungen dieses Unterfangens zu achten. Das beginnt bereits bei den anatomischen Gegebenheiten unseres Organismus – wer von uns bringt schon einen für beispielsweise kunstvoll-anmutigen Balletteusen-Tanz befähigten Körper mit ins Leben? – und reicht bis weit in unsere Biografie (psychosoziale Erfahrungen, intellektuelle Schulungen, emotionale Differenzierungen) hinein. In allen diesen Dimensionen der Existenz lassen sich subtile Modifikationen und sublimierende Ästhetisierung im Sinne der Lebenskunst verwirklichen, wenn wir denn dabei unsere jeweiligen Ausgangsvoraussetzungen adäquat einschätzen und berücksichtigen.

Einen recht ähnlichen Gedanken wie Nietzsche verfocht Henri Bergson (1859–1941), der in seiner Philosophie dem *élan vital*, der Lebensschwungkraft, eine zentrale Rolle sowohl für die Existenz des Einzelnen als auch im Weltmaßstab für die Entwicklung von Natur und Kultur zugestand. Bergson war überzeugt, dass die Künstler mit ihrer kreativen Arbeit dem Auftrag des Menschseins eindrücklich nach- und nahekommen – denn sie begreifen das Schöpferische als Spielart des *élan vital* und als wesentliche Ingredienz der Existenz. Darüber hinaus, so Bergson, sieht der *élan vital* das dynamische Werden jedoch eigentlich auch für uns alle und nicht nur für einige wenige Künstler vor:

> „Als Schöpfer unseres Lebens, ja als Künstler sogar, wenn man will, arbeiten wir ununterbrochen daran, aus dem Stoff, den uns die Vergangenheit und Gegenwart, Vererbung und Umstände liefern, eine einzigartige, neue, originelle, unvorhersehbare Form zu kneten, wie diejenige, die der Bildhauer dem Ton verleiht."[10]

Der Stoff, von dem Bergson hier spricht, dieser Stoff, den uns die Vergangenheit, Gegenwart, Vererbung, Umwelt liefern, besteht nun aus nichts weiter als unserer Persönlichkeit, aus unserem Charakter, Lebensstil und Daseinsgesetz, aus Urwahl und den *patterns of behavior* sowie aus unserem Organismus. Ver-

---

[10] Bergson, H.: Denken und schöpferisches Werden (1939), Hamburg 1993, S. 113.

2 Gelingendes Leben: Es kunstvoll und es gut machen wollen 27

gegenwärtigen wir uns nochmals diese stofflich-materiale Gemengelage, verringert sie das Niveau und den Schwierigkeitsgrad einer lebenskünstlerischen Ausgestaltung unserer Existenz keineswegs.

Im Gegenteil: Weil die Lebenskunst ein ehrgeiziges Unterfangen darstellt, bei dem wir so manche fest-tradierten und gewachsenen Facetten unseres Selbst in Maßen einem Transformationsprozess anheimstellen, scheint es klug, sich für die dafür nötigen Haltungen, Einstellungen, handwerklichen Fertigkeiten auch einige Anregungen bei jenen Künstlern und Philosophen zu holen, die über Kunst sowie das Kunstschaffen klug nachgedacht haben.

Kunst kennt meiner Ansicht nach zwei wesentliche Einstellungen, Haltungen, Überzeugungen: Sie entspringt dem Spiel und braucht den *Homo ludens*; und sie entspringt der Empörung und braucht den *Homme révolté*. Wer lediglich spielt, ohne sich zu empören, wird womöglich Artist oder eventuell nur Schaumschläger, dem es um Oberflächen, den schönen oder hässlichen Schein, die Effekthascherei, das Kunstgewerbe oder das Design, um *l'art pour l'art* oder um Ästhetizismus geht, kaum aber um Kunst.

Wer sich hingegen nur empört, ohne zu spielen, wird womöglich Propagandist oder Aktivist oder Wissenschaftler oder melancholischer Philosoph – ihm geht es um den Ernst des Lebens, ohne dass dieser mit innovativer Eleganz, individuellem Stil oder künstlerischem Glanz versehen und veredelt wäre. Die Entzauberung der Welt, wie Max Weber sie Anfang des 20. Jahrhunderts als vor allem von den Wissenschaften induzierte Emanzipation von mysteriös-göttlichen Vorstellungen beschrieben hat, findet bei den Nur-Empörern kein oder zu wenig Gegengewicht in der neuerlichen Verzauberung der Welt durch bestimmte Spielarten der Kunst.

Das Zauberhafte bei aller Tendenz zur Entzauberung nicht ganz fahrenzulassen, kennzeichnet den Künstler wie auch den Lebenskünstler. Dies mag ein kleiner Satz von Walter Benjamin verdeutlichen, dessen Schriftstellerei man uneingeschränkt bescheinigen darf, dass sie nüchtern, klar, skeptisch, von kitschigen Versüßungs- und Verschönerungsgirlanden frei – und dennoch oftmals künstlerisch war:

„Ich pflücke Blumen am Rande des Existenzminimums – ein Satz aus einem verloren gegangenen Brief von Walter Benjamin."[11]

Das ernsthafte Spiel und der spielerische Ernst von Künstlern und Lebenskünstlern gehorcht nicht selten einer Sehnsucht, die man in dem Motto zu-

---

[11] Scholem, G.: Walter Benjamin und sein Engel – Vierzehn Aufsätze und kleine Beiträge, Frankfurt am Main 1983, S. 49.

sammenfassen kann: „Wir suchen das Außergewöhnliche!" Das gewöhnliche und konventionelle Leben befriedigt die meisten Künstler ebenso wie die Lebenskünstler auf Dauer kaum; anderenfalls handelt es sich um Menschen, die für sich beschlossen haben, sich mit dem Gewöhnlichen anzufreunden und sich geschmeidig den Kalamitäten und Inhumanitäten gesellschaftlich-kultureller Verhältnisse der Epoche anzupassen. Wer aber an das Außergewöhnliche und Extraordinäre glaubt und ihm nacheifert, bewegt sich bereits auf der Bahn der (Lebens-)Kunst und sucht nach Möglichkeiten der Verschönerung und Verbesserung von Welt und eigener Person:

> „Der Künstler erschafft die Welt auf seine Rechnung neu ... Van Gogh schreibt: ‚Ich glaube immer mehr, dass man den lieben Gott nicht nach dieser Welt beurteilen darf. Sie ist eine Studie von ihm, die misslungen ist.' Jeder Künstler versucht, diese Studie neu zu machen und ihr einen Stil zu geben, der ihr fehlt."[12]

Bei ihren Anläufen zu neuen Studien von Welt, Menschen und Kultur sind Künstler beileibe nicht nur die Schöpfer schöner Dinge – sie machen mit ihren Kunstwerken auch manche Stellen der Welt in ihrer Struktur, Web-Art und Textur transparenter. Weil sie oftmals unmittelbarer bei den Dingen, Menschen und der Natur wohnen, ohne sich dauernd auf unproduktive Händel mit ihnen einzulassen, wird es ihnen möglich, diesen ungestörter ihre Melodien abzulauschen, davon zu erzählen und daraus unerhörte Novellen, Bilder, Ton-Dichtungen entspringen zu lassen.

Diese künstlerischen Werke bestehen nicht nur aus der Aneinanderreihung von Annehmlichkeiten – die Künstler treffen oftmals auf das nackte, bloße, schiere Sein, auf *être brut*, wie Maurice Merleau-Ponty (1908–1961) dieses unverstellt-direkte Sein bezeichnete, das neben dem Anmutigen auch das Ungeheure kennt: „Denn das Schöne ist nichts als des Schrecklichen Anfang."[13] – heißt es bei Rainer Maria Rilke in dessen erster *Duineser Elegie*; und Henri Bergson meinte dazu:

> „So hat die Kunst, ob Malerei, Bildhauerei, Dichtung oder Musik, im Grunde keinen anderen Zweck, ... (als) die konventionellen Verallgemeinerungen, kurz, alles, was die Wirklichkeit verschleiert, aus dem Weg zu räumen und uns mit der nackten Wirklichkeit zu konfrontieren."[14]

---

[12] Camus, A.: Der Mensch in der Revolte (1951), Reinbek bei Hamburg 1991, S. 207.
[13] Rilke, R.M.: Erste Duineser Elegie (1912/22), in: Die Gedichte, Frankfurt am Main 2006, S. 689.
[14] Bergson, H.: Das Lachen – Ein Essay über die Bedeutung des Komischen (1900), Frankfurt am Main 1988, S. 102.

2 Gelingendes Leben: Es kunstvoll und es gut machen wollen 29

Übertragen auf die Lebenskunst fordert uns dieses Zitat auf, das Dasein möglichst authentisch zu führen, ohne uns in bloßer Konventionalität zu verlieren. Beinahe jeder von uns ist bezaubernd schön und faszinierend kunstvoll, sobald er oder sie den Mut aufbringt, sich ungeschminkt in seiner bzw. ihrer Zerbrechlichkeit wie auch in seiner bzw. ihrer Großartigkeit zu zeigen. Angenommen, Menschen schrieben und sprächen in ihrem Leben nur noch Sätze, die ihr Innerstes unverfälscht nach außen kehrten – sie hätten in der Regel viel häufiger mit jubelndem Applaus ob der Ästhetik ihres Wesens als mit erschrockener Distanz ob angeblicher Abgründe ihrer Person zu rechnen. Nichts ist anrührender, würdevoller als die offene, nackte, unvermittelte Wirklichkeit von Menschen.

Künstler haben nicht selten näheren, unmittelbaren Kontakt zu Gegenständen, Tieren, Situationen, Atmosphären, Mitmenschen und erfassen deren Wesen und Verfassung intuitiv besser als viele ihrer Zeitgenossen. Neben dieser intensiveren Nähe und Offenheit zur Welt zeichnet Künstlerinnen und Künstler jedoch oftmals auch ein größerer Abstand zu Dingen, Themen, Fragen, Problemen um sie her aus:

„Von Zeit zu Zeit tauchen durch einen glücklichen Zufall Menschen auf, deren Sinne und Bewusstsein dem Leben weniger verhaftet sind. Die Natur hat sozusagen vergessen, ihre Wahrnehmungsfähigkeit mit ihrer Fähigkeit zum praktischen Handeln zu verknüpfen. Wenn sie einen Gegenstand betrachten, sehen sie ihn in seinem An-Sich und nicht nur in seiner Beziehung zu uns."[15]

Auch diese Beschreibung eines bei Künstlern häufig anzutreffenden Verhältnisses zur Welt (das sich bisweilen auch bei Wissenschaftlern oder Philosophen als eine professionelle Haltung und Einstellung findet) lässt sich leicht auf das Thema der Lebenskunst übertragen. Um sich und das eigene Dasein überhaupt modifizieren zu können, braucht es ein Minimum an Gestaltungsspielraum; und dieser Spiel- und Freiraum entsteht oftmals, wenn wir uns von materiellen, psychosozialen und soziokulturellen Verführungs- oder Anfechtungssituationen bei Bedarf genügend emanzipieren können.

Meistens aber sind wir mit der Welt um uns her derart eng verzahnt, verfugt, verflochten, dass es uns enorm schwerfällt, auf die von ihr ausgehenden und von uns wahrgenommenen Reize jenseits von Angst, Begierde und Affekt zu reagieren und zu antworten. Weil wir fest eingelassen in die Landschaften unseres Daseins existieren, gelingt es uns kaum, von einer höheren, entfernteren Warte aus dem Treiben von Mitmenschen, Natur und Kultur zuzu-

---
[15] Bergson, H.: Denken und schöpferisches Werden (1939), Hamburg 1993, S. 157.

sehen und mithilfe dieser Optik Erkenntnisse zu gewinnen, die keine bloße Widerspiegelung unserer jeweiligen persönlichen Bedürfnisse und Interessen bedeuten.

Immanuel Kant (1724–1804) hatte in *Kritik der Urteilskraft* (1790) auf ähnliche Formen der Wahrnehmung und Beurteilung angespielt, indem er die Betrachtung, Anschauung und Reflexion von Schönheit als „uninteressiertes Wohlgefallen im Geschmacksurteil"[16] charakterisierte. Edmund Husserl (1859–1938) forderte mit der von ihm entwickelten phänomenologischen Einklammerung, Reduktion und *epoché* (Zurückhaltung) ebenfalls eine Spielart der Weltbeziehung, bei der es um das Erkennen von Wesenheiten geht, ohne dass sich in diesen philosophischen Erkenntnisprozess permanent ungefiltert und unkontrolliert die Persönlichkeit des urteilenden Betrachters mitsamt seiner Befindlichkeit mischt. Und Hannah Arendt (1906–1975) hätte auf die *Vita contemplativa* verwiesen, die eine reflektierende, erkennende Weltsicht ohne überstürzt-kurzatmige *Vita activa* ermöglicht.

Doch zurück zur Lebenskunst, von der ich meine, dass sie als Voraussetzung neben der Weltoffenheit und möglichst unverstellten Nähe zum Dasein auch eine spezielle Form der Distanz zur Welt nötig hat, um nicht der Magie von Dingen, Atmosphären und Situationen zu erliegen, mit denen wir tagtäglich konfrontiert sind. Jean-Paul Sartre (1905–1980) hätte uns für eine solch kluge, die künstlerische Gestaltung der eigenen Existenz ermöglichende Distanz zur Welt ein gehöriges Maß an Fantasie und Einbildungskraft verschrieben. In seinem Buch *Das Imaginäre* (1940) verknüpfte er dementsprechend die Themen von Kunstschaffen, Kunst und Ästhetik mit den Fragen nach der menschlichen Fantasie-Tätigkeit und ihrem Freiheitsspielraum.

Seit jeher spricht man in diesem Zusammenhang vom Möglichkeitssinn des Menschen. Nur weil wir imaginieren können, eröffnen sich uns die Freiheitsgrade des Vorstellens und entwerfenden Schaffens, die es in diesem Ausmaß, in diesen Formen in der Tierwelt (wahrscheinlich) nicht gibt. Kunst bedeutete für Sartre eine produktive und originelle Antwort auf die Zufälligkeit (Kontingenz) des Seins, und das Kunstwerk erschien ihm als etwas Freies, Notwendiges in einer unfreien und kontingenten Umgebung. Die Kunsttheorie Sartres mündet in die Aufforderung, dass möglichst viele Menschen dem Authentizitätsmangel ihres Alltags entrinnen und sich Freiheit erobern sollen; dies wollte er in seinen Studien über Baudelaire, Flaubert oder Jean Genet ebenso wie in seiner Autobiografie *Die Wörter* (1963) modellhaft aufzeigen:

---

[16] Kant, I.: Kritik der Urteilskraft (1790), Werkausgabe Band X, Frankfurt am Main 1992, S. 117.

2 Gelingendes Leben: Es kunstvoll und es gut machen wollen 31

„Ich habe *Die Wörter* geschrieben aus dem gleichen Grund, aus dem ich über Genet und Flaubert geschrieben habe: Wie wird ein Mensch zum Schriftsteller, zu einem, der von Imaginärem sprechen will?"[17]

Wir können ergänzend fragen: Wie werden möglichst viele von uns zu Personen, die den Mut und die Fähigkeit entwickeln, sich ähnlich wie die Schriftsteller und andere Künstler im Imaginären zu bewegen? Wie kommen wir dazu, neben der Realität auch das Imaginäre derart gelten zu lassen, dass es unsere Wirklichkeit positiv, in einem kreativen Sinne zu beeinflussen vermag und zur Verschönerung, zum Gelingen unseres Lebens beiträgt? Wieviel Klugheit, Vernunft, spielerischer Elan, Vitalität, Kreatürlichkeit und Spontaneität, Esprit, Humor und plastische Kapazität sind vonnöten, um aus unserer Existenz ein Leben werden zu lassen, das sich nicht nur in Notdurft, Tand und Haschen nach Events, im Alltäglichen, Banalen und Konventionellen gefällt?

Wie schließlich können wir uns hinsichtlich unserer Daseinsgestaltung an jenen Künstlerinnen und Künstlern modellhaft orientieren, die in ihrer Lebensführung unauffällig, beinahe bieder, bürgerlich und bescheiden, nur bedingt Boheme-haft, narzisstisch oder extravagant wirken und bei denen umso mehr in ihrem Werk das Unerhörte, das Überraschende und Staunen-Erweckende ins Gewicht fällt? Ihr Anderssein bezieht sich auf ihren Stil und Ausdruck, auf den gedanklichen und emotionalen Gehalt ihrer Kunst, die scheinbare Leichtigkeit und Grandezza ihrer Arbeitsergebnisse, die unergründliche Tiefe ihrer sprachlichen und nicht-sprachlichen Aussagen und Mitteilungen sowie das nicht enden wollende Spiel ihrer Kreativität, produktiven Impulsivität, Fantasie und Vorstellungskraft – und nicht auf Manierismen aller Art.

Wenn dabei Kunstwerke entstehen, attestieren wir ihnen diverse Qualitäten und Wertaspekte wie Echtheit, Wahrhaftigkeit, Anmut, Erhabenheit, Harmonie, Vollkommenheit, Wahrheit sowie Generosität oder Schönheit, Nüchternheit, Nacktheit, Direktheit. Trotz aller Entblößung des menschlichen Daseins, wie sie besonders in den letzten Jahrzehnten künstlerische Realität geworden ist, vermag die Kunst uns immer noch zu verzaubern, indem sie die Geschichten vom echten, tatsächlichen Menschsein weitererzählt und weitermalt und weiterspielt und weitertanzt. Nur haben sich die Rollen und Funktionen von Künstlern und Publikum häufig insofern angenähert, als die daran Beteiligten ihre etwas veränderte Aufgabe spüren: den Tanz, die Melodien, die Bilder und Texte des Lebens gemeinsam zur Auf-

---

[17] Sartre, J.-P.: Sartre über Sartre (1940–76), Reinbek bei Hamburg 1977, S. 187.

führung zu bringen und zugleich die Aufführungen als Leben zu begreifen: „Sich im Leben aufzuführen wie in den Aufführungen der Kunst."[18]

Lebenskunst bedeutet daher auch, wertsichtiger und -sensibler zu werden und jene Wertaspekte ins eigene Dasein zu integrieren versuchen, die – aus welchen Motiven auch immer – in der bisherigen Biografie des Einzelnen kaum oder zu wenig präsent waren. Wie derlei bewerkstelligt wird, hat unter anderem Henri Bergson wiederholt erläutert. Wert-Sichtigkeit und -Sensibilität leistet nicht oder nur ziemlich rudimentär unser Intellekt – dazu sind vielmehr Intuition, emotionale Differenziertheit, Lebendigkeit (*élan vital*), die Bereitschaft zum Werden und zur Entwicklung sowie die Fähigkeiten zum Erleben von Zusammenhang und Dauer (*durée*) vonnöten.

Fasst man die erläuterten, partiell sehr verschiedenen Aspekte der Lebenskunst zusammen, lässt sich in ihnen ein roter Faden erkennen: der Versuch, die eigene Personalität zu entwickeln und als Persönlichkeit zur Reifung zu bringen. Künstler ebenso wie Lebenskünstler sind oftmals Menschen, die derlei mit spielerischem Ernst, mit Entschiedenheit und Humor, handwerklich-technischer Raffinesse und zugleich mit dem Bewusstsein und dem Risiko des möglichen Scheiterns ein Leben lang stets aufs Neue probieren. Bei ihnen spielt ein kompensatorisches Motiv eine wichtige Rolle: Um der Hässlichkeit und den Sinnwidrigkeiten der Menschenwelt (als da wären Ungerechtigkeit, Armut, Unterdrückung, Unfreiheit, Terror, Krieg) zu begegnen und dabei dennoch sozial und kulturell aktiv bleiben zu können, greifen sie zur (Lebens-)Kunst als Ausdruck der Empörung, als Antidot gegen vergiftende Affekte wie Hass, Neid, Missgunst, Diskriminierung, Entwertung sowie destruktive Aggressionen aller Art.

Der schöne und nicht selten auch der dekuvrierende Schein der Kunst nämlich hilft Menschen oft über die ärgsten Untiefen und Enttäuschungen ihres Daseins hinweg und tröstet sie angesichts der existenziellen Härten und Frustrationen, die unser Leben zu keinem geringen Anteil prägen: „Wir haben die Kunst", so lesen wir im Nachlass Nietzsches, „damit wir nicht an der Wahrheit zugrunde gehen."[19] Nicht nur zu Erkenntniszwecken, zur Detektion von Wahrheitspartikeln benötigen wir Schönheit, Kunst, persönliche Daseinsgestaltung; vielmehr sollen sie das Leben erträglicher werden lassen, selbst wenn wir um die Scheinhaftigkeit dieser Existenz-Strategien wissen.

Paradebeispiel für derartige Kunst ist die Musik Mozarts, der aus existenzieller Tiefe und Melancholie perlende Melodien zu transformieren vermochte, die bei ungenauem Hinhören wie eine Folge harmloser Oberfläch-

---

[18] Fischer-Lichte, E.: Ästhetik des Performativen (2004), Frankfurt am Main 2019, S. 362.
[19] Nietzsche, F.: Nachgelassene Fragmente (1887–1889), in: KSA 13, München 1988, S. 500.

2 Gelingendes Leben: Es kunstvoll und es gut machen wollen

lichkeiten wirken; oder auch die Beschreibung von Kunst (und Lebenskunst) durch Thomas Mann, mit dem wir das Kapitel begonnen haben:

„Sie (die Kunst) streckt nicht dem Leben, zu dessen geistiger Belebung sie geschaffen ist, die kalte Teufelsfaust des Nihilismus entgegen. Sie ist dem Guten verbunden, und auf ihrem Grunde ist Güte, der Weisheit verwandt, noch näher der Liebe. Bringt sie gern die Menschen zum Lachen, so ist es kein Hohngelächter, das sie bringt, sondern eine Heiterkeit, in der Hass und Dummheit sich lösen, die befreit und vereinigt … Verächterin des Schlechten, hat sie nie den Sieg des Bösen aufzuhalten vermocht; auf Sinngebung bedacht, nie den blutigsten Unsinn verhindert. Sie ist keine Macht, sie ist nur ein Trost. Und doch – ein Spiel tiefsten Ernstes."[20]

---

[20] Mann, Th.: Der Künstler und die Gesellschaft (1953), in: Meine Zeit – Essays 1945–1955, Frankfurt am Main 1997, S. 235.

3

Der Himmel ist leer, und alle Engel sind hier

Ein letztes und wahrscheinlich *das* letzte vollendete Drama von Shakespeare war *Der Sturm* (1611). Gleich zu Beginn des Stückes lässt der Luftgeist Ariel auf Geheiß seines Herrn und Gebieters Prospero ein Schiff kentern, ohne dass dabei Personen zu Schaden kommen. Allerdings sind die Passagiere bei diesem Schiffbruch enorm verängstigt, und einer ruft verzweifelt aus: „*Hell is empty, and all the devils are here.*" – „Die Höll' ist leer, und hier sind alle Teufel!"[1] – ein Satz, der in den letzten vier Jahrhunderten bisweilen zitiert wurde, um das Bitterbös-Inhuman-Teuflische einer existenziellen Katastrophe zum Ausdruck zu bringen.

Ich plädiere jedoch, bei aller sonstigen Wertschätzung dieses Dramas, für eine entschiedene Abwandlung und Umkehrung des Zitats in sein pures Gegenteil: „Der Himmel ist leer", muss es meiner Ansicht nach heißen, „und alle Engel sind hier." Damit will ich die verdammte Anwesenheit von Teufeln nicht leugnen; aber das Faktum, dass sich unter uns auch Engel bewegen und bei allen erschütternden Unmenschlichkeiten immer wieder für einen Hauch von Hoffnung auf Humanität sorgen, hat doch etwas ausgesprochen Tröstliches.

Der Terminus Engel kommt vom griechischen *Angelos,* was so viel wie Sendbote bedeutete; solche Sendboten kannte die griechische und römische Mythologie wie auch das Judentum. Engel wurden als geschlechtslose Geistwesen vorgestellt, die zwischen Göttern und den Menschen vermitteln und neben der Vermittlung von Botschaften auch Schutzmaßnahmen für die

---

[1] Shakespeare, W.: Der Sturm (1611), Deutsch von Frank Günther, München 1996, S. 28/29.

Menschen übernehmen. Soweit ein zugegeben sehr knapp gehaltener Rückblick in die *Angelos*-Historie.

Wenn hier von Engeln die Rede ist, meine ich jedoch weder esoterische noch religiöse noch Putten-artige Wesen. Die Engel, die ich meine, waren oder sind männlichen oder weiblichen oder diversen Geschlechts und während ihres Lebens körperlich sichtbar. Ähnlich wie ihre antiken Namensgeber überbringen sie Botschaften aus einer in der Regel unsichtbaren, quasi göttlichen Sphäre (der Sphäre von Werten und Idealen) und tragen damit zum Schutz und Gelingen unseres Daseins bei – falls wir denn ihre Botschaften hören und sie ernstnehmen. Die meisten von uns kennen diese Evangelisten (ebenfalls vom griechischen Wort *Angelos* abgeleitet; übersetzt bedeutet Evangelist so viel wie Überbringer schöner, heiterer, froher Botschaften) jedoch nicht unter dem Titel Erz- oder Schutzengel, sondern unter den Berufsbezeichnungen der Literaten, Dichter und Philosophen, der bildenden und darstellenden Künstler sowie (ganz schlicht) der empathischen, mit *common sense* versehenen Mitmenschen.

Wenn ich in der Folge einige dieser zutiefst irdischen Engel erwähne, erfolgt deren Auswahl nach ganz und gar subjektiven Geschmacksaspekten. Ebenso gut wie etwa Wolfgang Amadeus Mozart, Rahel Varnhagen oder Ernst Bloch könnte ich Dutzende anderer Namen von Künstlern, Schriftstellerinnen oder Philosophen aufführen, die ähnlich wie die drei Genannten Werte und Ideale und einen Lebensstil verkörperten, die für die Verwirklichung von Eudämonie in Betracht zu ziehen sind. Eine Auswahl aus der Fülle von Beispielen tat demnach Not – *voilà*, da ist sie:

In seinem Buch *Entweder – Oder* (1843) vertrat Sören Kierkegaard (1813–1855) die Auffassung, es gehöre zu den bevorzugten Aufgaben der Musik, das Sinnlich-Erotische (so wie er es definierte) darzustellen. Zwar könne man darin auch andere Affekte und Leidenschaften zum Ausdruck bringen; doch nichts entspräche den Möglichkeiten der Tonkunst mehr als eine Thematisierung des Eros in allen seinen Variationen. Als Gewährsmann für seine Ansichten wählte Kierkegaard keinen Geringeren als Wolfgang Amadeus Mozart und dessen Oper *Don Giovanni,* an der er zeigen wollte, inwiefern der Künstler das Wesen der Erotik intuitiv erfasst und in bezaubernde Musik transponiert hat. Neben diesem Singspiel erwähne ich auch *Cosi fan tutte*, um zu demonstrieren, wie sehr Mozart den Eros zur Grundlage von Eudämonie gemacht hat.

Wolfgang Amadeus Mozart (1756–1791) zeigte bereits als Knabe Wunderkind-Begabung im Klavier- und Violinspiel, und den Angaben des Vaters Leopold Mozart zufolge soll er schon 1761 seine ersten Kompositionen vorgelegt haben. Ein Jahr später ging Vater Mozart mit seinem Sohn auf Tournee durch halb Europa. Über den Auftritt in Paris schrieb Melchior Grimm in der *Literarischen Korrespondenz*:

> „Wahre Wunder sind so selten, dass man davon spricht, wenn man einmal eins erlebt ... (W.A. Mozart) ist ein so ungewöhnliches Wunderkind, dass man kaum glauben kann, was man mit seinen Augen sieht und mit seinen Ohren hört ... Geradezu unglaublich ist es, ihn eine Stunde lang aus dem Kopf spielen und sich der Eingebung seines Genies und einer Menge entzückender Einfälle überlassen zu sehen."[2]

Mit kaum elf Jahren stellte Mozart eine Schuloper (*Die Schuldigkeit des ersten Gebots*), die *Waisenhausmesse*, ein Singspiel (*Bastien und Bastienne*) sowie die Opera buffa *La finta semplice* fertig. Nach einer neuerlichen Tournee durch Italien wurde er 1772 in Salzburg zum besoldeten Konzertmeister bestallt. Innerhalb kurzer Zeit komponierte er über zwanzig Symphonien, Dutzende Messen und Motetten (darunter *Exultate, jubilate*), Menuette, Streichquartette, Sonaten, Divertimenti und Lieder, und bald darauf trat er in den Zustand der Klassizität ein. Anfang 1777 schuf er für die französische Pianistin Mademoiselle Jeunehomme ein nach ihr benanntes Klavierkonzert (KV 271), das von dem Pianisten Alfred Brendel schlicht als Weltwunder etikettiert wurde.

1781 quittierte Mozart nach einer Reihe von Querelen mit seinem Brotgeber, dem Salzburger Erzbischof Colloredo, seinen Dienst als Konzertmeister und lebte fortan eine Existenz als freischaffender Künstler – eine Daseinsform, die damals völlig ungewöhnlich war. Von seinen Fesseln der fürstbischöflichen Abhängigkeit befreit, schuf Mozart in den zehn Jahren nach 1781 (er starb bereits 1791) etwa die Hälfte seines gesamten Œuvres.

Trotz seiner finanziell unsicheren Verhältnisse war die künstlerische Ausbeute nach Mozarts Weggang aus Salzburg phänomenal. In den 80er-Jahren schuf er Meisterwerke in rasendem Tempo und mit genialer Sicherheit des Ausdrucks. Des Weiteren machte er die Bekanntschaft mit Joseph Haydn, der ihn uneingeschränkt anerkannte, und mit Lorenzo da Ponte, der ihm in den folgenden Jahren einige Libretti zu seinen bekanntesten Opern schrieb: *Die Hochzeit des Figaro* (1786), *Don Giovanni* (1787) sowie *Così fan tutte* (1790).

Obwohl er mit *Don Giovanni* ebenso wie mit *Die Hochzeit des Figaro* große Operntriumphe feierte, hatte Mozart weiter mit Geldsorgen zu kämpfen – die teilweise hausgemacht waren. In Zeiten, in denen er bis zu 10.000 Gulden im Jahr verdiente (entspricht einer heutigen Kaufkraft von etwa 150.000 €), ging

---

[2] Grimm, M.: Literarische Korrespondenz (01.12.1763), in: Paris zündet die Lichter an, Leipzig 1977, S. 220f.

er mit seinem Einkommen in keiner Weise sparsam um. Stattdessen gab er Unsummen für weitläufige Wohnungen, Personal, Garderobe und sein geliebtes Karten- und Billardspiel aus. Mozart erwies sich in seinem musikalischen Schaffen ebenso wie in Freundschaften, Liebesbeziehungen, der allgemeinen Gestaltung seines Lebens als ausgesprochen großzügig, überschwänglich, gebefreudig, verschwenderisch.

Zu den finanziellen Nöten gesellten sich nicht selten auch kritisch-scheele Blicke seiner Zeitgenossen. Die Philister in Österreich bescheinigten ihm, mit seiner Oper *Cosi fan tutte* zwar „Melodien, die ein Engel erdacht" zu präsentieren, hinsichtlich des Inhalts aber „unsaubere Stufen zur Größe" zu zeigen. Es mutet erstaunlich an, dass Mozart trotz der prekären wirtschaftlichen und sozialen Lage in den letzten Jahren seines Lebens immens produktiv war. Damals entstanden etwa die *Linzer-* und *Prager-* und *Jupiter-Symphonie* (1788), *Eine kleine Nachtmusik* (1787), das wundersam heitere *Klarinettenquintett* (1789) oder das *Klavierkonzert in C-Dur* (1786) – wohl das meisterlichste seiner insgesamt 27 Klavierkonzerte.

Mozart dachte in musikalischen Qualitäten, so wie Maler ihr Dasein in Farben und Bildhauer das ihrige in Bronze oder Stein erleben. Er hat, wie Nietzsche ihn charakterisierte, seine Inspirationen nicht beim Hören von Musik, sondern im Schauen des Lebens gefunden. So kann man auch Mozarts Aussage einordnen, dass er immer schon die jeweiligen Melodien im Kopf oder Gemüt in sich trug und sie nur noch niederschreiben musste – eine Arbeit, mit der er oftmals kaum hinterherkam.

Bezogen auf *Cosi fan tutte* bedeutet dies, dass Mozart intuitiv Bühnengestalten schuf, deren Charaktere und Interaktionen musikalischen Gesetzen unterliegen. Ähnlich wie Goethe in seinen *Wahlverwandtschaften* hat er zwei Paare in eine experimentelle Anordnung versetzt und die daraus resultierende Dynamik von erotischer Anziehung und distanzierender Abgrenzung wie ein Versuchsleiter protokolliert. Das Resultat dieser Aufzeichnungen besteht in einer Oper, die lange zu den umstrittensten Mozarts zählte. Man bemängelte ihre Unmoral und ihre angeblich zu oberflächlichen Melodien. In den letzten Jahrzehnten gilt *Cosi fan tutte* jedoch zunehmend als gleichberechtigtes Meisterwerk neben der *Hochzeit des Figaro* und dem *Don Giovanni*.

Die Oper spielt im Neapel des 18. Jahrhunderts. Zwei junge Offiziere namens Ferrando und Guglielmo sind überzeugt, dass ihnen ihre Frauen Dorabella und Fiordiligi, zwei Schwestern, niemals untreu werden können. Der gemeinsame Freund Don Alfonso ist diesbezüglich skeptisch und schlägt den Offizieren vor, eine Wette einzugehen, um die Treue ihrer Geliebten zu über-

3 Der Himmel ist leer, und alle Engel sind hier 39

prüfen. Er ist überzeugt, dass die beiden als untadelig geltenden jungen Damen zum Schluss handeln, wie alle anderen auch: *cosi fan tutte* (so machen es alle).

Die Schwestern sind sich ihrer Fähigkeiten zu unverbrüchlicher Treue sicher. Sie werden vom eintretenden Don Alfonso unterbrochen, der ihnen mitteilt, dass ihre Männer angeblich in den Krieg ziehen müssen. Dorabella und Fiordiligi sind untröstlich, verabschieden ihre Helden jedoch formvollendet und scheinen sich in das Schicksal von Strohwitwen zu fügen. Kurze Zeit später kehren Ferrando und Guglielmo, verkleidet als fremdländische Adelige, zu ihren Frauen zurück und umschwärmen jeweils die Geliebte des Anderen.

Dorabella erweist sich als die rascher Verführbare. Schon in der Abschiedsszene war sie von erotischer Unruhe geplagt; nachdem sie der Schwester entschlossen mitteilt: „Ich wähle mir den Braunen!", schreitet sie zur Tat: Sie singt von ihrer neuen Liebe. Verglichen mit Dorabella ist Fiordiligi die Erhaben-Unerschütterliche – zumindest einige Takte länger als ihre Schwester. Als introvertierte Frau kann sie den Lockungen Ferrandos eine Weile widerstehen, um zuletzt ebenfalls zu kapitulieren und sich der Logik des Schwach- und Immer-schwächer-Werdens zu ergeben.

Das *happy end* dieser Oper – die ehemals Verlobten finden sich wieder – wird von der melancholisch anmutenden Verzichtsleistung der Betroffenen untermalt. Zwar scheint es vernünftig, die alten Beziehungen wieder aufleben zu lassen; ob dies emotional und sinnlich auch realisierbar ist, wird von Mozart offengelassen. Nachdem er zwei Akte lang musikalische Einblicke in die Breite der Spielarten von Liebe und Eros gegeben und vom zart-lyrischen Liebeswerben über Affekte und Leidenschaften bis hin zum puren Sexuell-Anzüglichen viele ihrer Dimensionen entfaltet hat, beendet er sein Singspiel mit einer harmlos klingenden Weise, die deutlich mehr Fragen offenlässt, als dass sie Antworten bereithält.

Mozart war ein musikalischer Zauberer, der wie kein anderer Tonkünstler die existenziell erschütternden Tiefen der menschlichen Existenz in glatte Oberflächen zu verwandeln wusste. Schönheit, Anmut, Heiterkeit und Harmonie sind Elemente seiner Kunst, die in seinem Werk stets präsent sind; das Tragische und Düstere des Daseins scheint jedoch selbst in den entspannten, heiteren Passagen seiner Musik im Hintergrund latent vorhanden, ohne bedrückend oder abschreckend zu wirken.

Mozart muss als Komponist ein ausgeprägtes Sensorium für jene Aspekte des Lebens gehabt haben, die wir als unangenehm, quälend, beängstigend erleben: Niederlagen, Begrenzungen, Kränkungen, Tod. Gleichzeitig verfügte er über die seltene Gabe, all dies in seinen seelisch-künstlerischen Stoffwechsel aufzunehmen und mit eigenen erotischen Qualitäten zu vermengen, bis jener musikalische Stil entstand, der seit über 200 Jahren die Menschen anrührt und begeistert.

„Mann und Frau, und Frau und Mann, reichen an die Gottheit an" – heißt es in der *Zauberflöte* (1791). Diesem Motto ist der Komponist in seinem privaten Dasein ebenso wie in seinem künstlerischen Schaffen treu geblieben. In gewisser Weise kann man seine Musik wie ein einziges großes Liebeswerben um die Welt und seine Mitmenschen begreifen, denen er schon als Knabe eine Vielzahl heller und heiterer Stunden bescherte, und die er auch noch als Erwachsener in kindlicher Unbefangenheit umwarb – eine künstlerisch-erotische Haltung, die beileibe nicht alle zu leben vermögen: *cosi non fan tutte*.

Man höre die Arie „Ruhe sanft, mein holdes Leben" aus der Oper *Zaide* (1780), und man wird zugeben, dass sie nicht nur ein beruhigendes Schlaflied ist, sondern wie ein großer Trost wirkt, der alle Schrecken und Leiden in sich aufnimmt und mit sanfter Entschiedenheit zum Verstummen bringt. Mozart tröstet, aber er mogelt nicht. Er verheißt keine Rettung, wo Leben unheilbar verloren ist. Seine Musik kündet aber von der Wirkung erotischer Wandlungskraft, die beim Einzelnen dem Thanatischen häufig Paroli bieten kann und im Bereich der Kultur eine Art Ewigkeit ermöglicht, an der wir für eine kleine Weile teilnehmen und mitwirken dürfen.

Verglichen mit dem Wunderkind Mozart war Rahel Varnhagen von Ense (1771–1833), geborene Levin, eine regelrechte Spätentwicklerin. Und doch gingen auch von diesem „Engel" am Ende des 18. und im ersten Drittel des 19. Jahrhunderts Hoffnungsschimmer für ein besseres, menschlicheres Dasein aus, die bis in unsere Jetztzeit Wirkung entfalten. Rahel Varnhagen machte sich zum einen als Salonière in Berlin und zum anderen als nimmermüde und quicklebendige Briefeschreiberin einen Namen. Ihre Korrespondenz, die in vielen Bänden publiziert wurde, und ihre Schriftstellerei vermieden abgegriffene Formeln und Floskeln vornehmer Etikette; stattdessen dominierten Echtheit, Direktheit und Gefühl, anschauliche Bilder und ungewohnte Musikalität in ihren Briefen, Texten und Tagebuch-Notaten:

> „Ich will nämlich, ein Brief soll ein Portrait von dem Augenblick sein, in dem er geschrieben ist; und getroffen soll es hauptsächlich sein, so hoch auch Kunstanforderungen an ideale Veredelung lauten mögen: von denen man allerdings wissen soll, aber nach denen sich zu gebärden affektiert und leer ausfällt."[3]

---

[3] Varnhagen, R.: Brief an Konrad Engelbert Oelsner (27.12.1821), in: Rahel – Ein Buch des Andenkens für ihre Freunde, Band 4, Göttingen 2011, S. 353.

Mit Authentizität und Lebendigkeit schuf sich Rahel Varnhagen eine sprachlich-geistige Welt aus Fragen und Antworten, aus Billetts, Karten, Zetteln, Episteln, Abhandlungen, die in ihrer Verzweigung und Tiefe der angerissenen Themen, in der Intensität und Frequenz des Austausches, in der Zahl und im intellektuell-charakterlichen Niveau der Briefpartner ihresgleichen sucht. „Mein Leben soll zu Briefen werden" – dieser Vorsatz Rahel Varnhagens wurde vollkommen Wirklichkeit.

Ihre ungekünstelte Art zu denken, zu schreiben, zu reden erklärt auch, warum Rahel Varnhagen mit ihrem Salon zum Mittelpunkt von Gesprächskreisen wurde, die für Künstler, Gelehrte und Literaten ausnehmend attraktiv waren. In einer schlichten Dachstube im Zentrum Berlins trafen sich (zwischen 1790 und 1806) Friedrich und August Schlegel, Ludwig und Friedrich Tieck, Clemens Brentano, Johann Gottlieb Fichte, Friedrich Schleiermacher, die Brüder Humboldt, Friedrich Gentz, Jean Paul, Adelbert von Chamisso und der Prinz Louis Ferdinand. In den 20er-Jahren des 19. Jahrhunderts verkehrten dann unter anderen G.W.F. Hegel und Heinrich Heine, Eduard Gans, Leopold Ranke und Bettina von Arnim in Rahel Varnhagens *Bureaux d'Esprit* (geistigem Laboratorium).

Dieser Salon gab ein Modell ab für ein geistreiches Plaudern, bei dem (beinahe völlig entgegengesetzt zu vielen Debatten im 21. Jahrhundert) das Private dezent und verschwiegen und das Öffentliche auf eine philosophische, politische sowie künstlerische Manier verhandelt wurde. Der perlende Austausch von Wissen und Meinungen, Zitaten, Bonmots, kleinen Geheimnissen war ein Konversationsideal, und die Inspiration wurde dabei weitaus höher bewertet als die Transpiration. Die Diversität von Themen und Ansichten gab Anlass zu Jubel, wohingegen jegliche Versteifungen auf eine einzige Anschauung als degoutant erschienen.

Nach all dem bisher Beschriebenen kann man sich in etwa denken, was Rahel Varnhagen auf unsere Fragen nach der Eudämonie, nach dem guten, glücklichen, gelingenden Dasein geantwortet und uns empfohlen hätte: Entwickelt Echtheit, Lebendigkeit sowie Mut zur autonomen, selbstständigen Gestaltung der eigenen Existenz! Bedeutend wichtiger als Titel, Ehre und Besitz sowie als jede Art von Maskerade waren für sie dabei der intellektuelle und emotionale und soziale Bauplan der eigenen Person:

> „Kein großer Trumeau (Spiegel), kein „Jungfernkranz", kein Elefant über Theaterbrücken; keine Wohltätigkeitsliste, kein Vivat, keine Herablassung; keine gemischte Gesellschaft, kein neues Gesangbuch, kein bürgerlicher

Stern ... Die Pockenmaterie muss raus; Schminke hilft nichts; und wäre sie mit Hausanstreichpinseln aufgeklext!"[4]

Aus diesen Zeilen spricht Rahel Varnhagens Plädoyer, auf Zehenspitzengang und allfällige Narzissmen wo immer möglich zu verzichten. So verlockend es dem Einzelnen auch erscheinen mag, seine Individualität ins Zentrum des Geschehens und seine Mitmenschen weit nach außen an die Peripherie seiner Welt zu rücken, so sehr bezahlt er diese Haltung mit der Tendenz zu eigener Vereinsamung sowie zur Intoleranz den Anderen gegenüber. Sich selbst wiederholt zurückzunehmen und stattdessen die Anderen und deren Nöte, Sorgen und Sachthemen als priorität zu begreifen, sichert andererseits einigermaßen das eigene Wohlbefinden:

> „Ich liebe unendlich Gesellschaft: ... und kein Gegenstand ist mir bis zur Ungeschicklichkeit fremd, der dort vorkommen kann. Ich bin bescheiden und gebe mich doch preis durch Sprechen; und kann sehr lange schweigen; und liebe alles Menschliche, *dulde* beinah *alle* Menschen."[5]

Rahel Varnhagen empfand bereits Ende des 18. Jahrhunderts ein immens großes Bedürfnis nach Freiheit und Selbstverwirklichung, wobei sie spürte, dass beides für sie (und uns) nur zu erobern ist, wenn das Denkvermögen und die autonome Urteilskraft ausgebildet werden. Ihre Bildung war entsprechend stupend, aber mindestens ebenso überzeugend war ihre vollkommen offene und direkte Art des neugierigen, kommunikativen, assoziativen Denkens:

> „Denken ist Graben, und mit einem Senkblei messen. Viele Menschen haben keine Kräfte zum Graben, andere keinen Mut und Gewohnheit, das Blei ins Tiefe sinken zu lassen."[6]

Rahel Varnhagen besaß nicht nur ein Senkblei, sondern auch lustvolle Neugierde genug, die Tiefe der Kultur, ihrer Mitmenschen und des eigenen Ich auszuloten. Autonomes Fühlen und Denken bestand für sie ähnlich wie für Michel Foucault im 20. Jahrhundert aus möglichst ungehemmtem „Sehen und Sagen" – wobei sich die sinnlichen Eindrücke natürlich nicht nur auf das Gesehene und die Möglichkeiten des Ausdrucks, selbstverständlich nicht nur

---

[4] Varnhagen, R.: Brief an Heinrich Heine (21.09.1830), in: Rahel – Ein Buch des Andenkens für ihre Freunde, Band 5, Göttingen 2011, S. 350.
[5] Varnhagen, R.: Brief an Clemens Brentano (01.08.1813), in: Rahel – Ein Buch des Andenkens für ihre Freunde, Band 2, Göttingen 2011, S. 511.
[6] Varnhagen, R.: Tagebuchaufzeichnung (10.04.1803), in: Rahel – Ein Buch des Andenkens für ihre Freunde, Band 1, Göttingen 2011, S. 348.

auf das Gesagte beschränken sollten. Rahel Varnhagen wollte beides sein: eindrücklich und ausdrücklich; und beides, das Rezeptive wie das Expressive, hätte sie auch als unabdingbare personale Voraussetzungen für Eudämonie verstanden.

Bei aller Unerschrockenheit ihrer Wahrnehmung und aller Unbekümmertheit ihres Ausdrucks wäre es Rahel Varnhagen allerdings nie in den Sinn gekommen, Illusionen als Hoffnungen und Wunschgebilde als Realitäten anzupreisen. Diese Frau verstand es, trotz ihres Hangs zum musikalisch-poetisch-verspielten Schreib- und Sprechstil eine trocken-herbe Nüchternheit und nicht-korrumpierbare Klarheit der Beschreibung beispielsweise politischer Verhältnisse an den Tag zu legen, die an die Diagnosestellung gekonnt sezierender Pathologen erinnert. Über die Willkür des Zufalls, der Politik und der Zeitläufte schrieb sie ganz unromantisch:

> „Aber oh! arme Erde! wie unsicher geht es uns auf dir. Wir kommen ohne Einwilligung; gehen, ohne zu wissen, wann! Und werden in der Zwischenzeit hin und her geschickt. Von Metternichs, Hardenbergs, Wellingtons; Königen, Armut, Irrtümern, falschen Hoffnungen und Plänen, und all den maskierten Strebungen, die man Ungefähr nennt!"[7]

Ein Gemälde von Caspar David Friedrich (1774–1840) aus dem Jahre 1824 zeigt das Wrack eines Segelschiffes, das zwischen Eisblöcken unbeweglich eingeklemmt ist und ganz offensichtlich den unrühmlichen Rest einer Polarexpedition ausdrücken soll; dazu passt jedenfalls der Titel des Bildes, der *Die gescheiterte Hoffnung* lautet. Viele Kunsthistoriker sind der Meinung, dass Friedrich damit eine Allegorie auf die enttäuschenden Resultate der Freiheitskriege von 1815 schaffen wollte, die zwar Deutschland von der Napoleonischen Herrschaft befreit, innenpolitisch zumindest bei den fortschrittlich Gesinnten jedoch zur Resignation und Niedergeschlagenheit beigetragen haben, weil (wie auch Rahel Varnhagen im obigen Zitat andeutete) Freiheit gegenüber den eigenen Landesfürsten nicht durchsetzbar war.

In einem Gespräch zu seinem 90. Geburtstag wurde der Philosoph Ernst Bloch auf dieses Gemälde Friedrichs hin angesprochen und um seine Meinung dazu gebeten. Bloch, der das Bild nicht kannte, fragte einige Male beim Interviewer nach und erkundigte sich nach den Einzelheiten seiner Entstehung, um dann seine Gedanken zu dem Kunstwerk zu äußern:

---

[7] Varnhagen, R.: Brief an Henriette von Reden die Ältere (06.09.1819), in: Rahel – Ein Buch des Andenkens für ihre Freunde, Band 4, Göttingen 2011, S. 174.

> „Dass aber wir noch übrigbleiben oder einer wenigstens noch übrigbleibt, der das Bild malen kann, und vielleicht noch einer, der sehen und nicht nur in seiner Art verstehen kann, das zeigt, dass nicht alles völlig gescheitert ist … Natürlich ist dieses Bild eine Allegorie der Hoffnung, auch in diesem Sinn, dass es phänomenologisch zum Wesen der Hoffnung gehört, dass sie enttäuscht werden kann."[8]

Mit Ernst Bloch (1885–1977) sind wir beim dritten und letzten „Engel" dieses Kapitels angelangt. Die meisten werden seinen Namen mit seinem Hauptwerk *Das Prinzip Hoffnung* (1959) verbinden, wobei sich nicht wenige Gedanken daraus für unser Generalthema der Eudämonie als ähnlich passend anbieten wie etliche Aspekte der Biografie und Persönlichkeit dieses Denkers.

Man nannte Ernst Bloch einen Messias, barocken Polterer, Visionär, Utopisten, Stürmer der Apokalypse, aufrecht gehenden Sozialisten, idealistischen Realisten, permanenten Exilanten, Humanisten, Aufklärer, Moralisten und manches Andere mehr. Diejenigen, die ihn erlebten, wussten, dass man ihn mit solchen Etiketten nicht wirklich fassen, prägnant beschreiben konnte. Im Gegenteil: Seine faustische Natur trieb ihn von einer verändernden Metamorphose zur nächsten, sodass man allenfalls Aussagen darüber treffen konnte, wie er früher einmal gewesen war, nicht aber, wie und wer er noch hätte werden können. Mit seinem umtriebigen Wesen und der immensen Lust an dauernder Entwicklung seiner Person drückte Bloch nicht nur seiner Philosophie, sondern auch seiner gesamten Existenz den Stempel der Hoffnung und Neugier auf ein zukünftiges Anderes, Besseres auf.

Im Mittelpunkt jeglicher Hoffnungs-Empfindung steht dem Philosophen zufolge die Erfahrung des Noch-Nicht. Diese Erfahrung kann als basaler Mangel, als ein Hunger oder Durst oder auch als grundlegendes Minus bezeichnet werden, die einen jeden Menschen von Kindesbeinen an auszeichnen und ihn antreiben und in Bewegung halten:

> „*Wir fangen leer an.* – Ich rege mich. Von früh auf sucht man. Ist ganz und gar begehrlich, schreit. Hat nicht, was man will."[9]

Eindrücklich beschreibt Bloch die grundsätzliche Minussituation, in die jeder von uns hineingeboren wird und die zeitlebens unser Begleiter bleibt. Dieses Minus, das in manchen Aspekten an den von den Existenzialisten erörterten Seins-Mangel und an das Minderwertigkeitsgefühl aus der Individualpsycho-

---

[8] Bloch, E. und Kirchner, G.: Gespräch zum 90. Geburtstag (1975), in Weigand, K. (Hrsg.): Ernst Bloch – 1885–1977, Ludwigshafen 1985, S. 18.
[9] Bloch, E.: Das Prinzip Hoffnung, Frankfurt am Main 1959, S. 21.

logie Alfred Adlers erinnert, nehmen wir zuerst am eigenen Körper wahr: als Hunger oder Durst, als Kälte oder Nässe oder als vages, unbestimmtes „Drängen", das gleichbedeutend mit unserem Lebendig-Sein ist:

> „Vom Dass des Drängens kommt kein Lebender los, so müde er auch davon geworden sein mag. Dieser Durst meldet sich stets und nennt sich nicht."[10]

Wenn das Drängen sich nach außen und über den eigenen Leib, das „bloße Innere" hinaus richtet, nennt Bloch es Streben, und wenn dieses möglicherweise immer noch vage und unbestimmte Streben mehr oder minder bewusst erlebt, gespürt und gefühlt wird, heißt er es Sehnsucht. Diese Sehnsucht kann sich blind und leer schweifend, gleichsam frei flottierend und suchtartig, in sich selbst verbohren und wird dann zu dem, was man als Sehnsucht nach der Sehnsucht beschreiben kann.

Die gerichtete, nicht mehr nur sich selbst suchende Sehnsucht imponiert nach Bloch – je nach Richtung und Objekt – als Trieb, Begierde, Vorstellung, Tagtraum, Leidenschaft, Wunsch oder Wille. Triebe und Begierden sind gleichermaßen oder ähnlich bei Menschen und Tier, Vorstellung, Tagtraum, Leidenschaften, Wunsch und Wille nach Bloch wohl nur beim Menschen zu beobachten. Die Vorstellungen, Wünsche, Tagträume, der Wille sind geprägt davon, dass sie immer Vorstellung, Wunsch und Wille eines besseren Etwas darstellen. Mit diesem besseren Etwas – so können wir es übersetzen – sind letztlich Werte und Ideale gemeint, auf die unsere Vorstellungen, Wünsche und unser Wille hintendieren und die mehr oder minder klar und deutlich ihre Inhalte bilden. Dieses zukünftige bessere Etwas haben Menschen seit Jahrhunderten in Bildern und Systemen organisiert, die wir Utopien nennen und denen wir uns mit dem *Prinzip Hoffnung* auf Umsetzung und Realisierung immer wieder annähern.

Eine so verstandene Hoffnung unterscheidet sich sehr maßgeblich von billigen Wünschen oder Erwartungen. Wenn ein Mensch in Eile ist und „hofft", seinen Zug noch zu erreichen, handelt es sich um eine Erwartung, nicht um eine Hoffnung im Sinne Blochs. Letztere transzendiert die kleine und private Welt des Wünschbaren und zielt auf überpersönliche und allgemeine Horizonte von Werten und Idealen. Solche Hoffnung bedeutet eine kraftvolle Bewegung und ein mächtiges Wollen, das in Veränderung einmündet und sich merklich vom passiv-verwöhnten Hoffen der Ewig-zu-kurz-Gekommenen unterscheidet.

---

[10] Bloch, E.: Das Prinzip Hoffnung, Frankfurt am Main 1959, S. 49.

Diese Hoffnung erlaubt auch eine humane, humanistische Sicht auf Menschen und ihre Welt – eine Sicht, die Bloch in seinem zweiten Hauptwerk *Experimentum Mundi* (1975) ausführlich erläutert hat. Manche seiner Konzepte daraus lassen sich ohne Weiteres auf uns als Individuen beziehen, so etwa seine Unterscheidung von echter und unechter Zukunft.

Bei der unechten Zukunft handelt es sich um Verhältnisse, Verrichtungen oder Gewohnheiten, die immer wiederkehren und die wir mit an Sicherheit grenzender Wahrscheinlichkeit als „zukünftig" erwarten dürfen. Wer von seiner Arbeit nach Hause geht, wird auf seine Wohnung treffen, die er wahrscheinlich so betreten wird, wie er sie am Morgen verlassen hat. Für viele Menschen bedeutet Zukunft oftmals eine (schlechte) Wiederholung des Vergangenen oder des Augenblicks, ohne dass es relevante Veränderungen zu gewärtigen gibt. Das Leben gefällt sich dann im mechanischen und schematischen Wiederholungszwang, der den Status quo nicht transzendieren und hinter sich lassen kann.

Mit echter Zukunft meinte der Philosoph hingegen das Phänomen des Neuen, Überraschenden, Unvorhersehbaren, des Werdens, Wachsens, Sich-Entwickelns. Echte Zukunft bedeutet Prozesse, die als liquide und dynamisch, aber auch als ungewiss und eventuell sogar als gefährlich imponieren. Zeitlich gesprochen nach dieser echten Zukunft öffnet sich das Feld der Vergangenheit:

> „Erst hinter der heraufkommenden Zukunft (nicht vor ihr) dehnt sich das merkwürdigste Zeitfeld, das des überwiegenden Nicht-mehr-Werdens, Abgeschlossen-Seins, des Geworden-Seins, kurz, jenes Absinkens der Zeitlinie, das den Stillstand der Zeit in der Zeit, das heißt *Vergangenheit* ausmacht. Vergangenheit ist die Zukunft, welche ihr Resultat ... geliefert hat, ist die Zukunft, aus der die Spannung heraus und ans Dasein des Alten abgegeben worden ist."[11]

Die Erinnerung an das Vergangene gehört nach Bloch der Nacht des Erhaltens und nicht dem Dunkel des Gebärens an; eine Unwiderruflichkeit gehört deshalb zu ihren Charakteristika. Die Historie und das Vergangene weisen in diesem Punkt ähnliche Qualitäten auf wie die Dinge und Sachen; sie werden beinahe zu Waren, mit denen man handeln und die man sammeln und horten kann wie andere Dinge auch. Besonders konservative und vom Sammeln und Horten geprägte Zeitalter sind deshalb meist ganz vernarrt in die Vergangenheit und stapeln das Ehemalige wie Geldscheine oder Goldbarren.

---

[11] Bloch, E.: Experimentum Mundi – Frage, Kategorien des Herausbringens, Praxis (1975), Gesamtausgabe, Band 15, Frankfurt am Main 1985, S. 91.

Meist wird bei dieser Art von Geschichtsschreibung jedoch unterschlagen, dass damals, als das Vergangene noch das Zukünftige war, Dynamik und Veränderung eine wichtige Rolle gespielt haben. Betreibt man produktive Historiografie, muss man nach Bloch auf diese ehemalige Zukunft in der Vergangenheit abheben und an ihr ablesen, wie menschliche Geschichte geschaffen und gestaltet werden kann – ein Lernziel, das häufig eklatant vernachlässigt wird.

Bezogen auf unser Thema der Eudämonie können wir die Gedanken Blochs auf das je individuelle Leben des Einzelnen herunterbrechen. Gelingendes Dasein ist demnach am ehesten zu erwarten, wenn wir uns als unabgeschlossene Existenz, als ein Noch-Nicht begreifen, von dem wir uns immer wieder neu überraschen lassen und dessen Inhalte, Formen und Gestalten alles andere als determiniert erscheinen. Wer sich wie auch den Mitmenschen das Fragezeichen des Werdens und der Metamorphose zugesteht, schafft eine wesentliche Voraussetzung für ein lebendiges, flüssiges, bewegtes Dasein, das den vielfältigen Beharrungskräften der sozialen und der kulturellen Welt Paroli zu bieten vermag.

Eudämonie bedeutet darüber hinaus auch, die persönliche Zukunft als eine echte im Sinne von Ernst Bloch aufzufassen. Damit rücken Begriffe wie Finalität, Teleologie, Freiheit (als so gering auch immer sie sich erweisen mag), Gestaltung der eigenen Existenz, Entwurf, Zielsetzungen, Möglichkeitssinn (in Ergänzung zum Wirklichkeitssinn), ferne Horizonte und letztlich auch das *Humanum*, die Ethik und Ästhetik sowie die individuelle und kollektive Geschichte (Resultate einer echten Zukunft) in den Fokus der Aufmerksamkeit. Die Tatsache, dass nicht abschließend geklärt ist, was denn der Mensch im Allgemeinen und jeder Einzelne von uns im Besonderen sein oder werden kann, beweist nach Bloch, dass hier offene Stellen und nicht verheilende Wunden im Kosmos vorhanden sind, die immer wieder mit neuen Antworten versehen werden, ohne dass vorhersehbare und abschließende Aussagen zu erwarten stehen.

Die Menschheit insgesamt und jede einzelne Person im Speziellen bedeuten Experimente von Kosmos, Leben und Kultur, ohne dass wir bisher den Versuchsaufbau, -verlauf oder -ausgang klar benennen könnten – vom Versuchsleiter, den es wahrscheinlich als verantwortliches Wesen nicht gibt und den wir uns vielmehr als das Spiel des Zufalls vorstellen müssen, einmal ganz abgesehen. Mit jedem Vertreter der Gattung *Homo sapiens* manifestiert sich neben seiner Realität auch das Prinzip der Potenzialität seiner Daseinsgestalt:

„Der Mensch ist ein Problem, eine Aufgabe, ein Rätsel, eine versuchte Namensgebung, zutiefst noch ein Inkognito, zu dessen Lösung eine Fülle von Nomenklaturen im Gang der Geschichte gemäß dem wachsenden Ensemble der gesellschaftlichen Verhältnisse aufgetreten ist. Weshalb keine bisherige Nomenklatur, samt allen bisher versuchten Leitbildern des Menschenhaften bereits stimmt, sondern des Odysseus Auskunft: Ich heiße Niemand, so kann noch jeder von sich sagen, von Anfang her."[12]

Dieser Niemand (so die Nachricht des Evangelisten Ernst Bloch) repräsentiert und verkörpert seit Jahrtausenden das Prinzip des Noch-Nicht, der Möglichkeiten und der Hoffnung – ein Prinzip, das unverkennbar zum Gelingen und manchmal sogar zum Glück unseres Lebens beiträgt. Neben dem Trost von Harmonie, Ästhetik und Kunst (Mozart) sowie dem emanzipierenden Sehen, Sagen und Denken und dem daraus entspringenden verbindenden Gespräch (Rahel Varnhagen) erlaubt uns der Blick auf unsere unausgeschöpften Möglichkeiten und Sinnpotenziale, der Blick nach vorn auf eine echte Zukunft mit utopisch scheinenden Überschüssen und Horizonten eine Existenzform, die günstigenfalls von einer nicht limitierten Offenheit für die Welt, die Mitmenschen und für das Experiment unserer eigenen personalen Entwicklung geprägt ist – man nennt dies auch Eudämonie.

---

[12] Bloch, E.: Experimentum Mundi – Frage, Kategorien des Herausbringens, Praxis (1975), Gesamtausgabe, Band 15, Frankfurt am Main 1985, S. 182.

4

Das Leben – ein Spiel? Ein Spiel!

Menschliches Leben trägt den Geschmack der Ernsthaftigkeit an sich, und seine Grundmelodie, sein *Basso continuo*, ist in Moll gesetzt. Darüber aber legen sich oft heitere oder zumindest entspannte Tonfolgen, die unser Dasein nicht als bloße melancholische Veranstaltung erscheinen lassen. Die Art und Weise, wie der Einzelne die Spannung zwischen Dur und Moll gestaltet und erträgt, entscheidet oft über Glück und Unglück, Gelingen oder Misslingen seiner Existenz. Friedrich Nietzsche schlug deshalb vor, dieses Thema bei aller Seriosität und partiell auch bei allen tragischen Komponenten überwiegend spielerisch anzugehen:

„Ich kenne keine andere Art, mit großen Aufgaben zu verkehren, als das *Spiel*. Dies ist, als Anzeichen von Größe, eine wesentliche Voraussetzung."[1]

Nun sind die meisten von uns eher mit mittleren als mit großen Aufgaben betraut, und Anzeichen von Größe (was ist das eigentlich?) suchen wir bei uns ebenfalls in der Regel vergebens – wir sind schon froh, unser Dasein halbwegs rund und ohne größere Katastrophen zu erleben. Und dennoch steckt meiner Ansicht nach in dem Nietzsche-Zitat eine Wahrheit, die auch für uns zutreffend ist und die weniger heroisch ausgedrückt lauten könnte: „Wer die Herausforderungen seines Lebens einigermaßen souverän und unbeschadet bestehen will, darf sich dafür bei aller Ernsthaftigkeit auch einen spielerischen Existenzvollzug zulegen."

---

[1] Nietzsche, F.: Ecce homo – Wie man wird, was man ist (1889), in: KSA 6, München 1988, S. 297.

Doch was versteht man unter einem solchen Existenzvollzug oder – noch etwas grundsätzlicher gefragt – was bedeutet in diesem Zusammenhang der Begriff des Spiels? Sobald wir uns um Antworten auf diese Fragen bemühen, ergeht es uns womöglich wie Ludwig Wittgenstein, der in *Philosophische Untersuchungen* (1953) einige Anläufe zur Klärung von Spiel und Sprachspiel unternahm, ohne dabei eine rasche und simple Definition abgegeben zu haben:

> „Wie würden wir denn jemandem erklären, was ein Spiel ist? Ich glaube, wir werden ihm *Spiele* beschreiben, und wir könnten der Beschreibung hinzufügen: „das und Ähnliches nennt man Spiele." Und wissen wir selbst denn mehr? … Aber das ist nicht Unwissenheit. Wir kennen die Grenzen nicht, weil keine gezogen sind."[2]

Also nochmals weiter gefragt: Was sind Spiele oder Ähnliches, und wie fühlt sich ein spielerischer Existenzvollzug an? Blättern wir in einschlägigen Lexika, werden wir darüber aufgeklärt, dass Spiele seit Jahrtausenden die Menschheitsgeschichte begleiten und dass es nicht nur unter Menschen, sondern auch bei manchen Tierarten spielerische Verhaltensweisen gibt. Letztere reichen von Puppenspiel-artigen Bewegungsmustern frei lebender Schimpansen bis hin zum scheinbar lustvollen Snowboard-Fahren bestimmter Krähenarten. Die Verhaltensbiologen klassifizieren derartige Bewegungsabfolgen oftmals als Spiele, weil sie von keiner unmittelbaren und offensichtlichen Notwendigkeit induziert werden.

Womit wir bereits bei einer ersten Charakteristik angelangt sind, die zumindest für einen Teil der menschlichen Spiele Gültigkeit besitzt: die Zweckfreiheit. Viele Funktions- oder Übungsspiele fallen unter diese Definition, wobei die Bezeichnung (Funktion, Übung) einen wesentlichen Teil ihres Inhalts widerspiegelt. Beispiele hierfür sind etwa das wiederholte In-den-Mund-Nehmen und Fallen-Lassen von Gegenständen aller Art bei Kleinkindern. Vom dreijährigen Goethe ist ein famoses Funktionsspiel überliefert, bei dem er (er war allein zu Hause) Teller aus der Küche auf die Straße warf, was von den draußen stehenden Spielkameraden mit großem Applaus versehen wurde, weil ihnen das dabei entstehende Scheppern zutiefst behagte. Ob freilich dieses Spiel von der hinzugekommenen Mutter Goethes, Frau Aja, tatsächlich generös fortgesetzt wurde, indem sie die letzten noch heilen Teller hinterhergeworfen hat, ist bis auf den heutigen Tag nicht endgültig geklärt.

---

[2] Wittgenstein, L.: Philosophische Untersuchungen (1953), Frankfurt am Main 1975, S. 59.

4 Das Leben – ein Spiel? Ein Spiel!

Auf solche Funktionsspiele trifft jedenfalls eine Definition des Spiels generell zu, die von Johan Huizinga stammt. Der niederländische Kulturanthropologe Huizinga galt als maßgeblicher Stichwort- und Theoriegeber der Spielwissenschaften, der schon in den 30er-Jahren des letzten Jahrhunderts mit seinem Klassiker *Homo ludens* (also der spielende Mensch, 1938) von sich reden machte:

> „Spiel ist eine freiwillige Handlung oder Beschäftigung, die innerhalb gewisser festgesetzter Grenzen von Zeit und Raum nach freiwillig angenommenen, aber unbedingt bindenden Regeln verrichtet wird, ihr Ziel in sich selber hat und begleitet wird von einem Gefühl der Spannung und Freude und einem Bewusstsein des ‚Andersseins' als das ‚gewöhnliche Leben'. So definiert, scheint der Begriff geeignet zu sein, alles zu umfassen, was wir bei Tieren, Kindern und erwachsenen Menschen Spiel nennen."[3]

Viele Spiele sind zweckfrei und tragen autonom formulierte Ziele in sich selbst. Sie kennen zwar Grenzen und Regeln in Raum und Zeit – diese sind jedoch heterotop und heterochronisch und gehorchen somit anderen Raum- und Zeitvorgaben als den im Alltag generell gültigen. So agieren Kinder häufig mit ihren selbsterdachten Spielen in Räumen der Unantastbarkeit, des Sieges, der Unverwundbarkeit oder des Geheimen, Zauberhaften, Unsichtbaren, die von außen betrachtet als höchst banal imponieren; oder sie ändern und beherrschen die Zeit, indem sie spielerisch ihr Wachstum beschleunigen und zu Eltern oder Greisen mutieren oder indem sie ins Säuglingsalter regredieren. Das fantasievolle Ablegen und Transzendieren allgemeiner Gesetzmäßigkeiten und das Beladen von Raum und Zeit mit überaus originellen Bedeutsamkeiten macht den hohen Reiz solcher Spiele aus.

Neben dem Funktionsspiel haben Pädagogen, Psychologen, Anthropologen, Soziologen, Historiker, Ludologen (Spiele-Wissenschaftler) weitere Formen der Spiele beschrieben: Experimentierspiele; Symbolspiele (von Jean Piaget als erste Spielart bei Kindern bezeichnet); Regelspiele (diese lösen die Symbolspiele ab und sind mit dem Erwerb von sozialen Fähigkeiten assoziiert); Rollenspiele (z. B. Vater, Mutter, Kind, Verkäuferin, Kunde etc.); Konstruktionsspiele (Materialien, z. B. Holzklötze, werden spielerisch kombiniert); Illusionsspiele (so tun, als ob – in gewisser Weise eine spielerische Umsetzung der Theorie der Fiktionen von Hans Vaihingers *Die Philosophie des Als ob*, 1910).

---

[3] Huizinga, J.: Homo ludens – Vom Ursprung der Kultur im Spiel (1938), Reinbek bei Hamburg 1987, S. 37.

Bei Spielen denken wir unwillkürlich an Kinder und deren Beschäftigung – eine Assoziation, die nachvollziehbar, obschon keineswegs immer treffend erscheint. Das 18. Jahrhundert mit seiner großen Erziehungsgläubigkeit und seinen diversen pädagogischen Konzepten interessierte sich durchaus für die Kinderspiele, ohne jedoch dieselben für die Erwachsenenwelt als passend anzusehen. Immanuel Kant, von Rousseaus *Émile* enthusiasmiert, gestand den Kindern maßvolles Spielen zu, ohne seine Rolle als pflichtbewusster Philosoph zu vernachlässigen. „Das Kind soll spielen, es soll Erholungsstunden haben, aber es muss auch arbeiten lernen."[4], – lesen wir bei ihm; und weiter meinte er: „Es ist äußerst schädlich, wenn man das Kind dazu gewöhnt, alles als Spiel zu betrachten."[5] Die Gefahr nämlich sei, dass diese Kinder später als Erwachsene „stundenlang zu sitzen und Karten zu mischen imstande sind."[6] – eine Haltung, die nur den mäßigen Beifall Kants fand.

Eine Rehabilitierung der spielerischen Einstellung (als ein anthropologisches und nicht als Thema etwa des Kartenspiels) war zeitgleich mit Kant bei Friedrich Schiller nachzulesen. In *Über die ästhetische Erziehung des Menschen in einer Reihe von Briefen* (1793/94) ging der Dichter von zwei Antrieben im menschlichen Dasein aus: von einem sinnlichen Stofftrieb (Sinnlichkeit, körperliche Bedürfnisse, Vitalität, Naturhaftigkeit) einerseits sowie einem geistigen Formtrieb (Charakter, Rationalität, Persönlichkeit, Kulturhaftigkeit) andererseits. Beide Triebqualitäten dürfen sich dem jeweils Anderen unterordnen, sodass günstigenfalls eine immer wieder aufs Neue virulente polare Spannung entsteht, die die jeweilige Person bei sich zum Ausgleich bringen darf und soll: „Ihr Geschäft ist also doppelt; *erstlich*: die Sinnlichkeit gegen die Eingriffe der Freiheit zu verwahren; *zweitens*: die Persönlichkeit gegen die Macht der Empfindungen sicherzustellen."[7]

Dieses doppelte Geschäft gelingt jenen am ehesten, die sowohl denken als auch empfinden und die damit Vernunft wie auch Begierden gleichermaßen in Situationen einfließen lassen und verwandeln. Schiller betonte, dass damit auch die Aufgabe verbunden ist, die Polarität von Werden (materialer Stofftrieb; das dauernd sich ändernde Leben) und Sein (idealer Formtrieb; die fixierte und bleibende Gestalt) auszugleichen. Eine solch ausgleichende Dyna-

---

[4] Kant, I.: Über Pädagogik (1803), in: Schriften zur Anthropologie, Geschichtsphilosophie, Politik und Pädagogik 2, Werkausgabe Band XII, Frankfurt am Main 1977, S. 729.
[5] Kant, I.: Über Pädagogik (1803), in: Schriften zur Anthropologie, Geschichtsphilosophie, Politik und Pädagogik 2, Werkausgabe Band XII, Frankfurt am Main 1977, S. 731.
[6] Kant, I.: Über Pädagogik (1803), in: Schriften zur Anthropologie, Geschichtsphilosophie, Politik und Pädagogik 2, Werkausgabe Band XII, Frankfurt am Main 1977, S. 730.
[7] Schiller, F.: Über die ästhetische Erziehung des Menschen in einer Reihe von Briefen (1793/94), in: Sämtliche Werke Band V, Darmstadt 1993, S. 608.

mik sah der Dichter im Spieltrieb gegeben – eine Haltung und Einstellung, die vor allem in Schönheit, Ästhetik, Kunst und eben auch im Spiel anzutreffen sei, wobei im Spiel der Realität neue und meist angenehmere Qualitäten zugeordnet werden:

> „Indem es mit Ideen in Gemeinschaft kommt, verliert alles Wirkliche seinen Ernst, weil es *klein* wird, und indem es mit der Empfindung zusammentrifft, legt das Notwendige den seinigen ab, weil es *leicht* wird … Denn, um es endlich auf einmal herauszusagen, der Mensch spielt nur, wo er in voller Bedeutung des Worts Mensch ist, und er ist nur da ganz Mensch, wo er spielt."[8]

In den Jahrhunderten seither hat sich der Spieleansatz bei Kindern wie auch der Spielebegriff für Erwachsene verändert, teilweise geweitet und teilweise verengt. Der Reformpädagoge Friedrich Fröbel (1782–1852) publizierte eine dreibändige *Theorie des Spiels* (1839/1840/1844), in der er das Spiel als Spiegel des Lebens verstanden wissen wollte; in den verschiedenen Bänden legte er detailliert dar, mit welchen Materialien (Ball, Kugel, Würfel etc.) Kindern und Jugendlichen ein spielerischer Zugang zu Leben und Welt ermöglicht werden kann.

Im 19. Jahrhundert hat sich der Psychologe Moritz Lazarus (1824–1903) sehr eingehend mit den Spielen der Erwachsenen befasst. In seiner Monografie *Über die Reize des Spiels* (1883) untersuchte er verschiedene Spiele (Verstandesspiele, Brettspiele, Glücksspiele, Wettkampfspiele) sowie deren Gemeinsamkeiten und Unterschiede. Ein eigenes Kapitel widmete er dem Schauspiel und den diversen Kunstgattungen, in denen spielerische Elemente mit enthalten sind. Diese nahen Verwandtschaftsgrade zwischen Kunst und Spiel wurden zeitgleich von Friedrich Nietzsche und später im 20. Jahrhundert vor allem von Hans-Georg Gadamer in *Wahrheit und Methode* (1960) sowie von Roger Caillois (1913-1978) in *Die Spiele und die Menschen - Maske und Rausch* (1967, deutsch 2017) eingehend erörtert.

Neben bevorzugt konkretistischen Untersuchungen provozierte und provoziert das Phänomen des Spiels also immer wieder auch philosophisch-anthropologische Reflexionen oder (wie bei Nietzsche) sogar auch metaphysische Spekulationen. So verortete dieser den Charakter und das Wesen des Spiels weit über jedes tierische oder menschliche Spielverhalten hinausgehend als ein potenziell den gesamten Kosmos beeinflussendes Prinzip und meinte, „dass die Welt ein göttliches Spiel sei und jenseits von Gut und Böse …"[9] – ein Spiel des kreatürlichen Schaffens, das die Alten als Attribut

---

[8] Schiller, F.: Über die ästhetische Erziehung des Menschen in einer Reihe von Briefen (1793/94), in: Sämtliche Werke Band V, Darmstadt 1993, S. 616 und 618.
[9] Nietzsche, F.: Nachgelassene Fragmente Sommer-Herbst 1884, in: KSA 11, München 1988, S. 201.

von Gottheiten verstanden haben und das seine Entsprechung in der Neuzeit besonders bei Künstlern und ihren Werken findet:

> „Ein Werden und Vergehen, ein Bauen und Zerstören, ohne jede moralische Zurechnung, in ewig gleicher Unschuld, hat in dieser Welt allein das Spiel des Künstlers und des Kindes. Und so, wie das Kind und der Künstler spielt, spielt das ewige lebendige Feuer, baut auf und zerstört, in Unschuld – und dieses Spiel spielt der Äon mit sich ... So schaut nur der ästhetische Mensch die Welt an, der an dem Künstler und an dem Entstehen des Kunstwerks erfahren hat, wie der Streit der Vielheit doch in sich Gesetz und Recht tragen kann, wie der Künstler beschaulich über und wirkend in dem Kunstwerk steht, wie Notwendigkeit und Spiel, Widerstreit und Harmonie sich zur Zeugung des Kunstwerks paaren müssen."[10]

Selbst wenn wir heute nicht mehr von der Beschaulichkeit des Künstlers sprechen und der Harmonie in nicht wenigen zeitgenössischen Kunstwerken vergeblich auf die Spur zu kommen versuchen, lassen sich diese Gedanken Nietzsches zum Spiel als Matrix des Kunstschaffens bis ins 21. Jahrhundert weiterverfolgen. Besonders in den philosophisch-anthropologischen Spielüberlegungen von Martin Heidegger und Hans-Georg Gadamer wurden die intensiven Bezugnahmen zwischen Kunst und Spiel, ausgehend unter anderem von Nietzsche, tiefschürfend bedacht.

Gadamer in *Wahrheit und Methode* (1960) befasste sich gesondert in einem ausführlichen Kapitel mit dem Wesen des Spiels. Zentrale Gedanken dabei waren die Beschreibung von Spieldynamik und Spielatmosphäre, denen der Denker einen hohen Grad an Autonomie zugestand. Nicht ausschließlich der oder die Spieler bemächtigen sich eines Spiels, sondern umgekehrt: Der Spielverlauf dominiert den Geist und das Milieu des Agierens, dem sich die Einzelnen mit vollem Ernst und Pathos unterwerfen – es sei denn, sie entpuppen sich als Spielverderber.

Spiele finden in oder auf speziellen Räumen (Spielplatz, Spielraum, Spielbrett) mit je eigenen zeitlichen Rahmungen (Spielzeiten) sowie bestimmten Materialien (Spielzeug, Requisiten) statt – damit sind sie merklich vom Alltag abgehoben, und sie induzieren und gehorchen allein deshalb schon ihren eigenen Gesetzen. Die Spielregeln und -ordnungen (so mannigfaltig und sogar chaotisch sie im Einzelfall auch erscheinen mögen) legen die jeweiligen Spielbewegungen und damit auch die Bewegungsmöglichkeiten der Spielenden fest – auch hierin beherrscht das Spiel seine Spieler.

---

[10] Nietzsche, F.: Die Philosophie im tragischen Zeitalter der Griechen (1873), in: KSA 1, München 1988, S. 830f.

Die allermeisten Spiele genügen hinsichtlich ihres Darstellungscharakters sich selbst und kennen weder Publikum noch Öffentlichkeit; dies gilt für Kinderspiele ebenso wie für das Gros der Erwachsenenspiele. Manche Spiele hingegen öffnen sich und sind von ihrem Wesen her auf den Applaus, das Urteil, die Anwesenheit von Zuschauern, Kritikern, Experten, Genießenden angelegt. Hierbei handelt es sich beispielsweise um Sportveranstaltungen oder um künstlerische Aufführungen und Darstellungen sowie um literarische oder bildnerische Kunstwerke:

> „Ich nenne diese Wendung, in der das menschliche Spiel seine eigentliche Vollendung, Kunst zu sein, ausbildet, *Verwandlung ins Gebilde*. Erst durch diese Wendung gewinnt das Spiel seine Idealität, so dass es als dasselbe gemeint und verstanden werden kann. Erst jetzt zeigt es sich wie abgelöst von dem darstellenden Tun der Spieler und besteht in der reinen Erscheinung dessen, was sie spielen. Als solche ist das Spiel – auch das Unvorhergesehene der Improvisation – prinzipiell wiederholbar und insofern bleibend. Es hat den Charakter des Werkes."[11]

Gadamer verwies in seinem Kapitel über das Spiel mehrfach auf Johan Huizinga und dessen bereits erwähntes Buch *Homo ludens*. Darin gab der Autor nicht nur inzwischen von vielen gern zitierte Definitionen des menschlichen Spiels, sondern wollte zeigen, inwiefern wesentliche Kulturphänomene (Dichtung, Wissenschaft, Recht, Philosophie, Kunst, Sport, Kulthandlungen, Religion) zu einem erheblichen Anteil ihren Ursprung und ihre Ausgestaltung einem spielerischen Existenzvollzug unserer Altvorderen verdanken.

Wir Menschen sind unserer Natur gemäß Spieler, so lautet die Grundhypothese Huizingas, und können auch in dieser Hinsicht unsere animalischen Wurzeln nicht verleugnen. Aus der tausendfachen Verfeinerung spielerischer Verhaltensweisen bildeten sich nach und nach erste kulturell relevante Riten und Gepflogenheiten heraus, die sich dann zum Fundament diverser kultureller Bereiche verfestigten. In manchen dieser Bereiche lassen sich die ehemaligen Spielaspekte nur noch mäßig nachvollziehen – in anderen hingegen zeigen sie sich (selbst noch im 21. Jahrhundert) beinahe unverändert und in Reinform. Einige Passagen aus *Homo ludens* überraschen diesbezüglich, weil sie trotz ihres Alters (derzeit 85 Jahre) für uns Heutige überaus aktuell wirken:

> „Deutlicher als im britischen Parlamentarismus ist das Spiel-Element in den politischen Sitten in Amerika. Schon lange bevor das Zwei-Parteien-System in

---
[11] Gadamer, H.-G.: Wahrheit und Methode (1960), Tübingen 1986, S. 116.

den Vereinigten Staaten nahezu den Charakter von zwei Spielmannschaften annahm, deren politischer Unterschied für den Außenstehenden kaum mehr verständlich war, hatte die Wahlpropaganda dort vollkommen die Form großer nationaler Spiele."[12]

Es mag eventuell nicht nur Zufall gewesen sein, dass in den 30er-Jahren des letzten Jahrhunderts in den Niederlanden einige grundlegende Abhandlungen zum Spiel erschienen sind – neben dem Text von Huizinga ist in diesem Zusammenhang vor allem Frederik Buytendijks *Wesen und Sinn des Spiels* (1932)[13] erwähnenswert. Intensiven Bezug auf diese Publikation nahm kurze Zeit später Helmuth Plessner mit dem Essay *Das Geheimnis des Spielens*,[14] in dem er (bereits im holländischen Exil lebend) die Sphären des Erotischen und des Kampfes als primäre Spielgebiete beschrieb. Diese drei Autoren, die sich persönlich kannten und schätzten, versuchten mit ihren Texten über das Spiel aus einer anthropologisch-historischen Perspektive heraus die damaligen massiven politischen Veränderungen um sie her (Totalitarismus) einzuordnen und damit ihre Leser wie auch sich selbst über die zutiefst inhumanen und destruktiven „Spielanteile" der seinerzeitigen totalitären Herrschaftsformen aufzuklären.

Daneben hat Plessner in seiner Philosophie dem Spiel noch in anderen Bezügen große Bedeutung beigemessen. In seinem frühen Text *Grenzen der Gemeinschaft* (1924) beschrieb er das Wechselspiel von öffentlicher und privater Person, dem wir alle unterworfen sind: Als private Person leben und spielen wir Gemeinschaftsrollen (z. B. Partnerschaft, Familie, Freundschaften), als öffentliche Person hingegen übernehmen wir gesellschaftliche Rollen (Beruf, Politik, Medien etc.). Der Wechsel zwischen den einzelnen Rollensegmenten sowie die Differenz zwischen öffentlich und privat ermöglichen eine freie menschliche Existenz wie auch den Bestand von Gemeinschaft und Gesellschaft:

„Die Gesellschaft lebt allein vom Geist des Spiels. Sie spielt die Spiele der Unerbittlichkeit und die der Freude, denn in Nichts kann der Mensch seine Freiheit reiner beweisen als in der Distanz zu sich selbst."[15]

---

[12] Huizinga, J.: Homo ludens – Vom Ursprung der Kultur im Spiel (1938), Reinbek bei Hamburg 1987, S. 225.
[13] Buytendijk, F.J.J.: Wesen und Sinn des Spiels – Das Spielen der Menschen und Tiere als Erscheinungsform der Lebenstriebe (1932), Berlin 1934.
[14] Plessner, H.: Das Geheimnis des Spielens, in: Geistige Arbeit – Zeitung aus der wissenschaftlichen Welt (1934), Nr. 17, zit. n. Hans-Peter Krüger: Zwischen Lachen und Weinen, Band I, Berlin 1999, S. 150f.
[15] Plessner, H.: Grenzen der Gemeinschaft (1924), in: Gesammelte Schriften V, Frankfurt am Main 1981, S. 94.

Wenige Jahre später (1928) veröffentlichte Plessner *Die Stufen des Organischen und der Mensch*; in diesem Text stehen wieder andere Spiele im Zentrum seiner Überlegungen. Plessner sah hier den Menschen in dauernden Wechseln begriffen: im Wechsel von zentrischer und exzentrischer Positionalität, wobei die Erstere auf unser (unbewusstes) Leib-Sein und die Letztere auf unser (bewusstes) Körper-Haben abzielt. Solange wir Leib und damit zentrisch sind, empfinden und erleben wir ihn und uns unmittelbar. Werden wir hingegen exzentrisch, ist uns der Körper nur mittelbar gegeben – womöglich nehmen wir ihn wie andere Objekte unserer Welt wahr und funktionalisieren ihn für Ziele und Zwecke. Als Leib sind wir ganz Ich: individuell, einzigartig, unersetzbar, nicht vertretbar, *ineffabile*. Als Körper hingegen übernehmen wir die unterschiedlichsten (öffentlichen) Rollen, für die wir ihn (den Körper) nicht selten trainieren, dressieren, modellieren, verkleiden. Und doch meldet sich dabei stets auch unser Leib-Sein im wahren Sinne zu Wort: z. B. als Stimme, Stimmung oder als unbeherrschte Gestik und Mimik.

Hans-Peter Krüger, der in seinem eigenen Denken die Philosophie Plessners überaus kundig und originell weiterentwickelt, betont in mehreren Schriften den Spielcharakter, den Plessner als grundwesentlich für die menschliche Existenz angesehen hat: so etwa das Spiel zwischen Leib-Sein und Körper-Haben sowie das darauf fußende Schauspiel der Personalisierung:

„Für Plessners Gesamtkonzeption ist ... eine bestimmte *Spielkonzeption charakteristisch*, die häufig Missverständnissen ausgesetzt war. Der Spiel-Begriff ist umgangssprachlich oft auf den Gegensatz zu Arbeit und zu Ernst festgelegt. Demgegenüber hält Plessner seine Anthropologie frei von einer christlichen, insbesondere von einer protestantischen Interpretation des menschlichen Daseins ... In der Philosophischen Anthropologie beruht das lebendige Verhalten von Menschen elementar auf einem Spielen in und mit der Körper-Leib-Differenz."[16]

Das *Erleben* dieses Spiels kennt jeder von uns hunderttausendfach aus dem Alltag seiner Existenz; das *Spielen* dieses Spiels hingegen ereignet sich merklich seltener und außeralltäglich auf einer Bühne: als Schauspiel. Exemplarisch zeigen uns die Schauspieler dort das Wechselspiel von Körper-Haben und Leib-Sein sowie die temporäre Übernahme von Rollen. Indem sie derlei für uns als Zuschauer spielen, ermöglichen sie uns ein neuerliches Erlebnis von Wechselspiel – den Wechsel von sympathetischer Identifikation mit dem

---

[16] Krüger, H.-P.: Zwischen Lachen und Weinen – Band II. Der dritte Weg Philosophischer Anthropologie und die Geschlechterfrage, Berlin 2001, S. 101.

Geschehen auf der Bühne einerseits und der reflektierenden Distanz zum Bühnengeschehen andererseits:

> „In dieser Verhältnismäßigkeit wiederholen Spieler und Zuschauer ... die Abständigkeit des Menschen zu sich und zueinander, die ihr tägliches Leben durchdringt, eine Abständigkeit allerdings, die – verführt sie auch zum Spiel und behält sie auch latent Spielcharakter – die Basis seines Ernstes bildet."[17]

Unsere Identifikation mit dem Schauspiel kann so weit gehen, dass wir tatsächlich und ungespielt weinen, obwohl auf der Bühne gespielte Tränen zu beobachten sind; und dass wir ob der dargestellten Komik tatsächlich und ungespielt lachen, obwohl die Schauspieler ihre Witze und komischen Bewegungen sehr bewusst in Szene setzen, ohne selbst ins Lachen zu verfallen. In *Lachen und Weinen* (1941) hat Plessner solche Reaktionen vor dem Hintergrund von Leib-Sein und Körper-Haben beschrieben, wobei ungespieltes, spontanes Lachen und Weinen von der Kapitulation unserer Leib-Seele-Einheit kündet – Kapitulation vor einer für uns unbeantwortbar scheinenden Situation. Das Empfinden der Unbeantwortbarkeit stellt sich ähnlich oftmals auch im Spiel ein, weil sich dieses im ambivalenten Zwischenraum von Realität und Imagination bewegt, und weil es den Spielern abwechselnd aktive und passive Rollen zuschreibt:

> „Auf diese Ambivalenz eines doppelten Zwischen: zwischen Wirklichkeit und Schein, zwischen Binden und Gebunden-Sein reagiert der Mensch – mit Lachen."[18]

Mit den Augen Plessners betrachtet ist der Mensch nicht nur *Homo sapiens* oder *Homo faber*, sondern vor allem *Homo ludens*. Der Doppelaspekt von Leib-Sein und Körper-Haben zwingt uns permanent ein existenzielles Spiel auf, dem wir nie entgehen können: Weil wir stets unseren Körper *haben*, ohne ganz Leib zu *sein*, instrumentalisieren wir ihn, und wir verkörpern uns – ein Begriff und eine Existenzweise, die im angelsächsischen Wort des *Embodiment* mit anklingt. Auch unsere Emotionen, die geäußerten Meinungen, Haltungen sowie die Rollen des Daseins drücken wir über unseren Körper aus – und dies auf gebrochene, teilweise reflektierte, teilweise spontan unseren Leib (im Lachen und Weinen) und unser Ich im Vordergrund belassende Art und Ma-

---

[17] Plessner, H.: Zur Anthropologie des Schauspielers (1948), in: Gesammelte Schriften VII, Frankfurt am Main 1982, S. 411.

[18] Plessner, H.: Lachen und Weinen (1941), in: Gesammelte Schriften VII, Frankfurt am Main 1982, S. 289.

nier. In der zentrischen Position des Leib-Seins erleben wir unsere vital-animalische Gebundenheit, und im exzentrischen Körper-Haben eröffnen sich uns Freiheitsgrade der Gestaltung, Funktionalisierung und Instrumentalisierung:

> „Ein an seine Umwelt gebundenes Lebewesen kann *in*, aber nicht *mit* ihr spielen. Ein weltoffenes Wesen dürfte, wenn es so etwas in irdisch-vitaler Form überhaupt gäbe, weder Anlass noch Möglichkeit zum Spiel haben: Es fände nirgends Widerstände. Nur ein in der Verschränkung von Umweltgebundenheit und Weltoffenheit existierendes Wesen wie der Mensch, ein „Invalide seiner höheren Kräfte" (Herder) spielt mit den Dingen und mit sich, in und mit allen Aspekten seines Daseins."[19]

Kehren wir zu den Eingangsfragen unseres Textes zurück: Was ist ein Spiel, und was verstehen wir unter einem spielerischen Existenzvollzug? Abgesehen von der Unschärfedefinition Wittgensteins („das und Ähnliches nennt man Spiele") lässt sich Spiel als jenes Faszinosum beschreiben, in dem die *Conditio humana* auf scheinbar lässige, außeralltägliche, unernste Manier erfahrbar wird – obschon es immer wieder Spielsituationen gibt, in denen die Tragik und Bitternis menschlicher Schicksalskonstellationen die Oberhand gewinnt; man denke nur an Dostojewskis Roman *Der Spieler* (1866), seine eigene Spielsucht und an die Tatsache, dass viele Glücksspiele in Lokalitäten stattfinden, die man zu Recht Spielhöllen nennt.

Doch darf man sich fragen, ob Dostojewski und andere Glücksritter tatsächlich und im Sinne von Huizinga, Plessner, Gadamer spielen – oder nicht vielmehr dem Zwang gehorchen, der im süchtigen Verhalten mächtig dominiert. Die Aspekte der Freiwilligkeit und des Spielens *mit* den und nicht nur *in* den Gegebenheiten der Umwelt waren bei dem russischen Dichter jedenfalls eklatant unterrepräsentiert und fehlen in der Regel bei spielsüchtigen Menschen. Sie alle dürften den witzig gemeinten Gedanken Michel de Montaignes ernst nehmen und auf ihr Spiel- und Suchtverhalten übertragen; der französische Moralist meinte einmal launisch: „Wenn ich mit meiner Katze spiele, bin ich nie ganz sicher, ob nicht ich ihr Zeitvertreib bin." Und spielsüchtige Patienten widersprechen in ihrem Verhalten der Beschreibung und dem entscheidenden Wertaspekt von Spielen, wie Jean-Paul Sartre sie in *Das Sein und das Nichts* (1943) ausgeführt hat:

---

[19] Plessner, H.: Der Mensch im Spiel (1967), in: Gesammelte Schriften VIII, Frankfurt am Main 1982, S. 313.

„Denn was ist ein Spiel anderes als eine Tätigkeit, deren erster Ursprung der Mensch ist, deren Prinzipien der Mensch aufstellt und die nur nach den aufgestellten Prinzipien Konsequenzen haben kann? Sobald ein Mensch sich als frei erfasst und seine Freiheit gebrauchen will, ist, was ihn auch sonst ängstigen mag, seine Tätigkeit Spiel."[20]

In der Geistes- und Kulturgeschichte ereignen sich immer wieder bemerkenswerte Momente der Synchronizität, in denen an verschiedenen Orten von Personen, die nichts oder kaum etwas voneinander wissen, ähnliche Gedanken geäußert oder einander entsprechende Ideen und Konzepte entwickelt werden. Wenige Wochen nach der Publikation von *Das Sein und das Nichts* veröffentlichte Thomas Mann den letzten Teil seiner Josephs-Tetralogie mit dem Titel *Joseph der Ernährer* (im Dezember 1943). Sartre befand sich damals im noch von den Deutschen besetzten Paris, Thomas Mann hingegen lebte seinerzeit im Exil in Kalifornien.

Als ob der Dichter Thomas Mann die Aussagen des Philosophen Jean-Paul Sartre zum Spiel aus Frankreich bis an die Pazifikküste Nordamerikas gespürt und mit ihnen völliges Einverständnis an den Tag gelegt hatte, entwarf er zum Ende des Romans hin einen Dialog zwischen Joseph und seinen Brüdern, in dem er eins zu eins die Grundideen Sartres auf dichterische Art wiederholte.

Die Brüder hatten Joseph, als er noch keinen politischen Einfluss hatte, übel mitgespielt und ihn einige Tage in einen Brunnen gesteckt. Nun, da er zum Star in Ägypten beim Pharao geworden war, fürchteten sie, dass er sich an ihnen bitter rächen könnte; Joseph jedoch reagiert generös und definiert sich als Mensch im Sinne Sartres – er macht von seiner Freiheit Gebrauch, emanzipiert sich von eventuellen Racheaffekten und erklärt seine gesamte Biografie mitsamt der Vorgeschichte seiner Vorfahren und Geschwister als gigantisches Spiel des Lebens, das von ihnen allen nur teilweise durchschaut und verstanden wurde:

„Man kann sehr wohl in einer Geschichte sein, ohne sie zu verstehen. Vielleicht soll es so sein, und es war sträflich, dass ich immer viel zu gut wusste, was da gespielt wurde. Habt ihr nicht gehört aus des Vaters Mund, als er mir meinen Segen gab, dass es mit mir nur ein Spiel gewesen sei und ein Anklang? Und hat er wohl gedacht, in seinen Bescheiden an euch, des Argen, das sich einst abgespielt zwischen euch und mir? Nein, sondern er schwieg davon, denn er war auch im Spiel, dem Spiele Gottes."[21]

---

[20] Sartre, J.-P.: Das Sein und das Nichts (1943), Reinbek bei Hamburg 1993, S. 995.
[21] Mann, Th.: Joseph und seine Brüder – Der vierte Roman: Joseph, der Ernährer (1943), Frankfurt am Main 1991, S. 540f.

Wenn der Agnostiker Thomas Mann an dieser Stelle vom Spiele Gottes schreibt, meinte er dies durchaus augenzwinkernd. Gott oder der Zufall oder das Schicksal oder die Konstellationen der Menschheitsgeschichte bescheren uns existenzielle Spielverhältnisse, an denen wir wachsen, reifen oder scheitern und verzweifeln. Auch diesbezüglich erwies sich der Dichter als ein Anhänger der Philosophie von Arthur Schopenhauer, von dem der Satz stammt: „Das Schicksal mischt die Karten, und wir spielen."

Wie sehr wir oftmals gezwungen sind, mit Karten zu spielen, die von Anderen gemischt wurden, und wie beschränkt dabei häufig unser Verständnis der Regeln ist, nach denen die diversen Spiele konzipiert sind, hat Sartre (interessanterweise ebenfalls 1943) in seinem Drehbuch *Das Spiel ist aus* in Szene gesetzt. Weil die beiden Hauptpersonen des Films (Ève und Pierre) die Regularien und Gesetze ihrer Charaktere zu wenig kennen und beachten, scheitert ihr Versuch, sich gegenseitig 24 Stunden lang ihre Liebe zu beweisen – 24 Stunden, die ihnen, obwohl sie beide schon gestorben waren und tot sind, von einem gnädigen Schicksal noch einmal als Lebendige geschenkt wurden.

Ähnlich verfangen im eigenen Charakter und ohne die emanzipatorische Kraft einer freieren Daseinsgestaltung erweist sich Hannes Kürmann, der Protagonist in Max Frischs Theaterstück *Biographie – Ein Spiel* (1968). Zwar kann sich Kürmann in dem Stück wiederholt eine Veränderung seiner Biografie mitsamt den daraus resultierenden veränderten beruflichen und privaten Konsequenzen vorstellen und wünschen – allein, zuletzt landet er *unisono* in den charakterlichen Fängen seiner Persönlichkeit, die ihm wie ein Sammelsurium unverrückbarer Spielregeln erscheinen muss.

Eine nochmals andere Form eines (betörend schönen!) Spiels der Unfreiheit bedeutet für viele Menschen das intensive Bezogen-Sein auf ein Du während der Phasen von mächtiger Verliebtheit und Liebe. Rainer Maria Rilke, dem Derartiges in seinem Dasein mehrfach begegnete, hat dies in einem Gedicht in der Metapher zweier Musiksaiten zum Ausdruck gebracht, die von ein und demselben Bogen zum Klingen gebracht werden und deren Wohlklang von einem Dritten herrührt – der Liebe? dem Zufall? dem Unbewussten? dem Gott Eros?:

„Doch alles, was uns anrührt, dich und mich, / nimmt uns zusammen wie ein Bogenstrich, / der aus zwei Saiten *eine* Stimme zieht. / Auf welches Instrument sind wir gespannt? / Und welcher Geiger hat uns in der Hand?"[22]

---

[22] Rilke, R.M.: Liebes-Lied (1907), in: Die Gedichte, Frankfurt am Main 2006, S. 432.

Diese Zeilen helfen uns auch, die Frage nach dem spielerischen Existenzvollzug zu beantworten. Sobald wir den (kleinen) Gestaltungsspielraum nutzen, den uns das Leben zugesteht, und daraus den eigenen Persönlichkeits- und Daseinsprämissen angemessene Entscheidungen und Handlungen entspringen lassen, empfinden wir uns als frei und souverän und spielerisch. Dabei erleben wir den Ernst sowie die Selbst- und Weltvergessenheit wieder, die wir als Kinder hatten, wenn wir spielten; und wir erleben eine Art Trost angesichts der Tatsache, dass wir – sobald wir das Leben als ein großes, Jahrzehnte währendes Spiel betrachten – dieses Spiel schlussendlich verlieren. Aber diesen Schluss so lange und weit wie immer möglich hinauszuschieben und bis dahin aktiv gestaltende wie auch passiv erduldende Mitspieler im mächtig bewegenden und bewegten Spektakel der Welt zu werden – diese Rollen und Funktionen dürfen uns über alle Maßen wert und wichtig sein, und an ihnen sollten wir mit allem, was Faser ist in uns, unverrückbar festhalten.

Teil III

Leben zwischen Ich und Du

5

Du denkst an mich, also bin ich

Wer kennt sie nicht, die jahrhundertealte Formel von René Descartes, mit der er sich eine zweifelsfreie Basis seines philosophischen Reflektierens schaffen wollte: *Cogito ergo sum* – ich denke, also bin ich. Das *Cogito* wurde zum Fundament seines Philosophiekonzepts wie auch seiner eigenen Selbstvergewisserung, und diese Formel wirkt bis in unsere Zeit identitätsstiftend und Ich-stabilisierend für die allermeisten von uns. Wenn wir uns fragen, wer wir sind und wie wir sind, greifen zur Beantwortung viele auf ihr Bewusstsein und Denken zurück und verweisen auf den *stream of consciousness* (Bewusstseinsstrom), der in uns in der Regel seit unserer Kindheit mehr oder minder ununterbrochen fließt und dazu beiträgt, das Empfinden unserer Identität zu ermöglichen.

Mit dem *Cogito* wurde Descartes darüber hinaus auch zu einem Mitbegründer und Ideengeber der Neuzeit, in der (bevorzugt im Abendland und in der westlichen Welt) das Individuum, das Selbst und in den allermeisten Zusammenhängen das denkende und reflektierende Ich sowie der Einzelne zum Maßstab, Schwer- und Mittelpunkt der Geistes- und Kulturgeschichte erkoren wurde:

> „Nachdem ich aber einige Jahre darauf verwandt hatte, so im Buch der Welt zu studieren und mich um neue Erfahrungen zu bemühen, entschloss ich mich eines Tages, auch in mir selbst zu studieren und alle Geisteskräfte aufzubieten, um den Weg zu wählen, dem ich folgen wollte; was mir weit besser gelang, so

schien es mir, als wenn ich mich niemals von meinem Vaterlande und meinen Büchern entfernt hätte."[1]

Wilhelm Dilthey flocht seinem französischen Vorläufer wegen dieser autonomen Denk-Akte einen bewundernden Kranz: „Descartes ist die Verkörperung der auf Klarheit des Denkens gegründeten Autonomie des Geistes. In ihm lebt eine originale Verbindung von Freiheitsbewusstsein mit dem Machtgefühl des rationalen Denkens. Hierin liegt wohl die äußerste Steigerung des Souveränitäts-Bewusstseins, zu der sich je ein Mensch erhoben hat."[2] Und Paul Ricoeur bezeichnete in *Das Selbst als ein Anderer* (1990) Descartes aufgrund seiner stolzen und mutigen und emanzipierenden Denkbewegungen als einen Philosophen des erhabenen *Cogito*.

Im Gegensatz dazu gibt es aber auch das gedemütigte, zerrissene, gebrochene *Cogito*, wobei als Hauptvertreter dieser letzteren Denktradition von Ricoeur vor allem Karl Marx, Friedrich Nietzsche und Sigmund Freud erwähnt wurden – alle drei stellten die uneingeschränkte Wirkmächtigkeit des Bewusstseins merklich in Frage. Bei Marx waren es die materiellen, ökonomischen und gesellschaftlichen Verhältnisse, die das Denken des Einzelnen und der Sozietät mächtig beeinflussen; Nietzsche verwies auf den Leib als die ältere Vernunft sowie auf den Willen zur Macht – beides dominiere den Intellekt der Menschen; Freud schließlich beschrieb als Erster systematisch die unbewussten Trieb- und Affektmodalitäten, welche die bewussten Denk-, Willens- und Identitäts-Akte häufig konterkarieren.

Das Thema der Identität ist alt wie die Menschheit, und die Fragen nach dem Wer oder Was unserer Existenz hat Menschen schon vor Jahrtausenden bewegt. So darf man die raunenden Worte des griechisch-antiken Philosophen Heraklit im 6. Jahrhundert vor unserer Zeit („Ich habe mich selbst gesucht.") als fast modern anmutende Formel einer skeptisch-tastenden Identitätsentfaltung interpretieren.

Viele Jahrhunderte später reklamierte Sören Kierkegaard eine grundsätzliche Identitäts-Irritation des Menschen. In seinen Schriften betonte er, dass er als von Gott verlassenes oder zumindest nicht zur Kenntnis genommenes Individuum Mal um Mal erlebe, wie sehr er auf sich selbst zurückgeworfen und mit seinen Selbstzweifeln und Identitätsfragen allein gelassen war:

---

[1] Descartes, R.: Abhandlung über die Methode, seine Vernunft richtig zu leiten und die Wahrheit in den Wissenschaften zu suchen (1637), in: Philosophische Schriften, Hamburg 1996, S. 17f.
[2] Dilthey, W.: Der entwicklungsgeschichtliche Pantheismus (1900), in: Weltanschauung und Analyse des Menschen seit Renaissance und Reformation, hrsg.: G. Misch, Göttingen 1970, S. 349.

„Man steckt den Finger in die Erde, um zu riechen, in welchem Land man ist; ich steckte den Finger ins Dasein – es riecht nach nichts. Wo bin ich? Was heißt das: die Welt? … Wer bin ich? Wie bin ich in die Welt hineingekommen; warum wurde ich nicht gefragt …? Wie wurde ich Teilhaber an dem großen Unternehmen, das man die Wirklichkeit nennt? Warum soll ich Teilhaber sein? Ist einem das nicht freigestellt? Und wenn ich dazu gezwungen werden soll, wo ist dann der Diskussionsleiter, ich habe einen Einwand zu machen?"[3]

Dass wir leben, ist eine Gabe von Mutter Natur, stark modifiziert von sozialen und kulturellen Einflüssen. Wie wir leben, entscheiden Eltern, Familie, Ausbildende, Freunde, das Du sowie die sozioökonomischen und historisch-gesellschaftlichen Verhältnisse – und irgendwann in Maßen auch wir selbst mit. Das *Dass* unserer Existenz haben wir ursächlich nicht zu verantworten, wohl aber das *Wie* – wobei es sich dabei mehr um eine treuhänderische als um eine Urheber-Verantwortung handelt. Ob es uns gelingt, neben der Gabe unserer Existenz die Aufgabe der Selbst- und Person-Werdung, der Gestaltung unserer personalen Identität sowie der interpersonellen Mitwelt wahrzunehmen und ihr gerecht zu werden, gilt keineswegs als ausgemachte Sache. Die Gabe bewegt sich in der Sphäre des Faktischen, wohingegen die Aufgabe (und vor allem ihre Realisierung) ins Reich des Fakultativen fällt.

„Sage mir, mit wem du umgehst, so sage ich dir, wer du bist."[4] – so lautet eine alte identitätsdiagnostische Faustregel. „Sage mir, wohin du willst und was du planst, und ich mutmaße, wer du bist und werden könntest." – so lautet analog dazu eine Anleitung zur Identitätsvermessung, die auch zukünftige Entwicklungen von Personen mitberücksichtigt. Gewährsmann hierfür ist unter anderem Max Scheler mit seiner Idee, der Mensch sei eine Richtung und kein Ding, und die dauernde Transzendenz des Status quo gehöre unzweifelhaft zu seinem Wesen. Wenn wir Richtung und Daseinsbewegung eines Individuums erspüren, zeichnet sich sein Lebensgesetz, das es womöglich seit seinen Kindesbeinen in sich trägt und unbewusst schon lange verwirklicht, noch einmal deutlicher ab, als wenn wir nur seine Vergangenheit im Visier haben.

Der in Tübingen lehrende Philosoph Ernst Bloch beschäftigte sich in seinen Schriften mit der Zukünftigkeit von Individuen und Sozietäten. Er beschrieb deren „Noch-Nicht" als Möglichkeitssinn (ein Begriff von Robert Musil) und potenzielles Sein, das sich aus dem Status eines unsichtbaren und sich selbst nicht gewissen Innen nach außen kehren, entäußern und so ver-

---

[3] Kierkegaard S.: Die Wiederholung (1843), Hamburg 2000, S. 69.
[4] Goethe, J.W. von: Wilhelm Meisters Wanderjahre (1821/29), HA Band 8, München 1981, S. 286.

wirklichen kann: „Ich bin. Aber ich habe mich nicht. Also werden wir erst."[5] Der Mensch ist ein Werden und kein Sein, und sobald man ihn auf seine Vergangenheit oder auf den Status quo seines Daseins fixiert, verfehlt man ihn hinsichtlich seiner Entfaltungsmöglichkeiten. Die Totalität der personalen Identität ist neben dem bereits gelebten Leben stets auch eine noch zu realisierende, zukünftige, und ihre letztendgültigen Inhalte lassen sich frühesten mit dem Ableben des Betreffenden taxieren.

Daneben gilt jedoch vor allem die These unserer Überschrift weiter oben: Ich bin oder wir sind, nicht weil ich oder wir autonom und souverän vor uns hindenken – ich bin oder wir sind, weil die Anderen auf eine bestimmte Weise an mich oder uns denken. Das *Cogito* der Mitmenschen und vor allem deren Zuwendung, Sorge, Fürsorge und Anerkennung hinsichtlich unserer eigenen Person ermöglicht die Entfaltung unseres Denkens, Fühlens, Urteilens, Handelns und die Ausbildung unseres Selbstwert-Empfindens.

Als einen Denker, der dieses Thema bereits um 1800 problematisierte, möchte ich G.W.F. Hegel anführen. In *Phänomenologie des Geistes* (1807) erörterte er in dem oft zitierten Kapitel *Herr und Knecht*[6] eindrücklich seine Sicht der Dynamik zwischen dem Ich (Selbst) und dem Anderen, zwischen dem eigenen Bewusstsein und demjenigen des Mit- oder Gegenmenschen. Jedes Bewusstsein gehe initial auf den „Tod", die Überlegenheit und Herrschaft gegenüber dem ihm begegnenden anderen Bewusstsein aus. Derjenige, dem in diesem Kampf der Bewusstseine die eigene Freiheit (Für-sich-Sein) wichtiger als sein bloßes Überleben ist, wird als Sieger oder „Herr" das Feld verlassen, wohingegen derjenige, dem sein Leben wichtiger scheint als die Freiheit, sich als Unterlegener oder „Knecht" (Für-andere-Sein) erweist:

> „Der Herr ist das für sich seiende Bewusstsein, aber nicht mehr nur der Begriff desselben, sondern für sich seiendes Bewusstsein, welches durch ein anderes Bewusstsein mit sich vermittelt ist, nämlich durch ein solches, zu dessen Wesen es gehört, dass es mit selbständigem Sein oder der Dingheit überhaupt synthetisiert ist."[7]

Ein Ausweg aus der Negation des einen Bewusstseins durch das andere liegt in der Anerkennung des einen Bewusstseins durch das andere und *vice versa*. Beide, Herr wie Knecht, hängen insofern voneinander ab, als sie sich in ihrer

---

[5] Bloch, E.: Tübinger Einleitung in die Philosophie (1970), Gesamtausgabe, Band 13, Frankfurt am Main 1985, S. 13.
[6] Selbstständigkeit und Unselbstständigkeit des Selbstbewusstseins; Herrschaft und Knechtschaft. In: Hegel, G.W.F.: Phänomenologie des Geistes (1807), in: Werke 3, Frankfurt am Main 1970, S. 145–154.
[7] Hegel, G.W.F.: Phänomenologie des Geistes, in: Werke 3, Frankfurt am Main 1970, S. 150.

Existenz und in ihrer Rolle gegenseitig anerkennen und bejahen müssen. Das Bewusstsein kommt nur durch das Verhältnis zu einem anderen Selbstbewusstsein, in dem es sich findet und in dem es in seinem Sein gespiegelt wird, zu sich selbst.

Eine derart anerkennende Beziehung gelingt in wechselseitig bejahender Form jenseits der Herr-Knecht-Hierarchie – eine Art der Bezugnahme, die gemeinhin als Liebe bezeichnet wird. Obschon in Liebesbeziehungen in der Regel immer wieder Phasen von Über- und Unterlegenheit der Partner sowie von Missverstehen, Streit und Distanz auftreten, sind sie (diese Beziehungen) ihrem Wesen und ihrer Idee nach auf die gegenseitige und freiwillige Anerkennung von Ich und Du angelegt.

Darüber hinaus lässt sich an ihr (der Liebe) Hegel zufolge auch das Wesen der Dialektik gut veranschaulichen. Nehmen wir an, ein Mensch existiert, ohne dass er verliebt ist oder einen Anderen liebt: Dieses Individuum bejaht sich im günstigen Falle als das, was es darstellt, als ein Ich, das sich selbst setzt und souverän für sich und aus sich heraus leben kann. Nun trifft dieses Ich auf ein anderes Ich, das es zu lieben beginnt; mit dieser Liebe verbunden ist bei ihm eine umfassende Hingabe und ein Hinaustreten aus sich selbst, das bis zur Selbstvergessenheit führen kann. Diese Bewegung auf den Anderen zu beschreibt Hegel als „Negation", als eine Art Verneinung des ursprünglichen und eigenen Ich.

Bliebe es bei dieser Form der Beziehungsgestaltung, hätten wir es mit einem hörigen, eventuell masochistischen Menschen zu tun, der Liebe mit Selbstaufgabe verwechselt. Nun aber ereignet sich in gelingenden Liebesbeziehungen etwas Entscheidendes, das einen Ausweg aus der Negation und eine Überwindung der Selbstaufgabe bedeutet. Der Liebende gibt sich nicht nur dem geliebten Menschen hin, er verneint nicht nur sein eigenes Ich, sondern er findet sich neu und mit überraschenden Gesichtspunkten im Anderen wieder. Das Du wird zum Spiegel und Echo, an dem sich das Ich erkennt und bislang womöglich unbekannte, unentdeckte, noch nicht oder wenig entwickelte Eigenschaften und Fähigkeiten an sich erlebt; zugleich ermutigt ein liebendes Du das Ich, dieses bis anhin noch nicht Entwickelte zum Austrag zu bringen. Durch die erotisch-synthetischen Qualitäten der Liebe wird die Entfremdung des Ich, seine „Negation", aufgehoben oder, in der Terminologie Hegels, die erste Verneinung des Ich wird seinerseits verneint, und mit dieser doppelten Negation findet und lebt der Liebende neue Aspekte seines Ich (so schlicht beschreiben Philosophen das Phänomen der Liebe).

In seinen Schriften über das dialogische Prinzip hat Martin Buber (1878–1965) im 20. Jahrhundert die Hegelschen Gedanken weiterentwickelt und zur bekannten Formel verdichtet: „Der Mensch wird am Du zum Ich."

Diese Formel findet sich in Bubers bekanntestem Buch *Das dialogische Prinzip*.[8] Will ein Mensch sein Selbst entwickeln, kann er dies bevorzugt innerhalb von Ich-Du-Beziehungen.

Sind oder werden die interpersonellen Beziehungen eines Menschen brüchig, erleidet die Personalität Einbußen. Die Ich-Du-Wirklichkeit ist der tragende Boden, auf dem sich das existenzielle Sein und Wirken von Personen ereignet. Rede und Gegenrede, Gefühlsäußerung und Gefühlserwiderung, Ruf und Echo, dialogische Fragen und dialektische Antworten bedeuten jene Elemente, in denen die Person atmen, wachsen und sich entfalten kann. Ohne das kontinuierliche Erleben von Mitmenschlichkeit und sozialer Nähe mögen Menschen bei sich eventuell scharfen Intellekt und hohe kognitive Fertigkeiten entwickeln – ihre Personalität gedeiht dabei jedoch oftmals lediglich einseitig, oder sie verkümmert.

Der Psychiater und Daseinsanalytiker Ludwig Binswanger (1881–1966) hat die Notwendigkeit sozialer Einbettung für die Entwicklung der Person im Konzept und Begriff der anthropologischen Proportion zum Ausdruck gebracht. Er ging davon aus, dass man bei Menschen ein Persönlichkeitswachstum in die Breite (soziale, zwischenmenschliche Kontakte) und in die Höhe (Ehrgeizziele) unterscheiden kann. Für das Niveau der Personalität und für die Stabilisierung des eigenen Selbstwerts förderlich sind Existenzbewegungen, die sowohl zu den Mitmenschen hin (Sozialität und Emotionalität) als auch nach oben (Intellektualität, beruflicher Erfolg) ausgerichtet sind.

Ein Zeitgenosse Bubers und Binswangers, der in seiner Philosophie ähnlich wie sie auf Hegel Bezug nahm, war Jean-Paul Sartre. In dem Kapitel *Der Blick* aus seinem ersten Hauptwerk *Das Sein und das Nichts* (1943) untersuchte Sartre ebenfalls das Phänomen der Zwischenmenschlichkeit, wobei für ihn der Affekt der Scham eine zentrale Rolle einnahm. In seinem Text führte er aus, dass sich jedermann als freies Subjekt und Mittelpunkt seiner Welt erlebt, solange er alleine ist. Dieses Empfinden ändert sich schlagartig, sobald ein anderer Mensch auftaucht und ihn erblickt; nun ist der Erstere nicht mehr das alleinige Subjekt, sondern wird zum taxierten und eventuell beschämten Objekt für den Anderen. Die Rollen von Subjekt und Objekt werden vertauscht, und mit ihnen wechselt das Erleben von Macht, Dominanz, Herrschaft, Mittelpunktstellung. Es kommt zum „Auslaufen" des eigenen Subjekt-Seins hin zum anderen Subjekt und damit zu einer Art Entfremdung (*aliénation*).

Im Zusammentreffen von Personen geht es deshalb stets um die Frage, wer die Subjektrolle erobert und wer sich in die Objektrolle schicken muss – eine

---

[8] Buber M.: Das dialogische Prinzip (1954), Heidelberg 1964.

Rolle, die nicht selten mit Scham aufgrund des Erlebnisses des Erblickt-Werdens assoziiert ist. Die Spannung und das Ringen um die Rolle des freien und blickenden Subjekts durchzieht Sartre zufolge die gesamte Welt des Sozialen. Um nicht zum Objekt und damit eventuell zu einem Es und einem bloßen Ding vergegenständlicht zu werden, versucht ein jeder, möglichst rasch den Anderen zu verobjektivieren:

> „Die Objektivierung des Anderen ist … eine Verteidigung meines Seins, das mich gerade von meinem Sein für Andere befreit, indem es dem Andern ein Sein für mich verleiht."[9]

Beispiele für diese Dynamik finden sich im Sozial- und Kulturleben der Menschen zuhauf. Man denke daran, dass in vielen Religionen ein Verbot besteht, sich ein Bild der Gottheit zu machen – das Bild würde den Gott zum betrachteten Objekt machen und damit seine absolute Subjekt-Rolle relativieren. In manchen früheren Gesellschaften war es üblich, dass sich Sklaven, Diener, Frauen und Kinder in der Öffentlichkeit nur mit gesenktem Blick bewegen durften – damit wurden sie als Objekte definiert, ohne dass ihnen im Gegenzug die Möglichkeit eröffnet worden wäre, selbst in die Rolle eines blickenden Subjekts zu schlüpfen. Vor allem in Liebesbeziehungen und Freundschaften jedoch wird der Andere zum Du, dessen Fremdheit und Freiheit mit Sympathie bejaht wird. Man reduziert ihn nicht auf seinen Ist-Bestand und seine realen oder vermeintlichen Defizite, sondern räumt ihm Möglichkeiten von Wachstum und Entwicklung ein. Sartre betonte, dass die wechselseitige Gewährung von Freiheit ein liebendes Miteinander begründet:

> „In der Liebe will der Liebende … für den Geliebten „alles auf der Welt" sein: Das bedeutet, dass er sich auf die Seite der Welt stellt; er ist das, was die Welt zusammenfasst und symbolisiert, er ist ein *Dieses*, was alle anderen „Dieses" umschließt, er ist *Objekt* und willigt ein, es zu sein. Doch andererseits will er das Objekt sein, in dem sich zu verlieren die Freiheit des Andern einwilligt, das Objekt, in dem der andere sein Sein und seinen Seins-Grund als seine sekundäre Faktizität zu finden einwilligt."[10]

Ebenfalls den Anderen als Mitmenschen und als wesentlichen Einfluss auf und für das eigene Ich bedachte Karl Löwith (1897–1973). In seiner Habilitationsschrift *Das Individuum in der Rolle des Mitmenschen* (1928) beschrieb er den Menschen als Lebewesen mit und in spezifischen Verhältnissen:

---

[9] Sartre, J.-P.: Das Sein und das Nichts (1943), Reinbek bei Hamburg 1993, S. 483.
[10] Sartre, J.-P.: Das Sein und das Nichts (1943), Reinbek bei Hamburg 1993, S. 644.

Jeder von uns erlebt sich im Verhältnis zu Dingen, Kosmos und Natur (außermenschliche Welt), zu anderen Menschen (Mitwelt) und zu sich selbst. Ein Verhältnis zwischen Menschen besteht nur, wenn sie sich gegenseitig als Personen und Subjekte begreifen und entsprechend behandeln. Leider definieren Menschen einander nicht selten als bloße Mittel zum Zweck oder als Sachen, die man kaufen, mieten, gebrauchen, missbrauchen kann. Damit pervertieren sie ihre Beziehungen; sie verfehlen Grundvoraussetzungen der Zwischenmenschlichkeit und machen den Anderen (ein Jemand) zu einem Objekt und zum Gegenstand ihrer Begierde (ein Etwas):

> „Im Unterschied zu Etwas anderem sind die anderen dadurch ausgezeichnet, dass sie von derselben Seins-Art, in derselben Weise da sind wie ich selbst. Unbeschadet dessen, dass sie andere sind, sind sie doch Meinesgleichen."[11]

Der Andere als Mitmensch bildet günstigenfalls eine Matrix für das Leben des Ich, des Individuums, wie gleichzeitig jeder Einzelne sich recht betrachtet stets in der Rolle des Mitmenschen befindet, selbst wenn er sie zu leugnen und sein Dasein in der exklusiven Einsamkeit, in narzisstischer Selbstbespiegelung oder in sadistisch-destruktiver Gewalt gegen die Anderen zu fristen versucht. Das soziale Band zwischen den Menschen ist im Grunde genommen unauflöslich, denn jedes kulturelle Phänomen, vor allem die Sprache und damit das eigene Denken, trägt Spuren früherer oder jetzt lebender Mitmenschen in und bei sich.

Ebenfalls als geistiger Nachfahre Hegels erweist sich der Sozialphilosoph Axel Honneth (geboren 1949). In *Kampf um Anerkennung – Zur moralischen Grammatik sozialer Konflikte* (1992) skizziert er Formen zwischenmenschlicher Anerkennung: die liebende Anerkennung (zum Beispiel elterliche Liebe), die beim Anerkannten vor allem Selbstvertrauen induziert; die rechtliche Anerkennung (ein gewonnener Prozess), die dem Betreffenden ein Plus an Selbstachtung beschert; sowie die solidarische Anerkennung, die meist über einen Zuwachs an Selbstschätzung das Fundament der personalen Identität stabilisiert.

Diese aus der Sozialphilosophie stammenden Konzepte verband Honneth mit Theorien und Forschungsergebnissen aus der Psychoanalyse, Tiefenpsychologie, Kinderpsychotherapie und Entwicklungspsychologie (z. B. Sigmund Freud, Stephen Mitchell, Réne Spitz, John Bowlby, Daniel Stern, Donald Winnicott, Otto Kernberg). Viele dieser Ergebnisse bestätigen die

---

[11] Löwith, K.: Das Individuum in der Rolle des Mitmenschen (1928), in: Sämtliche Schriften 1, Stuttgart 1981, S. 65.

Grundthese Honneths und der zitierten Denker, dass ein Defizit an sozialer Wertschätzung und Anerkennung zu einem eklatanten Mangel an Ich-Stärke und Selbst-Stabilität beiträgt. Individualisierung und Anerkennung sind ganz wesentlich mit- und ineinander verschränkt, und die Erstere gedeiht nur auf dem Boden der Letzteren:

> „Weil das normative Selbstbild eines jeden Menschen … auf die Möglichkeit der steten Rückversicherung im Anderen angewiesen ist, geht mit der Erfahrung von Missachtung die Gefahr einer Verletzung einher, die die Identität der ganzen Person zum Einsturz bringen kann."[12]

Missachtung, Entwürdigung und Entrechtung wirken in vielen Fällen desaströs auf die Entwicklung eines Menschen – oder sie zersetzen womöglich seine Person. Daher bedeuten Angst, Aggression oder Deprivation in Kindheit und Jugend von Heranwachsenden außerordentlich destruktive Einflussgrößen für ihre Erziehung und Bildung ebenso wie für ihre spätere Daseinsgestaltung. Nicht selten werden dadurch biomedizinische und/oder psychosoziale Weichenstellungen in Richtung von Krankheit, von Dissozialität oder sogar Kriminalität vorgenommen.

Die biomedizinische wie auch psychosoziale Gesundheit eines Individuums fußt entscheidend ebenfalls auf zwischenmenschlicher Anerkennung. Deshalb sollte bei jeder Anamnese- und Diagnoseerhebung ausführlich die soziale Verankerung von Patienten erfragt und beurteilt werden. Vereinsamung und zwischenmenschliche Kälte, permanente Distanzerfahrungen, kontinuierliches Defizit an Zuwendung und Ansprache gefährden das personale Niveau (Josef Rattner) der Betreffenden im Hinblick auf ihre seelisch-geistige wie auch auf ihre körperliche Verfassung. Derartige krankheitsauslösende und krankheitsbedingende Verhältnisse lassen sich sogar in groß angelegten Studien nachweisen.

So zeigte eine von Julianne Holt-Lunstad et al. publizierte Metaanalyse, dass Mangelsituationen an stabilen sozialen, zwischenmenschlichen Beziehungen die Lebenserwartung der Betreffenden signifikant reduziert.[13] Analoge Ergebnisse werden seit 1938 in der *Harvard Adult Development Study* (auch Grant-Study nach dem ersten Finanzier W.T. Grant benannt) erhoben, die seit über acht Jahrzehnten an ursprünglich ca. siebenhundert Männern (von denen derzeit nur noch vierzig leben) untersuchte und weiter unter-

---

[12] Honneth, A.: Kampf um Anerkennung – Zur moralischen Grammatik sozialer Konflikte (1992), Frankfurt am Main 2021, S. 212f.
[13] Holt-Lunstad, J., Smith, T.B. und Layton, J.B.: Social Relationship and Mortality Risk – A Meta-analytic Review, in: PLoS Medicine, Volume 7, 2010.

sucht, inwiefern sich deren Dasein als glücklich und zufrieden darstellte und darstellt, und welche Auswirkungen dies auf deren körperliche und seelische Gesundheit hatte und hat. Die Ergebnisse dieser Studie folgen bisher wiederholt und konstant dem Motto *Good genes are nice, but joy is better*:

> „'The surprising finding is that our relationships and how happy we are in our relationships has a powerful influence on our health,' said Robert Waldinger, director of the study, psychiatrist at Massachusetts General Hospital and a professor of psychiatry at Harvard Medical School. 'Taking care of your body is important, but tending to your relationships is a form of self-care too'."[14]

Doch zurück zur Anthropologie und Sozialphilosophie. Zwei französische Denker im 20. Jahrhundert – Emmanuel Lévinas (1906–1995) und Paul Ricoeur (1913–2005) – haben die Formel ihres Landsmannes Descartes (*Cogito ergo sum*) kritisch beurteilt und im Sinne unserer Überschrift beinahe ins Gegenteil verkehrt. Nicht das *Cogito*, das stolze, selbstbewusste Ich setzt und gebiert zuerst sich und dann die Anderen und die Welt, sondern *vice versa*: Die Anderen, ihre Meinungen und Urteile und Wahrnehmungen, ihre Existenz mitsamt ihrer Aura und Atmosphäre, ihrer Fürsorge, Zuwendung und Barmherzigkeit oder aber ihrer Vernachlässigung, Entwertung und Verdinglichung bestimmen mich und meine Welt.

Beide, Ricoeur wie auch Lévinas, versuchten in ihren Vorträgen und Schriften, die egozentrische Perspektive zu relativieren, die wir bei der Wahrnehmung und Bewertung unserer eigenen Person sowie unserer Mitmenschen normalerweise einnehmen. Wie wäre es, so fragten beide Denker, wenn wir von den Dingen, der Natur und vor allem von den anderen Menschen her auf uns blicken könnten? Wie sehr veränderte eine solche Optik unser Selbst-Erleben, aber auch das Verhältnis und unseren Umgang mit den Anderen? Einen gedankenexperimentellen Vorstoß in eine derartige Betrachtungsweise hatte im 19. Jahrhundert ansatzweise bereits Friedrich Nietzsche unternommen, indem er zumindest das Sensorium des *Cogito* bis in den Mitmenschen und dessen Organismus hinein ausweitete:

> „Weiß man aber je völlig, wie weh eine Handlung einem Andern tut? So weit unser Nervensystem reicht, hüten wir uns vor Schmerz: Reichte es weiter, nämlich bis in die Mitmenschen hinein, so würden wir niemandem ein Leides tun."[15]

---

[14] Zit. n.: https://news.harvard.edu/gazette/story/2017/04/over-nearly-80-years-harvard-study-has-been-showing-how-to-live-a-healthy-and-happy-life/, abgefragt am 22.01.2023.
[15] Nietzsche, F.: Menschliches, Allzumenschliches I (1878), in KSA 2, München 1988, S. 101.

Ricoeur und insbesondere Lévinas radikalisierten diese veränderte Perspektive, indem sie gleichsam das Nervensystem unserer Mitmenschen auf uns zuwachsen und sich in uns kreuzen ließen. Die Anderen berühren, affizieren uns, und damit markieren sie „genau den Unterschied zwischen dem *ego*, das sich setzt, und dem *Selbst*, das sich nur *durch* diese *Affektionen* hindurch erkennt".[16] Und bei Lévinas lesen wir, dass der Andere der ganz Andere ist – *la non-indifférence* oder die Nicht-Indifferenz,[17] also der oder die große von mir Unterschiedene. So sehr der Andere meinesgleichen ist (Karl Löwith), so sehr trennt aber auch sein und mein Leben und Empfinden etwas Unüberbrückbares.

Dieser Hiatus zwischen dem Anderen und mir, zwischen seinem oder ihrem Weltmittelpunkts-Erleben einerseits und meinem eigenen Erleben des Nullpunkts und Ursprungs all meiner Wahrnehmungen, Emotionen, Denk-Akte, Handlungen andererseits bedeutet eine Aporie, eine Weg- und Auswegslosigkeit und zugleich eine mächtige Herausforderung, einen reizvollen Stimulus. Jeder Verstehens- und Verständigungsprozess, jede ernst gemeinte Frage, jede um Offenheit ringende Antwort sind Versuche, die Kluft zwischen Du und Ich etwas zu verringern. Und auch die Sehnsucht zwischen zwei Menschen kündet vom Wunsch, die Distanz zwischen ihnen zu minimieren und zumindest – wie schon in Platons Mythos vom ursprünglichen Kugelwesen Mensch eindrücklich geschildert – für Augenblicke zur Einheit zu verschmelzen.

Zwar lassen sich Emotionen, Affekte, Gefühle, Stimmungen, Vorstellungen, Fantasien und Ideen sowie körperliche Empfindungen (von Schmerzen bis hin zu orgiastischen Zuständen) zwischen den Menschen nicht teilen – aber immerhin können wir sie mitteilen. Selbst jene Situationen, in denen (zum Beispiel in einem Konzertsaal) die Einzelnen scheinbar identische emotionale Zustände erleben (z. B. Begeisterung, Jubel, Rührung, Ekstase), erlebt bei aller Gefühlsansteckung und bei allem Imitationsverhalten doch ein jeder für sich und mit einer je eigenen Tönung diese Phasen einer Gruppen- oder Massenkonstellation.

Drei Bereiche möchte ich gesondert hervorheben, in denen die Aporie der Ich-Du-Beziehung als enorme Herausforderung und nicht selten auch als Scheitern erfahrbar wird: Erziehung und Bildung; Medizin und Psychotherapie; Liebe und Freundschaften. So dürften sich Eltern, Erzieher, Lehrer, Ausbilder und Mentoren immer wieder aufs Neue vergegenwärtigen, dass sie

---

[16] Ricoeur, P.: Das Selbst als ein Anderer (1990), München 2005, S. 395.
[17] Siehe hierzu Lévinas, E.: Intention, Ereignis und der Andere (1985), in: Humanismus des anderen Menschen, Hamburg 2005, S. 139.

es bei und mit ihren Kindern, Schülern, Adepten mit jeweils den ganz Anderen, den Nicht-Indifferenten und den von ihnen gänzlich Unterschiedenen zu tun haben.

So handelt es sich bei Kindern, Schülern, Azubis und Schutzbefohlenen weder um genetische noch soziale oder kulturelle Doubletten und Verlängerungen der Eltern- und Lehrergeneration – vielmehr sind sie so recht betrachtet wie Fremde oder Gäste, die einige Jahre lang in Familien, Kindergärten, Schulen, Betrieben, Universitäten, sonstigen Institutionen einem Sozialisations- und Bildungsprozess anheimgestellt sind oder sich freiwillig dorthin begeben, um günstigenfalls ihre Individualität und Persönlichkeit zu entwickeln. Alle uniformen Curricular- sowie Erziehungs- und Bildungsmaßnahmen stehen daher von vornehrein im Verdacht, als unangebracht disqualifiziert werden zu müssen oder als Dressurakte zu gelten, die womöglich eine Sozietät, nicht aber das Individuum zufriedenstellen.

Warum aber diese enorme Hochschätzung von Individualität und Personalität? Beim Rückblick auf die Geistes- und Kulturgeschichte der Menschheit waren es in der Regel Einzelne oder kleine Gruppen mit je differenzierter Personalität, die sich befähigt erlebten, sozial und kulturell herausfordernde Aufgaben zu erkennen und womöglich so zu lösen, dass damit nicht nur einige wenige, sondern oftmals die Sozietäten insgesamt Nutzen daraus ziehen konnten. Wenn wir die Fähigkeiten der nachfolgenden Generationen zur Lösung zukünftiger sozialer und kultureller Probleme erziehen und bilden wollen, ist die Orientierung an deren individueller Persönlichkeit daher essenziell.

Erziehung und Bildung zeitigen halbwegs befriedigende Ergebnisse, wenn die Erzieher und Bildner ihren Kindern, Schülern, Auszubildenden mit jener Haltung und Einstellung begegnen, die von den zitierten Sozialphilosophen beschrieben wurden: Anerkennung und Respekt vor der Persönlichkeit des Anderen; passagere Perspektivenübernahme der Anderen; Solidarität mit der allfälligen Fragilität und Mängelbehaftung von Werdens- und Wachstumsprozessen; Glaube an die basale Potenzialität von Kindern, Jugendlichen, Auszubildenden und zugleich nüchterner Blick auf deren tatsächliches Wissen und Können (als liebender Blick bereits von Nicolai Hartmann in dessen *Ethik*, 1926, charakterisiert).

Eine ähnliche Haltung und Einstellung möchte man all jenen wünschen, die in Medizin, Psychologie und Psychotherapie auf hilfsbedürftige Patienten mit ihren unterschiedlichsten Graden von Hinfälligkeit und Krankheit treffen und für deren Diagnostik und Behandlung Sorge tragen. Ein wesentlicher therapeutischer Aspekt von Medizin, Psychologie und Psychotherapie besteht darin, zwischen Patienten einerseits und Ärzten, Pflegenden, Therapeuten andererseits jene Beziehungen zu ermöglichen, die an gelungene Ich-Du-

Begegnungen (Martin Buber) erinnern, und die bei aller technikaffinen Orientierung unserer Heilkunde von Mütterlichkeit, Fürsorge, Nähe, empathischer Großzügigkeit und von Schutz geprägt sind. Nicht immer und überall haben diese Gesichtspunkte in der Medizin der jüngeren Zeit oder auch der letzten Jahrzehnte ähnliches Gewicht erhalten wie die sinn- und wirkungsvollen Neuerungen auf dem Gebiet der Technik.

Eine explizit auf wertschätzende Zwischenmenschlichkeit angelegte Beziehung ergibt sich in Psychotherapiesituationen. Vor allem die Psychoanalyse erinnert an Platonische Dialoge und die Sokratische Mäeutik (Hebammenkunst). Sokrates und Platon ging es um Erkenntnisgewinn, der durch dialogische Debatten errungen werden sollte, ohne dass für die Dialogpartner von vorneherein feststand, welche Ergebnisse dabei generiert wurden – und ohne dass die Überlegenheit des einen Arguments über das andere zum Ziel erkoren wurde.

Darüber hinaus verstand sich Sokrates nicht als allwissender Lehrer, sondern als ein dauernd Fragender, der mittels vertiefender Nachfragen das verborgene, vorbewusste Ahnen und Wissen seines Gegenübers zutage fördern wollte. Wie eine Hebamme den Kreißenden bei der Geburt ihrer Kinder beisteht, beabsichtigte Sokrates, sein jeweiliges Gegenüber bei der Geburt von Gedanken zur Selbst-, Menschen- und Welt-Kenntnis behilflich zu sein. Psychotherapie als dialogisches Geschehen aufzufassen bedeutet, die Verstehens-Bemühungen zwischen Klienten und Therapeuten gleichgewichtig zu verteilen. Die Aufgabe des Verstehens des jeweiligen Du liegt nicht nur beim Therapeuten – beide sind der jeweils Andere, dessen Nicht-Indifferenz eine hermeneutische Herausforderung ist. Je generöser der Therapeut die Andersartigkeit des Patienten gelten lässt, umso mehr wird dieser ermutigt, nicht nur eventuelle Symptome zu überwinden, sondern auch seine Individualität zu entdecken und zur Entfaltung zu bringen.

Bei (psychotherapeutischen) Dialogen geht es nicht um die Durchsetzung von eigenen Standpunkten, um das Rechthaben hinsichtlich divergenter Meinungen. Vielmehr ermöglichen Dialoge die Entwicklung von Denkakten, die man allein kaum je erlebt hätte. Friedrich Nietzsche zielte auf derlei ab, als er formulierte: „Der eine sucht einen Geburtshelfer für seine Gedanken, der andere einen, dem er helfen kann: So entsteht ein gutes Gespräch."[18]

Dialogisch dürfen vor allem auch freundschaftliche sowie Liebesbeziehungen angelegt sein. Es macht die große Tragik von narzisstisch orientierten Menschen aus, dass sie bevorzugt monologisch existieren und damit weder die Welt noch die Mitmenschen um sich her adäquat wahrnehmen und

---

[18] Nietzsche, F.: Jenseits von Gut und Böse (1886), in: KSA 5, München 1988, S. 97.

behandeln. Sie kommen kaum in Situationen, den Anderen oder die Andere tatsächlich suchen, berühren, verstehen zu wollen und zu können, und bleiben deshalb im Grunde genommen einsam und alleine. Die Verantwortung für den Anderen und dessen Individualität ist ihnen meistens fremd und überfordert sie, da sie überwiegend geliebt (im Sinne von verwöhnt, umworben, im Mittelpunkt stehend betrachtet) *werden* wollen, ohne selbst zu lieben und anzuerkennen und damit reziproke emotionale und soziale Verhältnisse zu ermöglichen.

Karl Löwith beschrieb in seiner Habilitationsschrift *Das Individuum in der Rolle des Mitmenschen* (1928) auf philosophische Manier den Mangel, der sich in der narzisstischen Bezugnahme lediglich auf sich selbst kundtut:

> „Wirkliches ‚Ich' bin ich nur als mögliches Du eines anderen; ... Dieses in sich selbst vor andern verschlossene Ich ist aber keine ursprüngliche Möglichkeit, sondern das Resultat einer Abschließung vor dem andern."[19]

Lévinas, ein Großmeister der philosophischen Reflexion des Du und des Anderen, hätte bei narzisstischer Verkapselung nicht nur von einer Abschließung des Ich vor dem Mitmenschen gesprochen. Für ihn bedeutete die Zwischenmenschlichkeit sowie das Phänomen des Du eine regelrechte Verpflichtung und Verantwortung, das Unvergleichliche, Individuelle, Einzigartige, Solitäre im Gegenüber zu suchen, zu entdecken, zur Entfaltung zu bringen – und dies ohne anspruchliche Erwartung auf eine entsprechend gegenläufige Behandlung des eigenen Ichs durch das Du, durch die geliebte Person:

> „Verantwortlichkeit ist eigentlich die Liebe, ... ist vor allem der Zugang zum Einzigen ... Liebe oder Verantwortlichkeit sind Sinngebung der Einzigkeit. Das Verhältnis ist immer nicht-reziprok; Liebe besteht ohne Sorge für das Geliebt-Sein ... In diesem Moment ist der Andere, der Geliebte, einzig. Und *ich* bin einzig in einem anderen Sinne: als erwählt, als zur Verantwortlichkeit *erwählt*."[20]

Diese Nicht-Reziprozität von Lieben und Geliebt-Werden, von Suchbewegungen des Einen und Momenten teilweisen Gefunden- und Erkannt-Seins des Anderen wurde bereits vor Lévinas geahnt und vom Großmeister der deutschen Sprache in Worte gefasst. So lesen wir in Goethes *Wilhelm Meisters Lehrjahre* (1795) den nachdenklich stimmenden Satz Philines an Wilhelm:

---

[19] Löwith, K.: Das Individuum in der Rolle des Mitmenschen (1928), in: Sämtliche Schriften, Band 1, Stuttgart 1981, S. 148f.

[20] Lévinas, E.: Intention, Ereignis und der Andere (1985), in: Humanismus des anderen Menschen, Hamburg 2005, S. 134.

„Und wenn ich dich liebhabe, was geht's dich an?"[21] – ein Satz, der narzisstische Anwandlungen vertreiben hilft und uns an eine Hauptaufgabe unserer Existenz erinnert: Andere Menschen als meinesgleichen wie auch als die ganz Anderen gelten zu lassen.

---

[21] Goethe, J.W. von: Wilhelm Meisters Lehrjahre (1795), in HA Band VII, München 1981, S. 235.

6

Freunde, Freundschaft, Lebensmensch

Ein Freund, ein guter Freund, das ist das Beste, was es gibt auf der Welt – sangen einst die Comedian Harmonists. In den 30er-Jahren des letzten Jahrhunderts war dieses Lied im Film *Die drei von der Tankstelle* zu hören – ein Film, in dem drei Freunde sich in ein und dieselbe reiche Dame verlieben und darüber ihre enge Beziehung untereinander aufs Spiel setzen. Schlussendlich werden aus den Dreien ziemliche Rivalen, die das Beste auf der Welt inzwischen anderswo verorten.

Neben solch fragwürdigen Männerfreundschaften gibt es einen bunten Reigen weiterer Beziehungen, denen das Attribut freundschaftlich zugeordnet ist: beste Freunde, Busenfreunde (wie beispielsweise Tom Sawyer und Huckleberry Finn), Sportsfreunde, Parteifreunde (als oft gebrauchte Steigerungsform von Todfeind), Gastfreundschaften, Städtefreundschaften, imaginierte Freunde (bei Kindern und Jugendlichen anzutreffen – eine bekannte und wichtige imaginierte Freundin war zweifelsohne Kitty, die Adressatin der Briefe im Tagebuch der Anne Frank[1]) ebenso wie imaginäre Freunde (nicht wenige der *likes and friends* in der *Social-Media*-Welt). Die Vermutung liegt nahe, dass bei derart unterschiedlichen Benutzungen ein und desselben Begriffes seine Definition einigermaßen umstritten ist.

Seit der Antike und seit den Zeiten schriftlicher Überlieferung werden Freunde und Freundschaften beschrieben: In der *Ilias* und in der *Odyssee* ebenso wie etwa im *Nibelungenlied* oder in der *Edda* tauchen freundschaftliche Beziehungen auf, und in kaum einer Abhandlung über gelingendes

---

[1] Pressler, M. (Hrsg.): Anne Frank Tagebuch (1942–44), Frankfurt am Main 2020.

Leben fehlt der Hinweis auf den Wert von Freunden und Freundschaften. Bei Aristoteles beispielsweise heißt es in der *Nikomachischen Ethik*: „Ohne Freundschaft möchte niemand leben, hätte er auch alle anderen Güter."[2]

Als mindestens so gewichtig wie Aristoteles erachteten Jahrhunderte später Erasmus von Rotterdam oder auch Michel de Montaigne die Bedeutung von Freundschaften – wobei sie wohl die meisten freundschaftlichen Beziehungen, die wir als solche bezeichnen, als bloße Bekanntschaften qualifiziert hätten. Erasmus ließ seine *Adagia* (1500 ff.) mit einem Kapitel über *Freundesgut, gemeinsam Gut*[3] beginnen, und an manchen Stellen seiner Ausführungen denkt man unwillkürlich an Thomas Morus und an den venezianischen Verleger Aldus Manutius, mit denen Erasmus befreundet war, und mit denen er eine gemeinsame humanistische Welt- und Lebensanschauung teilte. Montaigne hingegen kannte und benannte – für das 16. Jahrhundert durchaus ungewöhnlich – lediglich einen einzigen Menschen als engen Freund:

> „Bei dem, was wir gewöhnlich Freunde und Freundschaften nennen, handelt es sich allenfalls um nähere Bekanntschaften ... Bei der Freundschaft hingegen, von der ich spreche, verschmelzen zwei Seelen und gehen derart ineinander auf, dass sie sogar die Naht nicht mehr finden, die sie einte."[4]

Ausgehend von seiner außergewöhnlich engen Beziehung mit Étienne de la Boétie (1530–1563) definierte Montaigne Freundschaft als etwas Seltenes und Exquisites. Ein Freund sei wie ein zweites Ich, ein *alter Ego*, das zur Selbstverwirklichung der eigenen Person wesentlich beitrage. Wir verstärken das Empfinden von Identität und Ich-Stärke durch einen Menschen, der unsere eigenen Gedanken, Wünsche, Ideen, Konzepte und Anschauungen scheinbar oder tatsächlich widerspiegelt und diese damit bekräftigt und legitimiert.

Man kann verstehen, dass Montaigne nach dem Tode dieses einzigen und idealisierten Freundes mit Niedergeschlagenheit und massiver Trauer reagierte: „Seit dem Tage, da ich ihn verlor", schrieb er in den *Essais*, „schleppe ich mich mit versiegenden Kräften dahin ... Ich war schon so gewöhnt und darin eingeübt, stets ich zu zweit zu sein, dass mich dünkt, jetzt lebte ich nur noch halb."[5]

Derlei heftige Affekte hätte sich Baruch de Spinoza nur selten oder überhaupt nicht erlaubt – und doch hat er sie auch erlebt. Als sein Freund und

---

[2] Aristoteles: Nikomachische Ethik, Achtes Buch, 1155a, in: Philosophische Schriften 3, Darmstadt 1995, S. 181.
[3] Erasmus von Rotterdam: Adagia (1500 ff.), Zürich 1985, S. 9.
[4] Montaigne: Essais (1580ff.), Frankfurt am Main 1998, S. 101.
[5] Montaigne: Essais (1580ff.), Frankfurt am Main 1998, S. 104.

politischer Berater Johan de Witt im Jahre 1672 vom emotional entfesselten Pöbel gelyncht wurde, wollte sich Spinoza auf die Menge stürzen; nur die Besonnenheit seines Vermieters hinderte den Philosophen vor solch einer unbedacht-tollkühnen Tat. Johan de Witt war fast zwei Jahrzehnte lang der wichtigste liberale Staatsmann der Niederlande gewesen und hatte stets seine schützende Hand über progressive und unkonventionelle Denker wie Spinoza gehalten – man kann nachvollziehen, warum die beiden Männer intellektuelle Freunde waren:

> „Abgesehen von Menschen kennen wir kein Einzelding in der Natur, an dessen Geist wir uns innerlich erfreuen und mit dem wir uns in Freundschaft oder sonst einer Form von Gemeinschaft verbinden können."[6]

Eine solch intellektuelle Freundschaft und gemeinschaftliche Verbindung ereignet und entwickelt sich durchaus nicht immer vor dem Hintergrund gemeinsamer Charaktereinstellungen. Als Beispiel einer im Laufe der Zeit unverbrüchlichen Freundschaft bei durchaus divergierenden Persönlichkeitsmerkmalen gilt die enge Beziehung zwischen Goethe und Schiller während des Jahrzehnts vor Schillers Tod 1805. Ihre Freundschaft erwuchs aus ursprünglich mächtigen Distanzerlebnissen von beiden Seiten, die sich auf die literarischen Leistungen des jeweils Anderen ebenso wie auf ihre unterschiedlichen Charaktere bezogen.

Goethe verkörperte das Chthonische der Natur, indes Schiller auf das Geistig-Ideale hin ausgerichtet war. Der Erstere bevorzugte bildhafte und atmosphärische Schilderungen, wohingegen Letzterer (der mit der Philosophie Immanuel Kants sympathisierte) klare Begriffe und logische Zusammenhänge suchte. Goethe kannte die Dunkelheit des Unbewussten und Dämonischen, Schiller jedoch präferierte die Helligkeit des Bewusstseins. Für Goethe bedeutete es einen hohen Wert, die schicksalhafte Notwendigkeit anzuerkennen, und im Gegenzug war Schiller vor allem vom Wert der Freiheit enorm angetan. Beiden waren die Unterschiede ihrer Anschauungen und Herangehensweisen bewusst, ohne diese Diversität zuletzt als Übel zu begreifen, das man hätte beseitigen müssen:

> „Freundschaft kann sich bloß praktisch erzeugen, praktisch Dauer gewinnen … Die wahre, die tätige, produktive, besteht darin, dass wir gleichen Schritt im Leben halten, dass Er (der Freund) meine Zwecke billigt, ich die seinigen, und

---

[6] Spinoza, B. de: Ethik in geometrischer Ordnung dargestellt (1677), Hamburg 2015, S. 519.

dass wir so unverrückt zusammen fortgehen, wie auch sonst die Differenz unserer Denk- und Lebensweise sein möge."[7]

Wesentliche Funktionen ihrer Freundschaft bestanden darin, am Anderen sich selbst zu erkennen – und zwar sowohl im Sinne der Spiegelung als auch im Sinne des Differenz-Erlebens. Des Weiteren gelang es beiden, sich mithilfe des jeweils Anderen selbst wie auch das Gegenüber anzuerkennen; darüber hinaus erinnerten sich Schiller wie Goethe an ihre Potenzialitäten und ermutigten sich gegenseitig, die ihnen gemäßen literarischen und künstlerischen Aufgaben anzugehen und zu bearbeiten. Mit ihrem Entschluss zur Freundschaft und Kooperation, den sie im Sommer 1794 jeder für sich vorbereitet und dann zusammen umgesetzt haben, überwanden sie schlussendlich ihre gegenseitigen Neid-Affekte und ihre Distanz-Empfindungen; beide retteten sich und ihr Gegenüber durch Anerkennung und enge Zusammenarbeit:

> „Was ich Gutes haben mag, ist durch einige wenige vortreffliche Menschen in mir gepflanzt worden, ein günstiges Schicksal führte mir dieselben in den entscheidenden Perioden meines Lebens entgegen, meine Bekanntschaften sind auch die Geschichte meines Lebens."[8]

Schiller wie Goethe waren sich der Qualität ihrer Freundschaft wie auch mancher Ursachen für diese stabile Beziehung bewusst und haben sie dementsprechend pfleglich behandelt. Goethe nahm in einem Brief an Siegmund August Wolfgang Herder, an einen Sohn Johann Gottfried Herders, auf die Voraussetzungen für derartige seltene Freundschaften Bezug und schrieb:

> „Wenn wir immer vorsichtig genug wären und uns mit Freunden nur von einer Seite verbänden, von der sie wirklich mit uns harmonieren, und ihr übriges Wesen nicht in Anspruch nähmen, so würden die Freundschaften weit dauerhafter und ununterbrochener sein. Gewöhnlich aber ist es ein Jugendfehler, den wir selbst im Alter nicht ablegen, dass wir verlangen, der Freund solle gleichsam ein anderes Ich sein, solle mit uns nur ein Ganzes ausmachen, worüber wir uns denn eine Zeit lang täuschen, das aber nicht lange dauern kann."[9]

Um vieles skeptischer, nüchterner und pessimistischer als Goethe und Schiller positionierte sich im Hinblick auf die Möglichkeiten einer Freundschaft

---

[7] Goethe, J.W. von: Freundschaft (1825), in: Briefe, HA Band 2, München 1988, S. 550.
[8] Schiller, F.: Brief an Charlotte Gräfin von Schimmelmann (23. November 1800), in: Briefe, Königstein/Taunus 1983, S. 395.
[9] Goethe, J.W. von: Brief an Siegmund August Wolfgang Herder, Dezember 1798, in: Briefe, HA Band 2, München 1988, S. 364.

6 Freunde, Freundschaft, Lebensmensch

Arthur Schopenhauer (1788–1860). In *Parerga und Paralipomena* (1851) und hier vor allem in den *Aphorismen zur Lebensweisheit* äußerte er sich mehrfach zur Qualität zwischenmenschlicher Beziehungen.

Wer Schopenhauer etwas kennt, wird nicht überrascht sein, bei ihm der festen Überzeugung zu begegnen, man könne auf das Schwanzwedeln eines ehrlichen Hundes bedeutend mehr geben als auf Hunderte von Freundschaftsgebärden und -bezeugungen der lieben Zeitgenossen. Dass Schopenhauer aber bei aller Skepsis nicht in blanken Zynismus verfiel, macht eine Textstelle deutlich, die neben der Schilderung des weit verbreiteten Egoismus auch Andeutungen über (seltene!) Freundschaftsgefühle enthält:

„Indessen gibt es mancherlei in der Hauptsache freilich auf versteckten egoistischen Motiven der mannigfaltigsten Art beruhende Verbindungen zwischen Menschen, welche dennoch mit einem Gran jener wahren und echten Freundschaft versetzt sind, wodurch sie so veredelt werden, dass sie … mit einigem Fug den Namen der Freundschaft führen dürfen."[10]

Ein im übertragenen Sinne Schüler Arthur Schopenhauers wie auch ein Verehrer von Montaigne war Friedrich Nietzsche (1844–1900). In seine Äußerungen über Freundschaft flossen seine Sehnsucht nach einer innigen Seelenverwandtschaft mit einem anderen Menschen (wie bei Montaigne und de la Boétie) ebenso mit ein wie die herben Enttäuschungen im Hinblick auf seine Versuche, eine solche Beziehung mit manchen seiner Zeitgenossen zu verwirklichen (man denke nur an seine Beziehung mit Lou Salomé und Paul Rée). Nietzsche empfand sich ähnlich wie Schopenhauer in seinem Dasein überwiegend als einsam und als zu wenig gesehen und verstanden; die Schilderungen einer Freundschaft in *Also sprach Zarathustra* dürfen deshalb auch als eine intensive Wunschvorstellung des Autors gelesen werden:

„Nicht den Nächsten lehre ich euch, sondern den Freund: Der Freund sei euch das Fest der Erde und ein Vorgefühl des Übermenschen. Ich lehre euch den Freund und sein übervolles Herz: Aber man muss verstehen, ein Schwamm zu sein, wenn man von übervollen Herzen geliebt sein will. Ich lehre euch den Freund, in dem die Welt fertig dasteht, eine Schale des Guten – den schaffenden Freund, der immer eine fertige Welt zu verschenken hat."[11]

---

[10] Schopenhauer, A.: Aphorismen zur Lebensweisheit, in: Parerga und Paralipomena I (1851), Zürich 1988, S. 450.
[11] Nietzsche, F.: Also sprach Zarathustra (1883–85), in: KSA Band 4, München 1988, S. 78.

Nietzsche war viel zu sehr Realist, als dass er sich von solchen Traum- und Wunschbildern illusionär hätte in seinen Bann ziehen lassen. Aus der eigenen Biografie wie auch aus den Lebensläufen Anderer kannte er jene Momente der Desillusionierung und Entfremdung, die aus scheinbar festen, unverbrüchlichen Freundschaften distanzierte Beziehungen oder sogar Feindschaften entstehen lassen. Dennoch, so Nietzsche, sei es angebracht, den ehemaligen Wert einer Freundschaft nicht in Bausch und Bogen zu desavouieren, sondern die Motive für eine allfällige Entzweiung in den jeweiligen Entwicklungswegen und -richtungen zu suchen:

> „Wir waren Freunde und sind uns fremd geworden. Aber das ist recht so ... Wir sind zwei Schiffe, deren jedes sein Ziel und seine Bahn hat; wir können uns wohl kreuzen und ein Fest miteinander feiern, wie wir es getan haben ... Dann trieb uns die allmächtige Gewalt unserer Aufgabe wieder auseinander, in verschiedene Meere und Sonnenstriche ... Dass wir uns fremd werden müssen, ist das Gesetz über uns: eben dadurch sollen wir uns ehrwürdiger werden! Eben dadurch soll der Gedanke an unsere ehemalige Freundschaft heiliger werden! Es gibt wahrscheinlich eine ... Sternenbahn, in der unsere so verschiedenen Ziele als kleine Wegstrecken einbegriffen sein mögen ... So wollen wir an unsere Sternen-Freundschaft glauben, selbst wenn wir Erden-Feinde sein müssten."[12]

So manche Beziehung jedoch wird aufrechterhalten und womöglich sogar noch Freundschaft genannt, weil sich die Beteiligten ihre Entfremdung und eventuelle Distanz nicht eingestehen wollen. Nicht Wenige wiegen sich und ihr Gegenüber im Glauben an ihre freundschaftlichen Bande oder übersehen geflissentlich ihre mehr oder minder gravierenden Differenzen, anstatt frank und frei die Konsequenzen aus ihrer „Erden-Feindschaft" zu ziehen.

Sören Kierkegaard (1813–1855) hingegen plädierte in Bezug auf Freundschaften durchaus für Offenheit und Authentizität. In seinem Buch *Entweder – Oder* (1843) verortete er freundschaftliche Beziehungen unter die Rubrik des Ethischen, wobei ihm ein Wert als zentral erschien: das Offenbar-Werden. Die Kommunikation von Freunden zeichne sich durch vorbehaltlose Offenheit und Direktheit aus, was natürlich auch die Thematisierung von Unterschieden und Distanzempfindungen nach sich ziehe.

Freunde dürfen und sollen einander ein Gegenüber sein – oder man gerät in die Gefahr eines selbstreferenziell-narzisstischen Daseins. Dabei wird der Andere seines Du-Charakters beraubt und stattdessen zum bloßen Spiegel, zum Echo der eigenen Bedürfnisse und Impulse degradiert:

---

[12] Nietzsche, F.: Die fröhliche Wissenschaft (1882/87), in: KSA Band 3, München 1988, S. 523f.

„Ich habe nur einen Freund, es ist das Echo; und warum ist es mein Freund? Weil ich meine Trauer liebe, und die nimmt es mir nicht. Ich habe nur eine Vertraute, es ist die Stille der Nacht; und warum ist sie meine Vertraute? Weil sie schweigt."[13]

Georg Simmel (1858–1918), der sich mit Goethe ebenso wie mit Schopenhauer, Nietzsche und Kierkegaard auseinandergesetzt hat, äußerte sich mehrfach zum Thema Freundschaft, so etwa in seinen *Untersuchungen über die Formen der Vergesellschaftung* (1908). Anders als in der Antike, bei Montaigne oder in der Romantik vermochte Simmel Anfang des 20. Jahrhunderts keine idealen, totalen Freundschaften mehr zu erkennen; der Individualisierungsgrad, so der Soziologe, hatte seinerzeit derart zugenommen, dass ein gegenseitiges volles Verständnis zur Rarität verkommen war. Stattdessen wollte Simmel eine Zunahme „differenzierter Freundschaften" erkannt haben:

„Es scheint, dass ... die moderne Gefühlsweise sich mehr zu differenzierten Freundschaften neige, d. h. zu solchen, die ihr Gebiet nur an je einer Seite der Persönlichkeiten haben ... Diese differenzierten Freundschaften ... stellen in Hinsicht der Diskretionsfrage, des Sich-Offenbarens ... eine völlig eigenartige Synthese dar; sie fordern, dass die Freunde gegenseitig nicht in die Interessen und Gefühlsgebiete hineinsehen, die ... nicht in die Beziehung eingeschlossen sind, deren Berührung die Grenze des gegenseitigen Sich-Verstehens schmerzlich fühlbar machen würde."[14]

Da war Nicolai Hartmann (1882–1950), eine Generation jünger als Georg Simmel, doch ganz anderer Meinung. Hartmann, der mit Werken wie *Ethik* (1926), *Das Problem des geistigen Seins* (1933), *Grundlegung der Ontologie* (1935) oder *Ästhetik* (1953) von sich reden gemacht hatte, vertrat in Bezug auf das Thema Freundschaft Ideen, wie sie die Antike oder Montaigne hätten hervorbringen können:

„Die Gewissheit des gegenseitigen Eintretens füreinander, die stationär feste Sicherheit durcheinander, ... gegenseitige Aufrichtigkeit, Verlässlichkeit, Treue ... das ist es, was den Grundstock der Freundschaft ausmacht."[15]

---

[13] Kierkegaard, S.: Entweder – Oder (1843), München 1988, S. 44.
[14] Simmel, G.: Soziologie – Untersuchungen über die Formen der Vergesellschaftung (1908), in: GW Band 11, Frankfurt am Main 2021, S. 401 f.
[15] Hartmann, N.: Ethik (1926), Berlin 1962, S. 473.

Es gehörte zu den Qualitätsmerkmalen von Hartmann, dass er Fragen der Ethik – und dazu zählte er das Thema der Freundschaft – mit einer elaborierten Axiologie (Wertlehre) zu beantworten versuchte. Ähnlich wie sein philosophischer Kollege Max Scheler war Hartmann überzeugt, die verschiedenen ethischen Konflikte und Dilemmata, in die Menschen wiederholt geraten, nicht mit Prinzipien (wie etwa mit dem kategorischen Imperativ) beantworten zu können. Vielmehr handele man in Situationen von Konflikt und Entscheidung seinem inneren Werthorizont und seiner Werte-Pyramide gemäß, die uns (häufig unbewusst) die Richtung unseres Handelns vorgeben. Hartmann unterschied niedere, hohe und höchste Werte, vitale, geistige und personale Werte und ordnete einzelne ethische Phänomene dieser Werte-Hierarchie gemäß ein; Freundschaft wurde von ihm als basal und andere ethische Phänomene und Werte (wie etwa Liebe) fundierend definiert:

> „Der Freund ist in erster Linie der fest Glaubende, den nichts erschüttern kann, auch die Lieblosigkeit nicht. Freundschaft ist objektiver fundiert als die Liebe ... Freundschaft vollendet sich in der Liebe. Aber sie beruht nicht auf ihr."[16]

Das Thema Freundschaft wurde und wird nicht nur in der Philosophie bedacht – mindestens ebenso sehr taucht dieses Thema in der Literatur, in Romanen und Dramen, in Tagebüchern und literarischen Briefwechseln als Topos auf. Als ein eindrückliches Beispiel einer freundschaftlichen Liebe respektive einer liebenden Freundschaft möchte ich die Beziehung zwischen Anton Tschechow und seiner langjährigen Geliebten und späteren Frau Olga Knipper erwähnen. Tschechow hielt sich wegen seiner Tuberkuloseerkrankung oftmals auf der Krim (in Jalta) auf, wohingegen Olga Knipper aufgrund ihres Berufes (sie war Schauspielerin im Ensemble von Konstantin Stanislawski) die meiste Zeit in Moskau zubrachte. Die beiden hatten vereinbart, sich täglich zu schreiben; der Briefwechsel zwischen Tschechow und Olga Knipper wurde inzwischen publiziert, sodass wir einen recht guten Einblick in deren Liebesbeziehung haben.

Neben den vielen Briefstellen, in denen neben Eros auch das Freundschaftliche zwischen Tschechow und Olga Knipper zum Ausdruck kommt, soll eine Anekdote veranschaulichen, wie sehr diese beiden Menschen kameradschaftlich verbunden waren. Im Sommer 1904 weilten sie in Badenweiler – der Dichter war seinerzeit schon sehr krank und innerlich aufs Sterben eingestellt. Seine Frau kannte ihren Anton nun schon etliche Jahre, und bei allem schwierigen Missverstehen mochte und bewunderte sie ihn, seine Kunst wie auch

---
[16] Hartmann, N.: Ethik (1926), Berlin 1962, S. 473.

seine Marotten sehr. So wusste sie von einem lang gehegten und nie erfüllten Wunsch seinerseits und ließ ihm (nach den Maßen seines alten Anzugs) trotz der Schwere seiner Krankheit einen neuen weißen Flanellanzug bei einem Schneider in Freiburg anfertigen, den er jedoch – Tschechow starb wenige Tage später – nicht mehr getragen hat.

Waren es bei Tschechow und Olga Knipper die Liebe, die Krankheit, die Kunst und der nahende Tod, die die Koordinaten ihrer Freundschaft bildeten, rückten während der Zeit des Totalitarismus in Europa nicht wenige Menschen derart nahe zusammen, wie es sonst nur in engen und Jahrzehnte währenden Beziehungen geschieht. Die massiven existenziellen Unsicherheiten und Bedrohungen aufgrund der gesellschaftlichen Verhältnisse (Faschismus, real existierender Kommunismus) ließen Flüchtende, Vertriebene, Exilanten, Heimatlose, Verzweifelte oftmals innerhalb weniger Tage, Wochen, Monate intensive Notgemeinschaften errichten und erleben, denen durchaus Qualitäten von Freundschaften eigen waren.

In seiner Erzählung *Ostende 1936 – Sommer der Freundschaft* (2014) schildert Volker Weidermann das Zusammentreffen so differenter Schriftsteller wie Stefan Zweig, Joseph Roth, Ernst Toller, Irmgard Keun, Egon Erwin Kisch, Arthur Koestler, Hermann Kesten und ihren Partnerinnen (etwa Lotte Altmann, Christiane Toller). Trotz ihrer unterschiedlichen Lebensstile, Charaktere und Biografien gibt es einen Sommer lang wiederholt Nähe, Offenheit und Solidarität zwischen ihnen, die sich aus dem Bewusstsein und Erleben der gemeinsamen Feinde (Hitler, Franco, Stalin, Mussolini) speisen.

Eine dazu fast entgegengesetzte Variante von Freundschaft lebte und erlebte der österreichische Dichter Thomas Bernhard (1931–1989). Bernhard sorgte mit Romanen und vor allem mit seinen Dramen in seiner Heimat wie im gesamten deutschsprachigen Raum immer wieder für Schlagzeilen und Aufruhr – man denke nur an sein letztes Stück *Heldenplatz* (1988), in welchem er die Begeisterung des österreichischen Volkes 1938 beim sogenannten Anschluss der Alpenrepublik an das faschistische großdeutsche Reich sowie die Verleugnung dieser Begeisterung nach 1945 zum Thema machte.

Von vielen seiner Landsleute entwertet, missverstanden und attackiert, lehnte sich Bernhard emotional und intellektuell an zwei Menschen an, von denen er sich gesehen und in seinem Wert erkannt empfand: an seinen Großvater Johannes Freumbichler (der allerdings bereits 1949 verstorben war, und der dem Dichter deshalb nur noch in seiner Erinnerung eine innere Stütze bedeutete) sowie an Hedwig Stavianicek, eine im Vergleich zu ihm um 37 Jahre ältere Frau, die von Bernhard meistens als sein Lebensmensch tituliert wurde:

> „Ich hatte ja meinen *Lebensmenschen*, den nach dem Tod meines Großvaters entscheidenden für mich in Wien, meine Lebensfreundin, der ich nicht nur viel, sondern, offen gesagt, seit dem Augenblick, in welchem sie vor über dreißig Jahren an meiner Seite aufgetaucht ist, mehr oder weniger alles verdanke ... Die Eingeweihten wissen, was alles sich hinter diesem Wort *Lebensmensch* verbirgt, von und aus welchem ich über dreißig Jahre meine Kraft und immer wieder mein Überleben bezogen habe, aus nichts sonst, das ist die Wahrheit. Diese für mich in jeder Beziehung vorbildliche, gescheite, mich niemals auch nur einen entscheidenden Augenblick im Stich lassende Frau ..."[17]

Ähnliche Freundschaftskonstellationen ergaben sich beispielsweise bei Marcel Proust und seiner Haushälterin und Sekretärin Céleste Albaret sowie bei André Gide und seiner Vertrauten Maria von Rysselberghe, die aufgrund ihrer Texte und Aufzeichnungen über Gide – sie erschienen unter dem Titel *Les Cahiers de la Petite Dame* (Das Tagebuch der kleinen Dame[18]) – oftmals als *la petite dame* bezeichnet wurde und sich selbst gern als Gides Eckermann bezeichnet hat. In beiden Fällen, bei Proust wie bei Gide, soll es sich wie bei Thomas Bernhard um Lebensmenschen mit hohen Graden von Verlässlichkeit, emotionaler Zuwendung und Güte sowie psychosozialer Intimität gehandelt haben, ohne dass es zwischen ihnen und Proust respektive Gide (beide waren homophil) erotisch-sexuell anziehende Beziehungen gegeben hätte. Inwiefern sie allerdings den Kriterien der reinsten Freundschaft (oder Liebe) gerecht wurden, die Goethe in einem seiner Aphorismen formulierte, darf füglich bezweifelt werden:

> „*Mit* Jemand leben oder *in* Jemand leben ist ein großer Unterschied. Es gibt Menschen, in denen man leben kann, ohne mit ihnen zu leben, und umgekehrt. Beides zu verbinden, ist nur der reinsten Liebe und Freundschaft möglich."[19]

Auf einen nochmals anderen Aspekt von Freundschaft zielt ein Gedicht von Bertolt Brecht ab. Der Dichter kannte Liebschaften, aus denen sich immer wieder Freundschaften entwickelten, auch nachdem die sexuelle Leidenschaft in den Hintergrund getreten war. In solchen Fällen meinte Brecht einen Sorge-Appell in zweifacher Richtung zu verspüren – die Sorge galt idealerweise seinem Gegenüber ebenso wie auch der eigenen Person:

---

[17] Bernhard, T.: Wittgensteins Neffe – Eine Freundschaft (1982), Frankfurt am Main 1982, S. 30f.
[18] Rysselberghe, M. von: Das Tagebuch der kleinen Dame (1918–1951), zwei Bände, München 1986.
[19] Goethe, J.W. von: Datierbare Aphorismen aus dem Nachlass, in: Sprüche in Prosa – Sämtliche Maximen und Reflexionen, Frankfurt am Main 2005, S. 72.

„Der, den ich liebe / Hat mir gesagt / Dass er mich braucht. / Darum / Gebe ich auf mich acht / Sehe auf meinen Weg und / Fürchte von jedem Regentropfen / Dass er mich ihm erschlagen könnte."[20]

Von Freundschaften, so kann man diese Zeilen interpretieren, geht ein Imperativ aus, sich selbst zu bewahren und zu entwickeln – wobei die Selbstbewahrung kein Selbstzweck ist, sondern der Verantwortung für den Anderen, den Freund oder der Geliebten Rechnung trägt.

Bei all den auf den zurückliegenden Seiten erfolgten männlichen Definitions- und Beschreibungsversuchen von Freundschaft ist es an der Zeit, endlich auch Frauen zu Wort kommen zu lassen. Rahel Varnhagen, eine oft zitierte Berliner Salonnière, pflegte zeitlebens enge Beziehungen mit Frauen wie Männern – wobei sie auf persönliche Treffen in ihrer Dachstube (zum Plaudern bei Tee und Biskuit) ebenso Wert legte wie auf eine ausgedehnte und regelmäßige Korrespondenz. Eine ihrer Haupttugenden bestand darin, Menschen in ihrem Sosein grundsätzlich und umfassend zu bejahen – gleichgültig, um welche Charakterakzentuierungen es sich dabei handeln mochte. In einem ihrer Briefe (aus Wien) an ihre Vertraute Friederike Liman (in Berlin) lesen wir über das Wesen und die Qualitäten von Freundschaften:

> „Was ist Freundschaft? Das, was sie sein kann. Die Gabe, anderer Persönlichkeit zu durchschauen, die Tugend, sie zu respektieren und sie anzuerkennen wie die eigene; das Glück, eine gefunden zu haben, deren Wesen und bloßes Dasein uns gefällig ist, in jeder Äußerung, im Gewähren wie im Versagen, und die wieder die Eigenschaften besitzt, und verbindet, unsere in Freiheit, d. h. in den Möglichkeiten, die ihr entsprechen, ihr Dasein zu entwickeln."[21]

Ähnlich generös im Anerkennen des Gegenübers wie Rahel Varnhagen erwies sich Silvia Bovenschen (1946–2017). Diese Essayistin, Literaturwissenschaftlerin und Romanautorin erfuhr als Mitte 20-Jährige, dass sie an Multipler Sklerose erkrankt war. Bovenschen ging mit bewundernswerter Souveränität und Tapferkeit sowie ohne alle Larmoyanz mit ihrer Erkrankung um, die sie in den letzten Jahren ihres Lebens in den Rollstuhl zwang.

Über Freundschaften hat Bovenschen in *Über-Empfindlichkeit – Spielformen der Idiosynkrasie* (2000) nachgedacht. Idiosynkrasie lässt sich als Eigentümlichkeit, eigentümliche Mischung übersetzen; Bovenschen meinte, dass die Individualität eines jeden Menschen als spezifische Mischungsverhältnisse

---

[20] Brecht, B.: Morgens und abends zu lesen (1937), in: Die Gedichte, Frankfurt am Main 2000, S. 862.
[21] Varnhagen, R.: Brief an Friederike Liman (4. Februar 1815), in: Ein Buch des Andenkens für ihre Freunde, Band 3, Göttingen 2011, S. 193.

(biologische, soziale, kulturelle, emotionale Einflüsse) zu interpretieren ist. So, wie es individuelle Ausprägungen von Personen gibt, lassen sich je eigene Muster und Verläufe von Freundschaften beobachten; dementsprechend dürfen wir keine allgemeingültige Definition von Freundschaft erwarten:

> „Jede Freundschaft ist regiert von einer besonderen, unvergleichbaren (idiosynkratischen) Form der Sympathie. Das ist das Geheimnis ihrer Mischung. Und das ist auch der Grund dafür, dass es gefährlich ist, die Freundschaften, die wir haben, zu vergleichen oder gar vergleichend zu hierarchisieren."[22]

So sehr das Konzept der Idiosynkrasie als Charakterisierung von Freundschaft dem 21. Jahrhundert entspricht, so sehr scheinen nicht wenige Gesichtspunkte, die Bovenschen als essenziell für Freundschaften anführte, der inzwischen Jahrtausende umfassenden Tradition des philosophisch-literarischen Freundschaftsdiskurses zu entstammen. Vor allem die Bedeutung von Gespräch und Verständigung erinnert an die antiken Freundschaftslehren von Sokrates, Aristoteles oder Epikur – sie erinnert aber auch an Nietzsche, der das Wesen einer partnerschaftlichen Freundschaft (z. B. Ehe) einmal als ein nicht enden-wollendes Gespräch bezeichnet hat, bei dem sich die Dialogpartner gegenseitig zum Denken und Sprechen verhelfen; bei Bovenschen lesen wir dazu sehr im Sinne antiker Philosophen und im Sinne von Nietzsche:

> „So ist das Gespräch das Ferment der Freundschaft ... Es ist ein gemischtes Gespräch, ein einmischendes Gespräch, gleitend zwischen Erhabenem und Profanem, Öffentlichem und Privatem, Nahem und Entlegenem – und es geht der Freundschaft voraus. Wenn man feststellt, dass man befreundet ist, hat man ... bereits ‚etliche Scheffel Salz miteinander gegessen' (Aristoteles), man hat schon viel miteinander gesprochen."[23]

Fasst man diese unterschiedlichen Freundschaftskonzepte der letzten zweieinhalbtausend Jahre zusammen, die ich hier auf lediglich wenige Denkstationen der europäischen Geistes- und Kulturgeschichte bezogen habe, lassen sich einige Charakteristika, Qualitäten, Eigenheiten benennen, die auch im 21. Jahrhundert ihre Relevanz behalten, selbst wenn sich unter der Dominanz von Facebook und anderen *Social-Media*-Kanälen die Begriffe von *friends and likes* enorm gewandelt haben oder zu wandeln scheinen. Freundschaften im 21. Jahrhundert und im europäischen Kulturkreis kann man daher als zwischenmenschliche Beziehungen beschreiben, die häufig …

---

[22] Bovenschen, S.: Über-Empfindlichkeit – Spielform der Idiosynkrasie Frankfurt am Main 2000, S. 134.
[23] Bovenschen, S.: Über-Empfindlichkeit – Spielform der Idiosynkrasie Frankfurt am Main 2000, S. 138.

- gesellschaftlich kaum oder nur wenig normiert sind;
- die sehr eigenen Daseinsformen der Freunde widerspiegeln;
- auf Authentizität, Offenheit, Verlässlichkeit hin angelegt sind;
- mit eigener Gefühlskultur versehen sind (Idiosynkrasie);
- als reziproke Relationen die wechselseitige Anerkennung zum Ziel haben;
- sich als Beziehungen jenseits von Zweck und Notdurft bewegen;
- mit Intentionen des gegenseitigen Kennens und Verstehens versehen sind;
- dem Prinzip der Äquivalenz (Gaben, Tausch, Verteilung) verpflichtet sind;
- geprägt sind von der Spannung zwischen Nähe und Distanz;
- dem jeweils Anderen Geheimnisse und Privates zugestehen.

Einige dieser Aspekte hätte Georg Simmel unter den Begriff der differenzierten Beziehungen subsumiert, die nicht den Anspruch der totalen Nähe, Offenheit und Intimität aufweisen und sich stattdessen auf einige (wenige) Seiten des jeweiligen Gegenübers beschränken – auf Seiten, die dieses Gegenüber präsentieren will und kann. Eine Freundschaft respektiert jene Bereiche der jeweiligen Protagonisten, die sie nicht kommunizieren wollen oder können; zugleich deutet sie ihnen die Möglichkeiten zu vorbehaltloser Kommunikation an.

Erich Fried hat in einem seiner Gedichte die oft zitierte Formel geprägt: „Für die Welt bist du irgendjemand – aber für irgendjemanden bist du die Welt." Obgleich der Dichter mit diesem Gedanken das Wesen der Liebe charakterisieren wollte, lässt er (der Gedanke) sich auch auf Freundschaften anwenden – insbesondere, weil Freundschaft einen wichtigen Aspekt, wenn nicht sogar *das* wesentliche Fundament von Liebesbeziehungen darstellt. Für irgendeinen Menschen sind wir Freundin, Freund oder Lebensmensch und bedeuten womöglich ihre oder seine Welt; und falls wir aktuell keine solchen Freundschaften unterhalten, ist es weder verboten noch aussichtslos, um solche Beziehungen zu werben.

7

Einsamkeit, Vereinsamung, Alleine-Sein

Ein Kapitel über Einsamkeit in einem Buch über gelingendes Leben? Hat sich da ein Text komplett verirrt, der eigentlich in einem Sammelband über *Dysthymie* (Missstimmung; Vorform der Depression) und nicht über *Eudämonie* platziert werden sollte? Und wenn er (dieser Text) nun schon einmal im Zusammenhang dieses Buches auftaucht: Inwiefern lassen sich neben der Not, dem Leiden der Vereinsamung zumindest ansatzweise Tugenden der Einsamkeit und des Alleine-Seins benennen, die zur Eudämonie beitragen?

Vorneweg einige terminologische Erwägungen. Es bedeutet einen gehörigen Unterschied, ob wir uns im Zustand des Alleine-Seins, der Einsamkeit oder aber der Vereinsamung befinden. Alleine sind wir häufig, ohne uns jedoch einsam, verlassen, *lost in time and space* erleben zu müssen. Obwohl wir alleine sind – beispielsweise auf einer Wanderung, am Schreibtisch, Zeitung lesend in unserem Fauteuil, uns auf unserer Liege räkelnd –, können wir uns sehr wohl als stabil und hinlänglich eingebettet in einen sozialen Nexus und somit keineswegs vereinsamt empfinden.

Umgekehrt beschreiben Menschen immer wieder Situationen, in denen sie ihr Leben zwar unter einigen oder vielen Zeitgenossen verbringen und offensichtlich nicht alleine sind, sich aber dennoch einsam oder – besser, genauer ausgedrückt – vereinsamt wahrnehmen. Den Kontakt mit den anderen registrieren sie als derart oberflächlich, nichtssagend, distanziert, beliebig oder instabil, dass sie sich nicht gemeint, angesprochen und aufgehoben erleben – und dementsprechend charakterisieren sie sich als einsam unter vielen.

Genau genommen dürften sich solche Personen in der Regel als vereinsamt und nicht unbedingt als einsam bezeichnen: Einsamkeit nämlich ist oftmals ein Zustand, der durchaus aktiv geschaffen wird, indes die Vereinsamung als passiver und bedrängender Prozess über einen hereinbricht. Hans-Georg Gadamer hat in seiner Abhandlung *Vereinsamung als Symptom von Selbstentfremdung* auf diese entscheidende Differenz hingewiesen:

> „Einsamkeit ist also etwas ganz anderes als Vereinsamung. Vereinsamung ist eine Verlusterfahrung und Einsamkeit eine Verzichterfahrung. Vereinsamung wird erlitten – in der Einsamkeit wird etwas gesucht."[1]

Die Vereinsamung deutet tatsächlich auf Selbstentfremdung hin, wenn man den Begriff sehr weit fasst und damit auch Formen der Psychopathologie mit meint. So berichten Patienten mit depressiver Erkrankung ebenso über Vereinsamung wie jene mit psychotischen Störungen (z. B. Paranoia, Schizophrenie). Darüber hinaus kommt es bei Schüchternheit, Rückzugstendenzen, Hemmungen, Scham und weiteren Persönlichkeitsakzentuierungen oder habituellen Affekten nicht selten zu Vereinsamungsphänomenen. Auch Veränderungen des sozialen Nexus – Trennungen, Tod naher Angehöriger, Arbeitslosigkeit, Wohnungs- und/oder Ortswechsel, Berentung, Obdachlosigkeit, Flucht, Vertreibung, Exil – können Vereinsamungsprozesse auslösen und unterhalten. Manche Menschen werden bereits in ihrer Kindheit und Jugend aufs Gleis der Vereinsamung geschoben – auf ein Gleis, das (beispielsweise von Victor Hugo skizziert) ins unwirtliche Nirgendwo führt:

> „Er trug eine Männerhose und die Unterjacke einer Frau. Irgendwelche Leute hatten ihm die Sachen aus Mitleid geschenkt ... Sein Vater hatte ihn vergessen, und seine Mutter mochte ihn nicht leiden. Er war eines jener erbarmungswürdigen Kinder, die Vater und Mutter haben und trotzdem Waisen sind."[2]

Tragisch wirken auch jene Fälle von Vereinsamung, in denen die Betreffenden scheinbar im Mittelpunkt des interpersonellen Interesses stehen oder sich immer wieder in diese Mittelpunktposition verbringen, ohne dass sie dabei Nähe sowie gehaltvollen emotional-seelischen Austausch mit ihrer Umwelt erleben. Gemeint sind Menschen mit großer Selbstwertproblematik, die als narzisstisch bedürftig imponieren und aufgrund ihrer Selbstbezogenheit kaum tragfähige Beziehungen zu ihren Mitmenschen aufbauen können.

Erhält man die Gelegenheit, bei Menschen mit ausgeprägter Vereinsamung Einblicke in ihre Werdensgeschichte nehmen zu dürfen, stößt man nicht sel-

---

[1] Gadamer, H.-G.: Vereinsamung als Symptom von Selbstentfremdung, in: Lob der Theorie – Reden und Aufsätze, Frankfurt am Main 1983, S. 127.
[2] Hugo, V.: Gavroche – Die Elenden (1862), Berlin 1982, S. 5.

ten auf eine frühe Kindheit sowie auf eine Biografie, die deprivierende Erlebnisse für die Betroffenen bereithielten. Die Forschungsergebnisse etwa von René Spitz, John Bowlby, Donald W. Winnicott und Margret S. Mahler aus der zweiten Hälfte des 20. Jahrhunderts bestätigen sich diesbezüglich auch in unserem Jahrhundert: Das Fehlen verlässlicher, tragfähig-fürsorglicher Beziehungen in früher Kindheit induziert Spielarten der Vereinsamung (z. B. Hospitalismus) bereits bei kleinen Kindern, und dieses Daseinsmotiv setzt sich bei nicht wenigen von ihnen bis ins Erwachsenenleben hinein (z. B. in Form von psychosozialen Krankheiten) fort.

Zu analogen Ergebnissen kamen und kommen manche sozialpsychiatrisch und tiefenpsychologisch orientierte Psychiater und Psychotherapeuten. Die deutsch-amerikanische Psychoanalytikerin Frieda Fromm-Reichmann publizierte 1959 einen Essay über *Loneliness*, worin sie die Vereinsamung als bedeutenden Faktor für die Entstehung respektive Auslösung schizophrener Erkrankungen beschrieb. Ähnlich positionierte sich Harry Stack Sullivan in seinem Buch *Die Interpersonale Theorie der Psychiatrie* (1953). Für den Menschen sei die Zwischenmenschlichkeit seelisch-geistig so unentbehrlich wie der Sauerstoff für die Atmung. Man könne regelrecht „ersticken", wenn man über längere Zeit auf den interpersonellen Stoffwechsel verzichten müsse. In den 70er-Jahren publizierte der Psychiater Werner Janzarik (1920–2019) seine Arbeit über Kontaktmangelparanoid,[3] in der er die Auslösung und den Verlauf paranoider Psychosen mit der Vereinsamung der betroffenen Patienten in einen engen Zusammenhang brachte. Manfred Spitzer schließlich, Neurowissenschaftler und Psychiater an der Universitätsklinik Ulm, veröffentlichte 2018 sein Buch *Einsamkeit – Die unerkannte Krankheit*, worin er die problematischen, krankmachenden Aspekte von Vereinsamungsprozessen untersuchte.

Doch will ich hier, wie eingangs betont, keine Kapitel der Psychopathologie aufschlagen, sondern mögliche Vorzüge der Einsamkeit und des Alleine-Seins erörtern. Alleine-Sein soll sich dabei auf jene Situationen beziehen, in denen wir ohne direkten Kontakt mit unseren Mitmenschen existieren; und die Einsamkeit (nicht die Vereinsamung) wird im Folgenden als Verzichterfahrung sowie als eine merkliche Fähigkeit des Einzelnen verstanden, im zwischenmenschlich-sozialen Bereich und im Austausch mit Zeitgenossen an eigenen Werten, Aufgaben und Zielsetzungen auch bei Gegenwind unbeirrt festzuhalten, also Formen des Bei-sich- und Für-sich-Seins zu leben. Friedrich Nietzsche, selbst ein einsamer, aber zugleich auch ein vereinsamter Denker,

---

[3] Janzarik, W.: Über das Kontaktmangelparanoid des höheren Alters und den Syndrom-Charakter schizophrenen Krankseins (1973), Der Nervenarzt 44: S. 515–526.

der noch dazu recht häufig alleine war, umschrieb solcherart Einsamkeit mit den Worten:

> „Hält sich einer absichtlich in der Einsamkeit, so kann er sich dadurch den Verkehr mit Menschen, selten genossen, zum Leckerbissen machen."[4]

Wie aber lässt sich derartige Einsamkeit konkret erreichen und umsetzen, und welche persönlichen Voraussetzungen braucht es, um tatsächlich alleine und im positiven Sinne einsam sein zu können? Seit Aristoteles wird die menschliche Natur mit Begriffen wie *Ens sociale* und *Zoon politikon* charakterisiert. Menschen sind zutiefst soziale und politische, auf die Öffentlichkeit und Mitmenschen hin orientierte Wesen, denen es in der Regel sichtlich schwerfällt, sich gegen die Sozietät und gegen die Gemeinschaft mit anderen Menschen zu positionieren. Nicht zufällig galt in der griechischen Antike der Ostrazismus, also der Ausschluss aus dem sozialen Verbund, das Verstoßen-Werden und als Folge die radikale Vereinsamung als eine der schlimmsten Strafen, die von nicht wenigen Opfern mit massiver Krankheit bis hin zum Voodoo-Tod[5,6] beantwortet wurde – ein Todeskonzept, das von Walter Cannon (1871–1945) in den 40er-Jahren des 20. Jahrhunderts hinsichtlich der zugrunde liegenden physiologischen Mechanismen eingehend beschrieben wurde.[7]

Es bedarf demnach eines hohen Grades an Ich-Stärke und psychosozialer Unabhängigkeit, kurze Phasen und vor allem längere Episoden des Alleine-Seins und der Einsamkeit unbeschadet zu überstehen oder womöglich sogar zu nutzen und zu genießen. Entwicklungspsychologen und Bindungstheoretiker wie John Bowlby oder Mary Ainsworth sprachen diesbezüglich von Menschen, die in ihrer Kindheit stabile und sichere Bindungen zu ihren Bezugspersonen (z. B. zu Mutter oder Vater) erleben konnten. Geraten ehemals sicher gebundene Kinder später in Situationen des Alleine- und Einsam-Seins, verspüren sie in sich meist immer noch das seinerzeitige Anerkannt- und Gehalten-Werden ihrer Eltern: „Wenn man der unbestrittene Liebling der Mutter gewesen ist" (meinte Freud in Bezug nicht nur auf Goethe), „so behält man fürs Leben jenes Eroberer-Gefühl, jene Zuversicht des Erfolges, welche nicht selten wirklich den Erfolg nach sich zieht."[8]

---

[4] Nietzsche, F.: Menschliches, Allzumenschliches (1878/86), in: KSA 2, München 1988, S. 516.
[5] Knecht, T.: Der psychogene Tod (2010), in: Nervenheilkunde 29 (5), S. 311–315.
[6] Samuels, M.A.: The Brain-Heart Connection (2007), in: Circulation 116 (1), S. 77–84.
[7] Cannon, W.: Voodoo-Tod (1942), in: American Anthropologist, 44, S. 169–181.
[8] Freud, S.: Eine Kindheitserinnerung aus *Dichtung und Wahrheit* (1917), in: GW XII, Frankfurt am Main 1986, S. 26.

Auf ähnliche Verhältnisse spielte Heinrich Blücher an, der langjährige Partner von Hannah Arendt. Obwohl – oder eventuell auch, weil – die beiden oftmals ihren eigenen Themen und Aufgaben nachgingen und dabei immer wieder für längere Zeiträume getrennt und alleine waren, lebten sie eine derart tragfähige, stabile Beziehung, dass sie von ihren Bekannten und Freunden nicht selten scherzhaft als Doppelmonarchie bezeichnet wurden. In einem der vielen Briefe, die sie sich gegenseitig zusandten, schrieb Blücher an seine Partnerin: „Ich bange mich sehr nach Dir und genieße meine Einsamkeit, beides zusammen. Dass das möglich ist, scheint mir ein Ergebnis von langer Liebe zu sein."[9]

Ungewolltes Alleine-Sein, Vereinsamung und das Abgestempelt-Werden zum *outsider* induzieren bei vielen, ja den meisten von uns Ängste und Verlassenheitsempfindungen, die uns entweder rasch in die Majorität zurücktreiben oder die sich bis zur Verzweiflung mit den entsprechenden Symptomen (Schlafstörungen, Essstörungen, Nachlassen des Immunsystems) steigern können. Von solchen Isolationsphänomenen berichten Insassen von Altersheimen, Strafgefangene in Einzelhaft, in Quarantäne gehaltene Kranke ebenso wie exilierte Flüchtende oder bisweilen tollkühne Sportler, die ursprünglich freiwillig die Einsamkeit aufgesucht haben (z. B. Einhandsegler über den Atlantik; einsame Bergsteiger oder Arktisdurchquerer) und sich dann jedoch bald als vereinsamt erleben.

Eine nochmals andere Spielart der Vereinsamung beschrieb Mitte des letzten Jahrhunderts der Soziologe David Riesman (1909–2002) in seiner Monografie *The lonely Crowd* (1950; deutscher Titel: *Die einsame Masse*). Darin unterschied er drei Typen sozialer Charaktere: den traditionsgeleiteten, den innengeleiteten sowie den außengeleiteten Typus. Bei Letzterem, den Riesman seinerzeit in der westlichen Welt als dominant ansah und dessen Bedeutung er im Zunehmen erachtete, erweisen sich Konventionen und Klischees als die entscheidenden und führenden gesellschaftlichen Einflussgrößen. Die Einzelnen unterwerfen sich den Vorstellungen der Majorität (was man tut; was man lässt; wie man denkt etc.) oder identifizieren sich damit, ohne dabei ihre eigenen Bedürfnisse, Werturteile und Meinungen zu berücksichtigen. Diese Diskrepanz führt dazu, dass sie sich in der Masse zwar wie die Vielen, als Individuen jedoch vereinsamt empfinden.

Mit welchen Haltungen und Einstellungen kann nun aber dem menschlichen Bedürfnis nach einigermaßen stabiler Einbettung in den sozialen Nexus und nach kontinuierlicher zwischenmenschlicher Anerkennung Ge-

---

[9] Blücher, H.: Brief an Hannah Arendt (25.07. 1947), in: Arendt, H. & Blücher, H.: Briefe 1936–1968, München 1996, S. 152.

nüge getan und dennoch die gewünschte Einsamkeit, das Alleine-Sein in ausreichendem Maße realisiert werden? Friedrich Nietzsche fand für diese Thematik eine schlichte Frage- und eine passende Antwortform:

> „Willst du mitgehn? oder vorangehn? oder für dich gehn? ... Man muss wissen, *was* man will und *dass* man will."[10]

Die Antwort Nietzsches lässt sich wohl auch so verstehen, dass enge Verschränkungen der jeweiligen Personen mit Aufgaben, Situationen und Wertkonstellationen es den Betreffenden erlauben, wiederholt oder zumindest für eine überschaubare Weile ohne direkten zwischenmenschlichen Kontakt (also alleine) sowie ohne kontinuierliche Anerkennung durch die Mitmenschen (also einsam) für sich sein zu können. Diese Verschränkungen (*was* man und *dass* man will) ermöglichen es, sich künstlerischen, wissenschaftlichen, philosophischen, weltanschaulichen oder auch individuell-reflexiven Themen ungestört (einsam, alleine) zu widmen und dennoch nicht den Vereinsamungsphänomenen anheimzufallen.

Solche Erfahrungen machen etwa manche Pilgerreisende auf dem Jakobsweg; oder glücklich-zufriedene Eremiten; oder erfolgreich Meditierende; oder schlicht auch jene, die sich als Solitäre, als Einzelne unter und mit vielen Mitmenschen empfinden. Der Begriff Solitär hat sowohl im Französischen (*solitaire*) als auch im Englischen (*solitude*) eine positive Konnotation: die gesuchte, gewollte und mit Genuss erlebte Einsamkeit; „das Gespür, unter vielen einer zu sein, ein inneres Leben zu haben, das mehr ist als eine Spiegelung der Leben der anderen. Es ist die *Einsamkeit der Differenz*."[11]

Auf eine derartige Einsamkeit hat auch schon Carl Spitteler (1845–1924) in seinem Gedicht *Prometheus und Epimetheus* (1881) angespielt. Darin entwarf der Schweizer Dichter und Literaturnobelpreisträger einen Titanen, der seine Tat (er stahl den Göttern einst das Feuer und brachte es den Menschen) als Ausdruck seiner Individualität verstanden wissen wollte; dementsprechend heißt es bei Spitteler gleich zu Beginn des Epos:

> „Es war in seiner Jugendzeit, Gesundheit rötete sein Blut, und täglich wuchsen seine Kräfte. / Da sprach Prometheus Übermutes voll zu Epimetheus, seinem

---

[10] Nietzsche, F.: Götzen-Dämmerung oder Wie man mit dem Hammer philosophiert (1889), in: KSA 6, München 1988, S. 65f.

[11] Sennett, R.: Von der Freundschaft als Lebensweise – Michel Foucault im Gespräch, Berlin 1984, S. 27f.

7 Einsamkeit, Vereinsamung, Alleine-Sein

Freund und Bruder: / Auf! lass' uns anders werden als die Vielen, / die da wimmeln in dem allgemeinen Haufen!"[12]

In diesem Zitat wird – bei allem Verständnis für den Impuls, sich als ein Einzelner nicht mit der Mediokrität und Nivellierungstendenz von Massen gemein machen und stattdessen die Differenz betonen zu wollen – eine Neigung angedeutet, die bei Vereinzelt-Einsamen bisweilen beobachtet werden muss: die Neigung, die Vielen, die Anderen, die Majorität als bloße Masse und Mittelmaß zu taxieren und als einen allgemeinen Haufen sogar zu entwerten. Doch nicht wenige dieser Vereinzelt-Einsamen vergessen dabei, dass sie mit dieser so lässig formulierten Überlegenheit zwar für kurze Momente ihr eventuell prekäres Selbstwertgefühl stabilisieren, auf Dauer aber ihre Dazugehörigkeit zu einer anderen Masse nicht leugnen können – zur Masse derjenigen nämlich, die die Massenexistenz elitär gering schätzen und sich allein dadurch schon als nonkonformistisch wähnen.

Die Herausforderung und Aufgabe des Einsam-Werdens lautet jedoch, so viel psychosoziale und intellektuelle Selbstständigkeit sowie autonome Urteilskraft zu entwickeln, dass wir es schlussendlich nicht nötig haben, uns so billiger Surrogate wie etwa der narzisstischen Selbstüberschätzung oder der Objektabwertung zu bedienen. Das Ziel darf sein, im Zweifelsfall tatsächlich alleine stehen und gehen zu können und die Einsamkeit bei aller sozialen Einbettung als Existenzmodus zu wählen, den wir für die Entwicklung unserer Person ebenso wie auch der Kultur nutznießen.

Dieses Motiv ist im Grunde genommen mit jenen wesentlichen existenziellen Reifungsschritten assoziiert, die das menschliche Leben charakterisieren: Geburt, Pubertät, Adoleszenz, Liebe und Sexualität, Krankheit, Scheitern, Altern und – wenn man dies denn als eine sehr besondere Form der Reifung auffassen mag – der Tod sind unweigerlich mit Trennungserfahrungen und Phänomenen des Für-sich-Seins verbunden, selbst wenn uns – beispielsweise in Momenten inniger Liebe, gelingender Sexualität oder solidarischen Trosts bei Krankheit, Scheitern, Niederlagen – Mitmenschen, Freunde, ein Du immens nahe kommen und uns ein ozeanisches Gefühl (Romain Rolland) des Wir bescheren können. In den Krisen des Lebenszyklus (Erik Homburger Erikson) sind wir jedoch auf uns verwiesen und zurückgeworfen, ohne dass wir diese Erfahrungen teilen könnten – allenfalls können wir sie mitteilen; und halbwegs geglückte Reifung bedeutet dabei, als Einsame und nicht als Vereinsamt-Verzweifelte diese Proben zu bestehen.

---

[12] Spitteler, C.: Prometheus und Epimetheus (1881), in: Prometheus-Dichtungen, Zürich 1945, S. 5.

Recht betrachtet, bewegen wir uns also stets im Dreieck von alleine, einsam, vereinsamt sein; oder neologistisch ausgedrückt: Wir sind im Grunde genommen immer alleinsam. Georg Lukács (1885–1971) meinte in seiner *Theorie des Romans – Ein geschichtsphilosophischer Versuch über die Formen der großen Epik* (1916) zwar: „In der Neuen Welt heißt Mensch-Sein: einsam sein."[13] Ausgehend davon attestierte er vorrangig den in bürgerlichen Verhältnissen lebenden Menschen eine transzendentale Obdachlosigkeit, die sie nicht nur hinsichtlich der konkreten zwischenmenschlichen Beziehungen, sondern auch hinsichtlich ihrer ideologisch-weltanschaulichen Orientierungsversuche vereinsamen lasse. Doch bezieht sich dieser Befund meines Erachtens nicht nur auf die westliche Welt oder auf das 20. Jahrhundert, sondern nimmt ein Anthropinon, eine Wesenseigentümlichkeit des Menschen, ganz generell ins Visier.

Frühere Zeiten und andere Kulturen kannten und kennen womöglich effektive Kompensationsmechanismen, um die menschliche Alleinsamkeit sowie die damit assoziierte metaphysische Obdach- und Heimatlosigkeit weniger drastisch und direkt erlebbar werden zu lassen: Mythen, Religionen sowie Religions-analoge Ideologien; stabile familiäre oder Clan-artige Gemeinschaften; Alkohol, Drogen sowie betäubende Aktivitäten (Festivitäten, Bacchanale, Saturnalien, Dionysien). Abgesehen davon, dass sich einige dieser kompensatorischen Strategien in etwas veränderter Form bis auf den heutigen Tag überliefert haben, gab es doch schon zu Zeiten der altägyptischen, griechischen oder römischen Antike und in späteren Epochen (z. B. Renaissance, Aufklärung, Romantik) immer wieder Einzelne oder Vereinzelte (Künstler, Philosophen, Literaten, Intellektuelle, Weise, Gelehrte), die dieses Anthropinon bei sich besonders deutlich verspürten oder an denen es die Mitmenschen prononciert registrierten.

In der griechischen Dramenwelt etwa sind die Hauptfiguren und Heroen in der Regel einsam, vereinsamt, vereinzelt, und an ihrem Schicksal konnten Zuschauer in der Antike ebenso stark wie wir Heutigen kathartisch nachempfinden, welch würdevolle Erhabenheit die einsame Entscheidung beispielsweise für einen Wert oder ein Ideal hervorrufen kann – und welche Tragik der Vereinsamung daraus aber auch zu erwachsen droht. In der *Antigone* des Sophokles etwa stellt sich die Heldin einsam gegen das Gesetz des Staates (vertreten durch Kreon), wobei sie ihre Kraft und moralische Rechtfertigung für diese Entscheidung aus der innigen Verbundenheit mit dem göttlichen

---

[13] Lukács, G.: Theorie des Romans – Ein geschichtsphilosophischer Versuch über die Formen der großen Epik (1916), Darmstadt/Neuwied 1971, S. 28.

Gesetz der Geschwisterliebe bezieht. In den Freitod geht sie zuletzt allerdings als Isolierte, Eingekerkerte, Vereinsamte.

Dasselbe Muster, oftmals in abgeschwächter Form und mit weniger drastischen Konsequenzen, lässt sich bis in unsere Neuzeit und Moderne hinein beobachten. So beschrieb der Literaturnobelpreisträger Octavio Paz (1914–1998) in seinem Essay *Das Labyrinth der Einsamkeit* (1950/70) neben anderen Themen seine Vereinzelung als lateinamerikanisch-europäischer Autor und Intellektueller. Sein Text dreht sich um Fragen der nationalen Identität Mexikos, die Paz mit der Geschichte, den Mythen Mittelamerikas und mit europäischen Denktraditionen (z. B. dem Moralismus) oder auch mit einer US-amerikanischen Perspektive einordnet und beurteilt. Um die gesellschaftlichen Fragen und Probleme Lateinamerikas zu erörtern, wechselte Paz mehrfach die kulturelle Optik und kam so zu originellen Urteilen Mexiko betreffend. Das Denken jenseits der eingefahrenen Wege führte bei ihm zu überraschenden, neuartigen Ergebnissen (positiv konnotierte Einsamkeit), aber eben auch zu Vereinsamungserscheinungen – die Anerkennung seiner Landsleute für seinen Text hielt sich einigermaßen in Grenzen.

Ähnlich erging es Virginia Woolf (1882–1941), die als eine der einflussreichsten und bekanntesten Literatinnen Englands im 20. Jahrhundert galt. Ihre Romane, ihre Essays, ihr Stil entsprangen originären und einsamen Denkakten, und nicht zufällig trägt eine ihrer meistzitierten Abhandlungen den Titel *Ein Zimmer für sich allein* (1929). Darin erörterte sie finanzielle und räumliche Voraussetzungen für intellektuell, künstlerisch, literarisch hochwertige Arbeiten von Frauen, wobei das Zimmer für sich allein zu einer Metapher für wirtschaftliche Unabhängigkeit, räumliche Privatsphäre und autonome Urteilskraft sowie für weiblich geprägte Anteile an der Geistes- und Kulturgeschichte wurde. Das Leben Woolfs endete tragisch, da sie neben ihrer produktiven, inspirierenden Einsamkeit zunehmend Phasen großer Vereinsamung kannte und als schwere depressive Erkrankungen erlebte – Depressionen, die bei ihr den Freitod mit induzierten.

Octavio Paz und Virginia Woolf sind lediglich zwei Beispiele für viele Künstler, Wissenschaftler, Philosophen, Intellektuelle, Literaten, deren Arbeit und Werk ein Vereinzelt-Sein, eine Outsider-Existenz zur Voraussetzung hatten oder haben. Viele von ihnen erkauften sich ihr Oeuvre um den hohen Preis von Alleine-Sein, Einsamkeit oder auch Vereinsamung – man denke nur an die Biografien von Montaigne, Spinoza, Schopenhauer, Kierkegaard, Nietzsche oder Wittgenstein; von Margarete Susman (eine einsam-vereinsamte Philosophin) oder von Karoline von Günderode, Annette von Droste-Hülshoff und Nelly Sachs oder auch an die Lebensläufe von Dichtern wie

Heinrich Heine, Georg Trakl, Rainer Maria Rilke, Anton Tschechow und Maxim Gorki.

Letzterer erzählte einmal Leo Tolstoi (den er überaus bewunderte) einen wiederkehrenden Traum aus seiner Jugend und jungen Erwachsenenzeit. Darin sah er ein Paar Schuhe auf einer endlos langen Landstraße wandern, aber kein Mensch bediente sich ihrer. Tolstoi, der um die Wanderungen Gorkis durch halb Russland und um dessen hohen Grad an Alleinsamkeit wusste, sagte voller Mitgefühl: „Was müssen Sie in Ihrem Leben einsam gewesen sein!"

Häufig erinnert das Dasein dieser kulturschöpferischen Einzelgänger an das Leben eines *fugitivus errans*, eines herumirrenden Flüchtlings, der immer neue Anläufe unternimmt, um ein Zuhause auf Zeit zu suchen und zu finden, und dem aber die Umstände und Zeitläufte kaum je eine stabile materielle oder soziale Bleibe ermöglichen. Die unauflösliche Spannung zwischen dem Einzelnen, dem Solitär einerseits und der Sozietät, der Majorität, also den Vielen, und oftmals auch der Mediokrität andererseits, scheint eine Art *Conditio sine qua non* zu sein, ein existenzielles Hintergrundrauschen, das die Genese bedeutender kultureller und/oder sozialer Beitragsleistungen häufig erst ermöglicht.

Denken, Dichten, Schriftstellern, Philosophieren macht einsam – könnte man meinen; aber auch das Umgekehrte gilt: Wer Denker, Schriftsteller, Philosoph, Künstler sein oder werden will, darf den Existenzmodus der Einsamkeit nicht als angstauslösend phobisch meiden. Bevor aber einzelne Kulturschöpfer relevante und besondere, einsame, vereinzelte, solitäre Beiträge zu leisten imstande sind, müssen die meisten von ihnen über Jahre und Jahrzehnte das Allgemeine der Kultur assimiliert und bei sich verarbeitet haben:

> „Nur das Bewusstsein als Bewusstsein des Allgemeinen ist Bewusstsein der Wahrheit; ... Die Menschen meinen gewöhnlich, wenn sie etwas denken sollen, so müsse es etwas Besonderes sein; dies ist Täuschung."[14]

Jedes Denken ist (vorerst) ein Mit-Denken, ein jedes Sprechen heißt Mit-Sprechen, jedes Singen ist ein Mit-Singen, und jedes Spielen bedeutet Mit-Spielen – und das über lange Zeit hinweg. Wer sich (zu) früh als eigenständiger Denker oder als einsamer Spieler wähnt, landet in der Regel in den sterilen Gefilden von Trotz, Narzissmus und Pseudo-Autonomie, kaum aber in den sozial und/oder kulturell anregenden Terrains von Wissenschaft, Kunst und Philosophie.

---

[14] Hegel, G.W.F.: Vorlesungen über die Geschichte der Philosophie I (1817), Frankfurt am Main 1986, S. 342.

Wer sich andererseits sein Leben lang überwiegend in den Denkschablonen und Meinungen und lediglich mithilfe der Urteile der Allgemeinheit bewegt und die Abenteuer des Selber-Denkens tunlichst meidet, läuft Gefahr, im bequemen Konformismus der Moden und des Zeitgeists zu versinken – daraus wird kaum je ein unzeitgemäßer oder gar ein origineller Einzelner: „Wer forscht", meinte einst Leonardo da Vinci, „indem er sich auf die Autorität beruft, verwendet nicht seinen Geist, sondern nur sein Gedächtnis."

Nun könnte so mancher Leser einwenden, dass er weder Wissenschaftler noch Künstler noch Philosoph ist oder zu werden wünscht; inwiefern also kann ihm dieses Kapitel über Einsamkeit, Vereinzelung und Alleine-Sein beim Generalthema der Eudämonie behilflich sein? Wäre es nicht angebrachter, hinsichtlich eines gelingenden Lebens über die Möglichkeiten von Gemeinschaftsbildung zu räsonieren, anstatt sich mit solchen Spielarten von Alleinsamkeit abzuquälen? Und wäre es nicht bedeutend hilfreicher, Ratschläge und Rezepte für gedeihliche Formen des Zusammenlebens in Familien, Partnerschaften und am Arbeitsplatz zu formulieren, statt der Alleinsamkeit auch noch einen Kranz zu winden? – wohlberechtigte Fragen, auf die etliche Antworten möglich sind.

So ließe sich beispielsweise argumentieren, dass Künstlertum und Philosophie im übertragenen Sinne im Dasein von uns allen eine gehörige Rolle spielen – ganz gleichgültig, wie schlicht, unauffällig, bescheiden auch immer wir unsere Existenz führen. Denn ein jeder von uns ist dabei permanent mit einer doppelten Aufgabe konfrontiert: Er oder sie muss sein oder ihr Leben *nolens volens* sowohl gestalten (dies erinnert an die Kunst) als auch bedenken (dies ähnelt der Philosophie).

Die erstere Aufgabe anzugehen, erfordert Zehntausende von Fähigkeiten und Fertigkeiten, die man landläufig auch unter den Begriffen der Tüchtigkeit und der Lebenskunst zusammenfasst – wobei die Lebenskunst als herausforderndste Kunst gilt, die wir kennen. Die letztere Aufgabe gelingt nur mit einem hohen Maß an Reflexionsvermögen und an skeptischer Auseinandersetzung mit der eigenen Identität – und damit mit einer zutiefst philosophischen Haltung und Einstellung der Welt und der eigenen Person gegenüber.

Lebens-Kunst wie auch Lebens-Reflexion sind nun aber höchst individuelle Leistungen, die uns bei aller kulturellen Schulung und bei aller Orientierung an den Modellen der Mitmenschen immer wieder in Situationen verbringen, in denen wir uns als auf uns alleine gestellt, vereinzelt erleben. In den wesentlichen Entscheidungen unserer Existenz sind wir weder durch andere zu vertreten, noch können wir uns auf sie als Maßstab und Rechtfertigung berufen.

Ob wir beispielsweise an einen Gott oder ein Ideal oder an den Zufall glauben; welche Berufsaus- und -weiterbildung wir wählen; ob wir und wenn ja mit welchem Partner wir eventuell zusammenleben; an welcher Stelle des Globus unser Lebensmittelpunkt sein soll; ob wir Kinder in die Welt setzen und eine Familie gründen; welche Lehrer, Modelle und Mentoren wir uns als Erwachsene zutrauen; welcher Weltanschauung oder Ideologie wir nachhängen – und viele weitere Fragen haben alleine wir zu beantworten, selbst wenn uns die Zeitläufte und die Umstände scheinbar oder aber auch tatsächlich manche Entscheidungen abzunehmen gewillt sind.

So sehr wir uns bei den vielen und zwangsläufigen Weichenstellungen unseres Daseins mit anderen abstimmen und deren Rat einholen können, so sehr sind wir bei genauer Betrachtung die Letztverantwortlichen unserer Existenz. Diese Rolle und Funktion und die damit einhergehende Einsamkeit nimmt uns niemand ab – und es macht im Gegenteil unsere personale Würde, unseren Stolz und unsere (relative) Autonomie aus, uns dazu zu bekennen und unseren Wert als Einzelner und Solitär zu empfinden und bei Bedarf nach außen zu vertreten.

Unsere Aufgabe und Verantwortung besteht darin, unsere eigenen Urteile, Neigungen, Wertvorstellungen, Meinungen, Überzeugungen, Vorlieben, Antriebe und Ansichten (darunter nicht nur einige wenige, die sozial und kulturell gerade *en vogue* und erwünscht sind) zu registrieren, womöglich zur Geltung zu bringen und miteinander zu einer halbwegs runden Gestalt zu amalgamieren. Individuen sind deshalb nicht nur, wie es im lateinischen Mittelalter hieß, *ineffabile* (also unausschöpfbar) – sie leben auch stets und unweigerlich im Spannungsfeld von *solum et sociale*, von Einsamkeit und Geselligkeit. Ihre Unausschöpfbarkeit speist sich unter anderem aus dieser Polarität, die einem jeden von uns immer wieder neue Lösungsversuche abverlangt, deren Qualität maßgeblich über das Wohl und Wehe unseres Daseins mitentscheidet.

In seiner Autobiografie *Aus meinem Leben – Dichtung und Wahrheit* (1811/31) gab Goethe mehrfach zu erkennen, dass auch er die Konflikte zwischen *solum* und *sociale* bestens kannte. Mit seiner sehr speziellen Art der Reflexion, nämlich der Dichtung, der wissenschaftlich-philosophischen Essayistik (Farbenlehre) und der Schriftstellerei, versuchte er zeitlebens, diese Konflikte zu entschärfen und zugleich die Individualität seiner Person zu schützen:

> „Und so begann diejenige Richtung, von der ich mein ganzes Leben über nicht abweichen konnte, nämlich dasjenige, was mich erfreute oder quälte oder sonst beschäftigte in ein Bild, ein Gedicht zu verwandeln und darüber mit mir selbst abzuschließen, um sowohl meine Begriffe von den äußeren Dingen zu berichten

als mich im Innern deshalb zu beruhigen. Die Gabe hierzu war wohl niemandem nötiger als mir, den seine Natur immerfort aus einem Extrem in das andere warf."[15]

Eine solche Gabe hätte wohl jeder von uns dringlich nötig, auch wenn uns die Natur nicht andauernd von dem einen Extrem ins Gegenteil und retour verbringt. Obwohl wir aber oftmals über keine wissenschaftlichen oder schriftstellerischen oder gar dichterischen Fähigkeiten verfügen, können wir uns ein differenziertes Sinn-, Wert- und Bedeutungsempfinden erobern, sodass wir uns im Konfliktfeld von *solum et sociale*, von Einsamkeit und Geselligkeit einigermaßen geschmeidig bewegen lernen. Denn mit uns alleine und einsam (nicht vereinsamt) Kosmos, Leben und Kultur einordnend zu bedenken, gehört zu den essenziellen psycho-, sozio- und logo-hygienischen Maßnahmen unseres Daseins. Dabei werden wir mit dem konfrontiert, was in und an uns als personales Substrat vorhanden und gewachsen ist, und über das Arthur Schopenhauer schrieb:

„Demgemäß wird jeder in genauer Proportion zum Wert seines eigenen Selbst die Einsamkeit fliehen, ertragen oder lieben. Denn in ihr fühlt der Jämmerliche seine ganze Jämmerlichkeit, der große Geist seine ganze Größe, kurz: Jeder sich, als was er ist."[16]

Meiner Ansicht nach dürfen wir zufrieden sein und unser Dasein durchaus als gelungen beurteilen, wenn wir uns irgendwo mittig zwischen Jämmerlichkeit und ganzer Größe erleben – zugegeben mit einer leichten Tendenz zur ganzen Größe hin. Es wäre schon viel, Einsamkeit ertragen, bisweilen auch genießen zu können und so Voraussetzungen dafür zu schaffen, allfällige Dissonanzen, Unebenheiten und das Inkomplette der Welt zu registrieren sowie sich selbst nicht nur als kon-, sondern auch als diskordant zu und mit dieser Welt zu erleben.

Ein gewisses Quantum an *Outsidertum* und Nicht-d'accord-Gehen mit der Zeit – also eine unzeitgemäße Betrachtung[17] und Gestaltung des eigenen wie auch des kollektiven Daseins – zeichnet humanistisch, freiheitlich und sozial gesinnte Individuen eigentlich immer aus. Oder anders ausgedrückt: Wer sich als Mensch mit den gegebenen Weltverhältnissen allzu problemlos gemein macht und mit ihnen rundweg einverstanden ist, läuft Gefahr, eine noch ganz andere Form der Selbstentfremdung, als Hans-Georg Gadamer sie in seinem

---

[15] Goethe, J.W. von: Aus meinem Leben – Dichtung und Wahrheit (1811/31), in: HA Band 9, München 1981, S. 283.
[16] Schopenhauer, A.: Parerga und Paralipomena I (1851), Zürich 1994, S. 416.
[17] Nietzsche, F.: Unzeitgemäße Betrachtungen (1873–76), in: KSA 1, München 1988.

eingangs zitierten Essay über die Vereinsamung beschrieben hat, auszubrüten: den Konformismus.

Für nonkonformistische, freigeistige, mit humanem, sozialem und politischem Sensorium begabte und nur wenig selbstentfremdete Mitmenschen trifft wohl jenes Stendhal-Zitat zu, das Friedrich Nietzsche vor vielen Jahrzehnten in *Jenseits von Gut und Böse* (1886) als Selbstcharakterisierung (als ein Denker und Philosoph) ebenso wie als Ideal seiner Persönlichkeitsentwicklung angeführt hat: „Pour être bon philosophe, il faut être sec, claire, sans illusion."[18] (Um ein ordentlicher Philosoph zu sein, muss man trocken, klar und illusionslos sein).

Ich plädiere dafür, das Wort Philosoph in diesem Zitat durch das Wort Mensch zu ersetzen und ansonsten den Satz noch zu erweitern: Um ein Zeitgenosse mit nüchtern-skeptischer und solidarischer Grundeinstellung zu sein oder zu werden, dürfen wir neben den bereits erwähnten Qualitäten eines trockenen, klaren und illusionslosen Lebensstils auch noch die Tugend des Alleinsam-sein-Könnens entwickeln.

---

[18] Nietzsche, F.: Jenseits von Gut und Böse (1886), in: KSA 5, München 1988, S. 57.

Teil IV

Leben zwischen verbaler Sprache und beredtem Leib

8

Wovon man nicht sprechen kann …
Versuch über das Schweigen

Ein häufig zitierter Gedanke aus Ludwig Wittgensteins frühem philosophischem Werk *Tractatus* (1921) lautet: „Wovon man nicht sprechen kann, darüber muss man schweigen."[1] Es ist dies der allerletzte Satz aus dem erwähnten Buch, mit dem der Leser am Ende der Lektüre in eine gewisse schweigende Ratlosigkeit entlassen wird. Unwillkürlich fragen wir uns, wovon wir nicht sprechen und was wir womöglich auch nicht denken und fühlen können und welche Rolle und Funktion in diesem Fall das Schweigen einnimmt.

Doch was bedeutet Schweigen, und was hat es mit dem Generalthema dieses Buches, mit Glück, einem gelingenden Lebensvollzug zu tun? Worum handelt es sich beim Schweigen? Um Nicht-Sprechen, Verstummen, Stille-Sein? Und welches Schweigen ist genau im jeweiligen Einzelfall gemeint: viel- oder nichtssagendes, bedrücktes, erschöpftes, bleiernes, beklommenes, strafendes und Schuldgefühle induzierendes, oder aber andächtiges, nachdenkliches, Reflexion ermöglichendes Schweigen?

Es macht einen gehörigen Unterschied, ob wir schweigen, weil es uns jählings die Sprache verschlagen hat; oder weil wir schüchtern sind; oder weil es ganz offensichtlich die Situation erfordert; oder weil wir bewusst und mit Vorsatz etwas verschweigen wollen. Wer sich während einer Schweigeminute lautstark zu Wort meldet, weist eventuell zu wenig Situationskompetenz auf; wer hingegen ein Tabu nicht respektiert oder ein verschwiegenes Geheimnis preisgibt, ist bisweilen ein um Aufklärung und Emanzipation bemühter Mit-

---

[1] Wittgenstein, L.: Tractatus logico-philosophicus (1921), Kritische Edition, Frankfurt am Main 2001, S. 178.

mensch; und wer sich schnell und vorlaut zu Themen äußert, bei denen seine mangelnde Kompetenz offenbar wird, muss sich als Replik womöglich sogar anhören: *Si tacuisses, philosophus mansisses* (wenn du geschwiegen hättest, wärst du ein Philosoph geblieben).

So, wie es viele Situationen gibt, in denen Schweigen angebracht erscheint, imponieren auch manche Orte als zum Schweigen anregend. In Kathedralen lässt sich beobachten, dass viele Besucher aufgrund der überwältigenden Architektur verstummen und still werden. Einen ähnlichen Effekt, wenngleich bei anderen architektonischen Bedingungen, erleben Besucher des Jüdischen Museums in Berlin, entworfen von Daniel Libeskind: Vor allem im Holocaust-Turm, einem sehr dunklen, kalten Gedenkraum ohne alle Gegenstände, herrscht meist völlige Stille, und die Menschen darin schweigen erschrocken und betroffen – hier erlebt man Schweigen und Stille als Vorboten von Weltlosigkeit oder sogar von Tod.

Schon jahrhundertelang wurden Schweigen, Verstummen, Stille mit Erstarrung sowie mit Atmosphären von Bewusstlosigkeit und Tod in Verbindung gebracht. Bei Shakespeare lesen und hören wir in seinem Drama *Hamlet* (1602) als die letzten Worte seines Helden, bevor er stirbt: *The rest is silence* – Der Rest ist Schweigen.[2] Benutzen wir heutzutage dieses Zitat, drücken wir damit in der Regel meist nur aus, dass es nichts mehr zu sagen gibt.

Blaise Pascal (1623–1662), seines Zeichens Mathematiker, Physiker, Philosoph sowie (wie Nietzsche ihn sich als einen „vollkommenen Gegner" vorstellte) „in der Vereinigung von Glut, Geist und Redlichkeit der erste aller Christen",[3] beschrieb in seinen *Pensées* (1670) noch eine ganz andere Stille, ein ganz anderes Schweigen, das er als Reaktion auf die unvorstellbaren Weiten des Weltalls bezogen wissen wollte: „Das ewige Schweigen dieser unendlichen Räume macht mich schaudern." Und weiter führte er aus:

„Bedenke ich die kurze Zeit meines Lebens, aufgezehrt von der Ewigkeit vorher und nachher; bedenke ich das bisschen Raum, den ich einnehme, und selbst den, den ich sehe, verschlungen von der unendlichen Weite der Räume, von denen ich nichts weiß und die von mir nichts wissen, dann erschaudere ich und staune, dass ich hier und nicht dort bin; keinen Grund gibt es, weshalb ich gerade hier und nicht dort bin, weshalb jetzt und nicht dann. Wer hat mich hier eingesetzt? Durch wessen Anordnung und Verfügung ist mir dieser Ort und diese Stunde bestimmt worden?"[4]

---

[2] Shakespeare: Hamlet (1602), München 1995, S. 302/303.
[3] Nietzsche, F.: Morgenröte (1881), in: KSA 3, München 1988, S. 165.
[4] Pascal, B.: Pensées (1670), hrsg. von Ewald Wasmuth, Gerlingen 1994, S. 114f.

Hier ist es nicht der Einzelne, der schweigt, sondern Raum, Zeit und Welt um ihn her, die sich durch ein immerwährendes, unendliches Schweigen auszeichnen und die Menschen aufgrund des Fehlens eines Echos schaudern lassen. Pascal wirkt in diesen Textpassagen wie eine Vorwegnahme von Sören Kierkegaard und der auf ihn folgenden Existenzphilosophen, die alle eine ähnlich große Unbehaustheit des menschlichen Individuums beschrieben – eine einsame Obdachlosigkeit, die vor allem auf das Schweigen von Göttern zurückzuführen ist, wobei es gleichgültig scheint, ob diese Götter zwar als anwesend, aber stumm; oder als abwesend; oder als tot; oder als von allem Anfang an nicht existent vorgestellt werden. So oder so wirft das Faktum von schweigenden, stummen, nicht auf Resonanz gestellten Göttern die Menschen auf sich selbst zurück.

Bildlich-darstellend-künstlerisch hat diese schweigenden Zeiten und Räume ein Zeitgenosse Sören Kierkegaards, der Maler Caspar David Friedrich (1774–1840), gekonnt zum Ausdruck gebracht. In Gemälden wie *Wanderer über dem Nebelmeer* (1818) oder *Mönch am Meer* (1810) meint man nicht nur die Einsamkeit der abgebildeten Personen zu spüren – man meint auch regelrecht die Stille und das Schweigen zu hören, dem diese Menschen ausgesetzt sind. Die Romantiker (etwa Joseph von Eichendorff) suchten in Gedichten, der stummen Welt ihre Poesie abzuringen und damit ihr Schweigen zu brechen: „Schläft ein Lied in allen Dingen, / Die da träumen fort und fort, / Und die Welt hebt an zu singen, / Triffst du nur das Zauberwort."[5]

Spätestens ab Mitte des 19. Jahrhunderts lassen die meisten Kulturanalytiker und Kulturhistoriker in der westlichen Welt die Moderne beginnen – und mit ihr eine Spielart des Schweigens und Verstummens von Welt, die sich nicht mehr auf Gottheiten, sondern auf diverse Aspekte von Kulturen und Sozietäten beziehen. Schauderte Pascal vor den Weiten des Alls und verzweifelte Kierkegaard schier an den mangelnden Antworten des Gottes, den er suchte, sind es in der Moderne die eklatanten Defizite von Sinn, Wert und Bedeutung, die viele aufgeklärte, wache und sensible Menschen schaudern und verzweifeln machen.

Hartmut Rosa charakterisiert in *Resonanz – Eine Soziologie der Weltbeziehung* (2016) in diesem Zusammenhang die Moderne als Angst vor dem Verstummen der Welt, wobei er diese Sorge sowohl in der Kunst und Literatur als auch in den Wissenschaften (Soziologie) und in der Philosophie meint aufweisen zu können. So sprach Max Weber schon zu Beginn des 20. Jahrhunderts von Entzauberung der Welt, womit er sich vor allem auf emotionale, soziale, künstlerische, mythische Gesichtspunkte der Kultur bezog:

---
[5] Eichendorff, J. von: Wünschelrute (1835), in: Werke in einem Band, München 1996, S. 103.

„Im Prozess der Rationalisierung, der für Weber die dynamische Ausweitung des wissenschaftlichen Wissens, der technischen Beherrschung, der Verrechtlichung, der planmäßigen Verwaltung, der ökonomischen Tätigkeit und der systematischen Optimierung des Alltagslebens beinhaltet, spiegelt sich das wider, was ich mit dem Begriff der *Weltreichweitenvergrößerung* zu fassen versuche – während in seiner Konzeption der Entzauberung die damit inhärent verbundene Veränderung der *Weltbeziehungsqualität* zum Ausdruck kommt, die auch bei Weber alle Anzeichen eines Resonanzverlusts trägt … Die Welt hört darin buchstäblich auf zu singen."[6]

Potenziert wird dieses Schweigen und Verstummen einer singenden Welt noch durch den seit Jahrzehnten vorherrschenden narzisstischen Sozialisationstypus, der es den Betreffenden immens erschwert, emotional tragfähige Beziehungen zu ihren Mitmenschen aufzubauen. Das Verstummen der Welt resultiert dann nicht nur aus ihrer Entzauberung, sondern darüber hinaus auch aus ihrer mangelnden sozialen Resonanz, die sich als Verarmung der interpersonalen Einbettung sowie als ein Zuwenig an zwischenmenschlicher Anerkennung bemerkbar macht.

Eindrücklich hat Ingmar Bergman (1918–2007) dieses soziale Verstummen im Film *Das Schweigen* (1963) zum Ausdruck gebracht. Darin ließ er zwei Schwestern und einen 10-jährigen Jungen auf der Heimreise nach Schweden in einer fremden Stadt in intime sexuelle Situationen geraten, die zugleich von enormer Distanz und emotionslosem Desinteresse geprägt sind. Der Film löste aufgrund der Sexszenen einen Skandal aus (angebliche Pornografie) – über das gefühlsmäßige Schweigen echauffierte sich kaum jemand.

Kompensiert werden könnten solche Defizite, wenn Einzelne bereit und geübt wären, in jenen Kulturbereichen nach Sinn, Wert und Bedeutung zu fahnden, in denen diese in der Regel nonverbal verhandelt werden. Mit Daniel Libeskind (Architektur) und Caspar David Friedrich (Malerei) habe ich bereits zwei Künstler erwähnt, die nicht-sprachliche Ausdrucks- und Gestaltungsvarianten verwenden und im Hinblick auf Gesprochenes schweigen – und deren stumme Botschaften uns oftmals umso eindringlicher und erschütternder aufwühlen und berühren.

Tanz, Pantomime, Ballett sind daneben als Beispiele hierfür ebenso zu nennen wie die Bildhauerei oder die Musik – man denke an die *Lieder ohne Worte* (1832ff.) von Felix Mendelssohn-Bartholdy oder (als Steigerung dieser Reduktion) an John Cage und dessen bekanntestes Stück *Vier Minuten dreiunddreißig* (1952). Diese stille Musikkomposition besteht aus drei Sätzen, die alle

---

[6] Rosa, H.: Resonanz – Eine Soziologie der Weltbeziehung, Frankfurt am Main 2016, S. 549f.

mit *Tacet* (es ist leise) überschrieben sind, insgesamt vier Minuten und dreiunddreißig Sekunden dauern und aus keinem einzigen Ton bestehen:

> „Das Stück ist nach einem Wort von Karlheinz Stockhausen „negative Musik", gewollte Tonlosigkeit. Es schweigt nicht einfach stille, sondern gewissermaßen demonstrativ. Das musikalische Nichts, das es ist, sagt und besagt etwas, indem es sich aller Töne enthält. Das durch das dreifache „Tacet" gebotene Schweigen, das nicht erst ins Nichts mündet, sondern von Anfang bis Ende des Stückes „im Nichts" ist – dieses Schweigen ist die paradoxe musikalische, die lautasketische Form des Nichts."[7]

Ein verbal völlig stummes, aber doch sehr beredtes Schauspiel verfasste Peter Handke mit *Die Stunde, da wir nichts voneinander wussten* (1992). Darin begegnen sich auf einer Piazza Dutzende von Passanten, die für Sekunden oder wenige Minuten vorübergehende, scheinbar bedeutungsarme Beziehungen miteinander eingehen und folglich nichts voneinander wissen. Auf der Bühne wird kein einziges Wort gesprochen – hin und wieder hört man das Klacken eines Schuhabsatzes, das Rauschen eines Kleides oder das Klappern eines Stockes, den ein älterer Herr zur Gangstabilisierung benutzt. Doch obwohl alle schweigen, bilden sich dauernd neue, aussagekräftige Strukturen und Gestalten, die (vor allem bei kunstvoller Inszenierung) auf die Zuschauer enorm beeindruckend wirken.

Als noch bedeutend expressiver als Handkes Schauspiel oder das Musikstück von John Cage hat sich ein anderes stummes Kunstwerk erwiesen, das bereits in seinem Titel eine schweigend-laute und hörbare Botschaft zum Ausdruck bringt: *Der Schrei* (1893ff.) von Edvard Munch (1863–1944). Der Künstler hat in mehreren Versionen Affekte wie Angst, höllischen Schmerz, abgrundtiefe Verzweiflung derart erschütternd auf das Gesicht der abgebildeten Person gebannt, dass *Der Schrei* zu einer Ikone der Moderne und (wie Oskar Kokoschka einmal meinte) zur Initialzündung für den Expressionismus geworden ist.

Wie sehr stumme, schweigende Stein- und Bronzeskulpturen allein aufgrund ihres Standorts und ihrer markanten Beschaffenheit jahrzehntelange Debatten auszulösen imstande sind, lässt sich bestens an Alfred Hrdlickas *Mahnmal gegen Krieg und Faschismus* (1988) demonstrieren. Dieses begehbare Denkmal sorgte, mitten im Zentrum Wiens platziert, für skandalträchtige Auseinandersetzungen – vor allem der *Kniende und straßenwaschende Jude* erinnerte die Österreicher an die inhumansten Phasen ihrer Geschichte sowie

---

[7] Lütkehaus, L.: Am Nullpunkt der Stille, in: Neue Zürcher Zeitung vom 27. Dezember 2008.

an den perfiden Umgang damit nach 1945, als sie sich als Opfer und nicht als Täter gerierten. Nicht wenige der österreichischen Alpenländler ordneten dieses Mahnmal deshalb als anstößige Zumutung ein, die rasch wieder entfernt werden sollte.

Was Hrdlicka (1928–2009) für Wien und Österreich bewirkte, bewirkte auf ähnlich stumme, schweigende Art Peter Eisenman (geboren 1932) für Deutschland und Berlin. Mit seinem von ihm entworfenen *Denkmal für die ermordeten Juden Europas* (2005), im Zentrum von Berlin als ein riesiges Stelenfeld ausgeführt, schuf dieser US-amerikanische Architekt und Hochschullehrer einen *place of no meaning* (Ort ohne bestimmte Bedeutung, wie er es selbst ausdrückte) – einen Ort, der jedoch inzwischen aufgrund seiner initialen Bedeutungsfreiheit viele Bedeutungen entwickelt und angenommen hat.

So schlug Jan Philipp Reemstma diverse Emotionen vor, die von dem Stelenfeld ausgehen: Schuld, Scham, Trauer, Schrecken. Ergänzen möchte ich, dass die mehr als 2700 stillen Betonstelen mitgeholfen haben und weiter mithelfen, das lautstarke Schweigen unserer Väter- und Großvätergeneration nach 1945 etwas zum Verstummen zu bringen. Den meisten Besuchern dieses häufig als *Holocaust-Mahnmal* bezeichneten Stelenfeldes ergeht es dabei so wie bei manch anderen Kunstwerken: Sie sehen und hören Stille; zugleich empfinden sie ein Kaleidoskop von Affekten, Gefühlen, Stimmungen, Assoziationen, Erinnerungen, Vorstellungen und Fantasien. Wie die Fermate in der Musik, wirkt das Schweigen der Stelen wie ein Haltezeichen, ein Innehalten im Strom unserer Gedanken und Gefühle; und wie eine Generalpause sämtliche musikalischen Stimmen unterbricht, erzwingt das Stelenfeld bei nicht Wenigen ein Stumm-Werden ihrer Alltäglichkeit.

Solche nonverbale, aber ausdrucksstarke Kunst zeigt uns im großen, kulturellen Maßstab, was jede und jeder von uns in unserer Kindheit *en miniature* erlebt hat: Aus den präverbalen, prälogischen, emotionalen Erlebnisweisen unserer frühen Jahre sind nach und nach sprachlicher Ausdruck und bisweilen sogar punktgenaue Begriffe und Sätze erwachsen. Hunderttausende Empfindungen und Impressionen wurden dabei in Worte gepresst und der verbalen Kommunikation anheimgestellt – wohl wissend oder besser ahnend, dass unser Erleben allerdings stets weiter, tiefer, dunkler, erhabener, differenzierter, emotional umgreifender war und ist, als wir es je in unseren Termini wiedergeben konnten und können.

So wie jeder Einzelne von uns hinsichtlich seines individuellen Lebens sehr viel mehr ahnt, spürt, empfindet, intuiert, als er jemals in Worte wird fassen können, so sind in bedeutenden (nonverbalen) Kunstwerken sehr viel mehr Andeutungen, Tiefenaspekte, Mehrdeutigkeiten enthalten und investiert, als auch noch so eifrige Interpreten hineinlegen, herauslesen, in verbale Destillate verwandeln können. Kunstwerke zeichnen sich wie jede Individualität und damit auch wie jede Person durch einen schweigend-stummen Sinn- und Bedeutungshof um sich her aus, der prinzipiell unerschöpflich ist und der uns aber dennoch (oder womöglich gerade deshalb) immer wieder zu hermeneutischen Anläufen reizt. Die US-amerikanische Philosophin Susanne Langer (1895-1985) hat diese Phänomene in ihrer *Philosophie auf neuem Wege – Das Symbol im Denken, im Ritus und in der Kunst* (1942, deutsch 1965) als präsentativen Symbolgebrauch (in der Kunst) und diskursiven Symbolgebrauch (im Denken und in der Sprache) beschrieben und interpretiert.

„Die Grenzen meiner Sprache bedeuten die Grenzen meiner Welt."[8], heißt es in Wittgensteins *Tractatus*. Wenngleich sich das Sprechen jenseits dieser Grenzen laut Aussagen des Philosophen als unsinnig erweist, unternehmen wagemutige Einzelne (Künstler, Wissenschaftler, Philosophen sowie an der Individualität von Ich und Du Interessierte) seit Jahrtausenden Ausflüge aufs weite Meer des Unsagbaren, der Stille und des Schweigens, um (selten genug!) mit neuen und überraschenden Begriffen, Worten, Zeichen und Symbolen zurückzukehren. Das bislang Stumme der Existenz in Beredtes, der zwischenmenschlichen Kommunikation Zugängliches zu verwandeln, wird von diesen Wort-, Zeichen- und Symbol-Versessenen als ein superbes Abenteuer ganz eigener Art empfunden.

Wie sehr dieses Unterfangen jedoch immer wieder von potenziellem Scheitern bedroht ist, wurde bereits vor weit über hundert Jahren im sogenannten *Lord-Chandos-Brief* (1902) von Hugo von Hofmannsthal (1874–1929) ausgemalt. In einem fiktiven Schreiben eines bisher erfolgreichen Schriftstellers an den englischen Philosophen Francis Bacon versucht dieser seinem Briefpartner zu erläutern, dass und warum die Worte ihn im Stich lassen, sobald er versucht, die menschliche Existenz in ihrer Fülle und Tiefe adäquat zu beschreiben:

„Es ist mir dann, … als könnten wir in ein neues, ahnungsvolles Verhältnis zum ganzen Dasein treten, wenn wir anfingen, mit dem Herzen zu denken. Fällt aber diese sonderbare Bezauberung von mir ab, so weiß ich nichts darüber auszusagen; ich könnte dann ebenso wenig in vernünftigen Worten darstellen, worin diese mich und die ganze Welt durchwebende Harmonie bestanden und wie sie sich mir fühlbar gemacht habe, als ich ein Genaueres über die inneren Bewegungen meiner Eingeweide oder die Stauungen meines Blutes anzugeben vermöchte."[9]

---

[8] Wittgenstein, L.: Tractatus logico-philosophicus (1921), Kritische Edition, Frankfurt am Main 2001, S. 134.
[9] Hofmannsthal, H. von: Ein Brief (1902), in: Erzählungen, Frankfurt am Main 1986, S. 137.

Eine Berufsgruppe, die sich explizit mit der verbalen Landnahme im nonverbalen Meer des Unbewussten, des Organismus beschäftigt, sind die Psychoanalytiker und Tiefenpsychologen. Einige unter ihnen darf man getrost zu den Dichtern und Wortkünstlern zählen, und als solche folgen sie sehr ernsthaft der Formel von Sigmund Freud: „Wo Es war, soll Ich werden."[10]

Interpretiert man diesen Satz in seiner Tiefe und Reichweite, stößt man auf die Forderung, stumme, schweigende Daseinsbereiche einer Person (beispielsweise Teile des Organismus, aber ebenso auch Verdrängtes, Vergessenes, Exkommuniziertes, Tabuisiertes) so weit wie immer möglich einer intrapsychischen Reflexion sowie einer zwischenmenschlichen Kommunikation zugänglich zu machen. Hinter dieser Forderung verbirgt sich die Definition und Beschreibung von Jürgen Habermas aus *Erkenntnis und Interesse* (1968), dass das Verschwiegene und Exkommunizierte häufig ein Indikator für unterbrochene Bildungsprozesse und diese Unterbrechung wiederum die Ursache für psychosoziale Störungen und eventuell für somatische Krankheitsbilder sein können.

Psychoanalytiker, Tiefenpsychologen und Psychotherapeuten sind ebenso wie Ärzte oder auch Priester einer Schweigepflicht unterworfen. Diese bedeutet eine rechtliche Verpflichtung, ihnen anvertraute Geheimnisse nicht unbefugt an Dritte weiterzugeben. Bemerkenswert an dieser Verpflichtung ist das Phänomen, dass häufig erst das garantierte Schweigen des Einen (Arzt, Psychotherapeut, Priester) das vertrauensvolle Sprechen des Anderen (Patient, Analysand, um Beichte und Absolution Nachsuchender) ermöglicht. Der Charakter des Verschwiegenen (z. B. eines Geheimnisses) bleibt bestehen, die Verantwortung für die Verschwiegenheit allerdings wechselt oder wird zumindest geteilt.

Wer schweigt und verstummt, kann daran erkranken; daneben ist er auch nicht oder nur zu wenig sichtbar – darauf wird bereits im Dialog *Charmides* von Platon hingewiesen. Dieser Dialog ist nach dem Jüngling Charmides benannt, der auf Sokrates und eine Reihe weiterer erwachsener Männer trifft und sie alle aufgrund seiner anmutigen körperlichen Schönheit begeistert. Auch Sokrates ist anfänglich regelrecht hin und weg vom Äußeren des Jünglings; um ihn allerdings umfänglich kennenzulernen, beschließt er, ihn in ein Gespräch zu verwickeln nach dem Motto: Rede, damit ich dich sehen kann. Sokrates lässt Charmides zu sich rufen und meint dann zu den Umstehenden:

---

[10] Freud, S.: Neue Folge der Vorlesungen zur Einführung in die Psychoanalyse (1933), in: GW XV, Frankfurt am Main 1990, S. 86.

„Der Jüngling ist unwiderstehlich, nur fehlt es noch an einer kleinen Zugabe … Auch mit seiner Seelenanlage, versetzte ich, muss es wohlbestellt sein … Warum also, entgegnete ich, enthüllen wir nicht vor allem diese Seite seines Wesens und betrachten sie, nicht seine Gestalt, an erster Stelle? Denn bei einer solchen Beschaffenheit wird er sich jedenfalls einer Unterredung nicht versagen."[11]

Wer spricht, öffnet sich und zeigt sein Wesen nicht nur hinsichtlich der Inhalte seiner Rede. Weit darüber hinaus lassen sich an der Stimme, dem Sprachduktus, der Wortwahl und der Intonation des Betreffenden auch einige Rückschlüsse auf seine Persönlichkeit, Stimmungslage und Charakterbeschaffenheit ableiten. Der schweigende Charmides jedenfalls hätte Sokrates trotz seines tadellosen Körpers nicht derart für sich eingenommen wie der sprechende Jüngling, der sich in dem philosophischen Disput mit ihm (über Besonnenheit) überraschend tapfer hielt.

Der Dialog *Charmides* ebenso wie viele weitere Textstellen bei Platon und anderen Philosophen nach ihm lassen sich als ein entschiedenes Plädoyer für die Sprache, den zwischenmenschlichen Austausch und das interpersonelle Gespräch interpretieren. Denn einerseits haben Menschen – so schreibt der österreichisch-britische Komparatist George Steiner (1929–2020) in seinem Buch *Sprache und Schweigen* (1967) – irgendwann das Faszinosum der Sprache entdeckt; seither sind sie in der Lage, ihre Nöte und Gebrechen ebenso wie ihren Jubel in einem nicht versiegenden Strom von Worten, Sätzen und Erzählungen zum Ausdruck zu bringen, womit sie erfolgreich „aus dem großen Schweigen der Materie",[12] der Dinge und der Sachverhalte ausgebrochen sind.

Andererseits haben vor allem die Meister des Worts, Dichter wie Hölderlin oder Hugo von Hofmannsthal, wie Rilke oder Rimbaud oder William Butler Yeats sowie Schriftsteller wie Franz Kafka oder Sylvia Plath, die Grenzen des Sagbaren erfahren und diese Erfahrung – teilweise in Form ihres Verstummens oder Schweigens – auszudrücken versucht; man denke nur an den oben zitierten *Lord Chandos-Brief*, in dem eine grundsätzliche Sprachskepsis ventiliert wird. Steiner seinerseits zitiert eine Textstelle aus den Parabeln von Franz Kafka, worin dieser den griechischen Mythos von Odysseus und den Sirenen neu und unüblich interpretierte:

„Nun haben aber die Sirenen eine noch schrecklichere Waffe als den Gesang, nämlich ihr Schweigen. Es ist zwar nicht geschehen, aber vielleicht denkbar, dass sich jemand vor ihrem Gesang gerettet hätte, vor ihrem Schweigen gewiss nicht."[13]

---

[11] Platon: Charmides, in: Sämtliche Dialoge Band III, hrsg. von Otto Apelt, Hamburg 1988, S. 20.
[12] Steiner, G.: Sprache und Schweigen (1967), Frankfurt am Main 1973, S. 90.
[13] Kafka, F.: Das Schweigen der Sirenen (1917/1931), in: Hochzeitsvorbereitungen auf dem Lande und andere Prosa aus dem Nachlass, Frankfurt am Main 1980, S. 58.

Insbesondere jene, die sich wie viele Dichter und Schriftsteller intensiv mit den faszinierenden Möglichkeiten von Rede, Wort und Sprache beschäftigt haben, waren und sind nicht selten überzeugt von der noch größeren Gestaltungsmacht und Verführungskraft des Schweigens – oder sie plädieren zumindest energisch für ein vorbereitendes und reflektierendes Schweigen und Verstummen, um in einem zweiten Schritt umso unanfechtbarer und mitreißender ihren Argumenten, Versen und Sätzen Ausdruck zu verleihen. Nur wer wesentlich schweigen kann, kann auch wesentlich reden – meinte sinngemäß Sören Kierkegaard; und ins selbe Horn stieß Rainer Maria Rilke in einem seiner späten Gedichte:

> „*Schweigen*. Wer inniger schwieg, / rührt an die Wurzeln der Rede. / Einmal wird ihm dann jede / erwachsene Silbe zum Sieg."[14]

Doch worüber sollen wir (um Wittgenstein wieder aufzunehmen) schweigen, um schlussendlich mit einer erwachsenen Silbe den Sieg davontragen zu dürfen? Was bedeutet inniges Schweigen, und wie können wir tatsächlich an die Wurzeln der Rede und einer redlichen und authentischen Sprache rühren? Ein erster Gedanke dazu stammt von Voltaire, dem man gemeinhin attestierte, mit seiner Meinung nicht hinter dem Berg gehalten und sich zugleich mit seinen Äußerungen niemals unnötig in Gefahr gebracht zu haben.

Von Voltaire stammt der Gedanke: „Alles, was ich sage, denke ich – aber nicht alles, was ich denke, sage ich auch." Dieselbe Haltung vertrat Immanuel Kant, der als Motto seiner *Kritik der reinen Vernunft* (1781) ein Zitat des britischen Kollegen Francis Bacon (1561–1626) aus dessen Enzyklopädie *Great Instauration* (1620) voranstellte: *De nobis Ipsos silemus*[15] – über uns selbst schweigen wir. Gemeint war damit, sich selbst (beispielsweise als Philosoph, Wissenschaftler, Künstler) nicht in den Vordergrund zu spielen, von sich selbst und von den eigenen Kalamitäten zu schweigen und stattdessen wissenschaftliche oder philosophische Sachthemen ins Zentrum von Mitteilungen zu rücken.

Eine derartige Haltung ist beinahe 250 Jahre nach der Publikation von Kants *Kritik der reinen Vernunft* sowie von Voltaires Überlegung zum Verhältnis von Denken und Aussprechen auch deshalb so nachahmenswert, weil sich im Zuge der zunehmenden Nutzung von z. B. Facebook, Instagram, X (vormals Twitter) etc. Abermillionen Menschen in den sozialen Netzwerken selbstentblößen und eine zum Motto *De nobis Ipsos silemus* beinahe diametral

---

[14] Rilke, R.M.: Schweigen (1924), in: Die Gedichte, Frankfurt am Main 2006, S. 771.
[15] Kant, I.: Kritik der reinen Vernunft (1781), Werkausgabe Band III, Frankfurt am Main 1990, S. 7.

entgegengesetzte Einstellung vertreten und realisieren. Dezente Zurückhaltung, Scham und Diskretion sind bei den inzwischen drei Milliarden Nutzern allein von Facebook (im ersten Quartal 2023) wahrlich nicht bei allen von ihnen zu erwarten; das Schweigen über sich selbst rangiert als Lernziel und Tugend auf den sozialen Netzwerk-Plattformen nicht unbedingt auf den vorderen Plätzen; und Voltaires Empfehlung (nicht alles, was ich denke, sage ich auch) wird von den *Usern* durchaus nicht immer beherzigt.

Die Aufweichung und Ausweitung der Intimsphäre betrifft in den letzten Jahren nicht nur einige wenige Prominente, deren Dasein in den Boulevardmedien im Detail beleuchtet und kommentiert wird. Inzwischen sind viele, ja die meisten von uns öffentlich einsehbare Wesen geworden, die (selbst wenn sie es wollten) nicht mehr so ohne Weiteres von und über sich schweigen können – das Internet sowie die sozialen Medien konservieren digitale Spuren, die wir hinterlassen, und kondensieren sie nicht selten zu ganz eigenen und bisweilen eigentümlichen Erzählungen von uns und unserer Identität.

Neben dem Schutz der Intimsphäre und damit der eigenen Identität bedeutet das Schweigen über sich und die Zurückhaltung in Bezug auf Privates auch eine Form der Konzentration auf Wesentliches, Sachliches, Öffentliches. Von Hannah Arendt stammt die Empfehlung, beim eigenen Dasein das Spannungsfeld zwischen den Polen der Selbstentfremdung und der Weltentfremdung zu bedenken – wobei sie es als selbstentfremdend bezeichnet hätte, sich an die Themen der Welt zu verlieren und die Bedürfnisse der eigenen Person zu negieren.

Im Gegensatz dazu hätte die Philosophin bei nicht wenigen von uns derzeit ein Übermaß an Weltvergessenheit zu diagnostizieren gehabt – und zugleich eine Überbetonung der eigenen, sehr individuellen Befindlichkeiten. Von den Letzteren deshalb öfter einmal zu schweigen wäre sicherlich im Sinne Hannah Arendts und ihres Ideals des Menschen als eines öffentlichen, politischen Wesens gewesen.

Diesem Ideal dürften am ehesten jene nahekommen, die von Berufs wegen mit Rollen und Funktionen in der Öffentlichkeit betraut sind: Politiker, Medienleute, Intellektuelle, Wirtschaftsmagnaten, Konzernleiter, oftmals auch Wissenschaftler und Künstler, seltener auch Dichter und Literaten. Zu ihren öffentlichen Aufgaben zählt es, im rechten Moment nicht nur zu schweigen, sondern für bestimmte und gefährdete Werte (z. B. Gerechtigkeit, Liberalität, Würde, Generosität) und damit auch für davon Betroffene (die als Unterdrückte, Verfolgte, Hungernde, Exilierte etc. oftmals zum Schweigen verurteilt sind) die Stimme zu erheben und sich zu engagieren. Jean-Paul Sartre, der dergleichen öfter in seinem Leben realisierte, forderte eine solche Haltung generell vom Schriftsteller als engagierte Literatur:

„Was bedeutet Literatur in einer Welt, die hungert? Wie die Moral muss auch die Literatur allgemein sein. Der Schriftsteller muss sich also auf die Seite der größeren Zahl, der zwei Milliarden Hungernden stellen, wenn er sich an alle wenden ... und von allen gelesen werden will ... Was ich vom Schriftsteller verlange? Dass er die Realität und die fundamentalen Probleme, die sich stellen, nicht ignoriert. Der Hunger in der Welt, die atomare Bedrohung, die Entfremdung des Menschen – ich wundere mich, dass sie nicht unsere ganze Literatur färben."[16]

Doch auch wenn Einzelne sich öffentlich engagieren, wäre es oft erwägenswert, ein schweigend-stummes Reflektieren ihrem spontanen und impulsiven Sprechen vorzuschalten. Martin Heidegger unterschied in *Sein und Zeit* (1927) die Rede vom Gerede, essenzielles Sprechen vom bloßen Plappern, den authentischen Ausdruck vom oberflächlichen Geschnatter. So mancher Talkshow-Gast wäre wohl gut beraten, die entsprechenden Kapitel vor seinem nächsten Auftritt nachzulesen.

Abgesehen davon, dass sich Heidegger selbst bisweilen als ein Denker erwiesen hat, der Tiefe, Authentizität und Ich-selbst-Sein nur vorgaukelte, dürfen wir uns fragen, wie denn Rede und essenzielles Sprechen tatsächlich umgesetzt werden können. Angesichts der Komplexität der eigenen Person und Biografie sowie der komplexen Verhältnisse unserer Mitmenschen und der Welt wäre es angebracht, bei allen uns bedrängenden Fragen, Themen, Problemen beinahe reflexhaft in ein ausgedehnt-nachdenkendes Schweigen und Verstummen zu verfallen, bevor wir uns daranmachen, Antworten und Lösungsvorschläge dafür zu formulieren.

In einem seiner Aphorismen bezeichnete Friedrich Nietzsche einstmals jene Sekunde, die wir selten genug zwischen einem äußeren Reiz und unserer Reaktion darauf einzuschalten in der Lage sind, als Denken respektive als Geist. Bezogen auf unser Thema bedeutet dies, dass Schweigen im Sinne von Nachdenklichkeit und Reflexionsvermögen durchaus zur Geistigkeit beitragen kann. Doch nicht nur die Intellektualität gewinnt durch Schweigen an Gewicht und Kontur – auch der Emotionalität tut Verschwiegenheit, stumm-hörend-fühlende Intuition unendlich gut. Solche Einstellungen helfen mit, ein differenziertes Gefühlsleben entstehen zu lassen, das sowohl das eigene wie auch das fremde emotionale Vibrieren subtil wahrnimmt, einordnet und beantwortet.

Als ein Beispiel, das mich berührt hat, als ich das erste Mal darüber las, möchte ich abschließend auf die Eltern von Astrid Lindgren zu sprechen

---

[16] Sartre, J.-P.: Was bedeutet Literatur in einer Welt, die hungert? (1964), in: Situationen – Reden, Aufsätze, Interviews zur Literatur, Leipzig & Weimar 1982, S. 283f.

kommen. Die schwedische Autorin, die zu Unrecht häufig nur als Verfasserin von Kinderliteratur gesehen wird, erzählte in autobiografischen Schriften mehrfach mit merklicher Sympathie und großer innerer Bewegtheit von diesen ihren Eltern. Im hohen Alter, so Lindgren, saßen die beiden während des Sommers oft zu zweit auf einer Bank vor ihrem Haus in Südschweden und blinzelten schweigend stundenlang der Sonne zu. Die beiden waren schon über Jahrzehnte ein Paar gewesen und hatten viele kleine und manche größeren Abenteuer gemeinsam bestanden. Im Alter stellten sie nun, vor ihrem Haus in der Sonne sitzend, ab und an zufrieden fest: „Du und ich, wir sitzen hier und haben es gut!" – um dann wieder für längere Zeit einträchtig zu schweigen und ihr gemeinsames Gefühlsleben zu genießen.

9

Empörung, Wahrhaftigkeit und *Common Sense*

Schon seit geraumer Zeit erstellen die *Vereinten Nationen* jährlich ihren *World Happiness Report*, woraus ein Ranking von über 140 Ländern im Hinblick auf das Glücks- und Zufriedenheitsempfinden ihrer Bewohner abgeleitet wird. Unter den zehn Ländern mit den glücklichsten Bürgern rangieren fast ausschließlich Staaten der Nordhalbkugel, wohingegen die mit ihrem Leben am wenigsten Zufriedenen überwiegend südlich des Äquators zu finden sind. Die skandinavischen Staaten sowie Luxemburg, die Niederlande und die Schweiz führen seit Jahren die Liste an; Botswana, Simbabwe, Ruanda, der Libanon und Afghanistan bilden ebenso lange schon – hauptsächlich vor allem aufgrund ihrer katastrophalen Sicherheitslage – das Schlusslicht.

Als besonders Glücks- und Zufriedenheits-induzierend erachten die Experten ein (wie in Skandinavien realisiert) stabiles soziales Sicherheitsnetz, ein exzellentes Bildungs- und Gesundheitssystem, geringe Kinderarmut sowie die Gestaltbarkeit des Daseins nach eigenen Talenten, Neigungen, Interessen und Fähigkeiten (z. B. Vereinbarkeit von Beruf, Familie, Freizeit). In Deutschland rangieren wir mit den 2022 erhobenen Werten hinter Österreich, Australien und Irland auf dem 14. Platz im Ranking und zählen damit immerhin zu den glücklichsten zehn Prozent aller untersuchten Staaten. Obwohl also noch etwas Luft nach oben besteht, scheinen die Deutschen mit ihrem Dasein mehrheitlich halbwegs zufrieden zu sein.

Nun attestiert man diesen Deutschen aber auch, dass sie seit jeher die Kunst des Vorbehalts vorzüglich beherrschen. Daher würde es nicht verwundern, wenn sich trotz dieser an sich befriedigenden Umfrageergebnisse des *World Happiness Reports* bald bedenkentragende Kritikaster zu Wort melden, die die ersten Haare in der deutschen Glücks- und Zufriedenheitssuppe suchen und finden.

Wenn ich in diesem Kapitel auf das Thema der Empörung abhebe, lege ich Wert darauf zu betonen, dass ich damit dezidiert nicht in diesen Chor der miesepetrigen Bedenkenträger einstimmen möchte. Ganz im Gegenteil: Ich gönne mir wie auch meinen Landsleuten ein hohes, ja ein sehr hohes Maß an Zufriedenheits- und Glücksempfindungen, ohne dieselben mit Bitterstoffen von Wermuts-Gedanken durchsetzen zu wollen. Aber ich weiß und spüre aus eigener Erfahrung, dass sich (bei mir) derartig angenehme Empfindungen über lange Zeit hinweg nur genießen lassen, wenn sie in eine umfängliche Weltoffenheit eingebettet sind.

Wer auf sie (die Weltoffenheit) verzichtet, mag allenfalls das Glück des stillen Winkels in Anspruch nehmen, sich in biedermeierlich-narzisstischer Achtsamkeit gefallen oder sein Heil in Konsum- und Event-induzierten Verdrängungsleistungen suchen – aber schwerlich nur (wie noch zu zeigen ist) Eudämonie verwirklichen. Denn ein gutes, gelingendes, bisweilen sogar glückliches Leben zu führen, bedeutet nicht, das eigene Dasein und das der Anderen als gott-, schicksals- oder staatsgegeben hinzunehmen, die Augen und das eigene Gemüt vor den Verhältnissen um uns her und auf dem Globus zu verschließen und sich mit Duftkerzen sowie regelmäßigem Austern- und Champagnerverzehr über die vielen Misslichkeiten der menschlichen Existenz hinwegzuretten.

Wer lediglich zufrieden seinen Kontostand und die Börsenbewegungen, das Faktum seiner Partnerschaft, den Abschluss seiner Aus- und Weiterbildung oder den Applaus der Vielen konstatiert, ohne auch nur im Entferntesten nachdenklich zu realisieren, dass es daneben Einsamkeit, Armut, Niederlagen und Scheitern, Krieg, Hunger, Patriarchat, Verfolgung gibt, mag sich zwar als auf der Sonnenseite des Lebens angesiedelt definieren – zu einem gelingenden menschlichen Dasein mangelt es ihm oder ihr womöglich doch an hinreichender Mitmenschlichkeit und an *common sense*.

Ich gebe gerne zu: Im Jahr 2023 mit offenen Sinnen Nachrichten zu hören, die Zeitung zu studieren oder *Google News* auf dem Handy zu aktivieren, konfrontiert jeden sensiblen und wachen Menschen mit einer Unmenge an katastrophalen und erschütternden Meldungen. Der Krieg gegen die Ukraine; die Energie- und die Klimakrise; die himmelschreienden patriarchalischen Verhältnisse im Iran, einem Land, dessen religiös orientierte Regierung Frauen auspeitschen lässt, wenn sie sich ohne Schleier in der Öffentlichkeit bewegen; die Kinderarbeit in Indien und Bangladesch (etwa zehn Millionen Kinder zwischen 5 und 14 Jahren arbeiten auf dem Subkontinent – aber es wäre zynisch, lediglich die Kinderarbeit zu verbieten, ohne die Altersversorgung der betroffenen Eltern und Großeltern befriedigend zu regeln); die vielen, vielen Toten im Mittelmeer, die aus Afrika aufgrund von Not, Hunger, politischer, religiöser, ethnischer Verfolgung nach Europa migrieren (laut UNHCR sollen es 2021 über 3000 Tote gewesen sein) – es ist beinahe gleichgültig, an welchem Tag, in welchen Situationen, mit welchem Medium uns Nachrichten erreichen: Sie sind zutiefst aufwühlend, schockierend, ergreifend, beschämend.

Wie aber umgehen mit diesen Meldungen und vor allem mit dem unermesslich großen Leid, das uns mit diesen *news* tagtäglich berührt und uns – so wir sie denn überhaupt bewusst zulassen – Empfindungen der massiven Ohnmacht, Angst und Ratlosigkeit beschert? Jeder einzelne der eben angeschnittenen Problembereiche stellt die politisch Verantwortlichen und Handelnden, stellt die Staaten und ihre Institutionen, stellt die NGOs (Nichtregierungsorganisationen) und stellt die ganze Menschheit vor schier unlösbare Aufgaben – wie sollen und wie können wir da als Personen, als Einzelne, als Individuen mit Aussicht auf Veränderung agieren und reagieren, ohne lediglich frustriert die Vergeblichkeit unseres Tuns zur Kenntnis zu nehmen oder unsere persönliche Gesundheit und Stabilität aufs Spiel zu setzen?

Eine erste Tugend, die es braucht, um als Einzelner die Welt auch hinsichtlich ihrer Kälte und ihres Schattens wahrzunehmen, ist Mut. Mut, um die Wirklichkeit zu registrieren; Mut, um das Registrierte und Wahrgenommene einzuordnen; Mut, um vor diesen Bedrohungen und vor dem Schrecklichen nicht zu desertieren (wohlgemerkt: Mut und nicht Tollkühnheit oder falsch verstandener Heroismus); vor allem aber Mut, um angesichts der gigantischen Ausmaße von Destruktivität, Unmenschlichkeit, fratzenhafter Hässlichkeit und Absurdität, welche die Kälte der Welt ausmachen, nicht den Mut zu verlieren.

Diese erste Tugend wird als eine Voraussetzung einer unvoreingenommenen, nüchternen, unerschrockenen, illusionsarmen Wahrnehmung der Realität bereits bei Friedrich Nietzsche (1844–1900) beschrieben. In *Jenseits von Gut und Böse* (1886) erwähnt er darüber hinaus noch drei weitere tugendhafte Einstellungen, von denen er überzeugt war, dass sie für eine adäquate Erfassung und Bewertung der Wirklichkeit grundwesentlich sind, und die von jenen entwickelt und gepflegt werden dürfen, die die Welt mit klarem und trockenem Blick erkennen wollen: „Herr seiner vier Tugenden bleiben – des Mutes, der Einsicht, des Mitgefühls, der Einsamkeit."[1]

Einsicht ließe sich in unserem Zusammenhang am ehesten als ein möglichst umfängliches, tief eindringendes, illusionsarmes Kennenlernen und

---
[1] Nietzsche, F.: Jenseits von Gut und Böse (1886), in: KSA 5, München 1988, S. 232.

Verstehen von Wirklichkeit beschreiben – einer Wirklichkeit, der wir aufgrund ihres Mangels an Sinn, Wert und angenehm-wohltuender Bedeutung meist mit Abneigung, Distanz, Angst und Affekt begegnen. Solche und ähnliche Emotionen führen in der Regel jedoch dazu, unsere Denkkraft und unser Urteilsvermögen zu beeinträchtigen, und daher dürfen wir uns fragen, wie wir trotz einer emotionalen Dysbalance unser Wahrnehmungs- wie auch unser Urteils-, Einsichts-, Erkenntnisvermögen einigermaßen hoch und stabil halten können.

Womöglich hilft uns jene Tugend weiter, die Nietzsche Mitgefühl nannte – und aus der meiner Ansicht nach jene Haltung erwächst, die ich eingangs als Empörung bezeichnet habe. Mitgefühl meint nicht Mitleiden, nicht Gefühlsansteckung oder billig-inflationäre Sympathie, sondern eine punktgenau-gefühlhafte, probehalber nachvollziehende Mich-an-die-Stelle-des-anderen-Positionierung. An seiner Stelle seine Verhältnisse näherungsweise und oftmals imaginär und meist nur für kurze Zeit nachzuerleben, bewirkt bei Menschen mit offenem Gemüt ein fundamentales Mitgefühl, das hinreicht, um sich für den anderen zu interessieren und sich mit ihm zu solidarisieren. Arthur Schopenhauer (1788–1860) pflegte für diese Haltung des Mitgefühls eine Formel aus den *Upanischaden* zu zitieren, die ihm wert und wichtig war: *Tat twam asi* – das bist du!

Zwar lesen wir in der *Rhetorik* bei Aristoteles: „Das Gegenteil des Mitleids ist das, was gemeinhin als Entrüstung (Empörung) bezeichnet wird."[2] Allerdings bezog sich Aristoteles hier auf den Affekt des Mitleidens und nicht so sehr auf den solidarischen Erkenntnisakt des Mitfühlens. Wie sehr nämlich aus solidarischem Mitgefühl Empörung und aus Empörung wiederum Solidarität erwächst, hat Mitte des letzten Jahrhunderts eindrücklich Albert Camus (1913–1960) beschrieben. In vielen seiner Schriften hat er zur Sinnwidrigkeit der Welt und des menschlichen Daseins Stellung bezogen, und in seinen Texten schildert er ergreifend das Elend und die Not von Einzelnen, die dem Absurden (Krieg, Vertreibung, Hunger, Armut, Obdachlosigkeit etc.) hilflos ausgeliefert sind.

Seiner Meinung nach ist es die Revolte, die als mitfühlende Reaktion sowie als eine erste Antwort auf das Absurde angebracht ist und dem Einzelnen – sowohl den Opfern, Benachteiligten und Unterlegenen als auch den Revoltierenden – bei allen unmenschlichen Verhältnissen einen Rest an Würde und Achtung garantiert. Wohlgemerkt: Camus spricht von Revolte und nicht (unbedingt) von Revolution; das Wesen der Revolte liegt für ihn im solidarischen Nein, im Widerstand und in der Empörung über Menschenunwürdiges:

---

[2] Aristoteles: Rhetorik (Buch II, Kapitel 9), Stuttgart 2018, S. 205.

„In der Erfahrung des Absurden ist das Leid individuell … Der erste Fortschritt eines von der Befremdung befallenen Geistes ist demnach zu erkennen, dass er diese Befremdung mit allen Menschen teilt, und dass die menschliche Realität in ihrer Ganzheit an dieser Distanz zu sich selbst und zur Welt leidet. Das Übel, welcher ein Einzelner erlitt, wird zur kollektiven Pest … Ich empöre mich, also sind wir."[3]

Camus stand mit seinem Plädoyer für den solidarisch-revoltierenden Menschen in einer Tradition, die in Frankreich schon lange Zeit zurückreicht und auch nach ihm weitere Protagonisten hervorgebracht hat. So lässt sich Voltaire (1694–1778) mit seiner Entrüstung über die Affäre Calas (ein himmelschreiender Justizskandal im 18. Jahrhundert) ebenso wie Émile Zola (1840–1902) mit seinem offenen Brief *J'accuse* (ich klage an) als Modelle für Revolte und Empörung begreifen.

Voltaire setzte sich in mehreren Schreiben für die postume Rehabilitierung des wegen angeblichen Mordes zu Unrecht hingerichteten Jean Calas ein, womit er für mächtigen Wirbel im damaligen Frankreich sorgte. Analog verfuhr Zola, der seinen Brief *J'accuse* (Ich klage an) 1898 in der Tageszeitung *L'Aurore* publizierte und für den ebenfalls zu Unrecht angeklagten Hauptmann Alfred Dreyfus Stellung bezog – eine Stellungnahme, die eine Spaltung der öffentlichen Meinung in Frankreich zur Folge hatte: Wer liberal, laizistisch und säkular eingestellt war, verteidigte Zola; wer hingegen konservativ, kirchen-, staats- und militärtreu dachte und mit einem antisemitischen Vorurteil versehen war, attackierte den Autor Zola, der wegen des Briefes zu einem Jahr Gefängnis verurteilt wurde (dem er sich durch Flucht nach England erfolgreich entzogen hat).

In der Nachfolge von Voltaire, Zola, Camus stand der französische Schriftsteller und Diplomat Stéphane Hessel (1917–2013). Neben seiner Autobiografie *Tanz mit dem Jahrhundert – Erinnerungen* (1997) wurde in den letzten Jahren vor allem Hessels kurze Schrift *Indignez-vous!* (deutsch: *Empört Euch!*) europaweit gelesen und zitiert. Darin vertrat er die Ansicht, dass Empörungen (z. B. über Inhumanität, Unrecht, skandalöse Verhältnisse) zu wichtigen Triebfedern des Engagements und der politisch-gesellschaftlichen Positionierungen von Individuen und Gruppen werden können:

„Ich wünsche allen, jedem Einzelnen von euch, einen Grund zur Empörung. Das ist kostbar. Wenn man sich über etwas empört, wie mich der Nazi-Wahn empört hat, wird man aktiv, stark und engagiert … Die in der Allgemeinen Erklärung der Menschenrechte … von 1948 niedergelegten Rechte sind uni-

---

[3] Camus, A.: Der Mensch in der Revolte (1951), Reinbek bei Hamburg 1969, S. 21.

versell. Wann immer sie jemandem vorenthalten werden, und ihr merkt es: Nehmt Anteil, helft ihm, in den Schutz dieser Rechte zu gelangen."[4]

Stéphane Hessel war 93 Jahre alt, als er diese Zeilen publizierte, und die meiste Zeit seines Lebens hat er sich dem Inhalt dieser Zeilen gemäß über unmenschliche Verhältnisse weltweit empört (nicht nur über den Faschismus) und sich zugleich für menschlichere Verhältnisse engagiert (z. B. für die weltweite Durchsetzung der Menschenrechte, an deren Formulierung er selbst mitwirken konnte). Bei allen Fehlern, Missgriffen und fragwürdigen Entscheidungen, die auch im Dasein von Stéphane Hessel eine Rolle gespielt haben, würde ich aufgrund seiner Empörung, seines Engagements und seiner Tugenden des Mutes, der Einsicht, des Mitgefühls sein Leben als gelungen bezeichnen.

Gelungen vor allem, weil Hessel ebenso wie Voltaire, Zola oder Camus mit seinen Texten Zeugnisse abgelegt hat für Werte wie Humanität, Gerechtigkeit, Freiheit und friedliche Koexistenz, aber auch für intellektuelle Redlichkeit, Güte und Wahrhaftigkeit. Ich kann mir kein gelingendes Leben vorstellen ohne eine derartig bekennende Verankerung in einem Wertgefüge, dem die Dimensionen von hohen personalen und überpersonalen Werten nicht fremd sind.

Von Novizinnen und Novizen, die in ein Kloster eintreten wollen, ist bekannt und wird gefordert, dass sie sich zu diversen Glaubensartikeln und -vorschriften bekennen – man bezeichnet dieses Bekenntnis auch als das Ablegen ihrer Profess (lateinisch *professio* = Bekenntnis). Ähnlich ergeht es uns, sobald wir uns über das Inhumane oder Absurde der Welt empören und entrüsten. Mit unserer Empörung koppeln wir uns an allfällige säkulare Wertdimensionen und legen Profess ab in Bezug auf eine humane, mitmenschliche, die Kultur wie die Natur schützende und förderliche Ethik und Moral.

Ein Wert, der mir in diesem Zusammenhang bei Nietzsche ebenso wie bei Voltaire, Zola, Camus, Hessel und anderen Philosophen, Künstlern, Schriftstellern, Intellektuellen imponiert, ist derjenige der Redlichkeit und Wahrhaftigkeit. Der Wirklichkeit, vor allem der sozialen, politischen, historischen, gesellschaftlichen Wirklichkeit ins Gesicht zu schauen und davon ohne Mogelei, Übertreibung und Schönfärberei zu berichten, gehört zu den Hauptaufgaben dieser Berufsgruppen. Sie und wir alle sind nicht auf der Erde, damit wir die Augen verschließen vor dem Inhumanen und Absurden; oder damit wir uns auf Glücksinseln zurückziehen, die sich bei näherer Betrachtung als

---

[4] Hessel, St.: Empört Euch! (2010), Berlin 2011, S. 10.

illusionär und wenig tragfähig erweisen; oder damit wir die Welt schönmalen, indem wir das Störend-Problematisch-Hässliche in weitentfernte Deponien verbannen; für Letzteres ein konkretes Beispiel:

Unter der Kersten-Miles-Brücke in Hamburg wurden in den letzten Jahren etwa 100.000 € von der Hansestadt dafür ausgegeben, großdimensionierte Steine zu verlegen und zu fixieren, damit keine Obdachlosen mehr dort schlafen können. Weil diese Maßnahme nur teilweisen Effekt zeigte, wurde darüber hinaus für etwa 20.000 € ein drei Meter hoher Zaun errichtet – und dies alles, um die Gegend an den Landungsbrücken für ankommende Touristen wie auch für die Hamburger „ästhetisch ansprechend" zu gestalten. Ebenso obszön, wenngleich bedeutend weniger Kosten verursachend ist es, wenn die städtischen Behörden Parkbänken mittig eine Armlehne verpassen, um zu verhindern, dass Obdachlose die Bänke als Schlafmöglichkeit nutzen.

Redlichkeit und Wahrhaftigkeit bedeuten, Phänomene wie Obdachlosigkeit oder auch die Reaktion der Freien und Hansestadt Hamburg darauf zur Kenntnis zu nehmen und sich in dem Maße, in dem es für jeden von uns möglich ist, darüber zu empören – sowohl über das Faktum der Obdachlosigkeit (mit allen Ursachen, Ausgestaltungen, Konsequenzen) als auch über das Faktum einer „hanseatischen Lösung" dieses Problems. Unredlich und unwahrhaftig ist es hingegen, in solchen Situationen eine Fluchtbewegung einzuschlagen: weg von der Wirklichkeit hin ins Behagliche und Ästhetische, Glückselige.

Jean-Paul Sartre (1905–1980) hätte eine solche Haltung und Einstellung als *mauvaise foi*, als eine Unredlichkeit, Mogelpackung, kleine Gaunerei bezeichnet – wobei damit nicht nur die anderen, die Mitmenschen betrogen und beschummelt werden; es ist der Unredliche selbst, der sich um eine wahrhaftige, offene, direkte Auseinandersetzung mit sich selbst und seiner Existenz herumdrückt, sodass er sich zuletzt um Welt- und Menschenkenntnis ebenso wie um Selbsterkenntnis und um Selbstverwirklichung bringt:

„In der Unaufrichtigkeit gibt es weder zynische Lüge noch geschickte Vorbereitung trügerischer Begriffe. Sondern der primäre Unaufrichtigkeits-Akt ist darauf aus, das zu fliehen, was man nicht fliehen kann, das zu fliehen, was man ist. Doch gerade der Fluchtentwurf enthüllt der Unaufrichtigkeit eine innere Auflösung mitten im Sein, und sie will diese Auflösung sein."[5]

Von der Tiefenpsychologie und Psychoanalyse her ist bekannt, dass Menschen die Wirklichkeit stets nur so weit wahrnehmen und registrieren, wie sie die-

---

[5] Sartre, J.-P.: Das Sein und das Nichts (1943), Reinbek bei Hamburg 1993, S. 159.

selbe in Gedanken, Einstellungen, Handlungen bewältigen können. Übersteigt die Realität das eigene Fassungsvermögen, machen sich die Abwehrmechanismen und deren Filterfunktionen bemerkbar – wir vergessen, verkennen, übersehen, verdrängen, verleugnen jene Aspekte unserer inneren und äußeren Realität, deren nüchterne Betrachtung uns überfordert; oder wir reagieren mit Affekten auf die Wirklichkeit und verändern sie damit emotional und atmosphärisch – allerdings meistens nur für uns allein. Schlussendlich landen wir in Denkhemmungen und in Fehlleistungen, die unsere Wahrnehmungen und unser Urteilsvermögen limitieren.

Wenn Privatpersonen von derlei Limitierungen betroffen sind, entstehen dabei kleine bis mittlere Grade von *mauvaise foi* – und damit überschaubar kleine bis mittlere Themen oder Probleme. Sobald für die Öffentlichkeit relevante Personen (Politiker, Schriftsteller, Journalisten, Intellektuelle) überwiegend eine Haltung von *mauvaise foi,* von Unredlichkeit leben, sind die Konsequenzen gravierender – was einst Bertolt Brecht im *Pariser Tageblatt* (1934) beschrieben hat:

> „Was ist die Mission des Dichters in der heutigen Zeit? Auf diese Frage habe ich nur die Antwort: Der Dichter soll die Wahrheit schreiben ... Das ist die Schwierigkeit der Wahrheitsfindung ... So ist es z. B. nicht unwahr, dass Stühle Sitzflächen haben und der Regen von oben nach unten fällt. Viele Dichter schreiben Wahrheiten dieser Art. Sie gleichen Malern, die die Wände untergehender Schiffe mit Stillleben bedecken ... Unbeirrbar durch die Mächtigen, aber auch durch die Schreie der Vergewaltigten nicht beirrt, pinseln sie ihre Bilder."[6]

Einige Jahre nach Brecht (und nach dem Faschismus) hat Ingeborg Bachmann den Idealen einer unangenehme Wahrheiten aufgreifenden Künstlerin Genüge getan. In der Dankesrede anlässlich der Verleihung des *Hörspielpreises der Kriegsblinden* an die Dichterin formulierte sie 1959 den Satz: „Die Wahrheit ist dem Menschen zumutbar." Die Fragen dazu lauten allerdings: „Was ist wahr?", „Welche Wahrheit?", „In welcher (humanen!) Dosierung?", „In welcher Situation?". Sowie vor allem: „Wer ist überhaupt fähig und bereit, ungeschönte und ungefilterte Wahrheit zu ertragen?" Vor Sigmund Freud und lange schon vor Sartre, Brecht und Bachmann hat Friedrich Nietzsche diesbezügliche Skepsis angemeldet:

---

[6] Brecht, B.: Dichter sollen die Wahrheit schreiben (1934), in: Brecht für Anfänger und Fortgeschrittene, hrsg. von S. Unseld, Frankfurt am Main 1993, S. 323ff.

9 Empörung, Wahrhaftigkeit und *Common Sense*

Der Mensch selbst aber hat einen unbesiegbaren Hang, sich täuschen zu lassen, und ist wie bezaubert vor Glück, wenn der Rhapsode ihm epische Märchen wie wahr erzählt oder der Schauspieler im Schauspiel den König noch königlicher agiert, als ihn die Wirklichkeit zeigt.[7]

Aus den Fragen nach der Empörung wurden nun Fragen nach der Wahrhaftigkeit, und aus den Fragen nach der Redlichkeit oder deren Gegenteil *(mauvaise foi)* werden jetzt Fragen nach den Voraussetzungen, die Zumutbarkeit für Wahrheiten bei sich selbst wie bei den Mitmenschen zu steigern und stabil hochzuhalten. Ein wesentlicher Aspekt, angenehme wie auch unangenehme Wahrheiten zu ertragen und einzuordnen, ist die vorbehaltlose und offene Kommunikation mit einem Du oder mit mehreren Dus, denen es um existenzielle Wahrheit und Wahrhaftigkeit geht. Karl Jaspers hat derlei in einigen seiner Schriften dargelegt und betont:

„Die gegenseitige Durchsichtigkeit wird nicht nur in den jeweiligen sachlichen Inhalten, sondern auch in den Mitteln des Fragens und Kämpfens gesucht. Jeder dringt in sich selbst mit dem Anderen. Es ist nicht der Kampf zweier Existenzen gegeneinander, sondern ein gemeinsamer Kampf gegen sich selbst und den Anderen, aber allein Kampf um Wahrheit … In der existentiell kämpfenden Kommunikation stellt jeder *alles* dem *Anderen* zur Verfügung."[8]

Diese Formen der Offenheit, Durchsichtigkeit und des Unverborgenen beziehen sich nun nicht mehr lediglich auf einige wenige Fakten oder Sachverhalte; diese Wahrhaftigkeit meint die beteiligten Personen in ihrer Nacktheit, Verletzlichkeit, aber auch in ihrer solitären Würde und Großartigkeit. Wer je sich oder die Anderen wahr und unverdeckt in einem solchen Sinne erlebt hat, wird sich mit den vielen Surrogaten von Wahrheit bis hin zu *mauvaise foi* in ihren vielen Spielarten nicht mehr zufriedengeben.

Redlichkeit und Wahrhaftigkeit darf sich demnach auf die eigene Person, das eigene Fühlen, Empfinden, Denken, Handeln beziehen: Je offener, vorbehaltloser, direkter wir mit (ausgesuchten!) Mitmenschen kommunizieren, umso tragfähiger und intimer gestalten wir unsere zwischenmenschlichen Beziehungen. Daneben beziehen sich Redlichkeit und Wahrhaftigkeit aber auch auf unseren Umgang mit den historischen, sozialen, gesellschaftlichen, kulturellen Themen, Sachverhalten, Aufgaben und Situationen, in die wir zufällig geraten oder die wir uns bewusst suchen. Michel Foucault verwendete in die-

---

[7] Nietzsche, F.: Über Wahrheit und Lüge im außermoralischen Sinne (1873), in: KSA 1, München 1988, S. 888.
[8] Jaspers, K.: Philosophie II Existenzerhellung (1932), in: Gesamtausgabe Band I/7.2, Basel 2022, S. 65.

sem Zusammenhang den Begriff der Parrhesie (abgeleitet vom griechischen Wort *parrhesia* = Redefreiheit; über alles sprechen können):

> „Jemand soll *parrhesia* gebrauchen und verdient Anerkennung als *parrhesiastes* nur, wenn es für ihn oder sie beim Sprechen der Wahrheit ein Risiko oder eine Gefahr gibt ... Wenn sich ... ein Philosoph an einen Souverän, einen Tyrannen wendet und ihm sagt, dass Tyrannei Unfrieden stiftet und unerfreulich ist, dann spricht der Philosoph die Wahrheit, glaubt, dass das, was er spricht, die Wahrheit ist, und mehr noch, er geht auch ein Risiko ein (da der Tyrann wütend werden, ihn bestrafen oder ins Exil verbannen, ihn töten könnte). ... *Parrhesia* ist ... mit Mut angesichts einer Gefahr verbunden: Sie erfordert den Mut, trotz ... Gefahr die Wahrheit zu sprechen."[9]

Obschon diese Ausführungen Foucaults dramatisch zugespitzt klingen (Leben riskieren; Risiko des Todes), erachte ich sie insofern als relevant, als der Denker damit den Einsatz und die Wertigkeit betonen wollte, die mit einer vorbehaltlosen und offen-zwischenmenschlichen Kommunikation verbunden sind. In der Regel ist damit nicht das Risiko des biologischen, sehr wohl aber eines eventuell sozialen Ablebens verknüpft – man denke nur an die Folgen sogenannter Shitstorms in den sozialen (bisweilen eher auch asozialen) Medien, die durchaus zur psychosozialen Ächtung und zum Ostrazismus (Schiedsgericht zur Verbannung von Individuen) beitragen können.

Damit jedoch aus Parrhesie und der damit assoziierten Verschränkung mit der Welt nicht vorrangig die Risiken sozialer Ächtung, sondern zufriedenstellende, gelingende oder sogar glücksheischende Daseinsmomente entspringen, braucht es meiner Ansicht nach zwischen den Gesprächs- und Kommunikationspartnern jene weltoffene Grundeinstellung und Haltung, die Immanuel Kant (1724–1804) *Sensus communis* (Gemeinsinn) und Alfred Adler (1870–1937) in Anlehnung an den angelsächsischen Sprachgebrauch *common sense* (Gemeinschaftsgefühl) nannte:

> „Unter dem sensus *communis* muss man die Idee eines *gemeinschaftlichen* Sinnes, d. i. eines Beurteilungsvermögens verstehen, das in seiner Reflexion auf die Vorstellungsart jedes andern in Gedanken (a priori) Rücksicht nimmt, um *gleichsam* an die gesamte Menschenvernunft sein Urteil zu halten, und dadurch der Illusion zu entgehen, die aus subjektiven Privatbedingungen, die leicht für objektiv gehalten werden könnten, auf das Urteil nachteiligen Einfluss haben würde."[10]

---

[9] Foucault, M.: Diskurs und Wahrheit – Die Problematisierung der Parrhesie, Berkeley-Vorlesungen (1983), Berlin 1996, S. 14f.
[10] Kant, I.: Kritik der Urteilskraft (1790), Werkausgabe Band X, Frankfurt am Main 1992, S. 225.

Zur Erläuterung dieser Zeilen fügte Kant in seiner *Kritik der Urteilskraft* noch drei Maximen hinzu, die als Grundsätze einer allgemeinen Menschenvernunft gelten können: 1) Selbstdenken; 2) an der Stelle jedes Anderen denken; 3) jederzeit mit sich selbst einstimmig denken. Mit diesen Maximen wollte er eine vorurteilsfreie, erweiterte und konsequente Denkungsart fördern und ermöglichen, welche den Qualitätsansprüchen der Aufklärung gerecht wird. Insbesondere die Forderung nach einer erweiterten Denkungsart, bei der die subjektiven Privatbedingungen von Ansichten, Meinungen und Geschmacksurteilen hintangestellt werden und stattdessen die Perspektive eines allgemeinen Standpunktes eingenommen wird, sowie die Forderung nach einer konsequenten (also in sich stimmigen, plausiblen, widerspruchsarmen) Denkungsart sind dem Philosophen zufolge jedoch nur selten und ziemlich schwer zu erreichen: „Die erste dieser Maximen ist die Maxime des Verstandes, die zweite der Urteilskraft, die dritte der Vernunft."[11]

Bei Alfred Adler begegnen wir dem Terminus *common sense,* den er seit den 20er-Jahren synonym mit dem Begriff des Gemeinschaftsgefühls verwendete. Im Englischen ist mit *„common sense"* auch der gesunde Menschenverstand gemeint, den man zu Recht ambivalent beurteilen darf. Einerseits drückt sich darin oftmals eine schlichte, aber sehr effektive Weisheit der Völker und die Vernunft der Vielen aus; und andererseits hatte G.W.F. Hegel (1770–1831) etwas durchaus Richtiges gesehen, als er den gesunden Menschenverstand als die „Denkweise einer Zeit, in der alle Vorurteile dieser Zeit enthalten sind",[12] bezeichnete.

Adler jedenfalls war im Hinblick auf den Terminus des *common sense* mehr Kantianer als Hegelianer und betonte dabei die Gesichtspunkte des Gemeinsinns und Gemeinschaftsgefühls, die er als psychosoziale Gesundheitskriterien ansah. Eine mangelhafte Einbettung ins soziale und kulturelle Leben einer Gesellschaft bedeutete für Adler dagegen einen Risikofaktor für psychosoziale Störungen oder sogar Erkrankungen – wobei sich derlei mehr oder minder harmlos oder witzig als Eigensinn, Manieriertheit, Privatlogik oder im ungünstigen Fall als neurotische Krankheit äußern kann.

Empörung, Wahrhaftigkeit und *common sense* – so lautet (wir erinnern uns) die Überschrift dieses Kapitels. Den Kontext von Empörung und Wahrhaftigkeit habe ich bereits angedeutet – der Zusammenhang aber zwi-

---

[11] Kant, I.: Kritik der Urteilskraft (1790), Werkausgabe Band X, Frankfurt am Main 1992, S. 227.
[12] Hegel, G.W.F.: Vorlesungen über die Geschichte der Philosophie (1833, postum), in: Werke 18, Frankfurt am Main 1986, S. 435.

schen Empörung und Wahrhaftigkeit einerseits und *common sense* andererseits darf noch expliziter gemacht werden.

Nehmen wir die Beschreibung Kants hinsichtlich des *Sensus communis* ernst, entwickelt jeder mit Gemeinsinn Begabte, an der allgemeinen Menschenvernunft Interessierte zugleich auch Tugenden wie Mut, Einsicht und Mitgefühl – und damit die unabdingbaren Voraussetzungen dafür, möglichst redlich und wahrhaftig die Wirklichkeit registrieren und sich über Missstände und Defizite adäquat empören zu können. Wer je eigenständig und parallel dazu solidarisch sowie konsequent und stimmig denken, fühlen und handeln gelernt hat, kann gar nicht umhin, sich zu dem erkannten und verstandenen Wertvollen zu bekennen, das fehlende oder bedrohte Wertvolle als Gefährdung einzuordnen und sich für die Beseitigung der Gefahr zu engagieren.

Nun hat Nietzsche von insgesamt vier Tugenden (Herr seiner vier Tugenden bleiben – des Mutes, der Einsicht, des Mitgefühls, der Einsamkeit[13]) gesprochen, und ich habe bisher lediglich drei davon erwähnt: Mut, Einsicht und Mitgefühl. Wo aber bleibt die Einsamkeit, und was hat diese Tugend (?) mit Empörung, Wahrhaftigkeit und *common sense* zu schaffen? Und was meint Nietzsche, wenn er die Einsamkeit unter die Tugenden und nicht zu den eventuellen Defizit-Erscheinungen rechnet?

Um bei der letzteren Frage zu beginnen: In *Götzen-Dämmerung oder Wie man mit dem Hammer philosophiert* (1889) vertrat Nietzsche eine recht eigenwillige Entwicklungslehre der Person, indem er drei Stufen oder Phasen unterschied: „Willst du mitgehn? oder vorangehn? Oder für dich gehn? …"[14] – wobei er das alleine und einsam Für-sich-Gehen-, -Stehen- und -Sein-Können zweifellos als hohen Wert taxiert hat. Nicht selten geraten die Empörten, Redlichen, Wahrhaftigen in eben diese Rolle und Funktion des Voran- oder Alleine-für-sich-Gehens – eine Rolle und Funktion, die spezielle Formen des *common sense* benötigt, damit sie sich als eine Tugend und mitnichten als ein Mangel erweist.

Solche Einzelne sind oftmals nur partiell ins behagliche Miteinander mit ihren lieben Zeitgenossen eingebettet und müssen gelegentlich auf deren Applaus verzichten. Ihr Gemeinsinn speist sich weniger aus den aufgeregten Debatten der Gegenwart und des Augenblicks, sondern eher und mehr aus dem Verbundenheitsgefühl mit vergangenen Künstlern, Wissenschaftlern, Philosophen, Literaten und mit deren Werken (beispielsweise aus der Tradition von Antike, Renaissance, Humanismus, Aufklärung, Existenzialismus stammend)

---

[13] Nietzsche, F.: Jenseits von Gut und Böse (1886), in: KSA 5, München 1988, S. 232.
[14] Nietzsche, F.: Götzen-Dämmerung oder Wie man mit dem Hammer philosophiert (1889), in: KSA 6, München 1988, S. 65.

sowie mit denjenigen, die gegenwärtig (oder potenziell zukünftig) für eine redliche und wahrhaftige Daseinsform ihr überzeugendes Bekenntnis und ihre Profess ablegen.

Diese Art, den eigenen *Sensus communis* zu entwickeln, auszubauen und zu stabilisieren, steht nun aber nicht nur den Einzelnen, den Künstlern, Philosophen, Wissenschaftlern und Intellektuellen, sondern den allermeisten von uns offen, selbst wenn wir weit entfernt von jedem Intellektuellen- oder Literatentum unser Dasein verbringen. Wer demnach Eudämonie unter der Maßgabe von Empörung, Wahrhaftigkeit und *common sense* realisieren und die dafür nötigen Tugenden von Mut, Einsicht, Mitgefühl und Einsamkeit bei sich stärken möchte, kann dies unter anderem, indem er sich an sinn- und werthaltigen Personen, Traditionen und Perspektiven der Sozial- und Kulturgeschichte orientiert. Mir jedenfalls hat derlei sehr geholfen und hilft es immer noch.

10

Skizzen zu einer Kritik der leibhaftigen Vernunft

Spätestens seit Immanuel Kants drei berühmten kritischen Schriften – *Kritik der reinen Vernunft* (1781); *Kritik der praktischen Vernunft* (1788) sowie *Kritik der Urteilskraft* (1790) – ist es offensichtlich, dass mit dem Terminus der Kritik keine Mängelliste und Entwertung gemeint war und ist; vielmehr wird der Begriff im ursprünglich griechischen Sinne gebraucht, und damit zielt er auf Unterscheidung, Beurteilung, scheidende Trennung.

In der Folge haben sich etliche Philosophen berufen gefühlt, ebenfalls Kritiken zu verfassen: Max Horkheimers *Kritik der instrumentellen Vernunft* (1947); Jean-Paul Sartres *Kritik der dialektischen Vernunft* (1960); Stephen Toulmins *Kritik der kollektiven Vernunft* (1958); Gerd Haffmans *Kritik der korrupten Vernunft* (1975); Peter Sloterdijks *Kritik der zynischen Vernunft* (1983); Achille Mbembes *Kritik der schwarzen Vernunft* (2013); Vittorio Hösles *Kritik der verstehenden Vernunft* (2018) sind Beispiele für derlei kritische Schriften.

In dieser Liste dürfte auch die philosophische Publikation einer *Kritik der leibhaftigen Vernunft* auftauchen – ein Buch, das meines Wissens unter diesem Titel bisher noch nicht geschrieben wurde oder zumindest nicht erschienen ist. Zwar gibt es die Aufsatzsammlung *Leibhaftige Vernunft – Spuren von Merleau-Pontys Denken* (1986), herausgegeben von Alexandre Métraux und Bernhard Waldenfels; aber eine regelrechte, systematische Kritik der leibhaftigen Vernunft bedeutet diese Sammlung nicht.

Selbstverständlich will und kann ich hier ebenfalls keine Kritik der leibhaftigen Vernunft liefern – ich muss es bei mehr als dezenten Andeutungen belassen und beschränke mich auf einige Ideen aus der Kulturgeschichte, die ich mit eigenen Eindrücken aus meiner klinischen Arbeit vermenge. Die Aufgabe, ausführlich zu klären, wie Vernunft, Bewusstsein und menschlicher Leib zusammenhängen und sich bedingen, bleibt einer zukünftigen Untersuchung vorbehalten.

Ansätze zu einer Kritik der leibhaftigen Vernunft lassen sich etwa in einer Reihe von Aphorismen Friedrich Nietzsches finden. Dieser Denker war gewillt, seine Philosophie überaus konsequent am menschlichen Leib entspringen und in denselben auch wieder einfließen zu lassen. Philosophisches Spekulieren unter Hintanstellung von Bios, Organismus, Körper, Leib galt ihm als höchst verdächtige Metaphysik. Und als einstmals gelehriger Anhänger von Arthur Schopenhauer (dessen Texte Nietzsche später entschieden attackierte) war er sogar der Meinung, die Sexualität als fundamentales Leibphänomen in seiner Philosophie gebührend berücksichtigen zu sollen.

Nietzsche war bis ins 20. Jahrhundert hinein derjenige unter den Philosophen und Denkern, der den Leib mit allen seinen Facetten als Basis der menschlichen Existenz bis zu den höchsten geistigen und kulturellen Leistungen am radikalsten ernstgenommen hat. Alle Philosophie, die den Leib vernachlässigt, war ihm „ein Missverständnis"; der Leib (und nicht irgendein „Geist") redet vom Sinn der Erde; erst am Leitfaden des Leibes wird philosophische Forschung für Nietzsche zu einer humanen und zukunftsträchtigen; die Höherbildung des gesamten Leibes (und nicht nur des Gehirns!) war ihm ein Garant für eine Steigerung der Kultur:

> „Leib bin ich ganz und gar, und nichts außerdem; und Seele ist nur ein Wort für ein Etwas am Leibe. Der Leib ist eine große Vernunft, eine Vielheit mit einem Sinne, ein Krieg und ein Frieden, eine Herde und ein Hirt. Werkzeug deines Leibes ist auch deine kleine Vernunft, mein Bruder, die du „Geist" nennst, ein kleines Werk- und Spielzeug deiner großen Vernunft … Hinter Deinen Gedanken und Gefühlen, mein Bruder, steht ein mächtiger Gebieter, ein unbekannter Weiser – der heißt Selbst. In Deinem Leibe wohnt er, Dein Leib ist er."[1]

Das Geistige ist nach Nietzsche als Zeichen- und Symbolsprache des Leibes zu interpretieren; der Leib galt dem Philosophen als Maßstab für ethisch-moralische Konflikte (sein Vorschlag: keine Unterscheidung mehr in richtiges oder falsches Handeln – stattdessen eine Unterscheidung in lebendiges versus unlebendiges Agieren); schließlich ließ Nietzsche als Kriterium für das Wahre,

---

[1] Nietzsche, F.: Also sprach Zarathustra (1883/84), in: KSA 4, München 1988, S. 39f.

das Schöne oder das Gute ebenfalls nur den Leib gelten: „Der *Leib* ist begeistert: lassen wir die „Seele" aus dem Spiele!"²

An anderer Stelle bezeichnete Nietzsche den Leib auch als die ältere Vernunft des Menschen (*Also sprach Zarathustra*, 1883–85). Das Ich, das Denken und das Bewusstsein bedeuten lediglich ein Etwas am viel umfänglicheren Leib, dem der Philosoph die Eigenschaften von Macht- und Lebenswillen ebenso wie Steigerung und Erhalt autochthonen Selbstwertempfindens zuschrieb: „Es ist mehr Vernunft in deinem Leibe, als in deiner besten Weisheit ... Dein Selbst lacht über dein Ich und seine stolzen Sprünge."³ – heißt es in *Also sprach Zarathustra*.

Maurice Merleau-Ponty (1908–1961) war kein Nietzscheaner im engeren Sinne, aber hinsichtlich der Wertschätzung des menschlichen Leibes als Ausgangspunkt für seine Philosophie darf man ihm attestieren, dass er es mit Nietzsche jederzeit hätte aufnehmen können. So ist es kein verwunderlicher Zufall, dass Merleau-Ponty als derjenige gilt, der das aktuelle Konzept von *Embodiment* (also von Verkörperung von Emotionen und Kognitionen) mit seinem Denken energisch mitinitiiert und vorangetrieben hat. Bezeichnet man Nietzsches Denken bisweilen als eine Philosophie *Am Leitfaden des Leibes* (1975),⁴ dürfte man dem Denken Merleau-Pontys wohl am ehesten die Überschrift einer *Kritik der leibhaftigen Vernunft* (oder zumindest einer sehr ernsthaften und entscheidenden Bahnung derselben) zukommen lassen.

Begonnen mit seinen beiden frühen Schriften *Struktur des Verhaltens* (1942) und *Phänomenologie der Wahrnehmung* (1945) bis hin zu seinen letzten Texten in *Das Auge und der Geist* (1961) oder *Die Prosa der Welt* (postum 1969) verankerte Merleau-Ponty seine philosophischen Überlegungen und Beschreibungen strikt im und am menschlichen Leib. So bedeuteten Phänomene wie Bewusstsein, Denken, Fühlen für ihn die konkave Seite des als konvex gedachten Körpers, und als solche gehörten sie ebenso zur Natur wie der ganze übrige Organismus:

„Die Seele ist in den Leib eingepflanzt wie der Pflock in den Boden, ohne punktuelle Entsprechung zwischen Boden und Pflock, – oder besser: Die Seele ist die Höhle des Leibes, der Leib ist das Anschwellen der Seele. Die Seele hängt dem Leib so an, wie den Dingen ihre kulturelle Bedeutung anhängt, deren Kehrseite oder andere Seite sie ist."⁵

---

² Nietzsche, F.: Ecce Homo (1889), in: KSA 6, München 1988, S. 341.
³ Nietzsche, F.: Also sprach Zarathustra (1883/85), in: KSA 4, München 1988, S. 40.
⁴ Schipperges, H.: Am Leitfaden des Leibes – Zur Anthropologik und Therapeutik Friedrich Nietzsches, Stuttgart 1975.
⁵ Merleau-Ponty, M.: Das Sichtbare und das Unsichtbare (1964), München 1986, S. 295.

Der Leib mit seinen beiden Seiten oder „Blättern" (ein Ausdruck Merleau-Pontys) des Bewusstseins und der unbewussten Natur ist „keine reine Passivität, sondern anhebende und abebbende Aktivität, kein bloßes Nicht-Ich, sondern ein Vor-Ich";[6] er ist Sitz von Vitalität und Intentionalität, ein (wie Merleau-Ponty ihn bezeichnete) „natürliches Ich" oder „inkarniertes Subjekt".[7] Damit wird er zum aktiv-passiven Zentrum, in dem sich Welt und Ich, Geist, Kultur und Natur, Bewusstsein und Materie verflechten, ohne dass es möglich wäre, dem einen oder dem anderen ungestraft die Rolle des Primären zuzuschreiben. In diesem natürlich-kulturellen Leib, diesem „inkarnierten Bewusstsein" *(Embodiment)* – „Der wahrnehmende Geist ist ein verkörperter Geist *(esprit incarné)*"[8] – verschränken sich psychologische Motive und körperliche Anlässe, ...

> „da keine Bewegung des lebendigen Leibes psychischen Intentionen gegenüber absolut zufällig ist, aber auch kein psychischer Akt, der nicht in physiologischer Anlage wenigstens seinen Keim oder seine allgemeine Vorzeichnung hätte."[9]

Die Erfahrung der Intentionalität, die von einem einheitlichen Organismus, dem Leib, ausgeht, an dem sekundär physiologische und geistig-seelische Funktionen differenziert werden können, wurde für Merleau-Ponty zur Matrix jedweder wissenschaftlichen Erkenntnis vom oder philosophischen Reflexion über den Menschen. Der Leib ist die biologisch-physiologische Basis unserer Intentionen, Wahrnehmungen, Erkenntnisse, Handlungen. Bei wissenschaftlichen ebenso wie bei philosophischen Fragestellungen und selbstverständlich auch in unserem Alltagsleben dürfen wir von einem Leib-Apriori ausgehen – unser Organismus bedeutet für alle Lebensphänomene die Voraussetzung und das Vollzugsorgan.

Doch obwohl wir andauernd Leib und damit Materie, Bios, Natur sind, erleben wir uns bevorzugt als seelisch-geistige Wesen, eingebettet *(embedded)* mehr in soziale und kulturelle Verhältnisse als in unseren Organismus; als Wahrnehmende, Denkende, Urteilende, Fühlende, die allenfalls in Phasen der Müdigkeit oder Krankheit (mit Symptomen wie Schwindel, Schwäche, Juckreiz, Schmerz) an die Körperlichkeit und somit an die Natur in uns (als ob wir etwas darüber hinaus wären!) erinnert werden. Aber selbst dann

---

[6] Waldenfels, B.: Das Problem der Leiblichkeit bei Merleau-Ponty (1968), in: Der Spielraum des Verhaltens, Frankfurt a.M. 1980, S. 42.
[7] Merleau-Ponty, M.: Das Sichtbare und das Unsichtbare (1964), München 1986, S. 512.
[8] Merleau-Ponty, M.: Schrift für die Kandidatur am Collège de France (1962), in: Vorlesungen I, Berlin New York 1973, S. 3.
[9] Merleau-Ponty, M.: Phänomenologie der Wahrnehmung (1945), Berlin 1966, S. 113.

distanzieren wir uns oft genug von unserem Organismus, als ob er ein Gegenüber wäre, und sprechen von ihm und seinen Symptomen und Limitierungen, als ob wir nicht er wären. Ähnlich ergeht es uns, wenn wir den eigenen Körper als Werkzeug empfinden und definieren: als Werkzeug, um Leistungssport, Handwerk, militärische Aktionen, Verrichtungen des Alltags etc. zu realisieren. Ihn (den Körper) haben wir trainiert, damit er (der Körper) bestimmte Bewegungsabläufe möglichst geschmeidig und in kurzer Zeit umzusetzen in der Lage ist.

Bei aller Distanz und allen Vorbehalten den materiell-biologischen Facetten unserer Existenz gegenüber und bei aller Leib-Vergessenheit kennen die meisten jedoch auch die Sehnsucht nach jenen Augenblicken, in denen sie bei sich, beim eigenen Körper den *être brut* empfinden, das bloße, nackte Sein, das bei aller Blöße und Nacktheit wie eine Art lang vermisste Heimat wirkt, wie ein Zurückkehren zu sich selbst. In solchen Momenten erleben wir uns respektive unseren Organismus oftmals wie wildes Fleisch (so charakterisierte Merleau-Ponty manchmal den Leib) oder die Natur als ursprüngliches Etwas, das die Möglichkeiten der Verästelung noch *in nuce* in sich trägt, das noch mit allen Potenzialitäten spielen kann und das die Entscheidungen für eine bestimmte Wirklichkeit immer wieder vor sich hat.

Wie dem Mischkrug des Heraklit, so entspringen auch diesem Etwas oder der Natur und damit uns als Bios, als Organismus Mal um Mal und überaus zufällig neue und ungeahnte Kombinationen und Gestalten. Eine Ahnung übrigens dieses ursprünglichen Seins und dieser kreatürlichen Natur erfahren wir in gelingender Sexualität, wenn wir unseren Leib und denjenigen des Gegenübers als Horizont unseres Suchens aufscheinen sehen und in diese leibhaftige Natur, in den *être brut* (wenn auch nur für kurze Zeit) intensiv eintauchen – oder besser: Wenn wir es sind, ohne diese Momente der Intensität allerdings je auf Dauer stellen zu können: „Es gibt, am Horizont unseres Suchens, eine Ursprünglichkeit, eine gesuchte Stätte, die wir aber nicht bewohnen können."[10] – und nach der wir uns daher im und mit dem Anderen, dem Du, immer nur sehnen:

„Der Körper ist ein Rätsel: einerseits ist er ein Teil der Welt, aber er ist in seltsamer Weise einem absoluten Verlangen als dessen Wohnstatt preisgegeben, sich dem anderen zu nähern und ihn auch in seinem Körper zu finden als einem belebten und belebenden, natürlichen Ausdruck des Geistes."[11]

---

[10] Merleau-Ponty, M.: Der Naturbegriff (1957), in: Vorlesungen I, Berlin 1973, S. 331.
[11] Merleau-Ponty, M.: Der Mensch und die Widersetzlichkeit der Dinge (1952), in: Das Auge und der Geist, Hamburg 1984, S. 120.

Im naturhaften und zugleich kulturhaften Leib gönnen sich Natur und Welt ein Gegenüber, das sich willkürlich und gleichermaßen unwillkürlich intentional zur Welt verhält und diese bedenkt. Wahrnehmen, Erkennen, Denken, Fühlen usw. werden nicht vollständig von Menschen als Zentren dieser Akte hervorgebracht. Vielmehr stellt der Leib die Quelle einer uneigentlichen Intentionalität dar, indem sich Bedingtes und Bedingendes, Prägendes und Geprägtes stets abwechseln.

Diese Abwechslung, Verflechtung bezeichnete Merleau-Ponty als *Chiasmus*. Dieser Terminus ist nach dem griechischen Buchstaben *Chi* benannt, der wie ein X geschrieben wird. Chiasmus bedeutet demnach, dass sich zwei Linien in einem Punkt kreuzen, wobei der Kreuzungspunkt weder zur einen noch zur anderen Linie allein gehört. So heißt es bei Merleau-Ponty, dass der Leib sichtbar und beweglich zu den Dingen zählt und dem Gewebe der Welt verhaftet ist. Da er aber sieht und sich bewegt, hält er die Dinge in seinem Umkreis, sie bilden einen Anhang oder eine Verlängerung seiner selbst, sind seine Kruste und bilden einen Teil seiner vollen Definition; der Leib, die Dinge, die Natur – sie sind alle aus dem gleichen Stoff gewebt.

Der Leib bedeutete für Merleau-Ponty ein nicht kontrollierbares, ausuferndes, spontan sich neu organisierendes Subjekt, das nur unter Inkaufnahme kräftiger Reduktionen fixiert, verkörpert, objektiviert, mittels Maß und Zahl ruhiggestellt, in eine endgültige Form gebracht werden kann. Als ein permanent wechselndes Ausdrucksgeschehen, als erlebte und stets neu erzählte Geschichte müssen wir den Leib begreifen, der auf diverse Gebärden, Zeichen und Symbole zurückgreift, um sich selbst und den Mitmenschen Klarheit über sich, seinen Sinn und seine Bedeutung zu verschaffen.

Viele kennen ein Verlangen, eine Sehnsucht nach dauerhafter und organisch-leibhaftiger Ursprünglichkeit unseres Selbst *(être brut)* – eine Sehnsucht, die meist (wenn denn überhaupt) nur punktuell gestillt wird. Ebenso ergeht es uns bei der Suche nach dem Anderen, dem Du, das uns ermöglichen soll, mit ihm zusammen den Heterotopos (den anderen Ort) des bloßen, nackten, wilden Seins zumindest für Momente zu erleben – diese Suche ebenso wie die Sehnsucht wird nicht selten enttäuscht und frustriert oder aber nur für viel zu wenige, zu kurze Augenblicke befriedigt.

Viele greifen daher zu Ersatzbefriedigungen und Surrogaten des *être brut* – zu Kompensationsversuchen, die aus der Leibvergessenheit nicht selten sogar eine Leibversessenheit werden lassen. Ich denke dabei an Wellnessangebote, Diäten, Ernährungsregimes, Bewegungsstrategien, Achtsamkeitsübungen, Sport-Events sowie an den umfangreichen Kosmetikmarkt. Weltweit lag im Jahr 2022 der Umsatz für dekorative Kosmetik bei über 90 Milliarden US-Dollar; für 2025 wird der Umsatz mit über 100 Milliarden US-Dollar prognostiziert.[12] Zu den Surrogaten zählen aber auch jene Sexualpraktiken (Paraphilien), die einen Mangel an emotionaler Einbettung der jeweiligen Sexualpartner durch Gewalt, Überschreiten von Ekelgrenzen etc. zu kompensieren versprechen.

Im 18. Jahrhundert hat der Arzt und Philosoph Julien Offray de La Mettrie das Buch *L'Homme machine* (1748) publiziert. Darin beschrieb er den menschlichen Organismus und seine Gesundheit als eine subtil funktionierende sowie Krankheit entsprechend als eine mangelhaft funktionierende Maschine. Dieses Paradigma hat in der zweiten Hälfte des 19. Jahrhunderts und zusammen mit den grandiosen technischen Fortschritten im 20. und 21. Jahrhundert zu enormen Erfolgen der Humanmedizin beigetragen.

Im 21. Jahrhundert sind wir zwar etwas klüger geworden, und viele Ärzte und Psychologen registrieren längst die Begrenzungen des Maschinenparadigmas. Ihnen ist zunehmend bewusst, dass es sich beim Körper des Menschen um einen Leib und bei ihren Patienten um Personen handelt, deren Hyle-, Bios-, Psyche- und Logosaspekte in der Diagnostik wie auch der Therapie allfälliger Krankheits- und Gesundheitszustände berücksichtigt werden dürfen. Gleichzeitig feiert jedoch an anderer Stelle das Maschinenparadigma fröhliche Urstände. In den Bereichen von Fitness, gesund-korrekter Ernährung (Orthorexie) sowie Sport und Leistungssport begegnen uns Haltungen, Einstellungen, Überzeugungen und das Verhalten von Betroffenen, die ihren Organismus im Sinne von *corps machine* (der Körper als Maschine) und nicht als Leib (der sie selbst sind) begreifen und traktieren.

Dies ist auch auf das Faktum zurückzuführen, dass in den letzten Jahrzehnten die Möglichkeiten, den menschlichen Körper jederzeit zu vermessen, beträchtlich zugenommen haben. Von der *Just-in-time*-Erfassung von Herzfrequenz, Blutdruck, Hautleitwiderstand, Schlaftiefe, Atemfrequenz, Muskeltonus bis zur Bioimpedanzmessung und weiter bis zu exakten Informationen über den Fitnesszustand des Organismus und der durch körperliche Bewegung jeweils erreichten Verbrennung von Kilokalorien wird für Jeden ohne großen Aufwand der Leib zum vermessenen Körper *(corps machine)* – dadurch aber noch lange nicht zum gespürten oder zum verstandenen Leib. Leibhaftige *Qualitäten* wie Behaglichkeit, dösende Müdigkeit, Appetit, sich anbahnender Hunger, Jieper, Bewegungsdrang, Frische, Mußebedürfnis, An- oder Entspannung und andere mehr müssen nicht mehr gespürt und empfunden werden – für alle diese und weitere Qualitäten können wir auf durch raffinierte Sensoren generierte Messwerte *(Quantitäten)* zurückgreifen, die

---

[12] https://de.statista.com/statistik/daten/studie/262872/umfrage/prognostiziertes-weltweites-marktvolumen-fuer-dekorative-kosmetik/.

uns den Status des Körpers (meist sogar noch in höchst anschaulichen Grafiken komprimiert) widerspiegeln.

Ähnlich wie die Wetter-App unseres Handys den diagnostischen Blick aus dem Fenster oder auch den wetterfühlenden Gang vor die Haustüre ersetzt, sind nicht wenige Zeitgenossen gewillt, die Zusammensetzung ihres Frühstücksmüslis vom Algorithmus des entsprechenden Internet-Programms und nicht von den in ihnen hochsteigenden Wünschen und Impulsen abhängig zu machen. Abgesehen davon, dass die gigantische Datenmenge, die sich dabei Tag für Tag ansammelt, von unerwünschten Firmen und Institutionen im Sinne von Werbung und Konsum genutzt oder missbraucht wird, zeitigt eine solche Haltung und Einstellung letztlich den Verlust oder zumindest die Minimierung von Fähigkeiten des leibhaftigen, autochthonen und authentischen Fühlens, Wahrnehmens und Empfindens der eigenen Person – bezogen auf Hyle, Bios, Psyche, Logos.

Statt eines analogen pflegen wir damit schlussendlich ein digitales Verhältnis zu uns selbst. Es führt oft zu einer regelrechten Dissoziation von Kontrolleur und Kontrolliertem, die Bedürfnis- und Empfindenssignale eines Leibes zu ignorieren und an ihrer Stelle allfällige Messergebnisse des Körpers zu registrieren. Wer seinen Organismus so zum bloßen Körper degradiert, tendiert nicht selten dazu, ihn zu instrumentalisieren, zu mechanisieren und womöglich zu drangsalieren.

Doch wie gelangen wir ohne die beschriebenen Kompensationsmechanismen sowie ohne die Tendenz zu einem *Corps machine*-Paradigma zu einer adäquaten Empfindung und so zu einem adäquaten Umgang mit unserem Leib? Oder, noch direkter gefragt: Wie sind oder werden wir unwillkürlich Leib und leibhaftig, ohne uns in den überall ausliegenden Netzen der Leibvergessenheit oder aber der Leibversessenheit zu verheddern?

Dass wir Leib sind und nicht nur Körper haben – so lautet eine entsprechende Formel von Helmuth Plessner –, bemerken wir oft an jenen Situationen, die als biomedizinische und/oder psychosoziale Funktionsstörungen und Krankheiten imponieren und sich damit als etwas unangenehm Revoltierendes in den Fokus unserer Aufmerksamkeit schieben. Mit dieser Formulierung, dass Menschen einen *Körper haben,* aber ein *Leib sind,* spielte Plessner auf zwei Perspektiven an, die man unserem Organismus gegenüber einnehmen kann. Einmal betrachten und untersuchen wir anatomisch den Körper als Ding und Materie (z. B. tote Körper) oder als Organismus und als Teil der Natur, denen wir mit den entsprechenden Methoden der Biochemie, der Physiologie, der Genetik und der Neuro-Science zu Leibe rücken können.

Neben der Tatsache, dass man solche Körper messen, zählen und wiegen kann, imponiert und imponierte an ihnen auch, dass sie seit alters her als

Arbeitskraft einsetzbar, als Soldaten dressierbar, als Sexualobjekt begehrbar oder in der Rolle des *Homo consumens* missbrauchbar sind. Immer, wenn Menschen als Mittel zum Zweck und nicht als Zweck *per se* aufgefasst werden, zielt man auf ihre Körper ab und vernachlässigt sie als Leib. Solche Körper altern, ermüden, erkranken oder werden – wie Hegel dies in *Phänomenologie des Geistes* (1807) ausgedrückt hat – von der Begierde „verbraucht". Solchen Körpern begegnen eventuell Ärzte und Psychologen, wenn Patienten recht distanziert ihre Krankheiten von sich beschreiben.

Im Gegensatz dazu meinte Plessner mit Leib jenen Körper, der zum Zentrum für ein Subjekt geworden ist, mit dem es mit seiner Umwelt zusammenhängt. Ein Subjekt oder ein Selbst kann sich mit und in seinem Leib öffnen oder verdecken, preisgeben oder schützen, verbinden oder trennen, ausdrücken oder verstecken. Leiber sind beseelte Körper, die – wie Plessner es ausdrückte – im „Hier-Jetzt" leben; wenn der Mensch Leib ist, geht er ganz im Augenblick, in der Situation oder in seiner Mitte auf – er ist zentriert und nimmt damit eine Position ein, wie sie auch bei Tieren angetroffen wird.

Im Unterschied zu Tieren verfügt der Mensch aber auch über die Fähigkeit, sich exzentrisch zu positionieren und dabei ein Sich, einen Hiatus und eine Distanz zur eigenen Mitte zu erleben, diese zu reflektieren. Phänomene wie Bewusstsein, Gedächtnis, Zeitlichkeit, Sprache, Weltoffenheit, Geist, Teilnahme am *common sense* und an der Kultur sowie das um sich selbst wissende Ich weisen Menschen auf, wenn sie sich exzentrisch positionieren. Tiere leben in geschlossenen Umwelten, wohingegen Menschen (im Modus der exzentrischen Positionalität) in offenen Welten existieren, die potenziell keine Grenzen des Erkennens, Begreifens und Verstehens vorschreiben.

Anders als Tiere, die über Leiber als Konglomerat von Zellen, Geweben und Organen verfügen, die in die Kreisläufe und Nischen ihrer Umwelt eingelassen sind, vermag der Mensch als exzentrisch Positionierter, sich respektive seinen Körper (den er hat, dem er ein Gegenüber geworden ist) von den biologischen Mustern, Rhythmen und Regeln partiell freizusetzen und eine reflektierende Distanz zu den Themen von Fortpflanzung, Ernährung, Stoffwechsel, Bewegung, Trieb und Instinkt einzulegen.

Normalerweise beobachten wir bei uns den permanenten Wechsel von Körper-Haben und Leib-Sein. Unser Leben ist charakterisiert durch diesen Umschlag der Perspektiven oder – wie Plessner es nannte – den Doppelaspekt unserer Existenz. Individuen, denen das Spiel von Körper-Haben und Leib-Sein gelingt und die damit eine Innen-, eine Außen- und eine Mitwelt konstellieren, bezeichnete Plessner als Personen. Diese zeichnen sich dadurch aus, dass sich bei ihnen nicht nur zwei antagonistische Perspektiven, sondern auch darauf fußende existenzielle Themen und Motive verschränken.

Notwendigkeit, Zwang und Gesetz einerseits sowie Freiheit, Spontaneität, Impuls andererseits bedeuten ebensolche Antinomien wie diejenigen, sich als Mensch zu dem machen zu müssen, was man schon ist, sowie ein Leben zu führen, das man schon längst lebt. Eine Verschränkung erfahren am Leib auch Natur und Kultur, Mittelbarkeit und Unmittelbarkeit, Transzendenz und Immanenz. Unser Leib wird zu einer Art Umschlagstelle für alle diese Themen.

Ein Arzt und Neurologe, der ebenfalls gut in die Tradition einer *Kritik der leibhaftigen Vernunft* gepasst hätte, und auf den Merleau-Ponty häufiger als Plessner in seinen jeweiligen Textstellen hinsichtlich Körper und Leib Bezug genommen hat, war Kurt Goldstein (1878–1965). In seinem Buch *Der Aufbau des Organismus* (1934), das er im niederländischen Exil verfasst und publiziert hat, vertrat Goldstein eigenwillige und innovative Ansichten zum menschlichen Organismus, insbesondere auch zur Funktion des menschlichen Gehirns.

Unter Organismus verstand er nicht nur die Biologie eines Menschen, sondern seine gesamte Person. An ihr lassen sich nach Goldstein körperliche, seelische und geistige Aspekte unterscheiden, ohne dass diese eigene Wesenheiten darstellen. Der Neurologe wandte sich gegen eine Dichotomisierung in Materiell-Biologisches und Seelisch-Geistiges beim Menschen, die zu einem anthropologischen Konzept nach dem Matrjoschka-Prinzip (russische Puppen) führt: Geist wird von Seele umhüllt, die ihrerseits im Körper steckt, der selbst wieder von Welt (Materie) umgeben ist:

> „Weder wirkt Psychisches auf Physisches noch Physisches auf Psychisches; so sehr das auch der Fall zu sein scheint, handelt es sich doch immer um die Reaktion des Organismus … Um Missverständnissen vorzubeugen: Wir leugnen damit weder das Psychische noch das Physische in seiner Eigenart, wir verlangen nur auch hier eine Analyse des jeweilig auftretenden Psychischen respektive Physischen nach seiner Bedeutung für das Leben des Organismus in der Situation."[13]

Unter Geist, Bewusstsein, Intellekt und Kognition verstand Kurt Goldstein jene Existenzweise des Organismus, bei der dieser sich als ein waches Subjekt einer gegenständlich gegliederten Welt gegenübersieht. Dies geht mit dem Wissen um das eigene Ich (Selbstbewusstsein) einher. Als Seelisches fasste der Forscher die Sphäre des Erlebens und Empfindens (Gefühle, Affekte, Stimmungen), aber auch intentionale Akte wie etwa Wollen (Triebe, Impulse)

---

[13] Goldstein, K.: Der Aufbau des Organismus, Den Haag 1934, S. 202.

zusammen. Psychisches begleitet wie das Physische als Hintergrund die geistigen Vorgänge, meist ohne bewusst zu werden.

Kommt es bei Menschen zum situationsadäquaten Wechsel von Vordergrund- und Hintergrundgeschehen, bezeichnete Goldstein dies als eine geordnete oder ausgezeichnete Existenz. Je nach Anforderungen und Möglichkeiten des ihn gerade umgebenden Milieus schieben sich jeweils geistige, seelische, körperliche Erscheinungsweisen des Organismus in den Vordergrund (von Goldstein als eine Zentrierung aufgefasst). Eine Dezentrierung liegt vor, wenn Einzelaspekte starr dominieren und somit den Zusammenhang mit dem Gesamtorganismus und dem ihn umgebenden Milieu (Mitmenschen, Situationen) verlieren.

Mit seinem Organismus- und Personkonzept war Goldstein einer der Ersten, die den menschlichen Körper/Leib mit seinen diversen Qualitäten, Fertigkeiten, Funktionen als jene drei *E* charakterisiert haben, die uns heute als wesentliche Beschreibungen unserer personalen Existenz erscheinen: *embodied*, *embedded* sowie *extended*.[14] Alle seelischen (Emotionen, Antriebe, Intentionen) und geistigen Phänomene (Gedanken, Fantasien, Urteile, Erinnerungen) am Organismus sind verkörpert *(embodied)*; alle Handlungen, Unterlassungen, Verhaltensweisen eines Organismus sind in soziale, gesellschaftliche, natürliche, räumliche, zeitliche Situationen eingelassen und mit ihnen verschränkt *(embedded)*; alle intellektuell-kognitiven und geistigen Funktionen beim Menschen weisen über den Organismus hinaus auf dessen soziale und kulturelle Umwelt und Welt *(extended)*. Eventuell lässt sich zur Charakterisierung des menschlichen Organismus noch ein viertes *E* formulieren: *eccentric* im Sinne der weiter oben beschriebenen exzentrischen Positionalität (Helmuth Plessner).

Der menschliche Körper/Leib bedeutete für Goldstein einen Knotenpunkt, eine Kreuzung unterschiedlichster biologischer, psychosozialer, soziokultureller Reize, Intentionen, Strebungen, Richtungen, Aufgabenstellungen, Verhaltensmuster, Bedürfnisse, Fragen und Antworten, die sich als dauernder biologisch-materieller sowie psychosozialer und soziokultureller Stoffwechsel zwischen den einzelnen Personen und ihrer Mit- und Umwelt ereignen. Menschliche Organismen jenseits, außerhalb dieser Stoffwechselprozesse gibt es nicht – sie determinieren zugleich jene drei fundamentalen Existenzmodi, in denen sich personales Dasein erstreckt:

---

[14] siehe hierzu Fingerhut, J. et al. (Hrsg.): Philosophie der Verkörperung - Grundlagentexte zu einer aktuellen Debatte, Frankfurt am Main 2013.

> „In der Möglichkeit zur Hingabe an das Seiende; in der Möglichkeit zur bescheidenen Distanzhaltung ihm gegenüber; und in der Möglichkeit zum Handeln in Entscheidung und Einsatz der freien Persönlichkeit."[15]

In anderer Terminologie lassen sich diese drei Existenzweisen auch als Tendenz zur Selbsthingabe, Selbstbewahrung und zur Selbstdurchsetzung beschreiben, und als solche bilden sie jenes personale Dreieck, das man gemeinhin als Selbstrealisation bezeichnet. Der Organismus respektive die Person sind dabei wie semipermeable (halbdurchlässige) Membranen gedacht, an denen jene materiellen, biologischen, psychosozialen und geistigen „Stoffe" aufgenommen (oder abgewiesen) werden, die sich für das jeweilige Individuum als passend (oder aber potenziell schädlich) erweisen.

Der menschliche Organismus als Gesamtheit von Antrieben, Trieben, Begierden, Bedürfnissen, biochemischen und physiologischen Prozessen, humoral-zellulären Abläufen, Affekten sowie sozialen und kulturellen Bezügen bedeutet stets mehr, als die Logosdimension an ihm auszurechnen und zu beschreiben imstande ist. Dieser irrationale Aspekt am Menschen, von Goethe unter anderem als Dämon charakterisiert und als unverzichtbarer Bestandteil seiner Schaffenskraft gefeiert, gibt sich uns als z. B. Vitalität, Eros, Kreativität, Fantasietätigkeit, sexuelle Impulse zu erkennen. Man kann derlei auch als evolutive Dynamik und als einen nie ganz zu stillenden Drang nach Veränderung und Wachstum unserer Person bezeichnen.

Viele Menschen bemerken bei sich jedoch meist dumpf und nur halbbewusst Defizite in Bezug auf die andauernde Metamorphose ihres Leibes, ohne dass sie so ohne Weiteres erkennen, welche Faktoren von Erziehung, Charakter und momentaner Lebensgestaltung bei ihnen dafür verantwortlich zu machen sind. Nicht wenige versuchen, der Fixierung ihres Organismus durch mehr oder minder taugliche Strategien zu entgehen und dadurch das Spiel von Körper-Haben und Leib-Sein zu erzwingen: Alkohol, Drogen, Medikamente, Glücksspiel, Abenteuer-Kicks sind geläufige, weitverbreitete Methoden, sich von der exzentrischen in die zentrische Position zu katapultieren und sich dabei als leibhaftig verändert zu empfinden.

Ähnliche Erfahrungen machen Menschen mit sexuellen Paraphilien. Auch sie berichten von einem starken Verlangen, den psychophysischen Hiatus bei sich (und womöglich auch beim Partner) zu überwinden; auch sie wollen heimkehren zu sich und zum Anderen; auch sie träumen von der grenzenlosen Lust und Fülle des Daseins; und auch sie greifen zu fragwürdigen Mitteln, um all dies ins Werk zu setzen.

---

[15] Goldstein, K.: Der Aufbau des Organismus, Den Haag 1934, S. 346.

Wer paraphile Sexualpraktiken bevorzugt, weist womöglich ein überdurchschnittlich hohes Maß an Angst vor Hingabe an eine andere und vor Liebe zu einer anderen Person auf. Anstatt sich und den Partner in den personalen Qualitäten anzuerkennen und zu fördern und damit das Spiel von Aktivität und Passivität, Berühren und Berührt-Werden, Fragen und Befragt-Werden, Körper-Haben und Leib-Sein gegenseitig zu ermöglichen, wird der Liebesakt auf mechanische Vorrichtungen, auf Stellungen und Verstellungen, auf Macht- und Drohgebärden sowie auf Dinge und Sachen hin orientiert und bisweilen auch reduziert. Damit aber wird die Sexualität eventuell wesentlicher Qualitäten beraubt, und schlussendlich treffen dann nicht zwei Leiber, sondern zwei Körper aufeinander, deren Begierden zwar ausreichen, die brüchige Intimität der Situation zu überspringen, die aber unter Umständen selbst im Orgasmus vereinzelt bleiben, weil (wie schon Husserl betonte) „Dinge im Raum nebeneinanderstehen, wohingegen Seelen ineinander liegen".

Mit Erotik und Sexualität sind wir bei einer, ja wahrscheinlich bei *der* Möglichkeit angelangt, wie Menschen die Suche nach dem *être brut* sowie den Wechsel von Körper-Haben und Leib-Sein am sinnfälligsten und authentischsten konkretisieren können. Gemeint sind dialogische, auf Verständigung, Einigung, Anerkennung ausgerichtete Formen der Sexualität, die uns passager Heimat, Nähe, Vertrautheit, Rückkehr zu uns selbst und damit Zentrierung unseres exzentrischen Daseins ermöglichen und die zum Erlebnis von Freiheit, Spontaneität, Lebendigkeit und Kreatürlichkeit beitragen.

Die Momente des Leib-Seins bedeuten darüber hinaus auch Aufforderungen zur Selbstwerdung und -verwirklichung. Gelingende Sexualität und Augenblicke zentrierten Daseins erinnern uns an unsere Potenzialitäten und regen unseren Möglichkeitssinn (Robert Musil) an. Wer wissen will, wohin er zukünftig gehen und wie er sich entwerfen könnte, darf immer wieder sein „Hier-Jetzt", sein Zentrum aufsuchen; unser Leib (und nicht unser Körper) gibt uns darauf Antworten in Form von Gesten und Gebärden, Stimmungen und Empfindungen, Antrieben, Impulsen und Bedürfnissen sowie von Bildern und Fantasien, die in uns (z. B. während des Schlafs im Traum oder in Augenblicken der Muße) hochsteigen, ohne dass unser Bewusstsein dies so vorschreiben oder beabsichtigen kann.

Wer das Spiel von Körper-Haben und Leib-Sein sowie die Suche nach dem und das Eintauchen in den *être brut* akzeptiert, darf erwarten, gelegentlich mit einem sprechenden, sinnhaften und bedeutungsvollen Leib belohnt und nicht nur mit einem stummen Körper konfrontiert zu werden. Und wer die Wurzeln und Spuren seines „Vor-Ich" aufsucht, wird eventuell originäre und ursprüngliche Sinngehalte seines Leibes finden und sich nicht mit abgehangenen und allgemein verbreiteten Meinungen und Urteilen über den Körper zufriedengeben müssen.

Dieses Kapitel begann mit dem Hinweis auf die Notwendigkeit, eine *Kritik der leibhaftigen Vernunft* zu entwerfen und zu formulieren, und es endet nicht zufällig mit einer Hermeneutik von Eros, Sexus und interpersoneller Beziehung – eine Hermeneutik, die das Verstehen des Leibes mit einschließt und mit ermöglicht. Letzteres zielt darauf ab, die biologische, soziale, seelische und geistig-kulturelle Geschichte und Sozialisation eines Menschen nachzuerzählen, zu erinnern und zu rekonstruieren. In tiefenpsychologisch orientierten Psychotherapien etwa wird eine derartige Form der Erinnerung explizit eingeübt, die neben den bekannten und bewussten Reminiszenzen die unbewussten, vergessenen und verdrängten Geschehnisse und Erlebnisse des Einzelnen aus den dunkleren, verschwiegenen Zonen seines Organismus in die etwas helleren Zonen der Sprache und damit der zwischenmenschlichen Kommunikation zu bringen versucht.

Eine Hermeneutik des Leibes zielt jedoch nicht nur auf ein Verstehen des je individuellen Leibes ab, sondern auch auf den Sinn- und Bedeutungshorizont, der sich in jedem einzelnen Leib manifestiert und diesen übersteigt und überformt. Die Sinnpartikel eines Einzelnen sind Teil eines größeren Zusammenhangs, der nur teilweise bekannt und benannt ist. Merleau-Ponty hat darauf hingewiesen, dass jeder Leib partiell die gesamte Natur und den ganzen Kosmos widerspiegelt und deren Sinnhaftigkeit in sich trägt.

Sobald wir einzelne Individuen respektive Leiber verstehen wollen, müssen wir gefasst sein, Sinn und Bedeutung auch umfassenderer Phänomene – Gesellschaft, Menschheit, Leben, Natur, Erde, Kosmos – ins Visier zu nehmen. Eine Hermeneutik des Leibes heißt daher (ein Bonmot Helmuth Plessners zitierend), dass in der Welt nicht nur mehr gedacht wird, als man denkt, sondern dass auch umfassender verstanden werden muss, als man gemeinhin vermutet.

Teil V

Leben zwischen Vergangenheit und Zukunft

11

Selbsthingabe als Fundament der Selbstrealisation

So reizvoll das Thema auch klingt und so mächtig die Impulse auch sein mögen, sich direkt einer Anthropologie und Psychologie der Selbsthingabe zuzuwenden, so sehr tut es Not, zuerst zumindest andeutungsweise zu skizzieren, was unter einem Selbst zu verstehen ist. Die Psychologie spricht schon seit Jahrzehnten von einem Selbst und meint damit so Unterschiedliches wie beispielsweise das Ich, den Charakter, die gesamte Person oder Persönlichkeit oder die Identität respektive Individualität eines Menschen. In der Psychosomatik wird seit etlichen Jahren das sogenannte Körperselbst[1] beforscht, und in der Psychologie und Psychotherapie sind Begriffe und Konzepte wie Selbstwertstreben, Selbstverlust, Selbstvertrauen, Selbstakzeptanz, Selbstwirksamkeit, Selbstermächtigung, Selbstbild, wahres und falsches Selbst,[2] Selbstentfremdung etc. fest etabliert, ohne deshalb immer auch eindeutig definiert zu sein; manche sprechen sogar von Selbstpsychologie.[3]

Neben der Psychologie befassen sich auch die Soziologie und die Philosophie mit dem Selbst. Das Orakel von Delphi kannte bereits die kryptische Aufforderung *gnothi seauton* (erkenne dich selbst), ohne näher zu erläutern, wer oder was mit diesem „dich selbst" im Detail gemeint sein könnte (was ja gerade nicht zu den genuinen Kernaufgaben eines Orakels gehört). Im 19. Jahrhundert war Sören Kierkegaard dem Selbst auf der Spur, indem er verschiedene Spielarten von Verzweiflung benannte: „Verzweifelt sich nicht

---

[1] Joraschky, P.: Das Körperschema und das Körper-Selbst als Regulationsprinzipien der Organismus-Umwelt-Interaktion, München 1983.
[2] Horney, K.: Neurose und menschliches Wachstum (1950), München 1975.
[3] Kohut, H.: Die Heilung des Selbst, Frankfurt am Main 1981.

bewusst sein, ein Selbst zu haben (uneigentliche Verzweiflung); verzweifelt nicht man selbst sein wollen; verzweifelt man selbst sein wollen."[4] Im 20. Jahrhundert machten die Schlagworte von Ich-selbst-Sein und Man-selbst-Sein[5] (Martin Heidegger) Karriere, und der kanadische Philosoph Charles Taylor (geboren 1931) erkundete die *Quellen des Selbst* (1992).[6] In der Soziologie schließlich taucht das Selbst bereits bei Ferdinand Tönnies in seinem Klassiker *Gemeinschaft und Gesellschaft* (1887)[7] auf, und natürlich spielt es auch im soziologischen Klassiker des 21. Jahrhunderts, in Hartmut Rosas Buch über *Resonanz* (2016),[8] eine gehörige Rolle.

Bei so viel unterschiedlichen Anläufen zur Beschreibung des Selbst bleibt es nicht aus, dass bisweilen dafür plädiert wird, diesen Begriff im wissenschaftlichen und philosophischen Kontext nicht weiter zu verwenden oder als bloße Illusion zu begreifen.[9] Ich möchte mich hingegen dem Säuglingsforscher Daniel Stern (1934–2012) anschließen, der bei Säuglingen und Kleinkindern fünf verschiedene Phasen der Entwicklung eines Selbst beschrieben hat, und der einmal meinte: „Auch wenn niemand recht weiß, was das Selbst eigentlich ist, haben wir doch als Erwachsene ein sehr reales Selbstempfinden …"[10]

Im Weiteren verwende ich den Begriff Selbst, ohne mich in die definitorischen Finessen von Philosophie, Psychologie und Soziologie vertiefen zu wollen, im Sinne von Person und Persönlichkeit. Dies bedeutet, dass von Entwicklung, Entfaltung, Verwirklichung eines Selbst gesprochen werden kann und dass für diese Prozesse bestimmte Voraussetzungen nötig sind, damit sie günstig verlaufen. Bereits die von Daniel Stern beobachteten Phasen und Funktionen der Entwicklung des Selbst (z. B. Kernselbst; subjektives Selbst; verbales Selbst) mit den Charakteristika von beispielsweise Selbsturheberschaft, Selbstkohärenz, Selbstaffektivität können in ein (bildlich gesprochen) Dreieck der Selbstentfaltung und Selbstverwirklichung eingestellt werden, dessen drei Ecken von den Begriffen der Selbstdurchsetzung, Selbstbewahrung und Selbsthingabe gebildet werden.

Diese drei Begriffe bedeuten Weiterentwicklungen der Überlegungen von Kurt Goldstein (1878–1965) und Karen Horney (1885–1952). Der Erstere

---

[4] Kierkegaard, S.: Die Krankheit zum Tode (1849), Reinbek bei Hamburg 1962, S. 13.
[5] Heidegger, M.: Sein und Zeit (1927), Tübingen 1986, S. 175ff.
[6] Taylor, C.: Quellen des Selbst – Die Entstehung der neuzeitlichen Identität (1992), Frankfurt am Main 1996.
[7] Tönnies, F.: Gemeinschaft und Gesellschaft (1887), Berlin – Boston 2019, S. 280.
[8] Rosa, H.: Resonanz – Eine Soziologie der Weltbeziehung, Frankfurt am Main 2016, S. 215ff.
[9] Metzinger, T.: Der Ego-Tunnel – Eine neue Philosophie des Selbst – Von der Hirnforschung zur Bewusstseinsethik, Berlin 2010.
[10] Stern, D.: Die Lebenserfahrung des Säuglings (1985), Stuttgart 1992, S. 18.

hat in seinem Buch *Der Aufbau des Organismus* (1934) die These vertreten, dass das Dasein des Menschen drei fundamentale Existenzmodi kennt: die Möglichkeit zur Hingabe an das Seiende; die Möglichkeit zur Distanz zum Sein [Selbstbewahrung; GD]; und die Möglichkeit zum handelnden Gestalten des Seins [Selbstdurchsetzung; GD].[11]

Die Neopsychoanalytikerin Karen Horney hatte in den Vereinigten Staaten Kontakt mit Kurt Goldstein und schätzte seine Schriften und anthropologischen Konzepte sehr. Unter anderem in ihrem Hauptwerk *Neurose und menschliches Wachstum* (1950)[12] nahm sie indirekt auf ihn Bezug, indem sie drei wesentliche Strategien der Daseinsbewältigung und psychosozialen Orientierung skizzierte, die sie als Reiz der Liebe, Reiz der Meisterschaft und Reiz der Freiheit bezeichnete.

Unter dem Reiz der Liebe subsumierte die Autorin alle jene psychosozialen Strebungen und Tendenzen, die auf Selbsthingabe, Altruismus, Anerkennung und Aufwertung geliebter und bewunderter anderer Personen hinauslaufen. Dieser Reiz der Liebe macht sich in mannigfacher Spielart in Partnerschaften wie auch in Freundschaften, Familien, Erziehungs- und Lehrsituationen als grundsätzliche Identifikation der Betreffenden mit ihren jeweiligen Partnern, Freunden, Lehrern und Mentoren positiv bemerkbar.

Dominiert jedoch beim Einzelnen dieser Reiz der Liebe und der Selbsthingabe das gesamte Dasein, läuft diese Person Gefahr, an einer psychosozialen Störung (Neurose) zu erkranken, sobald sich das Objekt der Selbsthingabe (der geliebte Andere) abwendet und damit der Wert von Liebe und Hingabe nicht mehr gelebt werden kann. Nicht selten reagiert er oder sie dann mit Angststörungen oder auch mit depressiven Verstimmungen, in denen Ratlosigkeit und Verzweiflung bis hin zu eventuell existenzieller Grundangst zum Ausdruck kommen.

Viele Menschen tendieren deshalb mehr zu den anderen Lösungsversuchen: zum Reiz der Meisterschaft oder zu demjenigen der Freiheit. Bei jenen, die dem Reiz der Meisterschaft großes Gewicht einräumen, kann man gewöhnlich Werte wie Überlegenheit, Perfektionismus, die Souveränität des Könnens und Wissens sowie das Streben nach Ruhm und Anerkennung bezüglich Leistung und Erfolg und damit ein hohes Maß an Selbstdurchsetzung konstatieren. Die Selbstbewahrung ist dagegen häufig mit dem Reiz der Freiheit assoziiert. Individuen mit emotional-sozialer oder ökonomischer Unabhängigkeit sowie mit einem ausreichend hohen Autonomie-Ideal sind am ehesten in der Lage, sich bei passender Gelegenheit von den Tausenderlei

---

[11] Goldstein, K.: Der Aufbau des Organismus, Den Haag 1934, S. 346.
[12] Horney, K.: Neurose und menschliches Wachstum (1950), München 1975.

Aufgaben und Angeboten ihrer Welt zu emanzipieren und sich entsprechend in einen Raum der Distanz und Selbstfürsorge zurückzuziehen.

Ähnlich wie bei Menschen mit alleinigem Überwiegen des Reizes der Liebe ist allerdings auch bei Personen mit Reizen der Meisterschaft (Selbstdurchsetzung) oder der Freiheit (Selbstbewahrung) die Frage nach deren Flexibilität hinsichtlich ihrer Strategien zur Daseinsbewältigung ausschlaggebend. Je unerbittlicher, imperativer und ausschließlicher beispielsweise beruflicher Erfolg gesucht oder der Rückzug von sozialen Kontakten umgesetzt wird, desto größer ist das Risiko für Einzelne, an der Tyrannei ihrer Wert- und Idealvorstellungen, am idealisierten Selbst zu scheitern und eventuell an einer Neurose zu erkranken:

> „Der ... neurotische Prozess (ist) ein Problem des Selbst. Er bedeutet die Aufgabe des wahren Selbst zugunsten eines idealisierten Selbst und stellt den Versuch dar, dieses Pseudoselbst anstelle der in uns angelegten menschlichen Möglichkeiten zu verwirklichen."[13]

Je nach Situation, Temperament, Lebensstil sowie Lebens- und Reifungsalter eines Individuums darf und soll sich also eine der drei Strategien respektive Begriffe in den Vordergrund spielen und die beiden anderen passager dominieren – wobei ein geschmeidiger Wechsel der jeweiligen Ideal- und Werthorizonte (Hingabe oder Durchsetzung oder Bewahrung des Selbst) von Kurt Goldstein ebenso wie von Karen Horney (und von mir) als basale Voraussetzung für psychosoziale und eventuell auch für die körperliche Gesundheit angesehen wurde und wird. Eine situationsadäquate, an eigene körperliche, psychosoziale und soziokulturelle Möglichkeiten der jeweiligen Person angepasste Haltung und flexible Einstellung zum Selbst entscheidet maßgeblich über die Qualität der Selbstverwirklichung wie auch des Empfindens, das Dasein gelingend im Sinne der Eudämonie zu gestalten.

Mit den Begriffen Selbstdurchsetzung, Selbstbewahrung, Selbsthingabe sowie der Selbstverwirklichung lässt sich meines Erachtens gut beurteilen, ob es sich im Zweifelsfall beim Verhalten einer Person um Hingabe oder aber um Hergabe, Aufgabe, Selbstverlust bis hin zu Masochismus handelt. Die letzteren Phänomene sind allesamt nicht gemeint, wenn wir über Selbsthingabe sprechen; denn aus Masochismus, Selbstaufgabe, Hergabe resultiert kaum je Selbstverwirklichung, bevorzugt jedoch Selbstverlust und Selbstentfremdung. Damit ist ein wesentliches Kriterium formuliert, das uns behilflich ist, Selbsthingabe von bloßen Surrogaten zu unterscheiden.

---

[13] Horney, K.: Neurose und menschliches Wachstum (1950), München 1975, S. 422.

Für die Selbstverwirklichung scheint in vielen Situationen die Selbsthingabe essenzieller als die Selbstbewahrung oder die Selbstdurchsetzung zu sein; dies lässt sich bereits bei Säuglingen beobachten. Diese sind in ihrem Existenzvollzug umfänglich auf Hingabe an die sie versorgenden Personen angewiesen. Befleißigte sich ein Säugling (was er üblicherweise weder kann noch tut) des distanzierten, selbstbewahrenden Rückzugs, geriete sein Überleben in Gefahr. Entsprechend beschrieb Alfred Adler die Zärtlichkeitsbedürfnisse[14] eines Säuglings als Spielarten von Hingabe an jene Situationen, die auf Kooperation und Kommunikation mit versorgenden Instanzen und Figuren hin angelegt sind.

Bei Erik Homburger Erikson begegnet uns das Konzept des *basic trust* oder des Urvertrauens als grundlegende Beziehungsqualität des Säuglings und Kleinkindes mit seiner Mitwelt. Auch diese Qualitäten entstehen auf dem Boden der Hingabe – ein sich hingebendes Kind wird im günstigen Fall mit Urvertrauen (und damit mit einer unschätzbar wertvollen Mitgift für sein gesamtes späteres Dasein) belohnt. Es erhält als Echo auf seine Hingabe meist Antworten im Sinne von Zuwendung, Verlässlichkeit, Treue, Schutz, Geborgenheit und Anerkennung – und so entsteht bei ihm *basic trust* oder Urvertrauen.[15]

Nächste Entwicklungsschritte eines Kleinkindes bestehen in einem immensen Lernprogramm – zu Recht bezeichnen Entwicklungspsychologen das Lernen als die Hauptaufgabe und Hauptbeschäftigung kleiner und größerer Kinder. Das Lernen, völlig gleichgültig, ob es sich um motorische oder emotionale oder intellektuelle oder soziale Fertigkeiten und Kompetenzen handelt, ereignet sich nun ebenfalls vor dem Hintergrund eines grundsätzlichen und fundamentalen Hingabeprozesses an Hunderte Situationen, die mit Erfolg, oft aber auch mit Misserfolg, kleineren Niederlagen oder Ohnmachtsgefühlen für den Lernenden assoziiert sind.

Dennoch sind Kleinkinder in der Regel bereit, immer wieder neu zu lernen und sich dem Prozess des Trainierens und Einübens hinzugeben. Sobald hingegen bei einem Kind statt solcher Hingabe die Phänomene von Pseudoautonomie, Trotz, Narzissmus, Eitelkeit oder aber sonstige Formen einer übergroßen Ich-Bezogenheit dominieren, läuft es Gefahr, den eigenen Lernprozess zu konterkarieren. Lernen ist in der Regel nur möglich vor dem Hintergrund einer fundamentalen Bejahung von Hingabesituationen.

---

[14] Adler, A.: Das Zärtlichkeitsbedürfnis des Kindes (1908), in: Heilen und Bilden (1914), in: Studienausgabe, Band 4, Göttingen 2009.
[15] Erikson, E.H.: Identität und Lebenszyklus (1973), Frankfurt am Main 2021.

Auch der gesamte Erziehungsprozess lässt sich als eine Folge von Hingabephänomenen begreifen. Erziehung heißt, sich an einen Erzieher anzuschmiegen und sich von ihm leiten, führen und animieren zu lassen, sodass er auf Kinder, Jugendliche, Erwachsene günstig einwirken kann. Derlei ist vor dem Hintergrund von Trotz, Selbstbehauptung, Selbstdurchsetzung, Rückzug oder narzisstischen Manövern nicht vorstellbar – wobei sich Erzieher an die Sozialisationssituationen ebenso hingeben dürfen und müssen. Wenn Erzieher, Lehrer, Mentoren zu wenig Hingabefähigkeit an pädagogische Situationen aufbringen und sich im Status der Selbstdurchsetzung gefallen, verderben sie nicht selten die Sozialisationsprozesse nachhaltig.

Häufig trifft man auf Personen, die im Erwachsenenalter kaum in der Lage sind, sich selbst zu erziehen. Viele von ihnen wurden als Kinder entweder zu hart oder zu lieblos oder zu verwöhnend erzogen und haben aufgrund dieser ungünstigen Erziehungsumgebung die Idee kultiviert, sich nie mehr erziehen lassen zu wollen. Dieses Sich-nie-mehr-erziehen-Lassen macht sich bei ihnen später als Erwachsene störend bemerkbar, sobald sie sich in Selbsterziehungs- und Selbstveränderungsprozesse begeben wollen und dies aber wegen ihrer Hingabestörung an exakt solche Situationen und Prozesse nicht oder zu wenig umsetzen können.

Des Weiteren lässt sich auch der gesamte Bereich der Arbeit als eine Summe von Hingabephänomenen interpretieren. Völlig gleichgültig, mit welcher Tätigkeit der Einzelne betraut ist, verwirklicht er damit nicht nur irgendwelche Aufgaben, sondern oft auch sich selbst. Betrachtet man diesen Selbstverwirklichungsprozess genauer, besteht er in der Regel mindestens so sehr aus Selbsthingabe- wie auch aus Selbstdurchsetzungsschritten.

Hingabe erfordert beispielsweise der Rhythmus einer Maschine, aber auch das Material, das bearbeitet wird – einerlei, ob es sich dabei um Holz, Metall, Stein, ein Blatt Papier oder den Bildschirm eines Computers handelt. Immer haben die Betreffenden Materialien vor sich, an deren Besonderheiten sie sich hingeben müssen. Sobald sie dem Material gegenüber Pseudokönnen, Pseudoautonomie oder Trotz an den Tag legen, sind sie oftmals zu keiner produktiven Arbeit mehr fähig.

Darüber hinaus ist Arbeit häufig mit Kontaktaufnahmen zu anderen Personen und zu einem sozialen Umfeld verknüpft. Es sind viele soziale Adaptations- und Hingabeschritte nötig, um sich in der Arbeitswelt so weit zurechtzufinden, dass man von erfolgreicher Leistung sprechen kann. Einerlei, ob wir uns Mitarbeiter, Untergebene, Chefs, Kunden, Patienten vorstellen – stets sind Hingabeprozesse an den sozialen Kontext und eine soziokulturelle Umgebung nötig, um sinnvoll darin wirken und arbeiten zu können. Je nachdem, welchen Arbeitsprozess wir ins Auge fassen, müssen wir mit diversen Hürden und Schwierigkeiten rechnen, um Arbeitsabläufe adäquat zu erlernen und um bestimmte Fertigkeiten, Fähigkeiten, ein bestimmtes Niveau von Können zu erobern. Auch dies bedeutet (wie bei Kindern) viel Hingabe an einen Prozess, der mit Niederlagen, einem Noch-nicht-Können und mit einem Ertragen von Ohnmachtsgefühlen verknüpft sein kann.

Eine sehr eigene Form von Arbeit, aber auch von Vergnügen oder Zeitvertreib bedeutet das Lesen. Ein Großteil des Lebens in unserer Kultur ist eng assoziiert mit dem Lesen und dem Lesen-Können. Unsere Kultur ist geprägt von Zeichen und Symbolen, die großenteils in Sprache und Schrift einmünden. Jeder, der sich in dieser Kultur bewegen und einigermaßen zurechtfinden will, braucht Schrift- und Zeichenkenntnisse, um ein kulturelles Heimatgefühl zu entwickeln.[16]

Dies gelingt nur, indem wir uns in verschiedenste Symbol- und Zeichenwelten einfügen. Besonders eklatant macht sich die Notwendigkeit des Lesen-Könnens bemerkbar, sobald wir nicht nur ein Verkehrsschild oder die Überschrift einer Tageszeitung, sondern ganze Bücher oder den Inhalt von Webseiten und damit komplexe Texte assimilieren wollen. Hierbei handelt es sich um anspruchsvolle Symbol- und Zeichenkonvolute, die wir lesend zum Leben erwecken und deren Sinn wir nur dadurch entdecken und vitalisieren, dass wir von uns selbst mehr oder minder stark absehen und uns stattdessen in das Buch, in das Denken, Fühlen und die Kenntnisse eines Fremden, eines Autors hineinbegeben. Diese fremden Ideen zu vitalisieren, meinte einst Jean-Paul Sartre, ist ein Akt der Großzügigkeit, und deshalb zählte er die Literatur ebenso wie das Lesen zum Bereich des Generösen:

„Die Ehre der Lektüre besteht darin, dass der Leser sich frei beeinflussen lässt. Damit ist die Fabel von seiner Passivität verworfen: Er erfindet uns (Autoren) und stellt sich mit unseren Wörtern seine eigene Falle. Er ist aktiv, er überschreitet uns, und dafür schreiben wir."[17]

Eine weitere Form des Arbeitens besteht im produktiven Schöpfertum – wobei deutlich wird, wie sehr auch Produktivität, Kreativität, Hingabe miteinander verknüpft sind. Jeder Akt des schöpferischen Tuns beginnt mit Sammeln von Einzelheiten, von Erfahrungen und Beobachtungen. Dieses Sammeln erfordert viel Geduld, ganz gleichgültig, ob es wissenschaftliche Fakten oder aber Erfahrungen sind, die später zu irgendeinem Bild, einem Gedicht oder einer Skulptur verdichtet werden. Jeder, der einmal eine Qualifikationsarbeit versucht und dann auch realisiert hat, weiß, dass dieses Sammeln Jahre dauern kann.

---

[16] Siehe Cassirer, E.: Philosophie der symbolischen Formen, drei Bände (1923ff.), Darmstadt 1988.
[17] Sartre, J.-P.: Literatur als Engagement für das Ganze (1972), in: Situationen – Reden, Aufsätze, Interviews zur Literatur, Leipzig – Weimar 1982, S. 247.

Nach dem Sammeln folgt eine Phase der Inkubation und damit eine Phase des Brütens, nicht aber des Grübelns. Auch bei der brütenden Inkubation haben wir es mit einem Hingabeprozess zu tun, der nur gelingt, wenn man vom eigenen Selbst, von der eigenen Person partiell absehen und stattdessen ein Thema, eine Fragestellung in den Mittelpunkt des eigenen Lebens rücken kann. Zum Schluss erlebt der Betreffende, vor allem bei künstlerischen Aktivitäten, Spielarten der Inspiration. Diese fällt weder aus heiterem noch bewölktem Himmel, sondern tritt auf, wenn der Betreffende die ersten beiden Phasen (das Sammeln und die Inkubation) erfolgreich absolviert hat.

So lassen sich etwa die *Duineser Elegien* von Rilke als Resultate des Sammelns sowie eines Inkubations- und Inspirationsprozesses beschreiben. Diese Gedichte sind nach dem Ort Duino benannt. Dort schrieb Rilke 1912 die ersten Gedichte des Zyklus, aber es dauerte bis 1922, bis die letzten *Duineser Elegien* verfasst waren. Diesen Spannungsbogen hielt der Dichter über ein Jahrzehnt aufrecht und nutzte ihn, um weiter zu sammeln und zu brüten. Innerhalb von wenigen Tagen wurden schließlich in einem Inspirationsrausch 1922 dann die letzten Elegien geboren.

Dass es sich bei schöpferischen Individuen keineswegs um sparsam sammelnde Wesen handelt, sondern um Menschen, die überaus freigebig sein können, hat vor allem Friedrich Nietzsche wiederholt betont:

„Das Genie – in Werk, in Tat – ist notwendig ein Verschwender. *Dass es sich ausgibt*, ist seine Größe. Der Instinkt der Selbsterhaltung [Selbstbewahrung und Selbstbehauptung; GD] ist gleichsam ausgehängt; der übergewaltige Druck der ausströmenden Kräfte verbietet ihm jede solche Obhut und Vorsicht … Er strömt aus, er strömt über, er verbraucht sich, er schont sich nicht, – mit Fatalität, verhängnisvoll, unfreiwillig, wie das Ausbrechen eines Flusses über seine Ufer unfreiwillig ist."[18]

Bevor jedoch jemand wie ein Genie aus- und überströmt, bedarf er oder sie einer anderen Spielart der Hingabe. Jeder, der sich in der Kultur als Könner bewegen will – gleichgültig, ob im Handwerk, in Wissenschaft, Kunst, Philosophie oder *common sense* –, erreicht dies nur durch Übung, Übung, Übung. Dafür gibt es sehr viele Beispiele, von denen ich lediglich einige wenige benenne. So war John Locke, der bedeutende englische Philosoph und Vor-

---

[18] Nietzsche, F.: Götzen-Dämmerung oder Wie man mit dem Hammer philosophiert (1889), in: KSA 6, München 1988, S. 146.

denker des Liberalismus, über zehn Jahre lang Sekretär beim ersten Earl of Shaftesbury; bei und mit ihm hat Locke politisch-liberales Denken eingeübt. Ähnlich erging es Thomas Hobbes, der viele Jahre lang Sekretär bei Francis Bacon war; bei Bacon erlebte Hobbes eine nüchterne und vorurteilskritische Art des (politischen) Denkens, die später eine enorme Qualität seiner eigenen philosophischen Reflexion ausgemacht hat. Nochmals eine andere inhaltliche Akzentsetzung empfand Rainer Maria Rilke während seiner Sekretärs- und Gehilfenfunktion bei Auguste Rodin – dieser lebte ihm einige Zeit energisch die Grundhaltung eines Künstlers vor: *travail, travail, toujours travail* (arbeiten, arbeiten, immerzu arbeiten).

John Locke, Thomas Hobbes, Rainer Maria Rilke sind Beispiele dafür, wie man sich monate- und jahrelang an eine Tätigkeit und an Mentoren hingeben darf und muss, um irgendwann mit eigenen Leistungen zu reüssieren. Wer sich emotional, sozial, handwerklich, intellektuell eng anzuschmiegen vermag, gerät günstigenfalls in lehrende und stimulierende Adaptations- und Assimilationsprozesse, die das Fundament für spätere Könner- und Meisterschaft bilden. Diese idealisierende Bejahung lehrender Situationen und Personen, die irgendwann von kritischeren Blicken abgelöst wird, hat Rilke in einem Gedicht zum Ausdruck gebracht:

„Oh, sage, Dichter, was du tust? – Ich rühme. / Aber das Tödliche und Ungetüme, / Wie hältst du's aus, wie nimmst du's hin? – Ich rühme. / Aber das Namenlose, Anonyme, / Wie rufst du's, Dichter, dennoch an? – Ich rühme. / Woher dein Recht, in jeglichem Kostüme, / In jeder Maske wahr zu sein? – Ich rühme. / Und dass das Stille und das Ungestüme / Wie Stern und Sturm dich kennen?: – Weil ich rühme."[19]

Rilke gehörte zu jenen Künstlern, die sich nicht nur an einen Mentor oder an ihr eigenes Werk, sondern auch (zumindest passager) an Geliebte, Freunde, Partner hingeben. Vor allem in Partnerschaften und intimen Freundschaften kann man einen Wechsel von sthenischem und asthenischem Dasein erleben. Sthenisch bedeutet so viel wie Selbstbehauptung und Selbstdurchsetzung, wohingegen asthenisch mit anlehnungsbedürftig und hingabevoll übersetzt wird. Das Erlebnis, dass es den Anderen gibt mit all dessen eigenen Vorstellungen, Bedürfnissen, Ideen, Impulsen, und dass der Andere ähnlich wichtig ist wie ich selbst – dieses Erlebnis ist zentral für die Selbsthingabe in Partnerschaften oder engen Freundschaften.

---

[19] Rilke, R.M.: Oh, sage, Dichter, was du tust? (1910/22), in: Die Gedichte, Frankfurt am Main 2006, S. 681.

Ein gewichtiges Element einer jeden Partnerschaft oder Freundschaft ist das möglichst vorbehaltlose Gespräch. Gespräche bedeuten wesenhaft nun ebenfalls Hingabe – Hingabe an einen Verstehensprozess, Hingabe an ein Du, das anders denkt, anders fühlt, eine andere Geschichte, eine andere Biografie, eine andere Weltanschauung aufweist verglichen mit der eigenen Welt. Dieses Touchieren und Eintauchen in die Welt des Gegenübers ist nur möglich und vorstellbar vor dem Hintergrund der Akzeptanz der Fremdpersönlichkeit:

> „Denn der Mensch ist nicht nur ein Naturwesen, sondern auch sich selbst und anderen geheimnisvoll fremd, als Person, als Mitmensch, in Familie und Beruf, mit unzähligen unwägbaren Einwirkungen und Einflüssen … Nun, mit dem Unverständlichen und mit dem Verstehen der Unberechenbarkeiten des seelisch-geistigen Lebenshaushaltes des Menschen hat es die Kunst des Verstehens zu tun, die man Hermeneutik nennt."[20]

Auf solches Verstehen hin angelegte, verbale Gespräche zwischen liebenden oder verliebten Personen können in schönen, gelingenden, glücklichen Momenten in Zärtlichkeit und Sexualität und damit in prototypische Situationen der Hingabe übergehen. Normalerweise leben wir unseren Alltag in einem ausgeglichenen Verhältnis zwischen Selbstdurchsetzung, Selbstbewahrung und Selbsthingabe – die Augenblicke von Zärtlichkeit und Sexualität jedoch sehen uns überwiegend im Status der Selbsthingabe.

In der Sexualität erleben wir Situationen, in denen unsere Durchlässigkeit im gelingenden Fall enorm gesteigert ist – eine Steigerung, die sich auf emotionaler und sozialer und vor allem auch auf der leibhaftigen Ebene ereignet. Falls diese Permeabilitätssteigerung eine Klimax erreicht, kommt es zu Orgasmen, die von manchen wie eine passagere Auflösung von Selbst-Kernen, von Selbstbewusstsein und Identität empfunden werden: Weichheit, Nachgiebigkeit, Geschmeidigkeit vermengen sich dabei mit Leidenschaft, Lust und Begierde zum großen Ja.

Einerseits sehnt fast jeder von uns derartige Momente herbei, und auf der anderen Seite werden die konkreten Möglichkeiten jedoch oftmals mit Angst und Vorsicht beantwortet. Weil Orgasmen für kurze Zeit mit Bewusstseinsverlust assoziiert sind (die Franzosen nennen sexuelle Höhepunkte folgerichtig *petite mort*, den kleinen Tod), kennen manche die Sorge, dass Sexualität nicht nur zum Verlust der Kontrolle, sondern zum teilweisen Verlust des Ichs führen könnte.

---

[20] Gadamer, H.-G.: Hermeneutik und Psychiatrie, in: Über die Verborgenheit der Gesundheit, Frankfurt am Main 1993, S. 202f.

Üblicherweise bedeuten Orgasmen zwar einen Kontroll-, aber keinen Ich-Verlust. Bei und nach gelingenden sexuellen Hingabesituationen spüren wir, dass das Ich sich wieder sammelt und dass neben der Hingabe die Selbstbewahrung und Selbstdurchsetzung neuerlich an Bedeutung gewinnt. Häufig erleben sich die Sexualpartner als gehobener, glücklicher, zufriedener, heiterer – vor allem, wenn ihr Sexualakt in eine emotional und sozial tragfähige Beziehung eingebettet ist. Mangelt es daran, empfindet der Einzelne und Vereinzelte eventuell jene Formel, welche die Lateiner früher für die tierische Sexualität verwendet haben: *post coitum omne animal triste* (nach dem Koitus sind alle Tiere traurig).

Ein weiterer Bereich, in dem Selbsthingabe eine wesentliche Rolle spielt, und der für die Selbstrealisation unabdingbar scheint, ist die Personalität respektive die Entwicklung und Ausgestaltung der eigenen Person. Die Personwerdung ist ein komplexer Prozess, der immer wieder mit Rückschlägen assoziiert ist. Wir *sind* nicht ein für alle Mal Person und Persönlichkeit – wir *werden* stets erst Person, und das Niveau unserer Personalität ist mitnichten auf Dauer gestellt und stabil; stattdessen muss es immer wieder erobert und gesichert werden.

Wie und mit welchen Attributen Person und Personalität im Detail beschrieben werden kann, habe ich an anderer Stelle ausgeführt. Hier möchte ich lediglich auf jenen Aspekt der Hingabe abheben, der für jeden Prozess der Personwerdung essenzielle Voraussetzung bedeutet: die Hingabe an personale und überpersonale Werte und Wertkonstellationen. Welche Werte dabei für den Einzelnen relevant sind, entscheidet jedes Individuum für sich: z. B. Schönheit, Freiheit, Gerechtigkeit, Wahrhaftigkeit, Güte oder andere Werte. Person und Personalität sind jedenfalls nicht vorstellbar ohne Hingabe an sehr individuelle Wertkonstellationen – nur so geraten die Betreffenden in die Dynamik der Personwerdung.

Eine eindrückliche Metapher für diese Art der Hingabe bietet die mythische Erzählung des Odysseus. Auf seinen Irrfahrten heim nach Ithaka musste und wollte Odysseus auch an jener Insel vorbeisegeln, auf der die Sirenen zu Hause waren. Diese zeichneten sich dem Mythos zufolge durch betörend schöne Stimmen aus, die jedoch den Nachteil mit sich brachten, dass jeder ihnen unrettbar verfallen war, der sie vernahm.

Odysseus wollte nun unbedingt dieses Wagnis auf sich nehmen und die Sirenen hören, allerdings ohne ihnen zu verfallen; er wollte keinen Selbstverlust erleiden. Seine Geliebte Kirke hatte ihm deshalb empfohlen, sich für dieses Abenteuer an den Mast seines Schiffes fesseln zu lassen und seinen Kameraden Wachs in ihre Ohren zu träufeln, sodass sie von den verführerischen Melodien der Sirenen nichts hören konnten:

„Aber du steure vorbei und verklebe die Ohren der Freunde / Mit dem geschmolzenen Wachse der Honigscheiben, dass niemand / Von den andern sie höre. Doch willst du selber sie hören, / Siehe, dann binde man dich an Händen und Füßen im Schiffe, / Aufrecht stehend am Maste, mit fest umschlungenen Seilen, / Dass du den holden Gesang der zwo Sirenen vernehmest. / Flehst du die Freunde nun an und befiehlst die Seile zu lösen: / Eilend fessle man dich mit mehreren Banden noch stärker!"[21]

So kam Odysseus in den Genuss allerlieblichster Melodien, ohne mit einem Verlust an Leib und Leben dafür zu bezahlen. Analoges dürfen wir uns für die Personalität vorstellen. Wir verbinden uns mit einer uns adäquaten Wertkonstellation, an die wir uns hingeben und wie an einen Mast binden, und die damit Effekte der Selbstbewahrung auszulösen imstande ist. Dann segeln wir los und passieren viele Inseln mit verführerischen Sirenenklängen, die wir hören und genießen, ohne ihnen verfallen zu müssen. Die Hingabe und die Bindung an den Mast unserer je eigenen Wertkonstellation erweist sich als belastbar genug, um weiter zu segeln – oder auch nicht, und wir sind dadurch um eine Werterfahrung reicher und klüger geworden.

Die Orientierung an unseren je eigenen Wertkonstellationen, verbunden mit biografischen Erfahrungen, mit unserem Lebensstil und mit den grundlegenden charakterlichen und weltanschaulichen Motiven und Melodien unseres Daseins ergibt schlussendlich ein individuelles Persönlichkeits-, Werde- und Lebensgesetz, das teilweise unsere Handschrift trägt und das die Gestaltung unserer Existenz – unsere Entscheidungen, unser Wollen und Wünschen, unsere Handlungen ebenso wie unsere Unterlassungen – unverkennbar prägt.

Ein Aspekt unserer Lebensklugheit besteht nun darin, dieses von uns selbst in Teilen mitgestaltete existenzielle Koordinatensystem unseres Daseins zumindest in groben Zügen zu registrieren und mit grundsätzlicher Akzeptanz zu versehen. Dieses uns innewohnende Lebensgesetz ist nur in Nuancen modifizierbar, und wir tun gut daran, uns mit seinen wichtigsten Paragrafen anzufreunden. Wie in der Juristerei gibt es jedoch zu diesen Paragrafen eigene und fremde Kommentare, die mehr oder weniger freundlich und zugewandt ausfallen; diese (die Kommentare) sind bedeutend gestaltbarer als die Gesetzesparagrafen selbst, und an ihnen sollten wir die eventuellen Impulse der Veränderung ansetzen. Dass wir dem eigenen Werde- und Daseinsgesetz Folge leisten und schlussendlich oftmals so leben, wie die Gesetzmäßigkeit des eige-

---

[21] Homer: Odyssee, in der Übertragung von Johann Heinrich Voss (1781), München 1995, S. 602.

nen Persönlichkeitsprofils es vorschreibt, wusste bereits Goethe, der in *Urworte. Orphisch* (1820) dichtete:

„Wie an dem Tag, der dich der Welt verliehen, / Die Sonne stand zum Gruße der Planeten, / Bist alsobald und fort und fort gediehen / Nach dem Gesetz, wonach du angetreten. / So musst du sein, dir kannst du nicht entfliehen, / So sagten schon Sybillen, so Propheten; / Und keine Zeit und keine Macht zerstückelt / Geprägte Form, die lebend sich entwickelt."[22]

Eingangs habe ich die Selbstrealisation als Ziel und Ergebnis von Selbsthingabe, Selbstbewahrung und Selbstdurchsetzung erwähnt. Die Selbstverwirklichung wählte ich zum Beurteilungsmaßstab, um Selbsthingabe von Selbstaufgabe, Selbstverlust und Selbstentfremdung zu unterscheiden. Letztere liegen nicht selten vor, wenn wir uns kaum oder zu wenig mit überpersönlichen Werten wie etwa Schönheit, Freiheit, Gerechtigkeit, sondern überwiegend und zu sehr mit überpersönlichen Institutionen wie Staat, Kirche oder Militär identifizieren. Diese drei Institutionen suggerieren uns immer wieder und sehr nachdrücklich, dass wir uns an sie (zum Beispiel als brave Beamte, Staatsdiener, Gläubige oder Soldaten) hingeben sollen. Aber just in diesen drei Bereichen haben wir es letztlich in vielen Fällen nicht mit Hingabe, sondern mit Selbstverlust, Hergabe und Aufgabe sowie mit moralischem Masochismus zu tun.

Besonders deutlich kann man dies etwa beim Militarismus zeigen. Da soll der Einzelne für irgendeine Idee, ein Ideal (meistens für fragwürdige Ideen und Ideale wie Rasse, Vaterland, Religion, Weltanschauungen oder sonstige eigentümliche Vorstellungen) nicht nur leben und kämpfen, sondern sein Leben riskieren und eventuell sogar sterben. Sterben aber bedeutet das Maximum dessen, was wir an Selbstverlust gewärtigen können und müssen.

Nun kann und darf man meiner Ansicht nach für einen Wert und eine Idee zwar durchaus sein Leben einsetzen und sich für Ideale, Konzepte, Projekte mächtig engagieren; für einen Wert, eine Idee jedoch zu sterben, lässt häufig auf enorme Zerrformen der Hingabe, auf Selbstentfremdung, Selbstverkleinerung und Selbsterniedrigung bis hin zum (moralischen) Masochismus schließen. Kein mir bekannter oder von mir hier zitierter Protagonist der Selbsthingabe – weder Alfred Adler noch Kurt Goldstein, Karen Horney, Erik Homburger Erikson oder Daniel Stern; weder Goethe noch Rainer Maria Rilke; weder Friedrich Nietzsche noch Ernst Cassirer oder Hans-Georg Gada-

---

[22] Goethe, J.W. von: Urworte. Orphisch (1820), in: HA Band 1, München 1981, S. 359.

mer und auch keine anderen Wissenschaftlerinnen, Philosophinnen und Künstlerinnen mit Ausrichtung an Humanismus, Aufklärung und *common sense* – würde einer solchen grundsätzlichen Verwechslung von Selbstverlust und Selbsthingabe das Wort reden.

Im Gegenteil: Jene Künstler, Denker, Schriftsteller und Intellektuelle, die in der Tradition der europäischen Geistes- und Kulturgeschichte mit ihren wesentlichen Epochen von Antike, Renaissance und Humanismus, Aufklärung und Moderne standen und stehen, betonten und betonen beinahe unisono den hohen Wert von Individualität und personaler Würde. Wenn ich in diesem Kapitel das Phänomen der Selbsthingabe als eine wesentliche Facette der Eudämonie erläutert habe, so geschah dies vor dem Hintergrund eines entschiedenen Bekenntnisses zu eben diesen Werten der Individualität und personalen Würde. In der Regel entstehen sie durch Selbsthingabe, aber nicht selten müssen sie durch Selbstbewahrung und Selbstdurchsetzung gerettet und verteidigt werden.

12

Ekstase, Rausch und Trance

Obwohl es sich bei Ekstase, Rausch und Trance um unterschiedliche Phänomene handelt, werden sie hier vorrangig im Hinblick auf ihre Gemeinsamkeiten bedacht. Unter Ekstase versteht man Zustände von Verzückung und Außer-sich-Sein. Der Rausch wird von seinen Eigenschaften her oft als euphorisierend, enthemmend, selbstüberschätzend, aber auch als benebelnd beschrieben. Trance bezeichnet Bewusstseinszustände, bei denen eine tunnelartige Konzentration auf einen Reiz mit gleichzeitiger Reduktion von Ich-Erleben, Wahrnehmung sowie logisch-rationalen Denkprozessen zu beobachten ist. Nicht selten gehen Ekstase, Rausch und Trance ineinander über und werden durch eine und dieselbe Ursache (z. B. Drogen oder auch religiöse Riten) ausgelöst.

Jeder dieser drei Existenzvollzüge wird auf unserem Globus tagtäglich von Millionen Menschen praktiziert, obwohl vor allem beim Rausch die eventuell abhängigkeits- und suchtinduzierenden Effekte mit allen ihren häufig unangenehmen Spätfolgen seit Langem bekannt sind. Offensichtlich versprechen Ekstase, Rausch und Trance jedoch derart fabelhaft-ausgezeichnete Daseinsmomente, dass Viele deren Risiken in Kauf nehmen, um sie wieder und wieder zu erleben. Inwiefern sich darin auch eine (oftmals vergebliche) Bemühung um glückliche und gelingende Existenzformen verbirgt, interessiert im Rahmen unseres Generalthemas Eudämonie neben den Versprechungen eines außergewöhnlichen Existenzvollzugs ebenfalls.

Seit Jahrtausenden suchen und finden Menschen Möglichkeiten, ihr Dasein jenseits von Aufgaben und Notdurft des Alltäglichen zu zelebrieren. Bacchanale, Spiele, Feste und Feierlichkeiten boten und bieten sich dafür ebenso an wie Drogen und Alkohol oder auch gelingend-ekstatische Sexualität. In den frühen wie auch in den Hochkulturen wurden dafür eigens Methoden (Herstellung von Met und anderen alkoholhaltigen Getränken; Anbau und Nutzen von Mohngewächsen; Entdeckung der halluzinogenen Wirkung von Fliegenpilzen etc.), Riten, Rhythmen sowie Rahmenbedingungen für deren wohldosierten oder überschwänglichen und regressiven Genuss entwickelt. Bereits in der Steinzeit tranken Menschen Bier und Met, und seit etwa 7000 Jahren ist der Genuss von Fliegenpilz und Cannabis bekannt. Bei manchen Völkern war es üblich und gehörte es zum vornehmen Ton der Herrschenden, Opium zu konsumieren. In der altägyptischen Kultur war man vom schmerzstillenden Effekt des Schlafmohns wie auch von dessen euphorisierend-entspannender Wirkung sehr angetan; und in Rom um Christi Geburt gab es bis zu 800 Opiumapotheken, die den ungehinderten Konsum dieser Droge für reiche Müßiggänger ebenso wie für manche Kaiser (Nero; Marc Aurel) garantierten.

Die griechisch-mythologische Antike kannte für Rausch, Ekstase, Bacchanale eine dafür spezialisierte Gottheit namens Dionysos. Die Griechen stellten ihn sich als eine chthonische Kraft und Lebensenergie vor – erdverbunden und mit zutiefst leibnahen Impulsen und Gelüsten versehen. In der Regel wurde Dionysos mit einem vollen Weingefäß abgebildet – bärtig, eher dunkel in seiner Ausstrahlung, aber fast immer in Bezug zu Früchten, Trauben, Gewächsen wie Efeu und Ranken. Als Gott des Weines ist es nicht verwunderlich, dass Dionysos auch als Gott der Freude und der Begeisterung, der Ekstase und des grenzenlosen Rausches, der Fruchtbarkeit, aber auch des Wahnsinns galt; man nannte ihn den Rufer, Lärmer, Löser, Sorgenbrecher.

Im Dionysos-Kult huldigten die Griechen dieser Gottheit fast uneingeschränkt, weil sie Aufgipfelung, Vertiefung, Weitung, Intensivierung der Existenz versprach. Der Schweizer Altertums- und Mutterrechts-Forscher Johann Jakob Bachofen (1815–1887) war überzeugt davon, dass der Dionysos-Mythos aus der Zeit des Hetärismus stammte – aus einer Zeit, die er als den Naturzustand der Menschheit postulierte, der durch lustvolle Regellosigkeit und Promiskuität geprägt gewesen sein soll.

Dionysos war dementsprechend ein rasender, maßloser und euphorisierender Gott, ein Urbild des ganz und gar unzerstörbaren Lebens, dem zu dienen Lust und Laster zugleich bedeutete, und der angeblich manch frühe Aspekte der *Conditio humana* in ihrem Urzustand zum Ausdruck zu bringen half. In *Gargantua und Pantagruel* (1532 ff.), dem fulminanten Renaissance-Epos von François Rabelais (um 1494–1553), der Rausch und Ekstase, Trunkenheit und Völlerei in jeder nur erdenklichen Maßlosigkeit und als unglaublich komische Farce schildert, lesen wir im Hinblick auf diesen Gott des Rausches und des ungehemmten Weinkonsums:

„Und wir vertreten hier die Auffassung, dass nicht das Lachen, sondern das Trinken den Menschen zum Menschen macht; dabei meine ich nicht das Trinken schlechtweg und ohne weiteres, denn das tut auch das Vieh; ich meine das Trinken von gutem kühlem Wein. Merkt, Freunde, dass in den Wein sehn zu Einsehn verhilft …"[1]

Im Prozess der Zivilisation[2] kam es zu einer Kanalisierung und Domestizierung des Dionysischen, und je nach Kultur gibt es bis auf den heutigen Tag festgelegte Orte und Zeiten, an denen Dionysos räumlich und zeitlich begrenzt die Herrschaft übernimmt: die Walpurgisnacht; Tanz in den Mai; die Silvesternacht; Karneval. Damit wird das Wann und das Wo bestimmt, an und zu denen Rausch, Ekstase, Ausgelassenheit und Raserei für eine Sozietät erlaubt und gewollt waren und es immer noch sind: jene dionysischen Feste, bei denen es neben der Euphorie von einzelnen Menschen zur Überwindung von Dissonanzen und Gegensätzen sowie zur Verschmelzung des Einzelnen mit den Vielen und mit der gesamten Natur kommen sollte und durfte.

Nachdenklich stimmt, dass im Windschatten von Dionysos schon lange andere Gottheiten segeln, denen es nur vordergründig um Rausch, Ausgelassenheit und Ekstase geht; sieht man jedoch genauer zu, vertreten diese Götter die Destruktion, das Chaos und den Tod. Zumindest in so mancher Silvesternacht der letzten Jahre musste man feststellen, dass neben Dionysos auch noch die griechischen Götter Ares (Gottheit des Blutbades, des Massakers und Krieges) oder Thanatos (Gottheit des Todes) ihr Wesen respektive ihr Unwesen trieben.

Friedrich Nietzsche, der in seinen Schriften öfter und sehr anerkennend das dionysische Prinzip bedacht und als urwüchsige und monistische Kraft und Energie beschrieben hat, meinte zu den Effekten des antiken Dionysos-Kultes in *Die Geburt der Tragödie aus dem Geiste der Musik* (1870/71):

„Unter dem Zauber des Dionysischen schließt sich nicht nur der Bund zwischen den Menschen wieder zusammen, auch die entfremdete und feindlich unterjochte Natur feiert wieder ihr Versöhnungsfest."[3]

---

[1] Rabelais, F.: Gargantua und Pantagruel (1532ff.), München 1979, S. 1342.
[2] Siehe hierzu Elias, N.: Über den Prozess der Zivilisation (1939), Erster und Zweiter Band, Frankfurt am Main 1976.
[3] Nietzsche, F.: Die Geburt der Tragödie aus dem Geiste der Musik (1870/71), in: KSA Band 1, München 1988, S. 29.

Für Nietzsche bedeutete Dionysos eine Gottheit nicht nur der Lebens-, sondern regelrecht der Überlebenskunst. Weil, so der Philosoph, das menschliche Dasein wiederholt von großer Destruktivität und Sinnwidrigkeit geprägt ist, braucht es die Kunst oder eben den Ausweg des Bacchanals, um sich nicht voller Ekel, Abscheu und Überdruss von der Existenz abzuwenden.

Weil sie (Kunst, Rausch, Trance und Ekstase) viel seltener vorkommen als der nüchterne Alltag, werden sie als das Außergewöhnliche, Extravagante empfunden und wertgeschätzt. Entsprechend groß waren bei den Griechen und sind bei vielen Heutigen die Sehnsucht und die Vorfreude auf jene Momente, zu denen Dionysos mit seinen berauschenden, ekstatischen Wirkungen wieder die Regentschaft über das Gewöhnliche und Alltägliche antreten darf und soll. Daher sind wir alle häufig auf der Suche nach dem Außergewöhnlichen, das uns das Gewöhnliche, Ordinäre, Alltägliche, das leicht als reduzierte Lebendigkeit imponiert und manchmal bis hin zur Tristesse entartet, erträglich werden lässt. Dionysos in seinen vielen Kleidern erscheint uns in der Tat als Repräsentant des Lebens – eines Lebens, von dem viele meinen, dass es nicht lange genug währt und dessen Fülle nur unzureichend in seiner ganzen Tiefe genossen werden kann.

Ein selten realisierter dionysischer Daseinsvollzug führt zum Erlebnis des Nicht-Alltäglichen, Außergewöhnlichen, zum Fest oder zur Kunst; die Vorfreude auf das Seltene ist Bestandteil der Ekstase. Wird das Dionysische jedoch zur Regel, besteht die Gefahr, dass aus dem Fest Alltag und dass das Außergewöhnliche gewöhnlich wird; dass der Rausch Normalität geworden und die Nüchternheit das Seltene ist; und dass das Extraordinäre zum Ordinären entwertet wird. Solche Motive finden sich beinahe regelhaft im Krankheitsbild der Sucht.

Menschen sind schon lange gewillt, die Härten und Unannehmlichkeiten ihres Daseins durch Alkohol und andere Drogen in ihrem Erleben zumindest passager abzumildern. Zudem versprechen Rausch und Ekstase ein Plus an Lustgewinn und an Empfindungen der Überlegenheit. Sowohl die Verringerung an empfundener Beeinträchtigung als auch die Mehrung von angenehmen Stimmungszuständen machte und macht den Konsum von Drogen sowie den Rausch zu einer weit verbreiteten Strategie der Daseinsbewältigung – eine Strategie, die allerdings bei nicht wenigen Menschen in Abhängigkeits- und Suchterkrankungen mündet.

Je mehr sich Abhängigkeit und Sucht etablieren, desto weniger bleibt für die Betreffenden von ihrer einstigen Suche und Sehnsucht nach dem Extraordinären. Die stete Wiederholung süchtig machenden Verhaltens entwertet das ehemals Exzeptionelle und macht es schließlich zum Faden und Gemeinen. Eine Weile versuchen Süchtige, diesem Phänomen durch Dosissteigerungen oder durch noch gewagtere Verhaltensweisen entgegenzuwirken. Zum Schluss gelingt es jedoch selbst mittels dieser Strategien kaum mehr, das erhoffte Thrill- und Kick-Erlebnis des Außergewöhnlichen zu induzieren. Die beabsichtigte Eudämonie kehrt sich ins Gegenteil und wird zum Dämon einer Krankheit namens Abhängigkeit und Sucht.

Hinzu kommt bei Rausch und Ekstase, aber auch bei Trance ein verändertes Zeiterleben, das zum Faszinosum wie auch zum Fluch dieser Daseinszustände beiträgt. Üblicherweise erleben wir ein stabiles zeitliches Kontinuum von Vergangenheit, Gegenwart und Zukunft, wobei zugegebenermaßen das Jetzt, der Augenblick von den meisten immer schon als allzu flüchtig, als ephemer empfunden wird. Zugleich ist dieses Jetzt, der Augenblick die einzige Zeiteinheit, die wir realiter erleben; in ihr erfolgen Handlungen, Taten, Veränderungen. Die Vergangenheit erinnern wir günstigenfalls (sie ist längst abgetan), und die Zukunft imaginieren wir (sie liegt als Potenzialität noch vor uns) als jene Zeitdimension, in der Wünsche und Entwürfe zur eventuellen Vergangenheit reifen – in der Gegenwart jedoch verschränken wir uns konkret und situativ mit der Welt und den Mitmenschen.

Aufgrund der Flüchtigkeit des Augenblicks kennen viele von uns den Impuls, dieses Jetzt länger und tiefer und umfassender und nicht nur als ein ephemeres Phänomen erleben und begreifen zu wollen. Just diese Qualitäten eines vertieften, intensivierten Momenterlebens versprechen die dionysischen Existenzvollzüge: Nach dem oft zitierten Motto „Hier ist Rhodos, jetzt wird getanzt!" verschwinden in berauschten, ekstatischen, tranceartigen Zuständen die mehr oder minder klugen und vernünftigen Argumente von Vergangenheit und Zukunft beinahe vollständig im Nebel von exogener (Alkohol, Drogen, süchtige Verhaltensweisen) oder endogener Intoxikation (Endorphine, Dopamin).

Den Augenblick zu weiten, auszukosten, zur Dauer werden zu lassen – das ist das Begehr eines zum Rausch, zur Ekstase oder auch zur Trance Neigenden, ein Begehr, von dem Goethes Faust („Zum Augenblicke dürft' ich sagen: Verweile doch, du bist so schön!") ebenso wie Nietzsches erwachender Mensch („Doch alle Lust will Ewigkeit, will tiefe, tiefe Ewigkeit!") eindringlich zu berichten wussten und das so mancher von uns als Impuls ebenfalls bestens kennt. Parallel zu diesem aufgeblähten Moment, zur Weitung des Augenblicks kommt es jedoch bisweilen zur Dysbalance von Ich-Du-Beziehungen: der Korrekturfaktor Mitmensch wird im Rausch oder in der Trance oftmals zu wenig intensiv empfunden oder fehlt dabei völlig.

Zwar hat Nietzsche in *Die Geburt der Tragödie aus dem Geiste der Musik* auf das zitierte Verschmelzungserlebnis abgehoben, das es im Rahmen dionysisch-ekstatischer Feste dem Einzelnen erlaubt, sich als Glied in der Gemeinschaft der Vielen zu erleben. Zugleich weiß man, dass dieses Zusammengehörigkeitsempfinden oftmals unter Preisgabe hochdifferenzierter Bewusstseinstätigkeit entsteht und stattdessen meist auf affektiv-emotionaler Ansteckung beruht; man denke diesbezüglich nur an die ekstatischen Phänomene bei Massenveranstaltungen.[4]

Viel häufiger als die *Unitas multiplex* (Vieleinheit, William Stern) rufen Drogen und Rausch ängstigende Erlebnisse großer Einsamkeit hervor. Charles Baudelaire erwähnte unter anderen Wirkungen ein bemerkenswertes Kälteempfinden nach dem Konsum von Haschisch, dem er auch deshalb bescheinigte, dass es zur „Klasse der einsamen Freuden" gezählt werden muss.[5] Ähnliche emotional-vegetative Effekte (Angst, Einsamkeit, Kälte) werden von vielen Suchtkranken bei und nach ihrem Drogenkonsum als unangenehme Begleitsymptome bestätigt.

Ekstase, Rausch und Trance stellen Erlebnisweisen dar, die mit dem Tagtraum, der Fantasie und dem Imaginären verglichen werden können. Ähnlich wie im Traum ist der Einzelne im berauschten Zustand oftmals auf sich selbst zurückgeworfen und kann seine durch Halluzinogene hervorgerufenen und häufig bizarr verzerrten Emotionen, Impulse, Wahrnehmungen und Gedankenfetzen nur unzulänglich mit Anderen teilen. Diese relative Einsamkeit lässt die erwähnten Verzerrungen nicht selten noch bedrohlicher erscheinen.

Die soziale Isolierung wird bisweilen auch dadurch verstärkt, dass bestimmte Drogen hierzulande als illegal (Opiate, Heroin, Kokain) oder unterschichtspezifisch (Fusel, billiger Schnaps) gelten. Sowohl deren Beschaffung (mittels Kriminalität, Prostitution) als auch deren Konsum stempeln den Betreffenden zum *Outsider* oder sogar zum *Outlaw*.

Ein Ekstasezustand allerdings verspricht just das Gegenteil von Einsamkeit und Zurückgeworfen-Werden aufs eigene Ich: die Sexualität. Der schwedische Arzt und Psychoanalytiker Poul Bjerre (1876–1964) war der erste Tiefenpsychologe, der auf die große Ähnlichkeit bezüglich des subjektiven Erlebens und der beobachteten Symptome zwischen rauschhafter Ekstase und Orgasmus hingewiesen hat – wobei neurobiologische Befunde diese These bestätigen: Beim Orgasmus wird analog wie beim Konsum von Alkohol, Benzodiazepinen (entspannende und angstlösende Medikamente), Drogen oder bei suchtartigen Verhaltensweisen (Internetsucht, Spielsucht) das Belohnungszentrum im Gehirn aktiviert. Inzwischen ist es sogar möglich, aufgrund von neuronalen Aktivierungsmustern zwischen tatsächlichen und vorgespielten Orgasmen zu unterscheiden.

---

[4] Siehe hierzu Canetti, E.: Masse und Macht (1960), Hamburg 1992.
[5] Siehe hierzu Jünger, E.: Annäherungen – Drogen und Rausch, Stuttgart 1970, S. 42.

So groß die neurobiologischen Verwandtschaftsgrade zwischen Drogenkonsum und orgiastischer Sexualität auch sein mögen, so groß sind manche Unterschiede, zum Beispiel hinsichtlich des Erlebens von Geborgenheit, Schutz und Anerkennung eines Du. Gehirnphysiologen verweisen diesbezüglich auf das Oxytocin, also auf ein Bindungshormon, das während des Sexualakts und beim Orgasmus vermehrt ausgeschüttet wird, das ein biologisches Äquivalent dieser Geborgenheits- und Schutzemotionen darstellt und das ähnlich wie die Transmitter Endorphine oder Dopamin das Belohnungssystem des menschlichen Gehirns stimuliert – soweit einige biologische Aspekte eines befriedigenden Sexualakts.

Zugleich wissen wir, dass eine Daseins-Einigung und Daseins-Mehrung (so hat der Schweizer Daseinsanalytiker Medard Boss schon vor Jahrzehnten den sozialen, emotionalen und intellektuellen Gehalt der gelingenden menschlichen Sexualität charakterisiert) nur gegeben ist, wenn der Sexualakt in eine dialogische Situation eingebettet ist. Fehlt Letztere, ergeht es den Protagonisten nicht selten so, wie es in dem alten lateinischen Spruch auf den Punkt gebracht wird: *Post coitum omne animal triste* – nach dem Koitus sind alle Tiere traurig. Bis zur Ekstase, zum Orgasmus trägt die gegenseitige Begierde, der jedoch eine nihilistisch gefärbte Leere folgt, wenn sich die seelischen und sozialen Stabilisatoren der Nähe zwischen den Protagonisten als brüchig oder mangelhaft erweisen.

Eine solche Konstellation schildern bisweilen Menschen mit einer paraphilen Sexualorganisation. Viktor Emil von Gebsattel betonte in seinem Aufsatz *Süchtiges Verhalten im Gebiet sexueller Verirrungen*,[6] dass ein Don Juan oder eine *Femme fatale* eventuelle Beispiele für suchtartiges Sexualleben abgeben. Einem Don Juan ebenso wie einer *Femme fatale* wird die Zahl der erotischen Eroberungen niemals genug, und dementsprechende Dosissteigerungen (noch mehr Eroberungen) gehören daher zu ihrem Lebensprogramm.

Daneben verwies Gebsattel auf weitere Gemeinsamkeiten von Paraphilien und Suchterkrankungen. Bei beiden sei eine Wendung gegen die Norm und das Maß vorherrschend: Personen mit paraphil eingefärbten Sexualpraktiken beziehen den Lustgewinn möglicherweise aus der Tatsache, dass sie die üblichen Grenzen von Scham und Sitte überschreiten und sich Freiheiten gestatten, die dem biederen Normalbürger verschlossen bleiben. Um das Erlebnis der Grenzüberschreitung stets aufs Neue erfahrbar zu machen, greifen

---

[6] Gebsattel, V.E. v.: Süchtiges Verhalten im Gebiet sexueller Verirrungen, in: Prolegomena einer medizinischen Anthropologie, Berlin – Göttingen 1954.

einige der Betreffenden zu immer noch gewagteren Formen extraordinärer Sexualität.

Sie folgen damit einem Motiv, das bei Menschen mit wiederholten Erfahrungen von Rausch und Ekstase manchmal nachweisbar ist: die Tendenz, Limitierungen zu sprengen und Grenzen zu überschreiten. Der Umgang mit Grenzen und Grenzerfahrungen gehört zum Standardprogramm der *Conditio humana*, und die Art und Weise, wie wir diesen Herausforderungen gerecht werden, entscheidet nicht selten über das Gelingen oder Misslingen vieler unserer Daseinssituationen.

So sind wir alle seit den ersten Säuglingstagen mit der Aufgabe konfrontiert, die Grenzen des Noch-nicht-Könnens und -Wissens immer wieder zu registrieren und durch entsprechende Lernprozesse zu überschreiten. Limitierungen gibt es zuhauf für jedes Individuum auf der körperlichen, psychosozialen und geistig-kulturellen Ebene. Nur wenn der Einzelne mit diesen Grenzen produktiv verfährt, wird er mit einem befriedigenden Entwicklungsprozess belohnt.

Ein kluger Umgang mit Limitierungen zeigt sich beispielsweise darin, den Schwierigkeitsgrad von Lebensaufgaben richtig einzuschätzen und mit Zuwachs an Kompetenzen adäquat darauf zu reagieren. Wer den Widerstandskoeffizienten einer Aufgabe als zu gering erachtet, wird mit Wahrscheinlichkeit an ihr scheitern; wer ihn als deutlich zu hoch empfindet, wird womöglich entmutigt und weigert sich, eine Aufgabe überhaupt anzugehen.

Ekstase, Rausch und Trance tragen das Thema der Grenzerfahrung wie auch der Grenzüberschreitung (Transzendenz) stets mit sich – allerdings auf eine eventuell fragwürdige und problematische Manier. Die Rausch- und Ekstase-induzierenden Substanzen oder Verhaltensweisen verhelfen dem Einzelnen zwar zum imaginären Grenzübertritt aus der spröden Wirklichkeit ins Reich der widerstandsarmen Fantasie. Die illusionäre Welt der Halluzinogene bildet einen sehr verlockenden Existenz- und Echoraum, in den Menschen mittels Ekstase, Rausch und Sucht ohne größere Anstrengungen geraten und in dem sie aber für Minuten oder Stunden lediglich eine scheinbare Freiheit und Grenzenlosigkeit ihres Daseins genießen.

Grenzen, die vor allem Schriftsteller, Dichter, Künstler wiederholt als äußerst hinderlich und unangenehm erleben, sind diejenigen des Denkens, der Kreativität und der Wahrnehmung. Der Griff zu bewusstseinserweiternden Substanzen oder Verhaltensweisen ist bei ihnen deshalb keine Seltenheit. So schilderte Aldous Huxley in *Die Pforten der Wahrnehmung* (1954) und in *Himmel und Hölle* (1956) seine Erfahrungen mit und nach der Einnahme von Meskalin. Diese halluzinogene Droge bewirkte bei ihm wie im Voraus vermutet eine Bewusstseinserweiterung, die er allerdings im Nachhinein als nicht begrüßenswert einschätzte.[7]

Huxley gab nach dem intensiven Erleben eines Blumenstraußes (von dessen *Istigkeit* er sich aufgrund der Meskalineinnahme kaum mehr losreißen konnte) zu bedenken, dass das nüchterne menschliche Gehirn wie ein Filter wirke, der aus der Fülle von Empfindungen und Wahrnehmungen nur einige wesentliche zum Bewusstsein vordringen lässt. Diese Filterwirkung stellt eine Voraussetzung für die erfolgreiche Gestaltung unseres Daseins dar; fehlt sie, verlieren wir uns an zum Teil völlig belanglose Motive unseres Lebens.

Ähnliche Erfahrungen wie Huxley machten viele Schriftsteller und Künstler: Jean Cocteau, Charles Baudelaire, Arthur Rimbaud, Paul Verlaine, Ernst Ludwig Kirchner, Eugene Delacroix, Ernest Hemingway, John Keats, Anais Nin, Klaus und Erika Mann, Edgar Allen Poe, Jean-Paul Sartre, Sir Walter Scott, Percy Shelley, Vincent Van Gogh und Émile Zola waren schlussendlich abhängig von Absinth, Opium, Cannabis, LSD, Meskalin, Heroin, Alkohol oder Amphetaminen, von denen sie sich doch eigentlich Inspiration, Schaffensimpulse, Ekstase und Weite des Denkens versprochen hatten.

In Verkennung der Gefahren experimentierten sie mit Verhaltensweisen und Substanzen, deren Abhängigkeitspotenzial sie maßlos unterschätzten. Als ob sie mit dem Programm angetreten waren, es titanengleich mit abstrusen Mengen an Alkohol, Drogen, Medikamenten und süchtigen Verhaltensweisen aufnehmen zu können, stürzten sie sich (und stürzen sich auch heute viele Menschen) ins Meer toxisch-psychotroper Substanzen, nicht selten mit dem Kommentar versehen, dies alles stünde ihnen in gewisser Weise auch zu und entspräche ihrem Wesen.

Doch die Verhältnisse von Herr und Knecht verkehren sich bei der Sucht. Nicht das jeweilige Individuum jongliert souverän mit dem Stoff; der Stoff dominiert den Abhängigen. Dieser ist aufgrund seiner (partiell durch Veränderungen des Gehirnstoffwechsels mitbedingten) Impulskontrollstörung, Ich-Schwäche und Ungeduld kaum in der Lage, den Verlockungen von Drogen oder süchtigen Verhaltensweisen inklusive der damit assoziierten Dosissteigerung (scheinbare Kompensation von Unterlegenheit; Reduktion von Spannung und Unruhe; schnelle Induktion von Freiheits- und Glücksempfindungen) zu widerstehen.

Rausch und Ekstase werden durch Alkohol und Drogen aller Art herbeigeführt – daneben auch durch Verhaltensweisen wie Spielen, Internetaktivitäten, Kaufen und Konsum, übermäßiges Essen, maßlose Eventsuche. Doch ebenso kann das scheinbare Gegenteil die Betreffenden in Ekstase oder Trance

---

[7] Siehe hierzu: Huxley, A.: Die Pforten der Wahrnehmung (1954), München 1970.

versetzen: Askese, Hungern, Fasten, Selbstaufgabe. Bekannt sind derlei Phänomene im Rahmen von Anorexie-Erkrankungen (dabei kann es wie bei anderen Süchten ebenfalls zu einer Endorphinausschüttungen kommen), aber auch bei radikalen Fastenkuren oder im Gefolge von Selbstkasteiung, beispielsweise bei manchen Situationen im Hochleistungssport.

Eine im übertragenen Sinne rauschartige Selbsterniedrigung mit ekstatischen Momenten war (und ist) auch bei manchen abergläubisch-religiösen Ritualen und Verrichtungen zu beobachten. So wird schon lange von Wallfahrtsorten berichtet (Altötting, Lourdes, Fatima), an denen Gläubige durch Gebete, Fasten, körperliche Anstrengungen (einige von ihnen tragen kilometerweit schwerste Holzkreuze) und gegenseitige Affektinduktion in Trance und Ekstase verfallen und dabei einige ihrer Gebrechen (z. B. Schmerzen) nicht mehr spüren.

Dies darf als Ausdruck einer regen ZNS-Transmitter- und Hormonaktivierung ebenso wie auch einer emotionalen und sozialen Ausnahmesituation interpretiert werden. Die Einzelnen begeben sich beinahe wie vor Jahrtausenden üblich in eine schamanistisch-mystische Atmosphäre, bei der sie Trance-induzierende Gesänge, Gerüche und Rituale über sich ergehen lassen, bis sich tatsächlich in dissoziativen Zuständen das Bedrängende ihrer Leidenszustände in den Hintergrund schiebt.

Religionskritiker wie Karl Marx[8] oder Sigmund Freud[9] betonten, dass Menschen durch religiöse Weltanschauungen in ihrer Denk-, Urteils- und Handlungsfreiheit ähnlich beeinträchtigt werden wie durch Alkohol oder Drogen. Religionen sorgen nicht selten dafür, die Unannehmlichkeiten des Alltags vergessen zu machen und die Gläubigen auf ein Jenseits zu vertrösten, das ihnen so attraktiv erscheint wie den Süchtigen die Verheißungen ihrer Droge. Karl Marx brachte dies in seiner Formulierung „Religion ist [...] das Opium des Volkes" auf den Punkt; und Sigmund Freud schrieb im selben Tenor:

> „Die Leistung der Rauschmittel im Kampf um das Glück und zur Fernhaltung des Elends wird so sehr als Wohltat geschätzt, dass Individuen wie Völker ihnen eine feste Stellung in ihrer Libido-Ökonomie eingeräumt haben ... Besondere Bedeutung beansprucht der Fall, dass eine größere Anzahl von Menschen gemeinsam den Versuch unternimmt, sich Glücksversicherung und Leidensschutz

---

[8] Siehe hierzu Marx, K.: Zur Kritik der Hegelschen Rechtsphilosophie (1843/44), in: Marx, K. und Engels, F.: Studienausgabe Band 1, Philosophie, herausgegeben von Iring Fetscher, Berlin 2004.
[9] Siehe hierzu Freud, S.: Die Zukunft einer Illusion (1927) sowie Das Unbehagen in der Kultur (1930), beide in: Gesammelte Werke (GW) Band XIV, Frankfurt am Main 1988.

durch wahnhafte Umbildung der Wirklichkeit zu schaffen. Als solchen Massenwahn müssen wir auch die Religionen der Menschheit kennzeichnen."[10]

Neben den religiösen kamen in den letzten Jahrzehnten noch einige weitere sehr wirksame ideologische Narkotika zur Beobachtung, die ihre Fähigkeiten, Trance, Rausch, Ekstase bei nicht wenigen ihrer Anhänger zu induzieren, auf schaurigste Arten unter Beweis stellten. Ich meine die totalitären Weltanschauungen von Bolschewismus und Faschismus, die im 20. Jahrhundert ihr grausam-inhumanes Spiel betrieben.

Ich erspare mir und uns, viele Einzelheiten dieser Totalitarismen zu rekapitulieren. Stattdessen verweise ich auf die Erzählung *Mario und der Zauberer* (1930) von Thomas Mann, in der er schon Ende der 20er-Jahre meisterhaft einige Aspekte des faschistisch-totalitär geprägten Zeitgeistes eingefangen und ausgedrückt hat. In dieser Erzählung, die in Italien spielt, lässt der Dichter den Hypnotiseur Cipolla auftreten, der einen jungen Mann namens Mario derart in seinen Bann schlägt, dass dieser ihn im somnambulen Zustand für seine Geliebte hält und küsst. Im Moment des Kusses allerdings durchschaut Mario das böse Treiben des Verführers und erschießt ihn.

1940 kam Thomas Mann in einer autobiografischen Schrift auf *Mario und der Zauberer* zurück und meinte, dass die politisch-moralische Botschaft der Novelle von vielen Lesern bereits um 1930 verstanden worden sei. Mit seinem Text wollte er auf die Dynamik zwischen dem Demagogen und seinem Publikum anspielen, wobei der Zauberer und Hypnotiseur Cipolla (alias Mussolini) den Volksverführer und Mario respektive das in Trance versetzte Publikum die verführten Massen repräsentiert:

„Es war gräulich, wie der Betrüger sich lieblich machte, die schiefen Schultern kokett verdrehte, die Beutelaugen schmachten ließ und in süßlichem Lächeln seine splittrigen Zähne zeigte. Ach, aber was war während seiner verblendenden Worte aus unserem Mario geworden? ... Er hielt die Hände vorm Munde gefaltet, seine Schultern hoben und senkten sich in gewaltsamen Atemzügen. Gewiss traute er vor Glück seinen Augen und Ohren nicht und vergaß eben nur das eine dabei, dass er ihnen wirklich nicht trauen durfte."[11]

Wenige Jahre nach der Veröffentlichung von *Mario und der Zauberer* musste man auch in Deutschland gewärtigen, wie sehr die Massen ihrem großen Zampano, Politclown und Rattenfänger gegenüber vergessen hatten (oder

---

[10] Freud, S.: Das Unbehagen in der Kultur, in: GW Band XIV, Frankfurt am Main 1988, S. 436ff.
[11] Mann, T.: Mario und der Zauberer (1930), in: Sämtliche Erzählungen in zwei Bänden, Band 2, Frankfurt am Main 1991, S. 231.

dies vergessen wollten), dass sie ihm nicht trauen durften. Ein Dutzend Jahre lang versetzte er sein Volk in Trance, Rausch und rezidivierende Ekstase, wobei sich die Trance bald als Albtraum, der Rausch sehr bald als Blutrausch und die Ekstase ebenso bald als eine kollektive Abwehr von bodenlosen Schuld- und Schamaffekten herausstellen sollten. Der Demagoge hatte sein Publikum, das Publikum aber hatte auch seinen Demagogen gefunden; beide zusammen erst ergaben jene teuflisch-dämonische Dynamik, die große Teile Europas und der Welt beinahe verschlungen hat.

Von der politischen, ideologischen Dimension von Ekstase, Rausch und Trance kehren wir zur individuellen Ebene zurück. Suchtartig konsumierte Drogen und Verhaltensweisen sind genussfeindlich. Das wusste schon Epikur, dessen Ideen in der Geistes- und Kulturgeschichte zu Unrecht als Hedonismus bezeichnet wurden. Der griechische Denker trat für ein möglichst angst-, schmerz- und sorgenfreies sowie freud- und lustvolles Leben ein und war überzeugt, dass dies gelingt, wenn sich der Einzelne ein hohes Maß an Selbstbeherrschung und Autarkie erwirbt, um sich nicht in materiellen, sozialen, ideellen Angeboten um ihn her zu verlieren.

Gibt man Epikur recht (und ich plädiere sehr dafür), besteht ein wesentlicher Unterschied zwischen Sucht und Genuss im Grad der Autarkie, Autonomie und Ich-Stärke einer Person. Genießend ist der Mensch imstande, einen Schluck Wein zu sich zu nehmen, ohne dadurch seine Vigilanz und kognitive Auffassungsgabe zu schmälern. Genuss zeichnet sich durch die Souveränität des Genießenden sowie das Erleben von Wertaspekten des Genussmittels aus. Werden Letztere erkannt, geschätzt und verwirklicht (dies geschieht beim Feinschmecker oder *Gourmet*), handelt es sich um Genuss; werden sie hingegen verkannt oder nicht adäquat beachtet (wie dies beim Vielfraß oder *Gourmand* der Fall ist), entwickeln sich aus Genuss- nicht selten Rausch- oder Suchtmittel.

Mit diesen Hinweisen haben wir hinsichtlich einer Einordnung von Ekstase, Rausch und Trance die Ebene von Krankheit und Pathologie verlassen; stattdessen soll abschließend eine axiologische (Werte-bezogene) Sicht auf diese Phänomene interessieren. Dies ist vor allem relevant, weil das personale Niveau von Menschen und ihre Potenzialität, das Dasein befriedigend und glücksheischend zu gestalten, maßgeblich von ihren Fähigkeiten zur Wahrnehmung, Anerkennung und Realisierung möglichst vieler und hoher Werte abhängt.

Im günstigen Fall entwickeln wir durch Erziehung, Bildung und Eigeninitiative ein subtiles Sensorium für Werte aller Art sowie ein differenziertes Gefühlsleben, das es uns erlaubt, Sachwerte (Dinge, Geld) von Vitalwerten (Gesundheit), Personwerten (z. B. Würde) und überpersonalen Werten (Gerechtigkeit, Schönheit usw.) zu diskriminieren. Je umfassender und höher angesiedelt der Werthorizont eines Individuums ist, desto stabiler ist sein personales Niveau und desto ausgereifter ist seine Persönlichkeit.

In Bezug auf Ekstase, Rausch und Trance wünsche ich uns ein Wertempfinden, das uns in die Rolle des *Gourmets* und nicht des *Gourmands* bringt. Das versetzt uns am ehesten in die Lage, jene Werte zu erkennen und manchmal auch zu realisieren, die in diesen Phänomenen enthalten sind, ohne dass wir abhängig und süchtig werden: genussvolles Erleben des Jetzt und Moments; Erfahrungen von Grenzen und ihrer Transzendenz; Suche nach dem Außergewöhnlichen; das Ich stärkende Verschmelzung mit einem Du (Daseinseinigung und Daseinsmehrung). Mit diesen Werten verwirklichen wir ein Leben, dem man früher beinahe göttliche Attribute attestiert hätte – ein Leben also, das einst in einem lyrischen Daseinswunsch von Friedrich Hölderlin zum Ausdruck kam, der sich wie ein *Gourmet* sehr maßvoll für seine eigene Existenz den Wunsch formulierte: „Einmal / Lebt ich, wie Götter, und mehr bedarfs nicht."[12]

---

[12] Hölderlin, F.: An die Parzen (1797–98), in: Sämtliche Werke Band I, Darmstadt 1998, S. 188.

13

Anläufe für den großen Sprung ins Jetzt

Bei dieser Überschrift und beim Begriff des großen Sprungs mögen manche Leser mit Geschichtskenntnissen an eine politische Kampagne in China Mitte des letzten Jahrhunderts denken. Ende der 50er-Jahre hatte Mao Zedong angesichts der industriellen Rückständigkeit Chinas dem Land einen großen gesellschaftlich-wirtschaftlichen Sprung mit einer radikalen strukturellen Umgestaltung verordnet, die aus einem Agrarland binnen fünf Jahren eine Industrienation werden lassen sollte. Das Ergebnis dieses außerordentlich ungeduldig-autoritären Unterfangens ist bekannt: China hatte mit über 40 Millionen Opfern die tragischste Hungersnot der gesamten bisherigen Menschheitsgeschichte zu verzeichnen.

Wenn hier von einem großen Sprung die Rede ist, ziele ich auf komplett andere Inhalte und Dimensionen ab. Einerseits sind die Adressaten dieses Sprungs nicht die Vielen und die Menschenmassen eines Staates, sondern interessierte Einzelne; und andererseits handelt es sich dabei nicht um gigantomanische Zukunftspläne, sondern um eine (zumindest auf den ersten Blick) vollendete Harmlosigkeit und Petitesse: das Nu des Augenblicks, der flüchtige, unfassbare Moment des Jetzt und die stets vorüberhuschende Gegenwart.

Warum dann aber dieser mächtige Begriff des großen Sprungs, wo es sich doch lediglich um ein überaus ephemeres Phänomen – eben den Augenblick – handelt, der sich jetzt und jetzt und jetzt auch schon wieder zu all den weiteren Momenten gesellt, die längst vergangen sind und sich damit unserer gegenwärtigen, aktiven Einflussnahme erfolgreich entziehen und entzogen haben? Und wie soll überhaupt ein Sprung in eine Gegenwart möglich sein, die doch im Moment der Realisierung bereits zu den Altlasten der Vergangenheit zählt?

Walter Benjamin (1892–1940) hat in seiner *Ankündigung der Zeitschrift Angelus Novus* (1922) – ein Projekt, das aufgrund von wirtschaftlichen Schwierigkeiten nie verwirklicht wurde – das Ephemere des Augenblicks und das Schwindende des Jetzt und des Nu eindrücklich mit einem kleinen Hinweis auf eine Erzählung der Kabbala beschrieben:

> „Werden doch sogar nach einer talmudischen Legende die Engel – neue jeden Augenblick in unzähligen Scharen – geschaffen, um, nachdem sie vor Gott ihren Hymnus gesungen, aufzuhören und in Nichts zu vergehen."[1]

Dass die Zeit in Form der Gegenwart dauernd vergeht, ja oftmals zerrinnt, und dass deshalb der Impuls des Festhaltens oder Verlangsamens von (glücklichen) Momenten nicht nur bei den Engeln des Talmuds, sondern bei vielen von uns eine gehörige Rolle spielt, taucht als Problemstellung bereits bei Platon, Aristoteles, Epikur und anderen antiken Denkern auf. Der eine (Platon) suchte Trost für den dauernden zeitlichen Wandel in der Orientierung an ewig scheinenden Ideen; der andere (Aristoteles) plädierte für ein tätiges Leben in der vergehenden Zeit; der dritte (Epikur) empfahl, das Faktum des Sterben-Müssens so weit wie möglich als Anathema zu begreifen und einen asketischen Lebensstil zu bevorzugen, um damit Lebensenergien auf die Gegenwart zu konzentrieren und trotz aller Wechselfälle des Daseins eine freudvolle Existenz zu führen.

Bereits bei den Vorsokratikern und in der griechischen Mythologie unterschied man diverse Zeitbegriffe und Zeitkonzepte: *Chronos* als die fließende Zeit, bei der sich die Einheiten (Minuten, Stunden, Tage etc.) gleichen, leicht vermessen sowie als vergangene oder zukünftige Zeit eingeordnet wurden; *Äon* als Weltzeit und als mythologische Gottheit; und schließlich *Kairos*, der rechte Augenblick, den es zu erkennen und beim Schopfe zu packen galt. Begegnete einem antiken Griechen der *Kairos*, blähte sich dieser Moment mit seinen Bedeutungsgehalten und mit seinen Gelegenheiten zur Wertrealisation für ihn subjektiv eventuell enorm auf. Stunden vergingen wie im Flug, und in wenigen Minuten wurden emotionale und intellektuelle Entwicklungen durcheilt, für die im chronologischen Leben Tage und Wochen zu veranschlagen gewesen wären.

---

[1] Benjamin, W.: Ankündigung der Zeitschrift Angelus Novus (1922), in: Gesammelte Schriften Band II.1, Werkausgabe, Band 4, Frankfurt am Main 1980, S. 246.

Das christliche Mittelalter kannte ebenfalls die Veredelung des Augenblicks, dem es Dauer zuschreiben wollte, wenn er als Gegenwart des Gottes verstanden werden konnte. Die Scholastiker bezeichneten solche Momente als *nunc stans*, als stehendes Jetzt, dem sie Ewigkeitscharakter attestierten. Solche stillgestellte Zeit wurde der laufenden Zeit, den Zeitläuften (*currens tempus*) entgegengesetzt. Auf alten Standuhren kann man noch den dazu passenden lateinischen Spruch *tempus fugit* (die Zeit verfliegt) lesen – eine Formulierung, mit der sich nicht wenige von uns auch heute noch identifizieren können und müssen.

Die Säkularisierungstendenzen der Neuzeit und in der westlichen Welt gingen auch an den diversen Zeitkonzepten nicht spurlos vorüber. *Chronos* und *currens tempus* werden oftmals als repetitiver Alltag, als selbstentfremdete Arbeitswelt mit von Maschinen und Produktionsabläufen diktierten Rhythmen verstanden, wohingegen *Kairos* und *nunc stans* in die Urlaubs- und Freizeiten verlegt werden. Oft genug freilich ereignen sich in diesen Zeiträumen weder der Einbruch des Göttlichen noch ein Übermaß an Sinn-, Wert- und Bedeutungsvollem, sodass die Betreffenden sich entweder der Langeweile (*nunc stans*) ausgesetzt sehen oder derselben mit Spiel, Tand und Events zu entkommen versuchen.

Wie aber können wir im 21. Jahrhundert erfüllte Augenblicke imaginieren und realisieren, über die Friedrich Nietzsche in *Also sprach Zarathustra* (1883–85) in dichterischer Manier schrieb: „Spracht ihr jemals ‚du gefällst mir, Glück! Husch! Augenblick!' … Oh Mensch! Gib acht! / Was spricht die tiefe Mitternacht? / ‚Ich schlief, ich schlief –, / Aus tiefem Traum bin ich erwacht: – / Die Welt ist tief, / Und tiefer als der Tag gedacht. / Tief ist ihr Weh –, / Lust – tiefer noch als Herzeleid: / Weh spricht: Vergeh! / Doch alle Lust will Ewigkeit –, / will tiefe, tiefe Ewigkeit!"[2]

Eine erste Vorübung, eine Art Exerzitium in der Kunst, die Möglichkeiten eines Augenblicks wahrzunehmen und eventuell auch zu verwirklichen, besteht in der Steigerung von Mußefähigkeit. Muße bedeutet freies Verweilen in der Zeit sowie Betrachten des Daseins ohne Angst, Begierde und Affekt. Sie ereignet sich jenseits von Notdurft und Zweckrationalismus; eingebettet in kulturelle Kontexte wird sie mit verschiedenen Begriffen und Inhalten assoziiert. Sprachen die Alten von *Otium* (lateinisch: Muße, Ruhe, Studium, Verzögerung, Langsamkeit) und kontrastierten diese mit *Negotium* (dieses Wort steht für Arbeit, meist von Sklaven realisiert), benutzen heute viele Menschen Termini wie chillen, relaxen und meditieren sowie Wellness oder auch *quality time*, um auf Ähnliches wie in der römischen Antike abzuheben.

---
[2] Nietzsche, F.: Also sprach Zarathustra (1883–1885), in: KSA 4, München 1988, S. 402ff.

Ob jedoch mit Relaxen analoge Ergebnisse erzielt werden, wie es der tradierte Mußebegriff zumindest idealerweise glauben machte, darf bezweifelt werden. Von Cicero stammt die Formel *Otium cum dignitate*, also würdevolle Muße, die auf eine philosophische, das eigene Ich wie die Welt bedenkende Schau hintendierte. Ebenso war die schöpferische Muße gemeint, wenn in der Antike von *Otium* die Rede war – also eine entspannte und spielerische Art der Nachdenklichkeit und des Lauschens auf Einfälle, Fantasien und Bilder, die sich in gewisser Weise als Kommentar zum Leben und zu dessen Phänomenen konstellierten, ohne dass der Betreffende damit bestimmte Ziele und Zwecke verfolgte.

Dass derartige Existenzformen seltener geworden sind, verdanken wir nicht nur den Einflüssen einer christlich geprägten Kultur, die den Müßiggang, die Trägheit als Laster disqualifizierte. Daneben hat sich auch, auf der protestantischen Ethik fußend, die in der westlichen Kultur dominierende (soziale) Marktwirtschaft als mußefeindlich erwiesen. Dieser käme es wohl nicht in den Sinn, so wie in der Antike die Muße *(Otium)* als das begriffliche Positivum und die Arbeit (*Negotium*) als das Negativum (*neg* bedeutet die Verneinung, das Nicht) zu begreifen.

Das intentionslose Schauen, Hören und Sinnieren zeichnet auch heute noch die Muße aus. Normalerweise dominieren unseren Alltag Tausende von Aufgaben, Erledigungen, Problemstellungen, Kontakten, Konsumangeboten, Reizen, Events und Terminen, die unsere Lebenszeit komplett ausfüllen. Selbst jene Zeiträume, die wir als Freizeiten definieren, erhalten Programmpunkte zugeordnet: vom Kinobesuch bis zum Shoppingausflug und vom Fitnesstraining bis zur Studiosus-Städtetour sind unsere Freizeiten häufig minutenexakt getaktet, ohne dass dies Muße bedeutet. Im Gegenteil: Meist wissen wir bereits im Voraus, was wir mit unserer freien Zeit anzustellen haben, um uns nicht zu – langweilen.

Den Mut zu einem stunden- oder tageweisen programm- und intentionslosen Dasein, von dem wir zuletzt sagen können, es sei ereignisarm, aber gedankenreich gewesen, bringen wir nur selten auf – eine Daseinsform, die Goethe im Gedicht *Gefunden* prägnant und lapidar zugleich skizziert hat: „Ich ging im Walde / So für mich hin, / Und nichts zu suchen, / Das war mein Sinn."[3]

Eine Berufsgruppe, die sich eine solche von Muße und Gelassenheit geprägte Lebenseinstellung und -haltung systematisch zu eigen und zum Hauptinhalt ihres Berufes wie auch ihres Alltags gemacht hat, sind die Flaneure (französisch *flaner* bedeutet umherschweifen und schlendern). Im 19. Jahr-

---

[3] Goethe, J.W. von: Gefunden (1813), in: Gedichte und Epen I, HA Band 1, München 1981, S. 254.

hundert waren diese Personen meist als Dandys verschrien, wobei dem Dandy mehr narzisstische Bedürfnisse unterstellt wurden als dem Flaneur.

Flaneure machten in den ersten Jahrzehnten des 20. Jahrhunderts positiv von sich reden – dann wurde ihr Schlendern vom hämmernd-ekligen Stechschritt der braunen Stiefel abgelöst. Soziologen wie Georg Simmel und David Riesman sowie Dichter, Schriftsteller und Intellektuelle wie Edgar Allen Poe, Joseph Roth, Franz Hessel, Siegfried Kracauer, Walter Benjamin entwarfen in ihren Schriften diverse Spielarten des Flaneurs. Bekannt geworden ist Benjamins *Passagenwerk* (1983 publiziert), dessen Gedankenkaleidoskop auf unzähligen Schlendereien durch Paris entstanden ist; oder ebenso Franz Hessels Texte über die schwierige Kunst, spazieren zu gehen:

> „Langsam durch belebte Straßen zu gehen, ist ein besonderes Vergnügen. Man wird überspült von der Eile der anderen, es ist ein Bad in der Brandung … Hierzulande muss man müssen, sonst darf man nicht. Hier geht man nicht wo, sondern wohin."[4]

Das Flanieren kann als ein absichtsloses Finden ohne zu suchen charakterisiert werden. Anders als beim zielgerichteten Gang durch eine Stadt oder Landschaft zwingt der Flaneur den Dingen, Menschen und Verhältnissen um ihn her keine eigenen Intentionen, Wünsche, Bedürfnisse auf und steigert so die Chancen der Welt, sich in ihrem So-Sein, ihren Eigentümlichkeiten zu präsentieren. In gewisser Weise kann man Flaneure als phänomenologische Fußgänger bezeichnen: Ähnlich wie die Phänomenologen lassen sie sich vom Sein der Welt und vom Dasein ihrer Mitmenschen anmuten und überraschen, ohne ihre vorgefertigten Meinungen und Theorien als Ideenkleider über die Gegenstände, Sachverhalte, Zeitgenossen zu werfen, die ihnen begegnen:

> „Den Flanierenden leitet die Straße in eine entschwundene Zeit. Ihm ist eine jede abschüssig. Sie führt hinab, wenn nicht zu den Müttern, so doch in eine Vergangenheit, die umso bannender sein kann, als sie nicht seine eigene, private ist … 1839 war es elegant, beim Promenieren eine Schildkröte mit sich zu führen. Das gibt einen Begriff vom Tempo des Flanierens in den Passagen … Der Müßiggang des Flaneurs ist eine Demonstration gegen die Arbeitsteilung."[5]

Insbesondere eine spezielle Art der Passivität und Rezeptivität lässt sich bei den Großmeistern des Flanierens sehen und lernen: Sie greifen nicht aktivverändernd ins Geschehen ein, sondern belassen die Welt in ihren Abläufen

---

[4] Hessel, F.: Ein Flaneur in Berlin (1929), Berlin 2007, S. 5 und 7.
[5] Benjamin, W.: Das Passagenwerk (1982), erster Band, Frankfurt am Main 1983, S. 524 / 532 / 538.

und Dynamiken – ein Belassen bis hin zur Gelassenheit. In der abendländischen Philosophie wurden derartige Tugenden vor allem in der Stoa wertgeschätzt. In der zeitgenössischen Philosophie hat sich Martin Heidegger (in *Gelassenheit*, 1955) mit diesem Topos auseinandergesetzt, und Günter Figal (geboren 1949), der lange Zeit den Lehrstuhl von Husserl und Heidegger als deren Nachfolger in Freiburg innehatte, bezog die Gelassenheit sehr direkt auf die Muße:

> „Man muss nicht mit allem, was da ist, rechnen und zusehen, ob es sich der eigenen Rechnung fügt. Man kann es sein lassen, nicht resignativ, sondern so, dass man das eigene Tun im Lassen, im Gelassenen versteht. Ohne solches Seinlassen und die ihm zugehörige Gelassenheit gibt es keine Muße."[6]

Sobald sich Menschen, Tiere, Pflanzen, sogar die Dinge unbehelligt, grundsätzlich bejaht wähnen, geben sie sich authentischer, sprechen unbefangener, verhalten sich ihrer Natur gemäßer. Damit offenbaren sie Zurückgehaltenes, Bedecktes, Geheimnisvolles, und der Flaneur entdeckt an ihnen somit eventuell die eine oder andere *trouvaille*, einen glücklichen Fund, den er als Belohnung für seine dezente Art des Schauens mit sich tragen darf.

Die Momente der Muße können wir analog zum Flanieren als Phasen eines schlendernden Betrachtens des Daseins auffassen, in denen wir wie ein Flaneur über verschiedene Plätze und durch die Gassen unserer Biografie streifen, uns treiben und uns von den überraschenden Eindrücken dieses Existenz-Bummels anmuten lassen, hier und da etwas verweilen und dann wieder absichtslos und ohne erkennbares Ziel weiter flanieren. Womöglich würden wir dabei auch auf Korrekturbögen unseres Lebens stoßen – ein Wunsch und eine Formulierung, die von Eduard Graf von Keyserling (1855–1918) stammt, dem das Flanieren durch Städte wie München oder Wien ebenfalls nicht fremd war.

Diese Form des mußevollen, bei Nebensächlichkeiten verweilenden und dabei aufschlussreiche Trouvaillen realisierenden Schlenderns durch eigene wie fremde Lebensgeschichten wurde nicht nur von den Flaneuren in den Rang beinahe eines Berufs erhoben. Auch manche Philosophen legten großen Wert darauf, ihr Denken aus den Atmosphären der Muße und eines intellektuellen Flanierens entspringen zu lassen und dabei den Moment, den glücklichen Einfall oder das jählings in den Sinn kommende Bonmot zu berücksichtigen.

---

[6] Figal, G.: Bedeutung von Muße für ein gutes Leben (2014), zit. n. https://www.schader-stiftung.de/themen/gemeinwohl-und-verantwortung/fokus/nachhaltigkeit.

Friedrich Nietzsche war ein solch entschiedener Verfechter eines mußevollen Daseins als Denker und Philosoph. Er machte vor allem die Arbeit (im Sinne von selbstentfremdeter, körperlich wie auch seelisch-geistig erdrückender Tätigkeit) dafür verantwortlich, dass Menschen kaum Gelegenheit finden, *Otium cum* oder auch *sine dignitate* zu realisieren. Wenn ihnen die Arbeitsorganisation freie Zeiten ermöglicht, sind sie in der Regel derart erschöpft und zugleich ungeübt, dass ihnen jegliches Interesse und jede Lust an der Muße verleidet ist; stattdessen sind sie froh, sich zu erholen, um anderntags wieder ihre Arbeit aufzunehmen:

> *„Muße und Müßiggang.* – Man schämt sich jetzt schon der Ruhe; das lange Nachsinnen macht beinahe Gewissensbisse. Man denkt mit der Uhr in der Hand, wie man zu Mittag isst, das Auge auf das Börsenblatt gerichtet, ... So gibt es nur selten Stunden der erlaubten Redlichkeit: in diesen aber ist man müde und möchte sich nicht nur 'gehen lassen', sondern lang und breit und plump sich hinstrecken ... Die Arbeit bekommt immer mehr alles gute Gewissen auf ihre Seite: der Hang zur Freude nennt sich ... 'Bedürfnis der Erholung' und fängt an, sich vor sich selber zu schämen. 'Man ist es seiner Gesundheit schuldig' – so redet man ... Ja, es könnte bald so weit kommen, dass man einem Hang zur *vita contemplativa* (das heißt zum Spazierengehen mit Gedanken und Freunden) nicht ohne Selbstverachtung und schlechtes Gewissen nachgäbe."[7]

Das Konzept *Vita contemplativa* (kontemplatives, nachdenkliches, beschauliches Dasein), das Parallelen mit der Muße aufweist, geht unter anderem auf Aristoteles zurück, der damit ein vorrangig dem Erkenntnisgewinn gewidmetes Leben (*Bios theoretikos*) beschrieben hat. Der Erkenntnisgewinn war für ihn viel wertvoller als politische oder soziale Aktivitäten (*Bios praktikos*). Um den Erkenntnisgewinn zu ermöglichen, sei Konzentration nötig, die etwa im Peripatos (Schuleinrichtung des Aristoteles) eingeübt und gewährleistet wurde. Ähnliches hatte Platon im Sinn, als er seine Akademie gründete, zu der lediglich handverlesene Schüler Zutritt hatten; sie waren vom lärmigen Alltag räumlich abgegrenzt, um sich vom philosophischen Reflektieren nicht ablenken zu lassen.

Im Mittelalter bezog man die *Vita contemplativa* auf das mönchische Leben, das sich wie das antike philosophische Leben (bei Platon und Aristoteles) in separaten Räumen und an ausgewählten Orten ereignen sollte. Hierzu erbaute man Klosteranlagen, die in sich wiederum mit speziellen Räumlichkeiten für Konzentration, Kommunikation, Alltagsverrichtungen und Gottes-

---

[7] Nietzsche, F.: Die fröhliche Wissenschaft (1882), in: KSA 3, München 1988, S. 556f.

dienst ausgestattet waren. Die Kontemplation, im christlichen Mittelalter als die schauend-betend-meditierende Kontaktnahme mit der Gottheit verstanden, fand allein, zu bestimmten Anlässen, aber auch unter den Mitmönchen statt. Hierfür wurde ein Regelwerk erdacht, das den Lebensrhythmus der Klosterinsassen festlegte.

Eine nochmals andere Ausgestaltung erlebte die *Vita contemplativa* an den Universitäten, die – beispielsweise in England – als Campus entworfen wurden, der ebenfalls eine in sich abgeschlossene Einheit innerhalb von Städten bildete, und dessen Räumlichkeiten an die Klöster des Mittelalters erinnerten. Auch hier sollte (so die konzeptionelle Überlegung) durch Konzentration, Abgrenzung, durch eigene Rhythmen des Daseinsvollzugs und durch Abwechslung von Studienzeiten (der Adept war sich dem Lernstoff allein überlassen) und Kolloquien (Lernende und Lehrende trafen sich zu Vortrag, Disputation) eine Atmosphäre des Lehrens, Lernens, Forschens erzeugt werden, die den Beteiligten persönliche Reifung sowie wissenschaftlichen Erkenntnisgewinn ermöglichte. In den *Institutes for Advanced Studies* (so in Princeton, USA) oder in diversen Begegnungsstätten für Fellows und Stipendiaten (z. B. die Villa Massimo, Rom) versucht man auch im 21. Jahrhundert, die Tradition von *Vita contemplativa* inklusive der dafür nötigen räumlichen und zeitlichen Voraussetzungen fortzuführen.

Eine weitere Lesart des Konzepts von *Vita contemplativa* hat Hannah Arendt vorgeschlagen. In ihren Büchern *Vita activa oder Vom tätigen Leben* (1958) sowie *Vita contemplativa – Vom Leben des Geistes* (postum 1989) untersuchte sie die Begriffe Arbeiten, Herstellen und Handeln (Phänomene von *Vita activa*) sowie die Begriffe Denken, Wollen und Urteilen (als *Vita contemplativa*). Diese letztere Form des Lebens bedeutete für sie eine besondere, seltene Art der Existenzgestaltung. Denken, Wollen und Urteilen, die *Vita contemplativa*, sind (so Arendt) verglichen mit der *Vita activa* für viele Menschen schwer zu erlernen; diesbezüglich müsste man lange Zeit wirklichen Denkern (beispielsweise im Dialog) bei deren Denkakten beiwohnen. Für beide Daseinsvarianten sind Räume und Zeiten der Gestaltung notwendig – und sei es nur, dass wir vom Schreibtisch (als Ort des Herstellens oder Handelns und damit der *Vita activa*) aufstehen und uns zum Nachdenken und schauenden Sinnieren (*Vita contemplativa*) in unseren Fauteuil setzen.

Womit ich wieder zurück zu unserem Ausgangsthema, der Muße und vor allem dem großen Sprung ins Jetzt und in die Momente und Augenblicke der Gegenwart komme. *Vita contemplativa* wie auch Muße ereignen sich nur, so fasse ich meine bisherigen Ausführungen zusammen, wenn es dafür die nötigen räumlichen wie auch zeitlichen Voraussetzungen gibt. Es müssen keine Akademien, Universitätsgelände, Klöster, *Institutes for Advanced Studies* sein, um Muße zu ermöglichen; aber ein Minimum an Freizeit und Freiraum ist unabdingbar, damit Mußefähigkeit (Flanieren, gelöstes Denken, sinnierendes Schauen, gelassenes Spazierengehen mit den eigenen Gedanken) und damit die Grundlagen für ein Leben im Augenblick und ein Erleben der Gegenwart sich entwickeln.

Doch was sind die Charakteristika von Raum- und Zeiterleben bei *Otium*, Muße, *Vita contemplativa* und damit auch beim Erleben des Augenblicks? Wie eingangs für die scholastischen Überlegungen zum *nunc stans* erwähnt, finden wir auch bei Muße, Kontemplation und Jetzt-Erleben eine Veränderung des Zeitempfindens, das für den Betreffenden die Qualität von Fast-Stillstand oder von Kreisbewegung annimmt, ohne dass das Geschehen an ein temporäres Ende kommt. Wenn jedes Zurückschauen und Nach-vorne-Blicken auf denselben Zeitpunkt zusteuert und einschwenkt, befinden wir uns in einem kreisförmigen Zustand, der kein Vorher oder Nachher akzeptiert; wir tauchen in ein langes Jetzt ein, das ein artifizielles, aber kein natürliches Ende kennt.

Dieses Erleben von Ewigkeitsinseln im Strom der Zeit bedeutet ein weiteres Charakteristikum von Muße, Kontemplation, Auskosten des Moments. Im Zustand von *Otium* vergessen wir die Zeit nicht nur – sie hat für uns den Aggregatzustand von liquide hin zu arretiert gewechselt, und deshalb können wir müßig schauen, hören, denken und den Augenblick genießen, ohne dass uns dabei irgendetwas ablenkt – schon gar kein Chronometer, das uns zurückholt in die Welt- und Raumzeit der Physik. Rainer Maria Rilke hat derlei in seinen *Sonetten an Orpheus* lyrisch zum Ausdruck gebracht:

„Wir sind die Treibenden. / Aber den Schritt der Zeit, / nehmt ihn als Kleinigkeit / im immer Bleibenden. / Alles das Eilende / wird schon vorüber sein; / denn das Verweilende / erst weiht uns ein. / Knaben, o werft den Mut / nicht in die Schnelligkeit, / nicht in den Flugversuch. / Alles ist ausgeruht: / Dunkel und Helligkeit, / Blume und Buch."[8]

Mit Verweilen ist jenes Zeiterleben gemeint, das eben als eine Miniaturewigkeit bezeichnet wurde. Goethe lässt in *Faust I* die Hauptfigur dem Mephisto gegenüber ausrufen: „Werd' ich zum Augenblicke sagen: / Verweile doch! du bist so schön! / Dann magst du mich in Fesseln schlagen, / Dann will ich gern zugrunde gehn!"[9] Damit spielte der Dichter auf einen zeitlichen Zustand an, der Ähnlichkeiten mit dem Zeiterleben von Muße, Gegenwart und *nunc stans*

---

[8] Rilke, R.M.: Sonette an Orpheus, Erster Teil, das XXII. Sonett (1922), in: Die Gedichte, Frankfurt am Main 2006, S. 731.
[9] Goethe, J.W. von: Faust I (1808), in: Dramen I, HA Band 3, München 1986, S. 57 (Vers 1699ff.).

aufweist – ein Zeiterleben, bei dem nicht das Sequenzielle und die Chronologie der Abläufe, sondern die Parallelität und die Gleichzeitigkeit von Eindrücken und Erlebnissen (verschiedene Gegenstände, Ereignisse, Sinnesqualitäten) im Vordergrund steht. Günter Figal beschrieb dies treffend in seiner Abhandlung über die Muße:

> „Wer Muße hat, lebt nicht nach der Uhr … Dass in der Muße die Zeit ihre Dominanz verliert, also … das Nacheinander nicht mehr von Bedeutung ist, lässt sich auch so ausdrücken, dass an die Stelle des Nacheinanders das Nebeneinander tritt. Im Museumsraum ist das, im Wortsinn, offensichtlich. Bild hängt neben Bild, und das eigentümliche Vergnügen, das man empfinden mag, kommt aus dieser Fülle von Möglichkeiten der Betrachtung und der Betrachtbarkeit. Ein Nebeneinander in diesem Sinne ist nicht zeitlich, sondern räumlich. Raum lässt nebeneinander sein, und entsprechend ist die Muße nicht wesentlich zeitlich, sondern, wie schon aus ihrer Affinität zu besonderen Räumen geschlossen, räumlich."[10]

Muße und Jetzt-, Augenblickserleben können aufgrund ihres Herausfallens aus chronologischen Abläufen und Rhythmen sowie wegen des damit verbundenen statisch-vertikal (nicht horizontal) anmutenden Zeitempfindens als eine Art des Existierens charakterisiert werden, bei dem es gleichsam um Ewigkeitszustände geht – allerdings um irdisch-diesseitige Zustände. Seit Jahrhunderten bereits wird den Menschen von Religionsgründern, Priestern, Transzendenzvertretern jeglicher Couleur eine jenseitige Ewigkeit nach den wenigen Jahrzehnten des Erdendaseins versprochen. Dürfte man den schönen Verheißungen Glauben schenken, könnten wir uns ein Dasein nach unserem Tode ausmalen, das ähnlich statisch-zirkulär verläuft (oder eben nicht verläuft, sondern sich permanent ereignet), wie wir es in den wenigen Minuten oder Stunden des Jetzt und des Moments, der Muße, der Gegenwart und des *nunc stans* hier auf Erden manchmal schon genießen.

Umgekehrt kann man die Suche nach Muße und dem Jetzt als entschiedenes Bekenntnis zur Existenzform der Immanenz auffassen, als Ewigkeitsbekundung *en miniature*, die auf transzendente Erlösungsszenarien und illusionäre Hoffnungen verzichtet und stattdessen für die begrenzten, aber realen irdischen „Ewigkeiten" plädiert. In der Muße ebenso wie in erfüllten, von Kairos geprägten Augenblicken eröffnen sich stets nur überschaubar kleine Freiräume und Freizeiten; doch jene, die sie nutzen und genießen, er-

---

[10] Figal, G.: Bedeutung von Muße für ein gutes Leben (2014), zit. n. https://www.schader-stiftung.de/themen/gemeinwohl-und-verantwortung/fokus/nachhaltigkeit.

leben diese begrenzten Freiheiten womöglich viel würdevoller als die noch so ewigkeitsgetränkten imaginär-illusionären:

> „Der menschliche Entwurf der Muße klammert das für unsere Spezies unaufhebbare Bedrohungsszenario (Begrenzung, Tod) nicht aus. Im Gegenteil: Er antwortet … bewusst darauf – allerdings entschlossen innerweltlich … Die Muße setzt dieser Bedrohung die Chance entgegen, bereits *im* Leben und *vor* dessen unausweichlichem Endpunkt einen Freiraum zu schaffen … So erweist sich … der Freiraum gelebter Muße als … eine Enklave des menschlich noch Verfügbaren gegenüber der geballten Macht des Unverfügbaren."[11]

In den Momenten umfassender Präsenz im Jetzt und im Augenblick erleben wir häufig disparate, assoziative, sich von der Seite einschleichende, überraschende, widersprüchliche, aufwühlende oder aber jählings Lösungen vorgaukelnde Gedanken. Das Jetzt wird als emotional und gedanklich offen empfunden, als Freiraum für Kreativität, Originalität, Musikalität, poetisch-melodisch-sinnliche Ausgestaltung der Existenz. Aufgrund eines solchen Potenzials tragen Muße, Flanieren, Leben im Augenblick nicht selten Möglichkeiten in sich, persönliche und soziale Ordnungen zu hinterfragen, da sie uns, manchmal mittels eines einzigen Gedankens oder Werdens-Impulses, aus dem Alltag herauszukatapultieren vermögen.

Wie sehr dieser Alltag mit einerseits seinen Aufregungen und Überraschungen und andererseits mit seinen wiederkehrenden Abläufen und Rhythmen und dem damit assoziierten Zeiterleben fast vollständig in den Hintergrund gedrängt und vergessen werden kann, bestätigen häufig jene, die für einige Tage, Wochen oder noch länger ernsthaft erkranken. Bei ihnen verändert sich oftmals ihr subjektives Zeitempfinden weg von einem galoppierend-horizontalen Vergehen der Zeit hin zu einem beinahe statisch-vertikalen Stehen und Gerinnen der Zeit:

> „Wie rasch eine Reihe, ja eine lange Reihe von Tagen vergeht, die man als Kranker im Bette verbringt; es ist immer derselbe Tag, der sich wiederholt; aber da es immer derselbe ist, so ist es im Grunde wenig korrekt, von Wiederholung zu sprechen; es sollte von Einerleiheit, von einem stehenden Jetzt oder von der Ewigkeit die Rede sein … Die Zeitformen verschwimmen dir, rinnen ineinander, und was sich als wahre Form des Seins dir enthüllt, ist eine ausdehnungslose Gegenwart."[12]

---

[11] Soeffner, H.-G.: Muße – Absichtsvolle Absichtslosigkeit, in: Hasebrink, B. und Riedl, P.P. (Hrsg.): Muße im kulturellen Wandel – Semantisierungen, Ähnlichkeiten, Umbesetzungen, Berlin 2014, S. 52f.
[12] Mann, T.: Der Zauberberg (1924), Frankfurt am Main 1986, S. 257f.

Im Roman *Der Zauberberg* (1924) ist es Hans Castorp, der derlei erlebt und der ursprünglich nur drei Wochen seinen Vetter Joachim Ziemßen in einem Davoser Lungensanatorium besuchen wollte; schließlich blieb er – selbst zum Patienten geworden – ganze sieben Jahre dort. Immer wieder fasziniert ihn das veränderte Zeiterleben, das ihn Wochen und sogar Monate auf Tage zusammenkonzentriert empfinden lässt – wobei er mehrfach darüber nachsinnt, inwiefern es sich dabei um „freie Zeit, die von betäubender Tätigkeit nicht vergessen gemacht, verzehrt und verscheucht wird"[13] und also um eine Spielart von Muße handelt; oder aber um Langeweile, die es zu meiden und zu vertreiben gilt:

> „Was man Langeweile nennt, ist also eigentlich vielmehr eine krankhafte Kurzweiligkeit der Zeit infolge von Monotonie; große Zeiträume schrumpfen bei ununterbrochener Gleichförmigkeit auf eine das Herz zu Tode erschreckende Weise zusammen."[14]

Hans Castorp erlebte die stehend-vertikalen Zeitabschnitte überwiegend als Jetzt-Momente und als Möglichkeiten einer ungezwungenen, nicht vorstrukturierten und keinen fixen Ergebnissen verpflichteten Reflexion über sich, die Mitmenschen und die Welt. Solche Zeiträume nutzte er als existenzielle Lockerungsübungen, und auch wir dürften mit deren Hilfe bisweilen Pläne, Regeln, Ordnungsgefüge (gedanklich) überschreiten. Solche Freizeiten und Freiräume können außerdem all jenen anempfohlen werden, die sehr geregelte Alltage (als Jurist, Wissenschaftler, Ingenieur, Beamter, Gelehrter etc.) aufzuweisen haben und denen es deshalb gut zu Gesichte stünde, produktiv-neue Gedanken und Konzepte zu entwickeln. Schon Nietzsche bemängelte bei diesen Berufsgruppen ein Zuwenig an Originalität aufgrund von Defiziten an Muße, Kontemplation, Augenblickserleben:

> *„Hauptmangel der tätigen Menschen.* – Den Tätigen fehlt gewöhnlich die höhere Tätigkeit: ich meine die individuelle. Sie sind als Beamte, Kaufleute, Gelehrte, d. h. als Gattungswesen tätig, aber nicht als bestimmte einzelne und einzige Menschen; in dieser Hinsicht sind sie faul ... Die Tätigen rollen, wie der Stein rollt, gemäß der Dummheit der Mechanik. Alle Menschen zerfallen, wie zu allen Zeiten so auch jetzt noch, in Sklaven und Freie; denn wer von seinem Tage nicht zwei Drittel für sich hat, ist ein Sklave, er sei übrigens wer er wolle: Staatsmann, Kaufmann, Beamter, Gelehrter."[15]

---

[13] Mann, T.: Der Zauberberg (1924), Frankfurt am Main 1986, S. 146.
[14] Mann, T.: Der Zauberberg (1924), Frankfurt am Main 1986, S. 148.
[15] Nietzsche, F.: Menschliches, Allzumenschliches (1878/79), in: KSA 2, München 1988, S. 231f.

13 Anläufe für den großen Sprung ins Jetzt 195

Diese Gedanken Nietzsches hat im 20. Jahrhundert Bertrand Russell (1872–1970) aufgegriffen und auf seine Art radikalisiert. In seinem Buch *Lob des Müßiggangs* (1932) äußerte er seine entschiedene Skepsis im Hinblick auf die Überschätzung von Arbeit in der westlichen Welt. Statt zehn oder zwölf Stunden des Tages mit teilweise erschöpfenden oder erniedrigenden Tätigkeiten zuzubringen und dies auch noch als gesellschaftliche und persönliche Errungenschaft zu feiern, sei es für den Einzelnen wie die Kultur gesünder, sinnvoller, produktiver, weniger Zeit mit Lohnarbeit und mehr Zeit für die Entwicklung von Person und Kultur aufzubringen:

> „Die Moral der Arbeit ist eine Sklavenmoral … Bei dem Stand der modernen Technik wäre es möglich, allen Menschen Freizeit und Muße gleichmäßig zuzuteilen … Wenn auf Erden niemand mehr gezwungen wäre, mehr als vier Stunden täglich zu arbeiten, würde jeder Wissbegierige wissenschaftlichen Neigungen nachgehen können und jeder Maler könnte malen, ohne dabei zu verhungern, und wenn seine Bilder noch so gut wären."[16]

Mußefähigkeit bedeutet eine Emanzipationsstrategie, mit deren Hilfe sich der Einzelne den ihn determinierenden Alltagsthemen (etwa seiner Arbeitswelt) wie auch gegenüber den ihn eventuell limitierenden eigenen Persönlichkeitszügen einen Spielraum der existenziellen Beweglichkeit schaffen kann. Dass derlei für uns zum Thema und zur Herausforderung wird, liegt in der menschlichen Natur begründet, die neben einer animalischen, zentrischen Form auch exzentrische Formen des Existierens erlaubt – so lautet die Beschreibung Helmuth Plessners.

Dem Philosophen zufolge leben Tiere beinahe ausschließlich zentrisch und aus ihrer Mitte heraus, ohne zu dieser Mitte Stellung beziehen sowie ihr Verhältnis dazu und zu ihrer Umwelt kommentieren zu können; sie gehen in ihrem Erleben auf und leben stets im Hier und Jetzt. Menschen hingegen verwirklichen sowohl diese tierische Existenzform (zum Beispiel im Schlaf, in der Hingabe während eines Konzerts, in gelingender Sexualität, beim Tanz) als auch eine exzentrische – sie stehen dann gleichsam neben sich, erleben bewusst ihr Dasein und formulieren dazu einen Kommentar. Es gehört mit zu den wesentlichen Aufgaben unseres Lebens, den Wechsel von zentrischer zu exzentrischer Positionalität und retour adäquat, also den jeweiligen Gegebenheiten angemessen zu vollziehen.

Bei manchem Existenzvollzug (Tanz, Bewegung, Ernährung, Sexualität) können die anderen, kann ein Du behilflich sein, falls wir Mühe haben, in die

---

[16] Russell, B.: Lob des Müßiggangs (1932), Wien 1957, S. 14/16/29f.

zentrische Position und damit ins *nunc stans* hineinzugeraten. Beim Tanz ist es augenfällig, dass häufig der oder die Eine eine Führungsrolle übernimmt und den oder die Andere ins Zentrische hineinzieht. Ähnliches geschieht in den intimen Situationen von Zärtlichkeit und Sexualität, bei denen der Erfahrenere, Leidenschaftlichere den Zurückhaltenderen ins Jetzt, in die Momente der Gegenwart hineinverführt. Die orgiastische Aufgipfelung ihrer Existenz schließlich wird dann nicht so sehr als Synchronizität, sondern besser und vielmehr als Synkairozität empfunden – als ein gemeinsam genossener Kairos, von dem man versteht, warum die Protagonisten das Zurück in den horizontalen Galopp der Chronologie und des Alltags häufig so lange wie immer möglich hinauszuzögern versuchen.

Zu Beginn dieses Kapitels habe ich auf einen historischen Prozess, den großen Sprung nach vorn im China der 50er-Jahre des letzten Jahrhunderts, hingewiesen, um auf den literarischen Sprung ins Jetzt anzusetzen. Enden möchte ich mit einem nochmaligen historischen Schwenk – allerdings nicht gesellschaftlicher, sondern individueller Natur, um kurz an ein gelungenes Beispiel für diesen Sprung ins Jetzt zu erinnern.

In den 80er-Jahren des 18. Jahrhunderts entstand in Italien ein großformatiges Bild des Malers Johann Heinrich Wilhelm Tischbein (1751–1829), das inzwischen als Gemälde sehr bekannt geworden ist: *Goethe in der Campagna* (1787). Auf dem Kunstwerk – es hängt an prominenter Stelle im Frankfurter Städel-Museum – sehen wir Goethe zusammen mit verschiedenen Gegenständen (Aquädukt, ein korinthisches Kapitell, ein Bas-Relief, etliche Ruinen) abgebildet, die der Dichter nebeneinander und nicht chronologisch nacheinander betrachtet. Sein Blick fixiert keinen Gegenstand gesondert; vielmehr entsteht der Eindruck, dass er absichtslos, ohne Intentionen und vorgegebenes Thema, ins Weite und Nahe schaut und sich wie ein Flaneur seinen Gedanken hingibt, die in ihm gerade aufsteigen.

Weder scheint ihn die Vergangenheit noch die Zukunft groß zu bewegen – er ist im Süden, in Arkadien, bei sich, dem ureigenen Identitätserleben angekommen und will weder nach vorn noch nach rückwärts etwas anders haben. Wann, wenn nicht in dieser Situation, imponierte Goethe als einerseits völlig konzentriert und zentrisch und andererseits komplett geöffnet für die Motive und Impressionen, die ihm die Welt in diesem Moment zu bieten hatte? Und wann, wenn nicht jetzt, lebte er und leben wir im Moment, im Nu des Augenblicks der Gegenwart, als Jetzige im Jetzt?

Teil VI

Leben zwischen Kontemplation und Tat

14

Weltbürgertum – "think big, act small"

Schon der Erste, der den Begriff vom Weltbürger in den Mund genommen hat, war in gewisser Weise ein Vertreter der Formel *think big, act small*. Es handelte sich um Diogenes von Sinope (413–323 v.Chr.), diesen unkonventionellen Denker, dessen Büro ein Weinfass (die berühmte Tonne) gewesen sein soll, das ihm daneben als Wohn- und Schlafgemach diente, und der aus seiner Autarkie (Überschaubarkeit von Besitz und Bedürfnissen) eine hohe Tugend zu machen wusste. Unabhängiges Philosophieren bedeutete ihm merklich mehr als noch so großartiger Luxus, und dennoch (oder wahrscheinlich gerade deshalb) antwortete er auf die Frage nach seiner Abstammung und seinem Heimatort: „Ich bin Weltbürger."[1]

Dieser Kreuzung aus kosmopolitischer Kultur und Gedankenwelt einerseits und recht überschaubaren Lebensverhältnissen andererseits möchte ich nachspüren. Denn in dieser Mischung steckt meiner Ansicht nach nicht nur der Entwurf für ein philosophierendes und zuletzt auch gelingendes Dasein, sondern ebenso der eine oder andere Ansatz für die Gestaltung von geopolitischen und gesellschaftlichen Themen- und Problemfeldern des 21. Jahrhunderts.

Doch bevor wir zum Weltbürgertum vordringen, möchte ich kurz den Begriff des Bürgers und des Bürgertums erläutern; auch diese Begriffe gehen ursprünglich auf die griechische und römische Antike zurück. Die griechische Philosophie (z. B. Aristoteles) bezeichnete den Bürger als *Polites*, also als einen

---

[1] Diogenes von Sinope: zit. n. Diogenes Laërtius: Leben und Meinungen berühmter Philosophen, erster Band, Buch VI, 63, Hamburg 2008, S. 309.

zur Stadt (*Polis*) und damit zu bestimmten Pflichten und Vorrechten Dazugehörenden. Wichtigstes Merkmal der *Polites* war ihre Teilhabe an den öffentlichen Angelegenheiten: Die freien (männlichen) Städter, die *Polites*, waren von ihrem Selbstverständnis her politisch (*Zoon politikon*). Sinn, Ziel, Zweck eines *Zoon politikon*, eines politischen Menschen war es, ein gutes Leben und ein ebensolches Handeln (beides gehörte für Aristoteles zur Eudämonie) zu verwirklichen. Kooperation, Kommunikation, Autarkie – all das war in der Polis leichter zu bewerkstelligen als in der Privatheit.

Analoge Verhältnisse gab es im antiken Rom. *Civis romanus sum* – ich bin ein alteingesessener Römer und verfüge über die Bürgerrechte der Stadt Rom – so lautete seinerzeit die stolze Ansage eines Römers, mit der Pflichten (Wehrdienst), vor allem aber auch Rechte (Wahlrecht, Übernahme von öffentlichen Ämtern, Schutz bei Anklagen und Prozessen) verbunden waren. Auch im Lateinischen war der Bürger *(Civis)* Bewohner einer Stadt *(Civitas)*, bestenfalls *der* Stadt schlechthin, nämlich Einwohner von Rom.

In den deutschen Termini Zivilisation und zivil, im französischen *Citoyen*, in den englischen Begriffen *citizen* und *city*, im spanischen *ciudadanos* (das spanische Wort für Stadt lautet *ciudad*) bilden sich diese Zusammenhänge zwischen Bürgern und Städten bis auf den heutigen Tag ab. Und auch im deutschen Wort Bürger spiegelt sich das Verhältnis von *Burgus* (eine befestigte Wohnanlage, häufig Burg) zu seinen Bewohnern wider – wobei ein *Burgus* die Vorrechte der Munizipalität, also des römischen Stadt- und Bürgerrechts, aufwies.

Was aber waren und sind Merkmale von Städten, die auf ihre Einwohner abfärben und deren Sozialisation als Citoyens, als Städter und Bürger, mitprägen? Im Gegensatz zu Dörfern, Weilern, nomadischen Ansiedlungen sind die Städte – früher häufig allein schon durch ihre Mauern kenntlich gemacht – von der Natur und Umgebung abgegrenzt. Sie zeichnen sich durch Arbeitsteilung, Spezialisierung und Diversität aus: Es gibt in ihnen einzelne Gewerke, Zünfte, Gilden, Berufe, die für das Dasein ihrer Bewohner Sorge tragen; außerdem schälen sich, ausgehend von der geteilten Sorge ums Dasein, schon in der Frühzeit der Städte verschiedene kulturelle Bereiche heraus:

„Verwaltung, Staat, Architektur, Organisation, Wohlfahrtspflege, geschriebenes Recht, Dichtung, Luxuskonsum, Fernhandel, Stadtplanung … Die Gesellschaft begann, aus nicht dementierbaren Unterschieden zu bestehen: aus beruflichen Unterschieden, Machtunterschieden, ökonomischen Unterschieden, religiösen Unterschieden, familiären Unterschieden und nicht zuletzt aus dem Unterschied von Stadt und Land."[2]

---

[2] Kaube, J.: Der Anfang der Stadt, in: Die Anfänge von allem, Berlin 2017, S. 193 und 200.

Menschen, die in Städten aufwuchsen und sozialisiert wurden, kamen *nolens volens* mit derlei und vielen anderen kulturellen Phänomenen in Kontakt und übernahmen sie mehr oder minder uneingeschränkt für ihre individuelle Daseinsgestaltung. Zum Ende des Mittelalters hin bildete sich vor allem in den Hansestädten und den Reichsstädten zunehmend eine Schicht von Handwerkern, Kaufleuten, Ärzten, Gelehrten, Juristen, die sich distinkt sowohl zum Adel und Klerus als auch zu den Bauern, Tagelöhnern und Arbeitern erlebten und als eigene gesellschaftlich relevante Gruppe – als Bürgertum – in Erscheinung traten. Mit ihrem wachsenden Einfluss auf die Geschicke der jeweiligen Kommunen änderte sich auch die Atmosphäre in vielen europäischen Städten – eine Atmosphäre, die teilweise heute noch spürbar ist:

> „Es sind kleine, aber weltoffene Gebilde. Zentren größerer wirtschaftlicher und kultureller Einheiten ganz unterschiedlichen, ja gegensätzlichen Charakters. Eine ganze Welt im kleinen, überschaubaren Rahmen zu sein gehört zum Wesen der europäischen Stadt."[3]

Wie sehr sich Stadt und Bürgertum seit der Renaissance gegenseitig bedingten, entwickelten und zur Wertschätzung beitrugen, wird unter anderem an einigen Paragrafen des *Allgemeinen Landrechts für die Preußischen Staaten* (1794) deutlich, worin es etwa heißt: §. 1. Der Mensch wird, insofern er gewisse Rechte in der bürgerlichen Gesellschaft genießt, eine Person genannt.[4] Seinerzeit wurde das Bürgertum im Gefolge der Französischen Revolution als Dritter Stand (nach dem Adel und dem Klerus), im Marxismus etwas später als Klasse (die Bourgeoisie) und in den letzten Jahrzehnten überwiegend als soziales Milieu (Émile Durkheim) bezeichnet.

Der Begriff der Bourgeoisie zielt auf eine Spielart des Bürgertums ab, die sich vor allem im 19. und 20. Jahrhundert herauskristallisierte: das Besitz- und Kapitalbürgertum. Oftmals diametral entgegengesetzt dazu entwickelte sich im 18., 19. und zu Beginn des 20. Jahrhunderts das Bildungsbürgertum, dem Kunst, Literatur, Humanismus, Aufklärung, Wissenschaft und Liberalität als die entscheidenden inhaltlichen Akzentsetzungen erschienen. Solche Bürger wurden auch als Citoyens bezeichnet, und diese Art von Bürgertum hatte Goethe im Visier, wenn er in den *Zahmen Xenien* dichtete: „Wo kam die

---

[3] Benevolo, L.: Die Stadt in der europäischen Geschichte (1993), München 1993, S. 47.
[4] Allgemeines Landrecht für die Preußischen Staaten (1794), zit. n. https://opinioiuris.de/quelle/1622#Dritter_Titel._Von_Handlungen_und_den_daraus_entstehenden_Rechten.

schönste Bildung her, / Und wenn sie nicht vom Bürger wär?"[5] Kein Zweifel, dass der Dichter damit den Citoyen und nicht den Bourgeois meinte.

Bei Goethe tauchen nach der Französischen Revolution und als Reaktion gegen den im 19. Jahrhundert sich abzeichnenden Nationalismus zunehmend auch die Begriffe des Weltbürgers und der Weltliteratur auf. In *Hermann und Dorothea* (1797) ist der fünfte Gesang mit *Polyhymnia – Der Weltbürger* überschrieben. In einer Xenie aus dem Jahre 1796 betonte der Dichter, dass die Dimensionen der Weltkultur weit über die Grenzen eines Landes, einer Nation und eines Staates hinausreichen: „Deutschland? Aber wo liegt es? Ich weiß das Land nicht zu finden, / Wo das gelehrte beginnt, hört das politische auf."[6] Und in einem Gespräch mit Eckermann im Januar 1827 stellte er besorgt fest, wie häufig sich seine Landsleute mit einem begrenzt-nationalen Blick auf die Kultur zufriedengaben:

> „Wenn wir Deutschen nicht aus dem engen Kreis unserer eigenen Umgebung hinausblicken, so kommen wir gar zu leicht in diesen pedantischen Dünkel ... Nationalliteratur will jetzt nicht viel sagen, die Epoche der Weltliteratur ist an der Zeit, und jeder muss jetzt dazu wirken, diese Epoche zu beschleunigen."[7]

Goethe war Ende des 18. Jahrhunderts in Deutschland nicht der Einzige, der mit den Termini des Weltbürgers und der Weltliteratur die Zeitgenossen wachrütteln und ihnen einen kosmopolitisch-kulturellen Maßstab vermitteln wollte. Zeitgleich mit Goethe sprach Christoph Martin Wieland in seinem *Aristipp* (1800), einem Briefroman aus dem antiken Griechenland, von weltbürgerlichen Rechten als den natürlichen Rechten der Menschen.[8] Schon 1774 hatte Johann Gottfried Herder in der Abhandlung *Auch eine Philosophie der Geschichte zur Bildung der Menschheit* eine universalgeschichtliche Perspektive eingenommen – eine Perspektive, die Jahre später auch von Friedrich Schiller in seiner Antrittsrede an der Universität Jena *Was heißt und zu welchem Ende studiert man Universalgeschichte?* (1789) gewählt wurde, und welche die aufgeklärten und vernunftbegabten Menschen weltweit sich als vereint vorstellte: „Alle denkenden Köpfe verknüpft jetzt ein weltbürgerliches Band."[9]

---

[5] Goethe, J.W. von: Zahme Xenien IX (Nachlass), in: Sämtliche Gedichte, Frankfurt am Main 2007, S. 1024.
[6] Goethe, J.W. von: Xenien (1796), in: Sämtliche Gedichte, Frankfurt am Main 2007, S. 743.
[7] Eckermann, J.P.: Gespräche mit Goethe (31. Januar 1827), Frankfurt am Main 1992, S. 211.
[8] Wieland, C.M.: Aristipp, Viertes Buch (1800), in: Sämtliche Werke XI, Hamburg 1984, S. 179.
[9] Schiller, F.: Was heißt und zu welchem Ende studiert man Universalgeschichte? (1789), in: Sämtliche Werke Band IV, Darmstadt 1980, S. 756.

Eine ebenfalls weltbürgerliche Perspektive nahm Gotthold Ephraim Lessing in *Die Erziehung des Menschengeschlechts* (1780) ein, worin er die Entwicklung hin zu Aufklärung und Vernunft als eine Aufgabe und Chance nicht nur für einzelne Individuen oder Völker ansah, sondern sie globusweit für die gesamte Menschheit konzipieren wollte. Und ganz analog weitdimensioniert fiel wenige Jahre später der Versuch Immanuel Kants aus, das Ziel der Menschheitsgeschichte zu skizzieren. In seiner *Idee zu einer allgemeinen Geschichte in weltbürgerlicher Absicht* (1784) schrieb der Philosoph ähnlich wie einige Jahre später in seiner Abhandlung *Zum ewigen Frieden* (1795) den damals utopisch klingenden Traum einer Völkerbundverfassung nieder, die den Krieg als Menschheitsgeißel überwinden helfen und stattdessen die großartigen Anlagen der Menschen und der gesamten Menschheit zum Blühen bringen sollte:

„Und dieses gibt Hoffnung, dass, nach manchen Revolutionen der Umbildung, endlich das, was die Natur zur höchsten Absicht hat, ein allgemeiner *weltbürgerlicher Zustand*, als der Schoß, worin alle ursprünglichen Anlagen der Menschengattung entwickelt werden, dereinst einmal zu Stande kommen werde."[10]

Civis mundi sum – ich bin ein Weltbürger, hätten sich Lessing und Kant, Goethe, Schiller, Wieland und Herder gegenseitig attestierend zurufen können. Ähnlich hätte es wohl geklungen, wenn sich etwa zur selben Zeit die Salonnièren Rahel Varnhagen und Henriette Herz (beide Berlin), Johanna Schopenhauer (Weimar) und Sophie von La Roche (Koblenz), Barbara Schulthess (Zürich), Émilie du Châtelet (Cirey) und Germaine de Staël (Coppet), Louise d'Épinay, Marie Thérèse Rodet Geoffrin und Madame Helvétius (alle drei in Paris) und etliche weitere Damen getroffen hätten, die alle ihre jeweiligen Salons zum Treffpunkt von Künstlern, Literaten, Philosophen und nicht selten auch Politikern werden ließen und die teilweise auch selbst schriftstellerisch aktiv waren. *Tout le monde* zählte zu ihren Gästen, und die Themen der ganzen Welt wurden bei ihnen besprochen, bedacht, kommentiert, zur Seite gelegt, zu einer Katastrophe deklariert oder aber zum Zauberhaften verklärt.

Civis mundi sum – diese Formel traf auch auf Oliver Goldsmith zu, auf jenen irischen Schriftsteller und Essayisten, der 1762 eine Sammlung seiner besten Texte unter dem neugierig machenden Titel *Der Weltbürger oder Briefe eines in London weilenden chinesischen Philosophen an seine Freunde im fernen*

---

[10] Kant, I.: Idee zu einer allgemeinen Geschichte in weltbürgerlicher Absicht (1784), in: Werke in sechs Bänden, Band VI, Darmstadt 1998, S. 47.

Osten publizierte. Darin versetzte er sich in die Rolle eines interessierten Gelehrten, der seinen Landsleuten in Fernost die europäische Kultur und Lebensart in Form von Briefen vermitteln wollte; über Voltaire etwa, ebenfalls ein *citoyen du monde* von Format, schrieb Goldsmith ganz enthusiasmiert:

> „Eine unerschütterliche Beharrlichkeit in allem, was er für richtig hielt, und eine allgemeine Verabscheuung jeder Schmeichelei bilden die Grundlage für den Charakter dieses großen Mannes. Aus diesen Prinzipien leiten sich starke Tugenden und einige wenige Fehler her; … Jedes Land, das einstmals Freiheit und Wissenschaft geeint hatte, stand in seiner besonderen Gunst."[11]

Literarische Vorläufer für Goldsmith waren zum einen die *Perserbriefe* (1717–1721) von Charles de Montesquieu, in denen der Autor zwei persische Frankreichreisende (Usbek und Rica) in satirischer Weise über sein Vaterland berichten ließ; und andererseits die *Literarische Korrespondenz* von Melchior Grimm, in welcher der Schriftsteller und Diplomat Grimm zwischen 1753 und 1793 regelmäßig in Journalform über Kunst, Wissenschaft, Politik und Philosophie aus Frankreich das gesamte kulturelle Europa sogar bis zu Katharina II. in Russland informierte.

Was ermöglichte damals bei diesen Autoren ihr weltbürgerliches Flair, und inwiefern spielten die eingangs zitierte Formel „*think big, act small*" sowie der dazu passende Gedanke „*small is beautiful*" bei ihnen eine maßgebliche Rolle? Führt man sich die Orte vor Augen, an denen die meisten der eben Erwähnten lebten, ist man irritiert und überrascht: Die wenigsten von ihnen wirkten in Großstädten wie Paris, London und Berlin; und sieht man genauer zu, so öffnete etwa Rahel Varnhagen zwar mitten in Berlin ihren Salon – dieser fand jedoch in einer sehr schlichten Dachstube statt, in der sie Tee und Biskuit als frugale Bewirtung anbot.

Cirey und Coppet und Zürich (seinerzeit wie auch heute noch viel eher ein Weltdorf denn eine Weltstadt) und Jena (Schiller), Weimar und Koblenz, Königsberg (Kant) und Wolfenbüttel (Lessing) waren und sind immer noch kleine Städte, die mit ihrer Einwohnerzahl bis auf den heutigen Tag der Formel „*small is beautiful*" Genüge tun – und die dennoch für eine geraume Zeit zu Kristallisationspunkten des geistigen Weltbürgertums wurden. Immanuel Kant beschrieb eindrücklich die Qualitäten einer nur mittelgroßen Stadt wie etwa Königsberg, aus der er sich zeitlebens nicht weiter als einige Meilen entfernt hatte, und die trotzdem für die Entwicklung seines weltzugewandten, universalen Denkens und Empfindens ausnehmend günstige Voraussetzungen bot:

---

[11] Goldsmith, O.: Der Weltbürger oder Briefe eines in London weilenden chinesischen Philosophen an seine Freunde im fernen Osten (1762), München 1986, S. 144.

„Eine ... Stadt, ... die eine Universität (zur Kultur der Wissenschaften) und dabei noch die Lage zum Seehandel hat, die durch Flüsse aus dem Inneren des Landes sowohl, als auch mit angrenzenden Ländern von verschiedenen Sprachen und Sitten einen Verkehr begünstigt – eine solche Stadt, wie etwa Königsberg, kann schon für einen schicklichen Platz zu Erweiterung sowohl der Menschenkenntnis als auch der Weltkenntnis genommen werden, wo diese, auch ohne zu reisen, erworben werden kann."[12]

Eine ähnliche Hommage an seine ehemalige Heimatstadt wie bei Kant formulierte Thomas Mann im Hinblick auf *Lübeck als geistige Lebensform* (1926). Aus Anlass der 700-Jahr-Feier dieser Freien und Hansestadt blickte der Dichter nicht nur zurück in seine Kindheit und Jugend, die er in Lübeck und Umgebung (in Travemünde, in der Holsteinischen Schweiz) zugebracht hatte. Weit entfernt von einer provinziell anmutenden Heimatverehrung wollte Mann in Sprache, Architektur, Landschaft und Lebensform der Lübecker weitläufige wirtschaftliche, soziale und kulturelle Bezüge aufdecken: Die Gotik, das Meer, die Hanse, ja selbst das Marzipan wurden von ihm bemüht, um an ihnen anthropologische Konstanten aufzuzeigen und ihre Menschheitsdimensionen zu demonstrieren. Im Kleinen, Überschaubaren und im Individuellen erkannte er das Allgemein-Menschliche, und die geistige Lebensform – vermittelt etwa in einer städtisch-humanen Atmosphäre wie derjenigen Lübecks – ermöglichte dem Dichter zufolge die Entwicklung von „Bürgerlichkeit größten Stils, Weltbürgerlichkeit, Weltmitte, Weltgewissen, Weltbesonnenheit, welche sich nicht hinreißen lässt und die Idee der Humanität, der Menschlichkeit, des Menschen und seiner Bildung nach rechts und links gegen alle Extremismen kritisch behauptet."[13]

Überflüssig zu erwähnen, dass Thomas Mann das Attribut bürgerlich weder mit dem Suffix klein noch groß versehen wollte und dass ihm als Bürger der Citoyen und nicht der Bourgeois vorschwebte. Als (homophiler) Dichter kannte er von früh an den Hiatus zwischen Boheme und Bürgerlichkeit – ein Spannungsmoment, das er beispielsweise in seiner Künstler-Erzählung *Tonio Kröger* (1903) thematisierte und das er später ähnlich wie seine dortige literarische Figur gelöst hat:

---

[12] Kant, I.: Anthropologie in pragmatischer Hinsicht (1798), in: Werke in sechs Bänden, Band VI, Darmstadt 1998, S. 400.
[13] Mann, Th.: Lübeck als geistige Lebensform (1926), in: Ein Appell an die Vernunft – Essays 1926–1933, Frankfurt am Main 1994, S. 37.

> „Wenn irgendetwas imstande ist, aus einem Literaten einen Dichter zu machen, so ist es diese meine Bürgerliebe zum Menschlichen, Lebendigen und Gewöhnlichen. Alle Wärme, alle Güte, aller Humor kommt aus ihr."[14]

Weltbürgerliches Denken und Empfinden gibt es selbstverständlich nicht nur bei Künstlern und Literaten, sondern auch bei Wirtschaftsmagnaten, Philosophen, Politikern, Wissenschaftlern und bei vielen, die sich von Berufs wegen mit eher lokalen und recht überschaubaren Themen befassen (Handwerker, Krankenschwestern, Ärzte, Lehrer, Juristen etc.), in ihrer Gesinnung und Lebensanschauung jedoch weit über den stillen Winkel der Provinzialität hinaus jene Qualität ausgebildet haben, die Immanuel Kant *Sensus communis* nannte – den Sinn für Gemeinschaft und Gesellschaft und damit für die Themen und Probleme der Menschheit schlechthin:

> „Unter dem *Sensus communis* ... muss man die Idee eines *gemeinschaftlichen* Sinnes, d. i. eines Beurteilungsvermögens verstehen, welches in seiner Reflexion auf die Vorstellungsart jedes anderen in Gedanken (a priori) Rücksicht nimmt, um *gleichsam* an die gesamte Menschenvernunft sein Urteil zu halten."[15]

In der angelsächsischen Welt ist der *Sensus communis* lange schon als *common sense*, als der gesunde Menschenverstand, bekannt. Hannah Arendt hat unter Bezugnahme auf Kant und dessen Ausführungen zum *Sensus communis* diesen als *common sense* mit eigenen Worten und Zusätzen versehen: „Folgende Maximen des gemeinen Menschenverstandes: 1. Selbstdenken (= Vorurteilsfreiheit); 2. An der Stelle jedes anderen denken (= erweiterte Denkungsart); 3. Jederzeit mit sich selbst einstimmig denken (= konsequente Denkungsart)."[16] Alfred Adler wiederum bezog sich ebenfalls auf Immanuel Kant und verwendete den Terminus *common sense*, um das Gemeinschaftsgefühl als einen wesentlichen Gesichtspunkt seiner Individualpsychologie besser definieren zu können:

> „Wir haben unter Vernunft eine allgemeingültige Kategorie zu verstehen, die durchaus zusammenhängt mit dem Gemeinschaftsgefühl ... Vernünftig ist, was man unter *Common sense* versteht. Nebenbei gesagt, der *Common sense* ist auch nicht unveränderlich, aber es ist der Sinn aller der Ausdrucks-Formen, der Inhalt allen Verhaltens, welches wir als gemeinschaftsfördernd finden, und in die-

---

[14] Mann, Th.: Tonio Kröger (1903), in: Die Erzählungen, Frankfurt am Main 2005, S. 331.
[15] Kant, I.: Kritik der ästhetischen Urteilskraft (1790), in: Werke in sechs Bänden, Band V, Darmstadt 1998, S. 389.
[16] Arendt, H.: Denktagebuch, Heft XXII (August 1957), München 2002, S. 580.

ser Auffassung kommen wir auch dem Verständnis näher für das, was wir Vernunft nennen. Wir gelangen so zu dem Schlusse Kants: Vernunft hat Allgemeingültigkeit."[17]

Ein Philosoph und Ökonom, auf den diese Beschreibung des *common sense* und damit einer weltbürgerlichen Gesinnung zutraf, war Leopold Kohr (1909–1994). Dieser liebenswürdig-anarchistische Denker, der im Spanischen Bürgerkrieg gegen die Franquisten als Berichterstatter und später in einer Widerstandsbewegung gegen Hitler-Deutschland aktiv war, machte sich nach dem Zweiten Weltkrieg als Nationalökonom und politischer Philosoph einen Namen. Sein Hauptinteresse war ein pazifistisches, wobei er von der These ausging, dass die Herrscher ihre Kriege oftmals beginnen, wenn sie und sobald sie sich und ihre jeweiligen Staaten und Armeen als mächtig und überlegen einem potenziellen Feind gegenüber wähnen.

Ausgehend von dieser These galt Kohrs literarisch-politisches Engagement der administrativen Zerschlagung von Großmächten und der Rehabilitierung kleiner Zwergstaaten. In seinem Buch *Das Ende der Großen – Zurück zum menschlichen Maß* (1957) zeigte er an Dutzenden von Beispielen (England, Frankreich, Spanien, Schweden, die Niederlande, Deutschland, Italien, Russland), als wie außerordentlich destruktiv, imperialistisch und kriegerisch sich diese Staaten erwiesen haben, weil und nachdem sie eine kritische Größe und Machtfülle überschritten hatten.

Kohr zog daraus den Schluss, dass die Auflösung größerer Staaten eine der wirksamsten Methoden zur Kriegsverhinderung bedeutet; dementsprechend entwarf er eine europäische Landkarte mit 75 Regionen (z. B. Galizien, Südtirol, Normandie etc.) statt der jetzigen staatlichen Gebilde. In diesem Zusammenhang entwickelte sich auch die Überzeugung und der Slogan „*small is beautiful*", den allerdings später nicht Kohr, sondern sein Lieblingsschüler Fritz Schumacher mit einer gleichnamigen Buchpublikation berühmt gemacht hat.

Zwergstaaten und überschaubar große Städte (weil Leopold Kohr in der Nähe von Salzburg aufgewachsen war, bezog er sich diesbezüglich gern und oft auf die Geburtsstadt Mozarts) sind nicht nur friedlicher und merklich weniger destruktiv – sie bieten auch Voraussetzungen für ein kulturell produktives gesellschaftliches Leben. Hierfür trug der Autor in seinem Hauptwerk viele Beispiele zusammen, die allesamt die umgekehrte Proportionalität von politischer Bedeutungsarmut bei gleichzeitiger kultureller Blüte nahelegen:

---

[17] Adler, A.: Kurze Bemerkungen über Vernunft, Intelligenz und Schwachsinn (1928), in: Studienausgabe, Band 3, Göttingen 2010, S. 315f.

> „Solange die Italiener und Deutschen in kleinen, an die komische Oper erinnernden Staaten organisiert beziehungsweise desorganisiert waren, präsentierten sie der Welt … eine unvergleichliche Reihe von unsterblichen Lyrikern, Schriftstellern, Philosophen, Malern, Architekten und Komponisten … Das Gewirr von Staaten, das aus Bayern, Baden, Frankfurt, Hessen und Sachsen bestand, gab uns Goethe, Heine, Wagner, Kant, Dürer, Holbein, Beethoven, Bach …"[18]

Das Deutschland im 18. Jahrhundert mit seiner Kleinstaaterei bot Weltkultur und weltbürgerliches Flair in einem erstaunlichen Ausmaß. Im 19. Jahrhundert kam es nach den Einigungskriegen (welch ein Euphemismus) zum preußisch dominierten Kaiserreich, das im 20. Jahrhundert auf erschreckend-inhumanste Weise alle jene nationalistischen, imperialistischen, chauvinistischen und militaristischen Fratzen zeigte, die Leopold Kohr von zu mächtig gewordenen Staaten und Reichen so eindrücklich beschrieben hat. Aus dem Weltbürgertum einiger hervorragender Personen von einst wurde (so dichtete der harmlose Emanuel Geibel 1861) das deutsche Wesen, an dem noch einmal die Welt genesen sollte – und zuletzt waren es zwei Weltkriege und der Holocaust mit den Abermillionen Toten und einem materiell wie ideell beinahe vollständig verwüsteten Europa, für die Deutschland zuerst unter Wilhelm II. und dann unter Hitler hauptsächlich verantwortlich war.

Aus einer nochmals anderen Perspektive heraus, der mittelmeerischen, hat ein philosophischer Zeitgenosse Leopold Kohrs, nämlich Albert Camus (1913–1960), ebenfalls zu den Herausforderungen des Kosmopolitismus Stellung bezogen. Auch Camus empfand nach dem Zweiten Weltkrieg die dringliche Notwendigkeit, alle Themen des menschlichen Daseins zukünftig als potenziell globale und universelle zu begreifen: „Wir wissen alle ohne den Schatten eines Zweifels, dass die neue Ordnung, die wir suchen, keine ausschließlich nationale, nicht einmal eine kontinentale und vor allem keine westliche oder östliche Ordnung sein kann. Es muss eine universale Ordnung sein."[19]

Zugleich verwies Camus sowohl bei der Debatte über diese Probleme als auch bei den allfälligen Lösungsversuchen auf manche Haltungen und Einstellungen der antiken Griechen und auf die sich daraus seit Langem entwickelnde Tradition des mittelmeerischen Menschen; wiederholt setzte er sie den in der nationalen wie auch in der internationalen Politik weit verbreiteten Untugenden von Maß- und Grenzenlosigkeit entgegen:

---

[18] Kohr, L.: Das Ende der Großen – Zurück zum menschlichen Maß (1957), Salzburg 2017, S. 195.
[19] Camus, A.: Weder Opfer noch Henker – Über eine neue Weltordnung (1946), Zürich 2006, S. 33.

„Das griechische Denken wurde immer durch die Vorstellung der Grenze aufgehalten. Nichts wurde bis zum Ende fortgetrieben, weder das Heilige noch die Vernunft, weil es nie etwas verleugnete, weder das Heilige noch die Vernunft. Es hat alles einbezogen, den Schatten durch das Licht ins Gleichgewicht bringend. Unser Europa hingegen, in die Eroberung der Totalität geschleudert, ist die Tochter der Unmäßigkeit."[20]

Wie aber können wir einerseits weltbürgerliche Absichten und kosmopolitisches Denken im 21. Jahrhundert entwickeln und verwirklichen, ohne andererseits der Hybris von totaler Maßlosigkeit zu verfallen? Wie lassen sich Globalisierung und Universalisierung nicht nur als wirtschaftliche, finanzpolitische, medientechnische und neoliberale Marketing- und Kampfbegriffe interpretieren? Wie verhindern wir (als gesellschaftlich-kulturelle Pendelbewegung retour), dass wir weg von diesen wenig anheimelnden Phänomenen in kompensatorisch-restaurativer Rückzugsdynamik zuletzt im behaglichen Bionade- und Ökowinkel einer biedermeierlichen Daseinsgestaltung landen? Wäre ein von Leopold Kohr entworfenes Europa der Regionen nicht nur ein Flickenteppich von patriotisch-nationalistisch gestimmten, die eigene Heimat glorifizierenden Zwergstaaten mit sehr vielen Klein- und sehr wenigen Weltbürgern? Und der diskrete Charme der Bourgeoisie – würde der sich dann nicht nur in Liechtenstein und der Schweiz, sondern auch z. B. im Burgund, in Katalonien oder Moldawien ereignen?

Die amerikanische Philosophin und Aristotelikerin Martha Nussbaum (geboren 1947) vertritt schon seit Jahrzehnten ein weltbürgerliches Denken, das sich an den Prinzipien der Eudämonie orientiert und das Gerechtigkeit in einem universalen, die Menschheit im globalen Maßstab berücksichtigenden Ausmaß entwirft. In einem ihrer letzten Bücher benennt Nussbaum diverse Herausforderungen, die mit einem solch weltbürgerlichen Denken und Handeln verknüpft sind: 1) die psychosoziale Verfassung sehr vieler Individuen mit großteils massiven Affekten und krassen Benachteiligungen; 2) die Formulierung sozialanthropologischer und gesellschaftlich-politischer Prinzipien des Liberalismus, denen auch Vertreter von illiberalen Sekten, Religionen, Weltanschauungen, Staaten etc. zustimmen; 3) die Grenzen und aktuellen Begrenzungen der internationalen Menschenrechte; 4) die relative Unwirksamkeit und moralischen Schwierigkeiten der Entwicklungshilfe; 5) die massive Zunahme von weltweiter Migration.[21]

---

[20] Camus, A.: Helenas Exil (1948), in: Albert Camus – Ein Lesebuch mit Bildern, Reinbek bei Hamburg 2003, S. 129.
[21] Nussbaum, M.: Kosmopolitismus – Revision eines Ideals (2019), Darmstadt 2020, S. 262–297.

Als Lösungskonzept für diese Herausforderungen verweist Nussbaum seit geraumer Zeit auf den sogenannten Fähigkeitenansatz, den sie zusammen mit dem Nobelpreisträger für Wirtschaftswissenschaften Amartya Sen (geboren 1933) ausgearbeitet und weiterentwickelt hat. Unter die menschlichen Fähigkeiten subsumieren Nussbaum und Sen die körperliche Gesundheit und Integrität ebenso wie die Emotionalität, das Denkvermögen, die soziale Einbettung, den materiellen Besitz von Menschen wie auch ihre Teilhabe an politischen Entscheidungen. Zu den wesentlichen menschlichen Fähigkeiten zählen sie außerdem die Sorge von Einzelnen und Sozietäten für ein Leben in Beziehung zu Tieren, Pflanzen und der Welt der Natur. Weltbürgertum im 21. Jahrhundert bedeutet für Nussbaum, diese Fähigkeiten von Individuen weltweit zu schützen und ihnen zur Blüte zu verhelfen, ohne dass dabei konkrete staatliche Strukturen vorgeschrieben werden:

„Der Fähigkeiten-Ansatz ... schreibt Rechte vor, die in der Idee eines menschenwürdigen Lebens angelegt sind, und er schlägt vor, dass – sofern die Argumente als überzeugend angesehen werden – jede einzelne Nation Gründe hat, die Liste in irgendeiner Form umzusetzen. Sie ist so konzipiert, dass sie an verschiedenen Orten entsprechend ihrer Geschichte und wirtschaftlichen Realität etwas anders umgesetzt werden kann."[22]

Ähnlich wie Martha Nussbaum vertritt der ghanaisch-britische Philosoph Kwame Anthony Appiah (geboren 1954) einen Kosmopolitismus, dessen Werte universale und globale Geltung haben sollen und die sich aus den Grundbedürfnissen von Menschen (z. B. Gesundheit, Nahrung, Wohnung, Bildung) sowie aus einigen ihrer Optionen (z. B. Partnerschaft, sexuelle Befriedigung, Fortpflanzung, freie Wahl des Aufenthaltsortes, Mitgestaltung der Gesellschaft, freie Kommunikation) ableiten lassen. Die Umsetzung der globalen, universellen Grundbedürfnisse und Optionen siedelt Appiah jedoch auf der nationalen und lokalen Ebene an:

„Das Weltbürgertum, das ich vertrete, setzt sich für eine Vielfalt politischer Arrangements ein, vorausgesetzt natürlich, jeder Staat garantiert jedem einzelnen Menschen, was ihm zusteht. Ein Weltstaat ... könnte leicht eine unkontrollierbare Macht anhäufen und damit großen Schaden anrichten. Er wäre oft wenig sensibel für lokale Bedürfnisse. Und ganz sicher verringerte sich da-

---

[22] Nussbaum, M.: Kosmopolitismus – Revision eines Ideals (2019), Darmstadt 2020, S. 309.

durch die Vielfalt der institutionellen Experimente, aus denen wir alle etwas lernen könnten."[23]

Auf einen nochmals anderen Aspekt des kosmopolitischen Denkens verweist seit einigen Jahren die französische Phänomenologin Corine Pelluchon (geboren 1967) in ihren Vorträgen und Büchern. Darin spricht sie von der Notwendigkeit und der Möglichkeit einer neuen Aufklärung, welche die Natur und das Leben auf unserem Globus konsequent mitdenkt und berücksichtigt – eine Aufklärung, welche den Tierschutz und die Tierrechte ebenso miteinschließt wie den Pflanzenschutz.

Ausgehend vom *Zeitalter des Lebendigen*, das *Eine neue Philosophie der Aufklärung* (2021) erforderlich macht, sieht Pelluchon die globale Aufgabe von Europa (und seinen Regionen) darin, für andere Länder und Kontinente der Erde politische und gesellschaftliche Modelle einer konsequenten Wertschätzung des Lebendigen in allen seinen Formen zur Verfügung zu stellen. Keine Aufrüstung mit einer martialischen europäischen Armee, sondern die Weiterentwicklungen von Konzepten der Hospitalität (Flüchtlingspolitik), der Ökologie (radikaler Klima- und Naturschutz), der Kommunikation (diplomatischer Ausgleich, Verhandlungen) und der Toleranz (diverse Religionen, Volksgruppen, Ethnien, Weltanschauungen und sexuelle Orientierungen) bedeuten für sie die Aufgabenstellungen für das zukünftige Europa:

„Das Wesentliche ist, zu erkennen, dass der Einfluss und das Prestige Europas im Gegensatz zu den Staaten, die ihre Vorherrschaft durchsetzen wollen wie die Vereinigten Staaten, Russland und China, davon abhängen, inwiefern es ein an die Herausforderungen unserer Zeit angepasstes zivilisatorisches Ideal verkörpert und dem Kosmopolitismus im Zeitalter des Lebendigen wieder einen Sinn verleiht."[24]

Vergegenwärtigen wir uns die Charaktere und Qualitäten jener Personen, die ich auf den vorhergehenden Seiten als Beispiele für Weltbürgertum erwähnt habe, fällt bei ihnen als gemeinsames Merkmal jene Mischung von Eigenschaften auf, auf die eingangs bereits angespielt wurde: eine meist grenzenlos imponierende Weltoffenheit bei zugleich das menschliche Maß suchende und respektierende Daseinsgestaltung. Für Goethe wie Voltaire, für Rahel Varnhagen ebenso wie für Émilie du Châtelet, für Alfred Adler und Albert Camus

---

[23] Appiah, K.A.: Der Kosmopolit – Philosophie des Weltbürgertums (2006), München 2009, S. 195.
[24] Pelluchon, C.: Das Zeitalter des Lebendigen – Eine neue Philosophie der Aufklärung (2021), Darmstadt 2021, S. 281.

gab es kaum ein weltweit soziales oder kulturelles Thema, für das sie sich nicht interessiert hätten; und parallel dazu richteten sie sich ihr Leben durchaus unspektakulär, bisweilen sogar schlicht und unscheinbar ein.

„*Act small and small is beautiful*" – diese Formeln sollten sich nicht nur auf die Größe von Staaten, Regionen und Städten beziehen (Kohr dachte an bis zu acht Millionen Einwohner pro Region); sie dürften sich auch im Lebensstil derjenigen bemerkbar machen, die ihre Existenz als eine kosmopolitische, weltbürgerliche verstehen: *small* im Sinne von zurückhaltend, unprätentiös, anspruchslos sowie mit möglichst wenig Eitelkeiten und Extravaganzen versehen.

„*Think big*" – diese Formel sollte man wählen, wenn es um die Wahrnehmung wie auch Lösung von Themen, Fragen und Problemen geht, die über das private Dasein hinausreichen und eventuell globale Dimensionen aufweisen: Krieg und Frieden; Hunger; Obdachlosigkeit; Bildungsarmut; Krankheit und Seuchen; Flucht und Exil; Menschenrechte; Überwindung vorurteilsgeprägter Weltanschauungen; Kunst, Wissenschaft und Philosophie. *Big* lässt sich hier in etwa übersetzen mit generös, unkonventionell, Tabu-arm, ohne Denkhemmungen, barmherzig, milde, originell, großherzig, freiheitlich, menschlich, brüderlich, humorvoll, solidarisch, mutig und kreativ. „*Think big*" bezieht sich daneben auch auf die eigene Person: Wer nicht realitätsadäquat groß und wertorientiert von sich selbst denkt, wird kaum je Weltoffenheit und Kosmopolitismus bei sich zur Blüte bringen.

Kleine, aber weltoffene Gebilde – so hat der italienische Architekt Leonardo Benevolo (1923–2017) im eingangs zitierten Buch die Stadt in der europäischen Geschichte (1993) charakterisiert. Die Kombination von überschaubar *(act small)*, aber weltoffen *(think big)* lässt sich aufgrund der technischen Möglichkeiten im 21. Jahrhundert (z. B. mittels Internet, dem weltweiten Gewebe) beinahe an jeder Stelle unseres Globus und nicht nur in den mittelgroßen europäischen Städten realisieren. Es liegt demnach an uns, an den Einzelnen, den Individuen, an unseren Bildungsbiografien und damit natürlich auch an den gesellschaftlichen, sozialen und epochalen Verhältnissen, in die wir hineingeraten und in denen wir sozialisiert und kultiviert werden, inwiefern wir uns zu solchen Citoyens entwickeln, die allenfalls lokal und regional verwurzelt sind, ohne aber provinziell zu sein.

Weltbürgertum im 21. Jahrhundert erweist sich nicht darin, in einer der Mega-Cities unserer Erde zu wohnen und zum Wochenende interkontinentalfliegend auf Shoppingtour zu gehen. Weltbürgertum bedeutet vielmehr: von den Kulturen des Fernen Ostens ebenso wie von denjenigen Zentralafrikas zunehmend und wertschätzend Kenntnis zu nehmen; Überschwemmungen wie etwa in Pakistan als zumindest indirekt vom CO_2-Ausstoß in Europa,

China, den USA mitverursacht zu begreifen; den Ginkgo-Baum in Weimar (1813 gepflanzt und zwei Jahre später von Goethe in einem Gedicht besungen) als ebenso schützenswert zu erachten wie die tropischen und subtropischen Regenwälder; sich um das Recht auf Bildung von Kindern und Jugendlichen in Berlin-Neukölln wie auch in Burkina Faso zu sorgen; das Diktum Immanuel Kants aus seinen Vorlesungen über Anthropologie zu kennen: „Der Mann von Welt ist ein Mitspieler im großen Spiel des Lebens." – und bei alledem zu wissen, dass wir zwar Vieles und Großes bedenken *(think big)*, verglichen damit aber meistens nur recht Weniges direkt beeinflussen können *(act small)*.

15

Wuwei: Lob des Nicht-Tuns, nicht des Nichts-Tuns

Als in den Januartagen des Jahres 1978 an der Technischen Universität in Berlin der erste Tunix-Kongress stattfand, war für die meisten Bewohner der Stadt wie auch für viele Medienvertreter offensichtlich, dass es sich dabei um eine reine Chaoten-Veranstaltung handeln müsse. Initiiert von der Berliner Sponti-Szene und etlichen linksorientierten Gruppen, trafen sich damals Tausende Studierende und „Alternative", um der bleiernen Schwere des vorangegangenen Jahres 1977 (als deutscher Herbst mit der Entführung und Ermordung des Arbeitgeberpräsidenten Hanns Martin Schleyer und den Selbstmorden der RAF-Mitglieder Andreas Baader, Gudrun Ensslin, Jan-Carl Raspe sehr unrühmlich bekannt geworden) etwas Kreatives, Vitales und Nicht-Polizeiliches entgegenzusetzen.

Tunix, der Slogan dieses Kongresses, sollte sich unter anderem darauf beziehen, aus der mörderisch-destruktiven Gewaltatmosphäre der RAF-Szene gegen den Staat auszusteigen und nicht zu handeln (tunix = tue nichts); stattdessen sollten alternative Projekte und Lebenskonzepte vorgestellt und diskutiert werden. Nicht wenige, die an dem Kongress teilnahmen, waren der festen Überzeugung, dass dies gelungen ist und sie damals der (gedanklichen) Geburtsstunde beispielsweise für *Die Tageszeitung*, für die Partei *Die Grünen*, für den *Christopher Street Day*, für feministische Initiativen oder auch für manche antipsychiatrische Soteria-Projekte beigewohnt haben.

Ob allerdings allen oder den meisten Teilnehmern bewusst war, dass ihr Slogan eine mehrtausendjährige Tradition aufweist und auf den altehrwürdigen Taoismus zurückverfolgt werden kann, darf füglich bezweifelt werden. In dieser Philosophie (und Religion) nämlich spielt der Gedanke und Begriff des *wuwei* eine zentrale Rolle – ein Wort, das man mit Nicht-Tun oder Nicht-Handeln übersetzen kann und das daher auf einen ersten, oberflächlichen Blick hin eine gewisse Verwandtschaft mit dem Tunix-Slogan aufweist.

Der Taoismus (oftmals auch, weil so ausgesprochen, als Daoismus geschrieben) ist wahrscheinlich im 6. Jahrhundert vor unserer Zeitrechnung entstanden. Er soll von dem chinesischen Philosophen Lao Tse verfasst worden sein – einem Denker, dessen Biografie ebenso wie dessen Autorenschaft mehr als fraglich erscheint und um dessen Vita sich viele Legenden ranken. Besonders fantastisch klingt die Entstehungsgeschichte des *Tao Te-King*, des *Buches vom Sinn und Leben*, das als der grundlegende Text des Taoismus gilt. Diese Sammlung von 81 Spruchkapiteln beinhaltet Überlegungen zu Fragen der individuellen Ethik ebenso wie zu Problemen einer humanen Staatslehre.

Lao Tse, der als kaiserlicher Bibliothekar tätig gewesen sein soll, zog sich im Alter in die Einsamkeit zurück. Beim Passieren des Gebirges hat ihn angeblich ein Grenzwächter des Bergpasses aufgehalten und ihn gebeten, ihm etwas von seiner Weisheit zu notieren; daraufhin soll Lao Tse das *Tao Te-King* niedergeschrieben und es ihm übergeben haben. Bertolt Brecht hat in den späten 30er-Jahren des letzten Jahrhunderts, als er sich im Exil in Dänemark befand, diese Geschichte in ein ziemlich bekanntes Gedicht transformiert:

„Als er (Lao Tse) siebzig war und war gebrechlich / Drängte es den Lehrer doch nach Ruh / Denn die Güte war im Lande wieder einmal schwächlich / Und die Bosheit nahm an Kräften wieder einmal zu. / Und er gürtete den Schuh."[1]

Zusammen mit einem Knaben, der ihm seinen Ochsen führt, und sehr wenigen Habseligkeiten trifft Lao Tse (so beschreibt es Brecht in seinem Gedicht) auf den besagten Zöllner an der Grenze des Bergpasses, der ihn um einige Zeilen bittet. Der Meister lässt sich schließlich erweichen, steigt von seinem Ochsen und beginnt zu formulieren:

„Sieben Tage schrieben sie zu zweit ... / Und dann war's soweit. / Und dem Zöllner händigte der Knabe / eines Morgens einundachtzig Sprüche ein / Und mit Dank für eine kleine Reisegabe / bogen sie um jene Föhre ins Gestein. / Sagt jetzt: kann man höflicher sein? / Aber rühmen wir nicht nur den Weisen / des-

---

[1] Brecht, B.: Legende von der Entstehung des Buches Taoteking auf dem Weg des Laotse in die Emigration (1938), in: Die Gedichte, Frankfurt am Main 2000, S. 225.

sen Name auf dem Buche prangt! / Denn man muss dem Weisen seine Weisheit erst entreißen. / Darum sei der Zöllner auch bedankt: / Er hat sie ihm abverlangt."[2]

So also (oder auch auf anderen Wegen) soll das *Tao Te-King* von Lao Tse (oder von welchem Gelehrten auch immer) verfasst worden sein. Inzwischen wurde dieser Text ähnlich häufig übersetzt wie die Bibel, die Heilige Schrift der Christen, und für viele Millionen Taoisten bedeutet das *Tao Te-King* immer noch das Fundament ihrer Weltanschauung. Im deutschsprachigen Raum wird in aller Regel auf die Übersetzung des Sinologen Richard Wilhelm (1873–1930) zurückgegriffen, und obwohl Wilhelms Translation knapp über einhundert Jahre alt ist, beurteilen sie selbst die heutigen Experten noch als maßstabsetzend.

Der Gedanke von *wuwei* taucht im *Tao Te-King* mehrfach auf, wobei Wilhelm den Terminus mit Nicht-Handeln übersetzt hat. Im dritten Kapitel, überschrieben mit *Friede auf Erden*, lesen wir ganz direkt: „Das Nicht-Handeln üben: / so kommt alles in Ordnung."[3] Im 48. Kapitel steht der scheinbar paradoxe Satz und Gedanke: „Beim Nicht-Tun bleibt nichts ungetan. / Das Reich erlangen kann man nur, / wenn man immer frei bleibt von Geschäftigkeit."[4] Und das 29. Kapitel trägt sogar die Überschrift *Vom Nicht-Handeln*:

„Die Welt erobern wollen durch Handeln: / Ich habe erlebt, dass das misslingt. / Die Welt ist ein geistiges Ding, / das man nicht behandeln darf. / Wer handelt, verdirbt sie. / Wer festhält, verliert sie. / Denn: Die Geschöpfe gehen voran oder folgen, / sie seufzen oder schnauben, / sie sind stark oder schwach, / sie siegen oder unterliegen. / Also auch der Berufene: / Er meidet das Heftige. / Er meidet das Üppige. / Er meidet das Großartige."[5]

Der Berufene – das ist in anderen Übersetzungen der Heilige, der Weise oder der Vollkommene. In vielen Aphorismen sind damit die Herrscher und Regierenden gemeint, die sich dem Volk gegenüber im günstigen Fall als Menschen erweisen sollen, die sich in vielerlei Hinsicht als nicht-handelnd, ge-

---

[2] Brecht, B.: Legende von der Entstehung des Buches Taoteking auf dem Weg des Laotse in die Emigration (1938), in: Die Gedichte, Frankfurt am Main 2000, S. 226f.
[3] Lao Tse: Tao Te-King – Das Buch vom Sinn und Leben, aus dem Chinesischen übertragen von Richard Wilhelm (1921), Wiesbaden 2004, S. 67.
[4] Lao Tse: Tao Te-King – Das Buch vom Sinn und Leben, aus dem Chinesischen übertragen von Richard Wilhelm (1921), Wiesbaden 2004, S. 116.
[5] Lao Tse: Tao Te-King – Das Buch vom Sinn und Leben, aus dem Chinesischen übertragen von Richard Wilhelm (1921), Wiesbaden 2004, S. 94.

während, die friedlichen Entwicklungen wahrnehmend und ihnen Raum gebend einstellen.

Ein zentraler Begriff des Taoismus ist das chinesische Schriftzeichen für Tao (Dao). Die Sinologen haben in der Vergangenheit dieses Wort unterschiedlich übersetzt: Weg oder Pfad, aber auch Geist, Mutter des Kosmos, das Bewegende und der Ursprung des Daseins. Der Kosmos, die Natur, das Leben tragen eine Art ursprüngliches Gesetz (das Tao) in sich, demgemäß die Menschen ihre Existenz ausrichten und die Regierenden die Staaten und ihre Herrschaft gestalten sollten. Weil die Menschheit und ihre jeweiligen Herrscher jedoch seit Generationen dem Tao zuwider leben, ist all das Chaos entstanden, unter dem auch wir Heutige noch zu leiden haben.

Wenn Lao Tse im Tao Te-King von *wuwei*, vom hohen Wert des Nicht-Handelns, spricht, kommt darin seine feste Überzeugung zum Ausdruck, dass die meisten Herrscher ebenso wie die einfachen Menschen kein Gespür für das Tao aufbringen und deshalb mit ihren Impulsen, Entscheidungen und Aktivitäten oftmals nur zur Verschlimmbesserung der weltweiten Kalamitäten beitragen. Anstatt sich den Gesetzmäßigkeiten alles Lebendigen und aller Dinge entsprechend zu verhalten und auf das Tao zu vertrauen, agieren die meisten ihren kurzsichtigen Plänen und Vorstellungen gemäß und stören damit die langfristigen Entwicklungslinien von Kosmos und Natur, aber auch der Gesellschaften und der Kultur: Wer so handelt, meint Lao Tse, verdirbt das Zusammenleben der Einzelnen wie der Vielen.

Dem nicht selten blinden Aktionismus liegt eine Welt- und Lebensanschauung zugrunde, die dem Machen, Eingreifen und Verändern im Vergleich zum Wachsen und Werden den höheren Stellenwert zuschreibt. Viele Herausforderungen und Probleme des Daseins lösen bei Regenten wie auch bei den von ihnen Regierten Empfindungen der Unterlegenheit und Ohnmacht aus – Empfindungen, denen sie rasch Abhilfe verschaffen wollen. Im Machen und Tun und in den Handlungen erleben sie sich zumindest für kurze Zeit als mächtig und potent, und diese Art der (scheinbaren) Überlegenheit reizt sie Mal um Mal, ihr Heil in der entschiedenen, nicht selten destruktiven (kriegerischen) Aktivität zu suchen.

Ein solches Tun und Handeln ist meistens zweckgebunden – es verfolgt *ein* Ziel (z. B. die Überwindung von Unterlegenheitsempfindungen) und *eine* Intention, und auf diese sind dann Kräfte, Wahrnehmungen und Konzentrationsvermögen ausgerichtet. Der Taoismus hingegen plädiert für eine Zwecklosigkeit und damit für eine Kraftentfaltung, die sich nicht an *einem fixen* Ziel orientiert, sondern einer Vielfalt von oftmals kaum geahnten Zwecken dienlich werden kann. Eine solche Spielart des Nicht-Handelns (bezogen auf *ein* Ziel, *einen* Zweck) weist Parallelen zum künstlerischen Schaffensprozess auf.

Dem Künstler entsteht sein Kunstwerk ebenfalls nicht durch penetrantes Wollen, sondern durch Hingabe an Material, Stimmungen, Atmosphären, körperlich vermittelte Impulse, intuitives Lauschen auf die Werde-Gesetze, die sich ihm im Stein, im Holz, auf der Leinwand, mit der Farbe, den Tönen, auf der Bühne präsentieren und denen er vertraut:

> „Indem der Künstler den an Vermögen und Tun orientierten Bewusstseins-Zustand des Subjekts verlässt und in den Zustand des „Unvermögens" und „Ohne-Tuns" oder „Untuns" *(wuwei)* des Subjekts übergeht, verwandelt sich der Vermögensverlust in ein Antwortgeschehen, in dem sich die reine Tätigkeit der Kraft vollzieht."[6]

Letztlich ereignen sich mittels *wuwei* durchaus Veränderungen einer Sozietät, von politischen Strukturen oder von privaten Verhältnissen – aber nicht schnell, exakt vorhersagbar, zielgerichtet und punktgenau, vielmehr überraschend, evolutionär, organisch. Fragt man nach Verursachern, Auslösern oder Helden der Veränderung, erhält man bei *wuwei* keine rechte Antwort; oder man landet eventuell beim Tao, das in der psychoanalytisch geprägten Neuzeit der westlichen Welt von manchen als ein umfassendes Es bezeichnet wird: Es geschah, es ereignete sich, es ergab sich eine Lösung; oder in den Worten von Karl Jaspers, der Lao Tse zu den großen Philosophen zählte und ihn daher in seinem voluminösen zweibändigen Werk über die Meisterdenker der Geistesgeschichte entsprechend würdigte:

> „Keineswegs ist dies Nicht-tun *(Wuwei)* das Nichts-tun, keineswegs Passivität, Stumpfheit der Seele, Lahmheit der Antriebe. Es ist das eigentliche Tun des Menschen, das von ihm so getan wird, als täte er nicht. Es ist ein Wirken, ohne das Gewicht in die Werke zu legen. Diese Aktivität ist das alles Handeln in sich schließende, umgreifende, das Handeln erst aus sich hervortreibende und ihm Sinn verleihende Nicht-Handeln."[7]

Solche oder ähnliche Wirkungen müssen von Michel de Montaigne ausgegangen sein, als er vier Jahre lang – von 1581 bis 1585 – Bürgermeister von Bordeaux war. Schon zu Beginn seiner Amtszeit hatte er die Ratsherren darauf aufmerksam gemacht, dass er ohne überschießenden Affekt seine Amtsgeschäfte anzugehen gedachte. Überraschenderweise wurde er nach der ersten Amtsperiode nach zwei Jahren für weitere zwei Jahre als Bürgermeister be-

---

[6] Lai Xisan: Das Können des Nichtkönnens und das Tun ohne Tun, in: Deutsche Zeitschrift für Philosophie, 69 (2021), 5, S. 786.
[7] Jaspers, K.: Laotse, in: Die großen Philosophen, Teilband 2 (1957), Basel 2022, S. 890.

stätigt – wobei das Argument für diese Verlängerung in nichts Geringerem bestand als in der Feststellung, dass er, Montaigne, endlich ein Rathauschef gewesen war, der seine Mitbürger nicht durch permanente Aktivitäten und Veränderungen belastet hatte. Durch seine ruhig-ausgleichende Manier *(wuwei)* verhinderte er sehr erfolgreich gewaltsame Auseinandersetzungen zwischen den diversen religiösen Gruppierungen, was von den meisten honoriert und nur von wenigen Hitzköpfen bemängelt wurde:

> „Es wird auch gesagt, meine Amtszeit sei vorübergegangen, ohne bleibende Spuren zu hinterlassen. Das ist ja köstlich: In einer Zeit, da fast jeder des Zuviel-Tuns überführt ist, will man mir meine Zurückhaltung [*Wuwei;* Anm. GD] vorwerfen!"[8]

Was aber haben *wuwei* und das Nicht-Handeln für uns schlichtere Menschen zu bedeuten? Schließlich werden die wenigsten von uns Regierende sein – weder eines Staates noch von Bordeaux oder einer entsprechenden Sozietät. Und sind die meisten von uns nicht eigentlich recht froh, wenn sie bei sich selbst oder in der allernächsten Umgebung registrieren, dass angesichts der Fülle von Aufgaben und Problemen des Daseins nicht ellenlang lediglich nachgedacht, sondern effektiv gehandelt und verändert wird? Wozu dann, bitte schön, *wuwei*?

Anhand von zwei Lebensbereichen möchte ich zeigen, wie sehr *wuwei* auch im 21. Jahrhundert hohe Relevanz besitzt – und dies nicht nur für einige wenige Herrscher und Regierende (die oft genug den Grundsätzen von *wuwei* zuwiderhandeln), sondern für die meisten von uns. Diese zwei Bereiche sind zum einen Erziehung und Bildung sowie zum anderen die Persönlichkeitsentfaltung.

Für die erstere Thematik (Erziehung und Bildung) gibt es seit Jahrzehnten eine Menge von Ratgebern, Curricula und speziell ausgebildeten Fachleuten (Erzieher, Lehrer, Bildungsexperten), die sich oftmals mit enormem Engagement und hoher Kompetenz ihren Aufgabenfeldern widmen. Von der Kita bis zu den Hochschulen und von Innungen des Handwerks bis zu den wissenschaftlichen Akademien reichen in der westlichen Welt die etablierten Strukturen und Institutionen, die für die Aufgaben von Aus- und Weiterbildung sowie Erziehung der jeweils nachfolgenden Generationen geschaffen wurden.

Wie sehr allerdings im Bereich der schulischen Bildung und Erziehung in den letzten Jahrzehnten ein kurzfristiges, oftmals kurzsichtiges Handeln (anstelle von *wuwei*) von Politikern und Experten bevorzugt wurde, lässt sich ein-

---

[8] Montaigne, M. de: Essais (1580ff.), Frankfurt am Main 1998, S. 514.

drücklich etwa an der Schulpolitik von Berlin demonstrieren. Unter Pädagogen und Bildungsfachleuten gilt die Metropole schon lange als Stadt der 10.000 Schulreformen – wobei die Ergebnisse bei den Beschulten laut *Bildungsmonitor* trotz (eventuell aber auch wegen) dieser Dutzenden von Reformen im bundesdeutschen Vergleich seit Jahren konstant schlecht bis miserabel ausfallen.[9]

Nun wäre es ziemlich unangebracht und völlig vermessen, als Nicht-Bildungsexperte den Tausend Schulreformen der Vergangenheit eine weitere als billigen Ratschlag hinzuzufügen. Außerdem wünschen sich wahrscheinlich die Lehrenden von Berlin für einige Jahrzehnte lang (ähnlich wie die Bürger von Bordeaux im 16. Jahrhundert unter Montaigne) *keine* Innovationen und Reformen mehr, die sie über sich ergehen lassen müssen.

Aus tiefenpsychologisch-anthropologischer Perspektive ließe sich eine solche Haltung insofern noch bestärken, als im Grunde alle Erziehungs- und Bildungsprozesse bei Anderen wie auch bei sich selbst Gesetzmäßigkeiten unterliegen, die an das altchinesische Tao erinnern und daher am ehesten mit *wuwei* bedacht und in Ruhe belassen werden dürfen. Wer sich oder andere zu welchen Zielsetzungen auch immer erziehen oder bilden will, ist gut beraten, sich auf höchst komplexe Prozesse einzustellen, die mit Machen, Handeln, tätiger Einflussnahme meistens nur oberflächlich oder überhaupt nicht gestaltet werden können.

Erziehung und Bildung nämlich sind mit langsamen, personalen Wachstums- und Umbauprozessen assoziiert – anderenfalls handelt es sich um Dressurakte oder kognitive Wissens- und Denk-Exerzitien, denen es jedoch merklich an autonomer Urteilskraft und emotionaler Differenziertheit gebricht. Diese Wachstums- und Umbauprozesse werden von vielen Variablen mit determiniert – begonnen bei der Biografie und dem Charakter der Betroffenen bis hin zu den wirtschaftlichen, gesellschaftlichen, sozialen und epochalen Rahmenbedingungen, innerhalb derer sich die jeweiligen Sozialisationsprozesse ereignen sollen.

Das Wesen von Erziehung und Bildung wurde in der Vergangenheit zu Recht mit Vergleichen aus der Pflanzenkunde und Gärtnerei versehen. So, wie man das Wachstum von Pflanzen nicht beschleunigt, indem man an ihnen zieht und zerrt, verändern sich auch die Wachstumsprozesse von Kindern, Schülern, Adepten nicht oder eher zu deren Ungunsten, wenn Eltern, Dozierende, Mentoren heftig und energisch handelnd in sie eingreifen. Günstige Ergebnisse sind im Gegenteil am ehesten zu erwarten, wenn die Ver-

---

[9] Siehe hierzu beispielsweise die Ergebnisaufstellung aus dem Jahr 2021: https://www.insm-bildungsmonitor.de, abgerufen am 26.03.2022, 16.45 Uhr.

antwortlichen adäquate Wachstumsvoraussetzungen für die ihnen Anvertrauten schaffen und kontinuierlich bieten – worunter Angstfreiheit, Ermutigung, sichere Rahmenbedingungen, Anregung und Stimulation durch sinn-, wert- und bedeutungsvolle soziale und kulturelle Inhalte zu subsumieren sind.

Derartige Erziehungs- und Bildungsvorgänge lassen sich als ein tätiges Nicht-Handeln *(wuwei)* oder als kreative Passivität charakterisieren. Wie, wann und auf welche Horizonte hin sich Kinder, Jugendliche, Erwachsene, Schüler, Studierende, Azubis aufgrund solcher Bedingungen entwickeln, ist im Einzelfall nur schwer zu prognostizieren – hier machen sich die individuellen Werde- und Wachstumsdynamiken der Einzelnen bemerkbar. Daher ist vonseiten der Erzieher, Lehrer und Mentoren schon sehr viel gewonnen, wenn sie diesen jeweils individuellen Entwicklungen nicht im Wege stehen; dieser Respekt vor der Individualität jeder Person (und sei es ein Kleinkind mit noch kaum entfalteter Persönlichkeit) gehört mit zu den Haupttugenden von Erziehern und Bildnern aller Art.

Personale und individuelle Erziehungs- und Bildungsprozesse gehorchen eigenen zeitlichen Abfolgen. Wann und wie schnell Menschen Entwicklungen bei sich anzustoßen und umzusetzen in der Lage sind, hängt von Variablen ab, die nur teilweise in den Verantwortungs- und Gestaltungsbereich des Einzelnen und kaum oder überhaupt nicht in den Verantwortungsbereich von Bildnern und Erziehern fallen. Nur wenige Erziehungs- und Bildungsziele lassen sich direkt und willkürlich ansteuern – ein Großteil entzieht sich willkürlicher Einflussnahme und ereignet sich aufgrund nicht direkt und bewusst intendierter Konstellationen intrapsychischer, interpersoneller und kultureller Natur.

Dies bedeutet für die Betreffenden wie für ihre Mitwelt oftmals ein geduldiges Warten auf den rechten Augenblick; selbst wenn sich dieser eingestellt hat, kann es lange dauern, bis das jeweilige Individuum diverse Lern- und Bildungsschritte absolviert hat. Institutionen, in denen sich Bildung ereignet (Ausbildungsstätten, Schulen, Universitäten), dürften daher Orte des Wartens und des Nicht-Handelns *(wuwei)* sein – Orte, die für ihre Adepten und Scholaren Zeit, Muße, Geduld, Nachsicht im Hinblick auf deren Persönlichkeitsreifung an den Tag legen. Von derartigen Atmosphären träumte bereits Jean-Jacques Rousseau (1712–1778), der in seinem *Émile oder Über die Erziehung* (1762) die pädagogische Maxime des Nicht-Tuns (sehr im Sinne von *wuwei*) ausgegeben hat:

> „Ich predige dir, mein junger Erzieher, eine schwere Kunst: Kinder ohne Vorschriften zu leiten und durch Nichtstun alles zu tun. Ich gebe es zu, du kannst

diese Kunst in deinem Alter noch nicht können. Außerdem kannst du dabei nicht mit deinen Talenten glänzen, noch dich bei den Vätern beliebt machen. Aber sie ist die einzige, die zum Erfolg führt."[10]

Jenseits von Notdurft und fixen Curricula sollten Bildungswillige ihren je eigenen Rhythmen, Tempi, Modalitäten des personalen Wachstums nachgehen dürfen und ihrer Individualität zum Austrag verhelfen. Die diversen Wissens-, Erfahrungs- und Bildungsquellen, seien sie aus Lehrbüchern, Schulen, wissenschaftlichen Veranstaltungen oder aus persönlichen Erlebnissen, Begegnungen und Reflexionen der Einzelnen gespeist, in einen mächtigen Bildungsstrom einfließen zu lassen, den man als Bildung zweiter Ordnung begreifen kann, und der eigene Stromschnellen, Sandbänke, Geschwindigkeiten aufweist – erst dies zusammengenommen ergibt jenes individuelle Bildungsschicksal, in dessen Verlauf sich günstigenfalls und nach und nach die Umrisse unverwechselbarer Persönlichkeiten abzeichnen.

Womit wir zum zweiten Lebensbereich kommen, in dem *wuwei* als Haltung und Einstellung eine zentrale Rolle spielt: die Persönlichkeitsentfaltung. Und weil dergleichen nicht nur durch Erziehungs- und Bildungsprozesse induziert, sondern unter anderem auch durch Psychotherapieprozesse hervorgerufen werden kann, möchte ich dieses Verfahren ebenfalls unter dem Gesichtspunkt von *wuwei*, des Nicht-Handelns, erwähnen.

In der Regel suchen Menschen einen Psychotherapeuten auf, weil sie und wenn sie an unangenehmen Symptomen (Erschöpfung, Depression, Ängste, Zwänge) laborieren, die für sie einen eklatanten Leidensdruck bedeuten. Die Beseitigung dieser Symptome ist das erklärte Ziel der Patienten ebenso wie der Therapeuten, und vor allem bei verhaltenstherapeutischen Behandlungs-Regimen kommt es in vielen Fällen für die Hilfesuchenden zu Handlungsanweisungen, die kaum den Idealen von *wuwei* entsprechen und die für die Patienten jedoch durchaus zur Linderung ihrer Beschwerden beitragen können.

Neben den symptombezogenen Psychotherapien gibt es seit den Frühzeiten der Psychoanalyse immer wieder bevorzugt tiefenpsychologische Behandlungsprozeduren, die eine andere Zielsetzung verfolgen und denen es über eine Beseitigung unangenehmer Symptome hinaus vor allem um die Entwicklung von Persönlichkeit und Personalität der Rat- und Hilfesuchenden geht. Viele Patienten werfen im Laufe der Behandlung Fragen nach Sinn, Wert und Bedeutung ihrer Existenz, nach Möglichkeiten einer befriedigenden Gestaltung ihres Daseins und nach den Umrissen ihrer Identität auf. Diese Themen sind kaum je mit Techniken und Manualen zu meistern;

---

[10] Rousseau, J.-J.: Émile oder Über die Erziehung (1762), Paderborn 1995, S. 104.

sie erfordern vielmehr individuelle, personale und philosophisch tingierte Antwortversuche jenseits von Handlungsvorschlägen oder von diversen Aufforderungen zu Aktivitäten aller Art.

Häufig erfährt die Persönlichkeitsentfaltung bei Patienten wie auch bei den Therapeuten durch die Präsentation von Wert- und Gefühlsdimensionen einen merklichen Schub, wobei die Wert- und Gefühlswelt von Therapeutinnen und Therapeuten im idealen Fall etwas weiter und differenzierter imponiert als diejenige von Patienten. Fühlen heißt Werterkennen, und Werterkennen induziert wiederum Gefühle – Letztere stellen zugleich auch die Organe des Werterkennens dar. Zu Recht spricht man deshalb von einer Zirkelbewegung zwischen Fühlen und Werterkennen, und ein gehöriger Teil der psychotherapeutischen Anstrengungen darf darauf ausgerichtet sein, dass Patienten und Therapeuten gemeinsam die Wege und Möglichkeiten erkunden, in den Zirkel aus Fühlen und Werterkennen hineinzugelangen.

Wodurch aber lassen sich unsere Wertwahrnehmungen und das Gefühlsleben verändern? Eine der wenigen Möglichkeiten, beim Anderen hinsichtlich seines axiologischen (also die Werte betreffenden) Profils verändernde Akzentsetzungen auszulösen, besteht in der eigenen entschiedenen Ausrichtung auf Werte und bedeutungsvolle Zielsetzungen hin. Wenn sich Psychotherapeuten fragen, wie sie bei ihren Klienten Ich-Veränderung und Ich-Erweiterung anregen können, bleibt als schlichte, aber einzig effektive Antwort darauf lediglich der Verweis auf das überzeugende Beispiel, das der Therapeut selbst vorleben darf.

Lebendige, geistvolle, antriebsfreundliche, entwicklungsbereite Therapeuten animieren ihre Patienten aufgrund eigener Wertorientierung dazu, ebenfalls neue Möglichkeiten des Denkens, Fühlens und Verhaltens auszuprobieren. Klienten registrieren die Charakterstruktur und das Verhaltensrepertoire von Therapeuten. Empfinden sie deren Werthorizonte, wirkt dies ermutigender und anspornender als alle Parolen und Redensarten. Diese axiologische Existenzvermittlung und nicht technische Details, fragwürdige Deutungen, ausgetüftelte Methoden oder diverse Handlungsanweisungen machen das zentrale *Agens movens* des Psychotherapieprozesses aus, der auf die Persönlichkeitsentfaltung von Patienten hin orientiert und angelegt ist.

Strahlen die Therapeuten z. B. Energie, Temperament, moralischen Charakter, Intelligenz, kulturelles Interesse aus, trägt dies bei den Patienten unweigerlich zur Induktion von Gesundungsmotivation, zu effektiver Selbstsuche und Hinwendung zu für sie neuen Wertkonstellationen bei. Diese Spielart des *wuwei* konzentriert sich auf den Wert- und Gefühlstransfer und unterlässt alle Formen des Tuns, des Machens und der Technik im Therapiegeschehen.

Diese Form von Psychotherapie geht davon aus, dass sich Patienten jene Wert- und Gefühlsaspekte der Therapeuten aneignen und sie in ihre Person integrieren, die für ihre individuelle Persönlichkeitsentfaltung hilfreich und adäquat wirken. Damit verändern sie bei sich fixierte Verhaltensweisen und verkrustete Strukturen der Person um vieles geschmeidiger, müheloser und nachhaltiger als bei den Versuchen eines direkten, manchmal fast gewaltsam imponierenden Ich-Umbaus. Eine solche Form der Persönlichkeitsveränderung erinnert an die Zeilen in Bertolt Brechts Gedicht über Lao Tse, als er vom Zöllner am Gebirgspass gebeten wurde, ihm einige Gedanken seiner Weisheit aufzuzeichnen. Der Knabe, der den Ochsen des Meisters führte, wurde vom Zöllner nach den wichtigsten Ergebnissen dieser Aufzeichnungen befragt:

„Hat er was rausgekriegt?" / Sprach der Knabe: „Dass das weiche Wasser in Bewegung / mit der Zeit den mächtigen Stein besiegt. / Du verstehst, das Harte unterliegt."[11]

Wuwei als Haltung und Lebenseinstellung geht von der Überzeugung aus, dass alle wesentlichen Veränderungen beim Einzelnen wie auch in der Sozietät geschehen, ohne dass man den privaten oder öffentlichen Verhältnissen Gewalt angedeihen lassen müsste. Niemals machen, und doch bleibt nichts ungetan – heißt es im *Tao Te-King*; lasst den Einzelnen in der Fülle von Sinn, Wert und Bedeutung existieren, und er wird sich seinen individuellen Möglichkeiten gemäß entfalten – könnte es analog dazu in den grundlegenden Schriften einer personalen Psychotherapie und Psychoanalyse respektive als Motto und Einführung zu entsprechenden Curricula einer personalen Pädagogik heißen.

Lediglich als unmaßgebliche Gedankenspielereien möchte ich zum Ende dieses Kapitels anregen, dem Prinzip *wuwei* nicht nur auf so überschaubaren Gebieten wie Erziehung, Bildung und Psychotherapie nachzugehen, sondern es – ähnlich wie ursprünglich in China konzipiert – auch im umfassenderen Maßstab, zum Beispiel im Rahmen von größeren Betrieben, Institutionen, Sozietäten probehalber zur Anwendung zu bringen.

Dass sich ein jeder, der eine Haltung des *wuwei* in einem umfänglicheren Sinne zu realisieren beabsichtigt, dabei nicht nur auf die fernöstliche, sondern

---

[11] Brecht, B.: Legende von der Entstehung des Buches Taoteking auf dem Weg des Laotse in die Emigration (1938), in: Die Gedichte, Frankfurt am Main 2000, S. 225.

auch auf die abendländische Denktradition berufen kann, macht ein Buch des Münchner Philosophen Henning Ottmann (geboren 1944) deutlich. Ottmann war lange Zeit Ordinarius für Politische Theorie und Philosophie am Geschwister-Scholl-Institut für Politikwissenschaften der Ludwig-Maximilians-Universität in München. Zu den eindrücklichsten Publikationen seines umfangreichen philosophischen Œuvres zählt die neunbändige *Geschichte des politischen Denkens – Von den Anfängen bei den Griechen bis auf unsere Zeit*,[12] die Ottmann in dem Jahrzehnt zwischen 2001 und 2012 als One-man-Mammutwerk geschrieben und veröffentlicht hat.

Neben lesenswerten Monografien über Kant, Hegel und Nietzsche publizierte der Philosoph auch eine *Negative Ethik* (Berlin 2005), die – im Geiste von *wuwei* verfasst und dieses ebenso wie auch das *Tao Te-King* zitierend – als Plädoyer für Unterlassung und nachdenkliche Zurückhaltung gelesen werden kann. Ottmann hat sich bei vielen seiner Bücher intensiv nicht nur in das politische Denken, sondern auch in politische Handlungsabläufe der letzten 2500 Jahre im Abendland vertieft und ist zu dem nachvollziehbaren Ergebnis gekommen, dass ein Nicht-Handeln der verantwortlichen Politiker, Wirtschaftsmagnaten und Militärführer wahrscheinlich oft zu weniger Kummer, Leid und nicht wieder gut zu machendem Schaden geführt hätte denn ihr Handeln und Tun. Doch selbst wenn keine für die Sozietät derart einschneidenden Konsequenzen zu erwarten stehen, bedeutet es für Ottmann eine empfehlenswert kluge Haltung und Einstellung, sich hinsichtlich allfälliger (politischer) Aktionen zurückhaltend und abwartend zu positionieren. Dementsprechend formulierte er fünf Imperative des Lassens:

„zu lassen, was schon besser getan worden ist, als man es selbst tun könnte;
überhaupt das zu lassen, was andere besser tun als wir;
zu lassen, was schon aus sich selber werden kann, was es sein soll;
zu lassen, was zum Überwiegen schlechter über gute Folgen führt;
zu lassen, was man sowieso nicht ändern kann."[13]

Gesteht man diesen Imperativen Geltung zu, erledigen sich beinahe schlagartig viele aufgeregte Aktivitäten im politischen Raum und bei der öffentlichen Hand. So wäre es interessant zu beobachten, welche Effekte ausgelöst werden, wenn in den Verkehrs- oder Industrie- oder Medienbetrieben der Republik die Personen in den jeweiligen Verwaltungen ihre Tätigkeiten auf maximal die Hälfte ihrer bisher veranschlagten Aktivitäten und Zeiten reduzie-

---

[12] Ottmann, H.: Geschichte des politischen Denkens – Von den Anfängen bei den Griechen bis auf unsere Zeit, 9 Bände, Stuttgart – Weimar 2001–2012.
[13] Ottmann, H.: Negative Ethik, Berlin 2005, S. 19–24.

ren könnten (oder müssten); oder wenn in Ämtern und Behörden des Staates die von vielen beklagte Überlastung der Beamten und Angestellten durch striktes *wuwei* ersetzt würde; oder wenn wir der Tendenz zu überbordender Juristerei und Paragrafisierung des Lebens durch verordnete Zurückhaltung und durch weitgehendes Nicht-Tun der Rechtsanwälte begegneten.

Abgesehen davon, dass aufgrund solcher Szenarien wohl etliche Beamte und Juristen, Verwaltungsangestellte und Behördenmitarbeiter von Selbstwertzweifeln geplagt würden, da sie sich hinsichtlich ihrer Bedeutsamkeit in Frage gestellt erlebten, käme es im Gegenzug womöglich zu einem Aufblühen und zur Evolution verschiedener soziokultureller Phänomene. Denn nicht nur einzelne Personen entfalten sich in einer Atmosphäre des verstehenden und gelassenen *wuwei* am besten – auch der Kulturprozess insgesamt beginnt im Hinblick auf seine nötigen Innovationen und lebendigen Entwicklungen zu profitieren, sobald man ihn vom Gängeln des dauernden Machens und Verwaltens befreit.

16

Vom ewigen und vom momentanen Frieden

Es ist eigentümlich: Die übergroße Mehrheit aller Menschen wünscht sich nichts sehnlicher, als in friedlichen Verhältnissen zu leben – wobei sich dieser Wunsch schon durch die Jahrtausende hindurch verfolgen lässt und er häufig als eine der wichtigsten Voraussetzungen für ein gutes, gelingendes und zufriedenstellendes Dasein bezeichnet wird. Zugleich muss man feststellen, dass sich entgegengesetzt dazu schon seit Jahrtausenden die größte Geißel der Menschheit, der Krieg, immer wieder Bahn bricht und das Leben von Millionen Menschen auslöscht oder zur Hölle macht. Wie kam und kommt es zu dieser schrecklichen Diskrepanz zwischen Wunsch und Wirklichkeit, und wie kann zukünftig die Wirklichkeit dem Wunsch angenähert werden?

Nicht erst seit dem Februar 2022 (kriegerischer Überfall Russlands auf die Ukraine) hat vor allem der Schlusschor der *Messe in h-Moll* (1733 ff.) von Johann Sebastian Bach (*Dona nobis pacem* – gib uns Frieden) eine furchtbare Aktualität gewonnen; auch in den Jahrzehnten seit dem Zweiten Weltkrieg, von dem es hieß, er sei *the war to end all wars* (der Krieg, um alle weiteren Kriege zu verhindern), gab es Dutzende kleinere und größere kriegerische Auseinandersetzungen. Man muss also kein gläubiger Christ sein, um sich mit der Musik von Bach und seiner dringlichen Bitte um Frieden vollumfänglich identifizieren zu können – selbst wenn vielen von uns der ehemalige Adressat des *Dona nobis pacem* verloren gegangen ist und wir uns daher um den Frieden selbst zu kümmern haben:

„'s ist Krieg! 's ist Krieg! Oh Gottes Engel wehre / Und rede Du darein! / 's ist leider Krieg – und ich begehre / Nicht schuld daran zu sein! … / Wenn tausend

tausend Väter, Mütter, Bräute, / So glücklich vor dem Krieg, / Nun alle elend, alle arme Leute, / Wehklagten über mich? ... / Was hülf' mir Kron' und Land und Gold und Ehre? / Die könnten mich nicht freun! / 's ist leider Krieg – und ich begehre / Nicht schuld daran zu sein!"[1]

Fast ein Vierteljahrtausend ist es her, dass Matthias Claudius (1740–1815), der bedeutende Lyriker, Journalist und Herausgeber des gern gelesenen Periodikums *Wandsbeker Bote*, diese Zeilen als bitteres Klagelied gegen den Krieg verfasste. Darin finden sich keine beruhigenden Gedanken wie etwa in seinem bekanntesten Gedicht *Der Mond ist aufgegangen* (1779), das vielen von uns wahrscheinlich als Volkslied präsent ist. So sehr Letzteres uns in den Schlaf wiegt, so sehr rüttelt uns das Kriegsgedicht auf zu hellwacher Kritik und massiv empörtem Widerstand.

Matthias Claudius hat es wie manch andere, die über den Krieg nachgedacht haben, tunlichst vermieden, eine schlichte Einteilung in die Guten und die Bösen, die Opfer und die Täter vorzunehmen und sich aus Bequemlichkeit auf die Seite der Guten zu schlagen. In seinem Gedicht nahm er einzig und allein Partei für die Humanität, in deren Namen er dem Krieg den Krieg erklärte. Auch wir tun gut daran, bei aller nachvollziehbaren Empörung über diesen oder jenen Feldherrn, Politiker oder Waffenproduzenten und über das himmelschreiende Elend, das nur ein einziger Gefallener zu bedeuten hat, immer wieder zu versuchen, den Krieg als Jahrtausende währenden Irrwitz der Menschheitsgeschichte, als ins Gigantische gesteigerte psychotische Episoden von Kriegsherren und von ihnen beherrschten Armeen und Völkern zu begreifen.

Doch wie kommt es zu diesem Irrwitz, zum Ausbruch dieser Psychosen, in deren verheerenden Strudel Hunderttausende oder Millionen Menschen hineingezogen und in dem sie zermalmt werden? Was lässt sich präventiv oder auch aktuell gegen diese „Krankheit" unternehmen, bei deren Abflauen die Überlebenden (Sieger wie Besiegte) lediglich Verwüstungen und unermessliches Leid zurückbehalten? Der materielle Kahlschlag und die emotionalen, sozialen, geistig-kulturellen Traumen und jede Ordnung zerberstenden Vernichtungen sind in ihren destruktiven Folgen über Generationen nachweisbar.

Es wäre vermessen, diese Fragen hier auf wenigen Seiten auch nur annähernd adäquat beantworten zu wollen – Fragen, mit denen sich einige Wissenschaftler (in den entsprechenden Instituten), Literaten und Philosophen seit Jahrzehnten intensiv beschäftigen. So zeigt etwa ein Report des

---

[1] Claudius, M.: Kriegslied (1782), in: Worauf es ankommt – Ausgewählte Werke nach Gattungen geordnet, Gerlingen 1995, S. 441f.

Stockholm International Peace Research Institute (SIPRI), dass 2022 über zwei Billionen Dollar Militärausgaben weltweit zu verzeichnen waren, wovon die USA knapp 780 Mrd. Dollar, China 250 Mrd., Indien 73 Mrd. und Russland 62 Mrd. Dollar (geschätzt) aufgebracht haben. Deutschland rangiert mit etwa 53 Mrd. Dollar damals auf Platz 7. Der Wert von über 2 Billionen Dollar bedeutet den Höchststand der weltweiten Ausgaben für Militär seit Beginn der Aufzeichnungen 1988.

Vor dem Hintergrund dieser Zahlen mag es fast widersinnig erscheinen, über den ewigen oder den momentanen Frieden nachzudenken. Und doch gibt es und braucht es seit etwa 150 Jahren wiederholt Anläufe, nicht nur über Krieg und die Kriegsführung, sondern ebenso tiefgründig und hartnäckig über den Frieden und die Vorbereitungen darauf nachzudenken. Die meisten dieser Konzepte firmieren unter dem Begriff des Pazifismus (von *pax* = Frieden).

Wenn wir von Pazifismus und von Frieden reden, tut eine Klärung Not, welche pazifistische Spielart und welcher Frieden denn gemeint ist. So spricht man vom … elitären Pazifismus (Kriege müssen sein und werden aber von anderen geführt); rigorosen oder Gesinnungspazifismus (prinzipielle Nicht-Beteiligung an Kriegen); wehrhaften Einzelfallpazifismus (Situationen, in denen militärisches Engagement gerechtfertigt und notwendig ist – etwa die Alliierten im Zweiten Weltkrieg, um Hitler-Deutschland niederzukämpfen); Eigenschaftspazifismus (aufgrund der Methoden moderner Kriege mit vielen zivilen Opfern und „Kollateralschäden" sind Kriege des 20. und 21. Jahrhunderts nicht gerechtfertigt und moralisch verwerflich); Rechtspazifismus (die Artikel der UN-Charta formulieren ein allgemeines Gewaltverbot: „Alle Staaten unterlassen jede gegen die territoriale Unversehrtheit oder die politische Unabhängigkeit eines Staates gerichtete oder sonst mit den Zielen der Vereinten Nationen unvereinbare Androhung oder Anwendung von Gewalt."[2]); Nuklearpazifismus (Ziel ist die Verhinderung des atomaren Holocaust); libertären Pazifismus: Gewaltfreiheit assoziiert mit Staatskritik, Kriegsdienstverweigerung, Antimilitarismus; Belli-Pazifismus: Krieg als *Ultima ratio* (zum Beispiel die Beteiligung Deutschlands am NATO-Einsatz im Jugoslawien-Krieg?).

Nun hat bereits vor über einem halben Jahrhundert Willy Brandt in seiner Rede zur Verleihung des Friedensnobelpreises an ihn 1971 in Oslo allerdings ziemlich überzeugend ausgeführt, dass der Krieg in der Neuzeit „nicht mehr die *ultima ratio*, sondern die *ultima irratio*" geworden sei. In derselben Rede wandte er sich auch gegen die „vielen Verirrungen unter dem Feldzeichen des

---

[2] Charta der UN https://unric.org/de/wp-content/uploads/sites/4/2020/01/charta-1.pdf, S. 4 (abgerufen am 01. März 2022).

bellum justum, des gerechten Krieges."³ Im Zusammenhang mit den Interventionskriegen westlicher Mächte etwa gegen den Irak (1990/91), im Kosovo (1999), in Afghanistan (2001) sowie im Irak (2003) erlebte dieses Konzept jedoch eine Renaissance.

Hätten die Feldherrn seit der römischen Antike (damals wurden Kriterien für den gerechten Krieg formuliert) das Konzept des *Bellum iustum* ernstgenommen, wären sie zu jenem Ergebnis gekommen, das Erasmus von Rotterdam erzielte, als er Kriege seiner Vergangenheit und Gegenwart (in: *Die Klage des Friedens,* 1516) untersuchte: Einen gerechten Krieg gab es bis anhin nicht, und es dürfte ihn auch künftig nicht geben. Lapidar fragte Erasmus sich (in: *Dulce bellum inexpertis*) und uns: „Wo denn ist das Reich des Teufels, wenn es nicht im Krieg ist?"⁴

In den letzten Jahrzehnten hat sich neben der Idee vom gerechten Krieg das Konzept des gerechten Friedens etabliert. Das Motto *Si vis pacem para pacem* (wenn du den Frieden willst, bereite den Frieden vor) soll die uralte Formel *Si vis pacem para bellum* (wenn du den Frieden willst, bereite den Krieg vor) ablösen und für einen Paradigmenwechsel hinsichtlich der Friedenspolitik sorgen. Initiiert von Überlegungen Johan Galtungs (geboren 1930), ein prominenter Friedens- und Konfliktforscher in Norwegen, beschreiben Vertreter eines Gerechter-Frieden-Konzepts wichtige inhaltliche Aspekte eines gerechten Friedens:

> „Frieden in der Gemeinschaft (damit alle frei von Angst leben können); ... Frieden mit der Erde (damit das Leben erhalten bleibt); ... Frieden in der Wirtschaft (damit alle in Würde leben können); ... Frieden zwischen den Völkern (damit Menschenleben geschützt werden)."⁵

Pazifismus kann als eine Suchbewegung charakterisiert werden – als Suche nach gewaltfreien Auswegen bei sich zuspitzenden Interessenskonflikten ebenso wie bei bereits ausgebrochenen kriegerischen Handlungen. Darüber hinaus bedeutet Pazifismus eine Präventivstrategie, um das Ursachen- und Wurzelgeflecht von kriegerischen Handlungen und Konflikten freizulegen und diese entsprechend zu entschärfen. Ein Beispiel für einen solch Suchen-

---

[3] Brandt, W.: Nobelpreisrede (1971), zit. n.: https://www.willy-brandt-biografie.de/wp-content/uploads/2021/12/rede_nobelpreis_1971.pdf (abgerufen am 01. März 2022).
[4] Erasmus von Rotterdam: Dulce bellum inexpertis – Süß scheint der Krieg den Unerfahrenen, Adagia 3001, hrsg. von Brigitte Hannemann, München 1987, S. 37ff.
[5] Werkner, I.J.: Der gerechte Frieden als neues friedensethisches Ideal, in: Frieden – Vom Wert der Koexistenz, hrsg. von Clemens Sedmak, Darmstadt 2016, S. 29f.

den gab Immanuel Kant (1724–1804) ab. In seiner staatsphilosophischen Abhandlung *Zum ewigen Frieden* (1795) warf er die Frage auf, warum Kriege geführt werden; als Antwort gab er Beispiele von Staatsoberhäuptern, die „des Krieges nie satt werden können" oder die ihn „wie eine Art Lustpartie aus unbedeutenden Ursachen beschließen".

Als gangbaren Ausweg aus der Misere des Krieges hin zu einem ewigen (oder auch momentanen) Frieden sah Kant die Entwicklung eines Rechtszustandes, den er als Form des Völkerrechts bezeichnete, und wofür es eine Art Völkerbund als Legislative bräuchte. Der Philosoph besaß Menschenkenntnis und Wissen um die Sphäre von Politik und Macht genug, um genau zu sehen, dass Ermahnungen oder Friedensappelle an Herrscher und Generäle das „unnützeste Ding unter allen" sind. Statt an den nicht vorhandenen Edelsinn von Machthabern zu rühren, sei es sinnvoller, einen stabilen und robusten Staatenbund ins Leben zu rufen, der den Frieden auf der Basis des Rechts einklagen könne; Letzterer (der Frieden) sei nicht ursprünglich und auch kein einmal erworbenes Verhältnis, sondern müsse immer wieder neu gesichert und verteidigt werden:

„Der Friedenszustand unter Menschen, die nebeneinander leben, ist kein Naturzustand *(status naturalis)*, … Er muss also *gestiftet* werden."[6]

Hilfreich und notwendig für die Suchbewegung nach und die Stiftung von Frieden war für Kant eine rechtliche Verfassung, die den Einzelnen wie auch die Staaten zu verbindlichen Beziehungen untereinander verpflichtet. In der Charta der UN (Vereinte Nationen) wurden diese Gedanken Immanuel Kants ab 1945 partielle Bestandteile des Gründungsvertrags und der Verfassung der *United Nations*. Um die Jahrtausendwende sprach Jürgen Habermas – die Gedanken von Immanuel Kant weiterentwickelnd – von einem Rechtspazifismus, den er einem rigorosen oder Gesinnungspazifismus (ergänzend) gegenüberstellte:

„Der Rechtspazifismus will den lauernden Kriegszustand zwischen souveränen Staaten nicht nur völkerrechtlich einhegen, sondern in einer durchgehend verrechtlichten kosmopolitischen Ordnung aufheben … Die unmittelbare Mitgliedschaft in einer Assoziation von Weltbürgern würde den Staatsbürger auch gegen die Willkür der eigenen Regierung schützen. Die wichtigste Konsequenz eines durch die Souveränität der Staaten hindurchgreifenden Rechts ist … die

---

[6] Kant, I.: Zum ewigen Frieden (1795), in: Werkausgabe Band XI, Frankfurt am Main 1977, S. 203.

persönliche Haftung von Funktionären für ihre in Staats- und Kriegsdiensten begangenen Verbrechen."[7]

Manche der Ideen von Immanuel Kant *Zum ewigen Frieden* und damit zu einem Rechtspazifismus sind demnach bereits Wirklichkeit geworden, aber vieles davon harrt noch der Umsetzung. So träume ich von einem Sicherheitsrat, der sich nicht andauernd durch ein Vetorecht paralysiert; von einer UN-Vollversammlung mit der Möglichkeit, bindende Resolutionen für alle Staaten zu fassen; von einem Militärmonopol der Vereinten Nationen (Aufgabe nicht nur der Friedenssicherung, sondern auch der Friedenserzwingung); von einem Internationalen Gerichtshof in Den Haag, der nicht erst Jahre, sondern Stunden nach oder am besten schon vor einem kriegerischen Verbrechen (und das sind, nimmt man Kriterien des *Bellum justum* ernst, fast alle kriegerischen Handlungen) die Verantwortlichen festsetzen und der Justiz respektive den forensischen Abteilungen von Psychiatrien zuführen lassen kann, sodass sich Zynismen wie diejenigen von George Orwell erübrigen:

> „Ich bemerke, mit welchem Erstaunen Leser zu entdecken scheinen, dass der Krieg kein Verbrechen ist. Hitler, so scheint es, hat nichts Strafbares getan. Er hat niemand vergewaltigt, auch nicht eigenhändig Beute davongetragen, noch hat er selber Gefangene ausgepeitscht, Lebendige begraben, Kinder in die Luft geworfen und auf dem Bajonett aufgespießt oder Nonnen mit Petrol getränkt und mit Kirchenkerzen in Brand gesetzt – all die Untaten, die man in Kriegszeiten dem Gegner gewöhnlich zutraut. Er hat lediglich einen Weltkrieg ausgelöst, der wahrscheinlich zwanzig Millionen Leben gekostet haben wird. Daran ist nichts Ungesetzliches."[8]

Wollen wir verhindern, mit den (rechts-)pazifistischen Vorschlägen und Gedanken zum gerechten Frieden zur Gruppe naiver Gutmenschen und romantischer Utopisten gerechnet zu werden, müssen wir uns mit dem *Wurzelgeflecht des Krieges*, mit einer außerordentlich komplexen, schwer zu durchdringenden psychologischen und sozialen, politischen und gesellschaftlichen, kulturellen, ökonomischen, historischen Wirklichkeit konfrontieren. Doch nur vor dem Hintergrund einer illusionsfreien, nüchternen Diagnose hinsichtlich der Genese und der Ausgestaltungen kriegerischer Haltungen und

---

[7] Habermas, J.: Bestialität und Humanität – Ein Krieg an der Grenze zwischen Recht und Moral, in: DIE ZEIT vom 29. April 1999, S. 1.
[8] Orwell, G.: The Collected Essays, Journalism and Letters of George Orwell, Volume III (1943–45), in: Senn, F. & Strich, C. (Hrsg.): Denken mit George Orwell – Ein Wegweiser in die Zukunft, Zürich 2005, S. 41f.

Handlungen lassen sich eventuell irgendwann effektivere Schritte als bisher in eine friedfertige Zukunft gehen.

Als Ursachen kriegerischer Gewalt sind unter anderem zu benennen: die Idee von Diktatoren, Heerführern, Herrschern, als Heroen und „Männer" geschichtliche Missionen realisieren zu müssen; für die Mehrheit als anonym erlebte Mächte des Geschichtsverlaufs (etwa wirtschaftliche Aspekte; Rohstoffinteressen, politische Einflusssphären; geostrategische Pläne); systematische militärisch-drillartige Sozialisation von Kindern, Jugendlichen, Soldaten (Reduktion und Elimination von Empathie und Solidaritätsempfindungen); Klassenherrschaft (meist befehligen die Vertreter der Upperclass Kriege, „Proleten" haben dieselben auszubaden); Krieg und Gewalt induzierende Ideologien: etwa Nationalismus, Chauvinismus, Rassismus, Imperialismus, Antisemitismus; Zensur, Propaganda und demagogische Massenmedien (Verlust des Wahrheits-Ethos); Verrat der Intellektuellen (Mangel an autonomer Urteilskraft geistiger Eliten); massiver Aberglaube und Ablehnung von Wissenschaft, Philosophie und Kunst; militärisch-technisch-industrielle Interessen (Waffenlobby und Arbeitsplatzbeschaffung); Traditionsverhaftet-Sein (z. B.: Krieg gab es seit eh und wird es auch immer geben); Reduktion und Beschränkung von Menschenrechten (Selbstbestimmungsrecht der Person; Freiheit von Religion, Gewissen und Gedanken; Pressefreiheit; Freiheit der Kultur; Meinungsfreiheit; Versammlungsfreiheit; Recht auf Freizügigkeit); Einschränkung von Demokratie (Strukturen und Prozesse); kollektive Vorurteile; Entwicklung und Tradition von Misstrauen und Paranoia; Frauenfeindlichkeit und Patriarchat; mangelnde Bildung und Aufklärung der Massen (Verführbarkeit, eingeschränktes Urteilsvermögen); Diskriminierungen in Bezug auf z. B. Geschlecht, sexuelle Orientierung, ethnische Abstammung; innenpolitische Krisen und Konflikte (Krieg als Kompensation); oder in den Worten Leo Tolstois aus *Krieg und Frieden* (1864–1869):

„Krieg ist keine Liebenswürdigkeit, sondern das Allerscheußlichste im Leben, das muss man sich klarmachen und nicht Krieg spielen … Zweck des Krieges ist das Töten, Mittel des Krieges sind Spionage, Verrat und die Ermutigung dazu, das Ruinieren der Bevölkerung, die man ausraubt und bestiehlt für den Unterhalt der Armee; Betrug und Lüge, die man Kriegslisten nennt; die Moral des Militärstandes ist das Fehlen von Freiheit, das heißt, Disziplin, Müßiggang, Ignoranz, Grausamkeit, Lasterhaftigkeit, Trunksucht."[9]

---

[9] Tolstoi, L.: Krieg und Frieden (1864–1869), übersetzt und kommentiert von Barbara Conrad, München 2010, zweiter Band, S. 311.

Ausgehend von diesen stichpunktartig und summarisch aufgeführten Ursachen und Dynamiken kriegerisch-gewalttätiger Haltungen und Ereignisse, die sich oft gegenseitig beeinflussen und bedingen, ergeben sich für uns als Einzelne wie auch als Mitglieder einer Sozietät meist nur indirekte Möglichkeiten, aktuell wie auch präventiv für einen positiven, gerechten Frieden aktiv zu werden.

Eine der wenigen Haltungen und Einstellungen zum Krieg, von denen ich denke, dass sie einer humanistisch-pazifistischen Weltanschauung entgegenkommen, hat bereits vor über einhundert Jahren Romain Rolland eingenommen. Er versah seine von einem empathischen Pazifismus geprägte Schrift zum Ersten Weltkrieg mit dem Titel *Über dem Getümmel* (1914). Damit wollte er verdeutlichen, dass er sich partout nicht in den Wahnwitz der deutsch-französischen Auseinandersetzungen hineinziehen lassen, sondern, so sehr es ging, einen klaren und mitmenschlich geprägten Kopf behalten wollte.

Für eine ähnlich humanistisch-pazifistische Haltung und Einstellung plädiere auch ich. Konkret bedeutet dies etwa, dass wir als Psychotherapeutinnen, Lehrer, Erzieher, Psychologinnen, Ärzte, Sozialarbeiter, als Wissenschaftler, Künstler und Philosophen und vor allem als Mitmenschen mit einem intakten Sensorium für Stimmungen, Gefühle, Affekte prädestiniert sind, psychosoziale Aspekte von Krieg und kriegerischer Bedrohung wahrzunehmen und auszudrücken. Emotionen wie Angst, Ohnmacht, Unsicherheit, aber auch Schuld und Scham dürfen benannt und im Zusammenhang von Krieg und Frieden eingeordnet werden, damit aus ihnen nicht irrational-kompensatorisches Agieren (Aggression, Gleichgültigkeit, Rückzug, Misstrauen, Resignation etc.) entspringt.

So sehr es jedem von uns ohne depressive Verzweiflungsattacken möglich ist, dürfen wir uns mit der Geschichte von Kriegen ebenso wie mit den aktuellen kriegerischen Entwicklungen auseinandersetzen. Es sind eklige und nihilistische und zutiefst destruktive Themen – aber zugleich ist es unsere Welt, und sind es unsere Mitmenschen, die da zerstört und zerstückelt wurden und werden. Wenn wir Zeugen dieses Grauens sind und bleiben, halten wir jenes Wahrheits-Ethos etwas aufrecht, das anderswo längst schon mit Füßen getreten und durch Neusprech (George Orwell) ersetzt wurde und wird.

Weder bei den emotionalen noch bei den kognitiv-intellektuellen Eindrücken sollten wir jedoch stehenbleiben. Was uns auszeichnet, ist die Fähigkeit und die Möglichkeit, unsere Eindrücke auszudrücken und in größere Zusammenhänge einzustellen. Der Medizinsoziologe Aaron Antonovsky bezeichnete diese Fähigkeit als den *sense of coherence* (Zusammenhangssinn); dieser sei beispielsweise bei Erkrankungen ein günstiger Faktor, rascher zu gesunden oder mit chronischen Krankheiten besser zurande zu kommen. Angesichts des aktuellen Krieges Putins (und Russlands) gegen die Ukraine wünsche ich uns einen umfänglichen, sehr belastbaren *sense of coherence*.

Eine Dimension des einordnenden Zusammenhangs betrifft die Anthropologie, Psychologie und Soziologie des Krieges. Sophokles hatte Recht, als er dichtete: „Vielgestaltig ist das Ungeheure, und nichts / ist ungeheurer als der Mensch … / In der Kunst der Erfindung jenseits aller / Erwartungen schöpferisch, / schreitet er bald zum Schlechten, bald zum Guten." Sehr viel Schlechteres als den Krieg können wir uns nicht vorstellen, und dieselbe Gattung Mensch ist jedoch in der Lage, Dichtwerke wie dasjenige von Sophokles hervorzubringen. Von Natur (aber was ist seine Natur?) ist der Mensch weder gut noch schlecht; die Hauptfrage jeglicher Sozialisation und Enkulturation muss daher sein, wie Einzelne in die Lage versetzt werden, ihr Dasein mit anderen zusammen friedlich, nicht gewalttätig zu führen.

Mit dieser Frage assoziiert sind die Themen von Erziehung und Bildung – zwei Themen, die als grundwesentlich für eine jede erfolgreiche Friedensprävention gelten. Je umfangreicher und differenzierter das emotionale, soziale sowie intellektuell-kulturelle Bildungsniveau und Wertempfinden und damit auch das personale Niveau von Individuen ausgeprägt ist, umso größer sind die Chancen, dass sich die Betreffenden in ihrem Umfeld für freiheitliche, demokratische und humanistische Verhältnisse engagieren; und umso prägnanter steht bei ihnen ein hohes Maß an Empathie, Solidarität, Vernunft, gegenseitiger Hilfestellung und *common sense* zu erwarten. Wie sehr eine friedfertige Haltung und Einstellung oftmals bereits mit der Achtung und Wahrnehmung der Natur und damit des Lebens beginnt und assoziiert ist, beschreibt die US-amerikanische Essayistin Rebecca Solnit (geboren 1961) in ihrem klugen, feinfühligen Buch über George Orwell (*Orwells Rosen*, 2021): „Das Gegenteil von Krieg, falls es so etwas gibt, sind wohl Gärten."[10]

Mit der Frage nach der Daseinsgestaltung eng verknüpft sind aber auch die Phänomene von Hunger, Armut, Obdachlosigkeit, Flucht, Exil und Heimatlosigkeit. Krieg ruft alle diese Phänomene hervor; zugleich tragen diese Phänomene nicht selten dazu bei, Kinder, Jugendliche, junge Erwachsene (beispielsweise im Nahen und Mittleren Osten, in Zentralafrika) für den nächsten Krieg zu präparieren und zu fanatisieren. Menschen, die unter solch massiv ungünstigen und traumatisierenden ökonomischen, gesellschaftlich-politischen, sozialen Verhältnissen leben, bilden die potenziellen Söldnerheere von morgen. Es bedeutet Friedensprävention, uns (so sehr es möglich ist) für die Linderung all dieser Phänomene zu engagieren.

---

[10] Solnit, R.: Orwells Rosen (2021), Hamburg 2022, S. 15.

Jeder von uns kann darüber hinaus in seinem privaten, vor allem aber auch in seinem sozialen und gesellschaftlichen Umfeld darauf hinwirken, die diversen Konzepte etwa der Charta der Vereinten Nationen, die Allgemeine Erklärung der Menschenrechte oder auch die rechtlichen Möglichkeiten des Internationalen Gerichtshofes in Den Haag bekannter werden zu lassen. Mit diesen juristischen Grundlagentexten, die unter anderem auf Immanuel Kants Schrift *Zum ewigen Frieden* (1795) zurückgehen, ist es heute schon möglich, Kriege zu ächten und *de jure* zu verunmöglichen (Rechtspazifismus) – auch wenn sie *de facto* damit (noch) nicht verhindert werden.

Neben Immanuel Kant und Matthias Claudius gibt es eine Reihe von Autorinnen und Autoren, die seit Jahrhunderten über die Konturen einer friedlicheren Welt nachdenken und geschrieben haben. Ich erwähne (neben Tolstoi, Henri Barbusse, Erich Maria Remarque, Josef Rattner) vor allem einige Schriftstellerinnen, denn seit Bertha von Suttners *Die Waffen nieder!* (1889) wird die Antikriegsdebatte zunehmend auch von Frauen geführt. Dazu zählen Virginia Woolf mit ihren Essays *Drei Guineen* (1938) sowie *Gedanken über den Frieden während eines Luftangriffs* (1940); Astrid Lindgren (1907–2002) mit ihrer Rede für den an sie verliehenen Friedenspreis des Deutschen Buchhandels (1978); Christa Wolf (1929–2011) mit ihrer Erzählung *Kassandra* (1983); oder auch Barbara Tuchman (1912–1989) mit ihren Büchern *August 1914* (1962) sowie *Die Torheit der Regierenden – Von Troja bis Vietnam* (1984), worin sie anhand ausgewählter Beispiele zeigte, inwiefern die beschränkte Fassungskraft von Herrschern zu desaströsen politischen Ergebnissen bis hin zu Kriegen und Zerstörungen riesigen Ausmaßes beigetragen hat.

Dummheit, Verrücktheit, Aberwitz, Torheit kommt bei vielen Menschen vor und beeinträchtigt deren persönliches Leben. Dieselben Attribute bei Herrschern induzieren womöglich gänzlich andere Effekte: Eventuell verlieren aufgrund der Beschränktheit von Regierenden Abertausende ihr Leben, und Überlebende der wahnwitzigen Größenideen von Herrschern dürfen sich während oder nach den verlustreichen Kriegen noch anhören, dass sie (die Herrscher) die von ihnen angestoßene Katastrophe „so nicht gewollt" haben (so lautete der Kommentar des österreichischen Kaisers Franz Joseph zum Verlauf des Ersten Weltkriegs).

Die Prävention gegen Kriege beginnt (so lässt sich Tuchmans Buch auch lesen) unter anderem mit der Wahl oder Abwahl von Herrschern und Regierungen – so denn die Chance zu einer Wahl besteht, die nur dann verantwortungsvoll beim Schopfe gepackt werden kann, wenn die Wähler über eine ausreichend autonome politische Urteilskraft verfügen, die gegen eventuell demagogische Propaganda einigermaßen immun ist. Wie sehr Letztere die Massen auch in demokratischen Staaten zu beeinflussen imstande ist, machen die Wahlergebnisse der jüngeren Vergangenheit etwa in den USA, in Ungarn, Polen, Österreich, Italien, Israel und in der Türkei deutlich: Hier kamen jeweils Herrscher und Regierungen mit sehr autokratischen Tendenzen im Rahmen von demokratisch-legalen Wahlen an die Macht!

Wenn Möglichkeiten der Verhinderung und Beendigung von Krieg erwogen werden, kommt einem Jean Paul in den Sinn, der Anfang des 19. Jahrhunderts eine *Kriegserklärung gegen den Krieg* (1809) verfasst hat. Darin unterbreitete er den Vorschlag, dass nicht Söldner oder Armeen, sondern jene zwei, drei Herrscher, die meinen, gegeneinander Krieg führen zu wollen, persönlich miteinander kämpfen sollten – dies würde den Blutzoll enorm verringern und bei den Regierenden wohl deren Lust und Laune für kriegerische Gewaltanwendung rasch und merklich dämpfen:

„Das Unglück der Erde war bisher, dass zwei den Krieg beschlossen und Millionen ihn ausführten und ausstanden, indes es besser, wenn auch nicht gut gewesen wäre, dass Millionen beschlossen hätten, und zwei gestritten."[11]

So unrealistisch dieser Vorschlag damals wie heute imponierte und imponiert, so sehr führt eine solche Regelung aber womöglich dazu, das Heldenideal, das in den Kriegen seit der Antike bis in unsere Gegenwart hinein immer wieder aufs Neue besungen oder hochgehalten wird, grundsätzlich in Frage zu stellen. Heldenhaft ist es keineswegs, auf dem Feld der angeblichen Ehre für das Vaterland oder für andere Scheinwerte zu sterben – es ist vielmehr ein zutiefst beweinenswertes Betrogen- und Hingemetzelt-Werden in der Regel für ein Nichts, eine Chimäre, einen Wahninhalt.

Heldenhaft ist es jedoch, jene Werte (gewaltfrei) zu verteidigen und über die Zeiten von Krisen, Kriegen und Revolten hinwegzuretten, die wir auch im Frieden als hochstehend und haltgebend taxieren: Mitmenschlichkeit; *common sense*; Suche nach Wahrheit und Sinn; Liberalität; Vorurteilsarmut und Toleranz; Würde; Personalität; Gerechtigkeit; Solidarität; Autonomie; Vernunft; Barmherzigkeit; Güte; das eigene und das fremde Leben. Wer je Träger und Erkennender dieser Werte geworden ist, verspürt meist den Impuls, diese zu erhalten und weiterzutragen.

Solche oder ähnliche Impulse hat auch Bertolt Brecht gekannt. Während des spanischen Bürgerkriegs fragte er sich, ob er und andere gegen die Truppen des Diktators Francisco Franco kämpfen sollten oder müssten. Brecht hat

---

[11] Jean Paul: Dämmerungen für Deutschland (1809), in Sämtliche Werke, Abteilung I, Band 5, Darmstadt 2000, S. 962.

sich damals dagegen entschieden und in einer seiner *Geschichten vom Herrn Keuner* diese Entscheidung für sich (und uns) begründet:

> „Wer das Wissen trägt, der darf nicht kämpfen; noch die Wahrheit sagen; noch einen Dienst erweisen; noch nicht essen; noch die Ehrungen ausschlagen; noch kenntlich sein. Wer das Wissen trägt, hat von allen Tugenden nur eine: dass er das Wissen trägt", sagte Herr Keuner.[12]

Wenn wir uns fragen, was unsere Aufgabe angesichts von aktuellen Kriegen ist, können wir vergleichbar argumentieren: Wer die Gedanken und Werthorizonte von Personalismus und Humanismus in sich trägt, der darf nicht kämpfen im Sinne von *Ich greife jetzt zur Waffe* und nehme in Kauf, dass mein eigenes Leben damit sehr schnell sehr endlich wird. Wir haben andere Aufgaben zu erfüllen, die da wären: Vorstellungen über Sinn, Wert und Bedeutung der menschlichen Existenz auch über jene Zeiten hinwegzuretten, in denen es scheinbar sinn- und wertlos geworden ist, mit solchen Ideen hausieren zu gehen.

Die Frage, wie es denn wäre, angesichts von Krieg und daraus resultierenden Problemen und Katastrophen ein Mensch zu sein und menschlich zu bleiben, haben Hannah Arendt (1906–1975), Karl Löwith (1897–1973) und manch weitere Denker in der ersten Hälfte des 20. Jahrhunderts sinngemäß wie folgt beantwortet: Weil wir in den Wahnwitz (Totalitarismus; Zweiter Weltkrieg; Holocaust) weder direkt noch indirekt eingreifen können und wollen, bleiben nur die schützende Distanz zum Geschehen (für viele von ihnen bedeutete dies Flucht und Exil) sowie eine philosophische Reflexionsebene, die den damaligen Ausbruch von Gewalt und Krieg als gleichsam kollektiv-psychotisches Treiben eingeordnet hat. Diese Denker, Schriftsteller, Künstler und Intellektuellen wollten ihr Menschsein nicht im großen Strom der Inhumanität untergehen lassen und retteten sich und ihre Würde in der geistig-kulturellen Arbeit, die selten auch einmal (wie bei Thomas Mann mit seinen Radioansprachen *Deutsche Hörer* zwischen 1940 und 1945) in die Öffentlichkeit hinein direkt wirksam wurde.

Auf eine nochmals andere Perspektive der reflektierenden Betrachtung von Krieg und Frieden hat Max Weber (1864–1920) in seinem oft zitierten Vortrag *Politik als Beruf* (1919) hingewiesen. Darin unterschied er zwei Arten der ethischen Einstellung in der Politik: die Gesinnungs-Ethik sowie die Verantwortungs-Ethik. Erstere führt nicht selten dazu, im Namen von Ge-

---

[12] Brecht, B.: Von den Trägern des Wissens – Geschichten vom Herrn Keuner (1930ff.), in: Gesammelte Werke 12, Frankfurt am Main 1967, S. 376.

sinnungen und Wertehierarchien in den Krieg gegen Ungläubige und Anders-Gesinnte zu ziehen; Letztere hingegen stellt häufig die Voraussetzung dar, Kriege zu beenden und Friedensverhandlungen zu beginnen.

So wie verantwortungsethisch eingestellte Politiker nicht in den Kategorien von Sieg und Niederlage, sondern von Leidverringerung und Lebenserhaltung denken und handeln sollten, dürften auch wir beim Thema Krieg und Frieden alle unsere weltanschaulich-politischen Überzeugungen so weit einklammern, dass wir eine quasi verantwortungsethische Perspektive entwickeln können. Dazu jedoch tut es Not, jenen Eigenschaften auch bei uns zum Austrag zu verhelfen, die Weber als grundwesentlich für die Verwirklichung verantwortlicher Politik beschrieben hat:

„Man kann sagen, dass drei Qualitäten vornehmlich entscheidend sind für den Politiker: Leidenschaft, Verantwortungsgefühl, Augenmaß. Leidenschaft im Sinn von *Sachlichkeit*: leidenschaftliche Hingabe an eine „Sache", an den Gott oder Dämon, der ihr Gebieter ist ... Die Politik bedeutet ein starkes langsames Bohren von harten Brettern mit Leidenschaft und Augenmaß zugleich."[13]

Wer je das Jüdische Museum in Berlin oder ähnliche Erinnerungsstätten besucht hat, wird – falls es sich bei ihr oder ihm nicht um eine tote Seele[14] handelt – zutiefst erschüttert und beschämt sein über die Millionen Mitmenschen zermalmende Verrücktheit und Inhumanität unserer Väter und Großväter im 20. Jahrhundert. Dieses Museum zeigt, wie es war, *kein* Mensch mehr zu sein; und es zeigt, wie dünn der kollektive Firnis von Bildung, Humanität und Vernunft seinerzeit war. Die sorgenvolle Frage taucht unwillkürlich auf, wie stabil und belastbar sich Bildung, Humanität und Vernunft derzeit und zukünftig erweisen.

Eine der wenigen Prophylaxestrategien, die eventuell behilflich sein kann, den dünnen Firnis für die Zukunft zu stärken, besteht in der sozialen, emotionalen und intellektuellen Bildung der Einzelnen und der Vielen. Sigmund Freud jedenfalls, ein Skeptiker hohen Ranges, sah darin den einzigen, wenn auch sehr steinigen und schmalen Weg der Entwicklung zu mehr Menschlichkeit:

„Die Stimme des Intellekts ist leise, aber sie ruht nicht, ehe sie sich Gehör geschafft hat. Am Ende, nach unzählig oft wiederholten Abweisungen, findet sie

---

[13] Weber, M.: Politik als Beruf (1919), in: Gesamtausgabe Band I/17, Tübingen 1995, S. 73f. / 88.
[14] Gogol, N.: Tote Seelen (1842), übersetzt von Vera Bischitzky, München 2013.

es doch. Dies ist einer der wenigen Punkte, in denen man für die Zukunft der Menschheit optimistisch sein darf, aber er bedeutet an sich nicht wenig."[15]

Ich gebe gerne zu, dass diese Hoffnung Freuds in den letzten Einhundert Jahren immer wieder desillusioniert und eines Schlechteren belehrt wurde – und doch gibt es zu ihr keine Alternativen. Ein Auftrag unserer Zeitgenossenschaft besteht einerseits darin, die Verhältnisse so realistisch und nüchtern zu registrieren und zu beschreiben, wie sie eben sind; und andererseits auf die wenigen Möglichkeiten einer Evolution zum Besseren hin zu verweisen und an ihnen festzuhalten, selbst wenn sie unzählige Male und wiederholt Abfuhren und Abweisungen erfahren.

Was all das für ein gutes, besseres, gelingendes Leben bedeutet? Es wäre völlig vermessen zu meinen, dass wir als Einzelne der Menschheitsgeißel Krieg den Garaus machen könnten. Was jedoch eine jede und ein jeder von uns leisten kann, ist, mit unserer Person, unserer Weltanschauung und Daseinsgestaltung Modelle dafür abzugeben, wie verschiedenste Entwürfe von Sinn, Wert und Bedeutung eines menschlich-würdevollen Daseins und seiner Kultur über jene Zeiten hinweg tradiert werden können, die diesbezüglich schon lange einigermaßen karg und zwischendrein sogar immer wieder einmal kriegerisch imponieren.

---

[15] Freud, S.: Die Zukunft einer Illusion (1927), in: GW XIV, Frankfurt am Main 1976, S. 377.

Teil VII

Leben zwischen Sinnlichkeit und Form

17

Höflichkeit, Wohlwollen, Takt – und dann?

Höflichkeit, so meinte einmal Jean Paul, sei nichts weiter als der Widerschein der Sittlichkeit oder, so eine alte Volksweisheit, das Minimum an Unaufrichtigkeit, das von einem jeden verlangt werden kann. Ins selbe Horn stieß Goethe, wenn er in *Faust II* dichtete: „Im Deutschen lügt man, wenn man höflich ist"; und Arthur Schopenhauer verglich die Höflichkeit mit einem Luftkissen: Es mag wohl nichts darin sein, aber es mildert die Stöße des Lebens. Von Montesquieu stammt die Überlegung, dass Höflichkeit das Bestreben sei, anderen gefallen zu wollen; und Ludwig Börne formulierte das Bonmot, Höflichkeit wirke wie ein Staatspapier des Herzens, das um so größere Zinsen trägt, je unsicherer das Kapital ist. Wilhelm Busch bewertete die Höflichkeit kritisch als Affen der Herzensgüte, wohingegen in einem japanischen Sprichwort das gute Benehmen des höflichen Menschen mit einem vollendeten Faltenwurf verglichen wird.

Mit diesen wenigen Hinweisen und Zitaten wird bereits angedeutet, dass es sich beim rechten Benehmen, bei der Beachtung von Anstand, Sitte, Brauchtum, bei der Umsetzung von Zugewandtheit und Wohlwollen, Höflichkeit und Takt um ein völlig oberflächliches und nach außen gerichtetes Phänomen genauso wie um eine zutiefst verinnerlichte Haltung und Einstellung handeln kann. Ein Minimum an Unaufrichtigkeit kann wohl tatsächlich beinahe jeder erlernen; wenn hingegen ein Faltenwurf vollendet imponieren soll, ist es mit der bloßen Etikette oft nicht getan. Neben bestimmten Regeln und Vorschriften, die gelernt, anerzogen oder andressiert werden können, braucht es einige emotionale Qualitäten, um nicht nur höflich zu *scheinen*, sondern es auch zu *sein*.

Bei den drei in der Kapitelüberschrift erwähnten Begriffen können wir fragen, inwiefern sie eine Hierarchie von Verhaltensweisen und Emotionen bedeuten und daher unterschiedlich stark zu einem gelingenden Leben beitragen. Eventuell verbirgt sich hinter höflichen und stilvollen Umgangsformen eine Idee des guten Benehmens, die viel mehr als nur die formalistisch verstandenen Anstands- und Benimmregeln des Freiherrn Adolph von Knigge repräsentieren. Die Richtung meiner Erörterung wird uns deshalb von der Oberfläche zur Tiefe bzw. von einzelnen Höflichkeitsgesten über das Thema des Wohlwollens zur tatsächlichen Haltung der Noblesse und zu den Umrissen einer taktvollen Einstellung zu sich und den Mitmenschen führen.

Die Höflichkeit war immer schon eine Haltung, von der viele meinten, dass sie mangelhaft oder unzureichend ausgebildet ist. Vor allem der nachwachsenden Generation werden bereits seit Jahrhunderten diesbezüglich eklatante Defizite attestiert. So lesen wir beim Freiherrn Adolf von Knigge in seinem Buch *Über den Umgang mit Menschen* (1788) über die jungen Menschen (vor beinahe 250 Jahren!) und deren Mangel an guten Sitten und Anstandsregeln:

> „Viele von ihnen kommen mir äußerst ungeschliffen und plump vor. Es scheint mir, als suchten sie etwas darin, Bescheidenheit, Höflichkeit und Zartgefühl zu beleidigen, stumm, ungefällig gegen Frauenzimmer und Fremde zu sein, selbst ihren Körper zu vernachlässigen, ohne alle Grazie beim Tanze herumzuspringen, krumm und schief und gebückt zu gehen, keine Kunst, keine Wissenschaft gründlich zu lernen."[1]

Wenn wir ehrlich sind, müssen wir zugeben, dass im 21. Jahrhundert nicht selten dieselben oder sehr ähnliche Kommentare zu vernehmen sind, wenn Jugendliche charakterisiert werden. Die Höflichkeit scheint ein kaum anzutreffendes, oftmals mangelhaft ausgeprägtes Gut darzustellen, und zu Recht dürfen wir uns fragen, wie sie denn bei jungen Menschen entsteht und bei älteren Individuen eventuell erhalten bleibt, welche Faktoren ihr Auftreten begünstigen und vor allem: ob es überhaupt sinnvoll ist, die Menschen zu mehr Höflichkeit zu animieren.

Die Höflichkeit ist eine junge Errungenschaft der Menschheit. Selbst wenn von einem höflichen Benehmen schon in Schriften der ägyptischen, griechischen oder römischen Antike die Rede ist, kam die Höflichkeit (zumindest als Begriff) erst im frühen Mittelalter in Mode. Der Terminus der Höflichkeit beinhaltet – ebenso wie der französische Begriff der *courtoisie* oder der englische

---

[1] Knigge, A., Freiherr von: Über den Umgang mit Menschen (1788), Frankfurt am Main 1790, S. 85.

Begriff der *courtesy* – etymologisch betrachtet den Wortstamm des Hofes oder der *cour*, die es als eine allgemeine, Anstands- und Benimmregeln generierende Einrichtung eben erst seit dem Mittelalter gab.

Diesen Gedanken verfolgte Norbert Elias in seinem inzwischen zum Klassiker avancierten Buch *Über den Prozess der Zivilisation* (1939).[2] Neben vielen anderen Motiven illustrierte Elias darin auch die Entwicklung einer zivilisierten Lebensart und der dazu passenden höflichen Manieren, die er in ihrem Ursprung ins frühe Mittelalter verlegte. Vor allem die intensive, dichte Form des Zusammenlebens am Hof eines Fürsten habe die Formulierung und Etablierung basaler Regeln und Konventionen des zwischenmenschlichen Umgangs notwendig gemacht. Diese engen zwischenmenschlichen Kontakte ließen ein Geflecht von Abhängigkeiten untereinander entstehen, die es nicht mehr so ohne weiteres erlaubten, den eigenen Affekten, Leidenschaften, Antrieben, Wallungen ungezügelt freien Lauf zu gewähren. Anstatt immer und überall sofort das Schwert zu zücken oder mit der Faust zu drohen, wurden nach und nach sublimere Formen des Umgangs entwickelt, die den verschiedenen sozialen Formen der Interdependenz und der damit einhergehenden möglichen Unterlegenheit von Einzelnen gegenüber den Feudalherren gerecht zu werden versprachen.

In den feudalen Kreisen, die unter sich durchaus nicht zimperlich im Verteilen von Grobheiten und Direktheiten waren, hielten Elias zufolge die höflicheren Sitten just in dem Moment Einzug, als eine erkleckliche Anzahl von abhängigen Personen (Bürger, Bauern, Lehnsknechte, Minnesänger, die von ihnen verehrten und besungenen Frauen) sich am Hofe tummelten und *courtoisie*, zivilisiertere Formen der Kommunikation entwickeln mussten, um jene, die ihnen überlegen waren, gnädig und wohlwollend zu stimmen.

Insbesondere der Minnesang wird von Elias mehrfach zitiert, um diese seine Hypothese zu untermauern. Die klassische Konstellation für die Entstehung der Minne-Lyrik war ein werbender, aber relativ machtloser, sozial niedrig stehender Mann (der Troubadour), der sich um die Gunst einer ihm im Status überlegenen Frau (am Hofe) bemühte. Obwohl die Minnesänger wie alle Männer damals im patriarchalischen Vorurteil aufgewachsen waren, dass die Frauen ihnen *pour leur nécessité et délectation* (zur freien Verfügung und zum Genuss) zugedacht waren, spürten sie doch, dass sie mit dem Versuch, diesem Vorurteil gemäß zu handeln, bei ihren Angebeteten keinen Erfolg hatten. Aus ihrer relativen Ohnmacht heraus griffen sie zur Bändigung und Zügelung ihrer Begierden, zur Umformung von Lust und Leidenschaft und zur Sublimierung und Verfeinerung ihrer Affekte.

---
[2] Elias, N.: Über den Prozess der Zivilisation (1939), Frankfurt am Main 1976.

Was dabei entstand, waren einerseits Minnelieder mit teilweise ergreifenden sprachlichen Wendungen, die auch heute noch überzeugend von der Macht des Eros und der Sehnsucht nach Glück und Liebe künden. Andererseits entsprangen diesem Gefälle zwischen den Werbenden und den Umworbenen ritualisierte und formalisierte Verhaltensweisen, die allmählich als höfliche Sitten und Gebräuche Verbreitung fanden. Galanterie, Ehrfurcht, Respekt, Anstand, Reverenz, Artigkeit, Dienstfertigkeit und Courschneiderei, Schicklichkeit, Stil und Zuvorkommenheit waren in den Versen wie auch in den Gesten eines Troubadours anzutreffen.

Der Hof und seine Hierarchien gab die Bühne ab, auf der die ersten Proben des Stückes Höflichkeit und Zivilisation aufgeführt wurden. Den Saum des Kleides (der Vielbesungenen) zu küssen, das Haupt (angesichts eines Überlegenen) zu entblößen, der Kratzfuß und der Knicks, die Kniebeugung und das Kusshändchen, der Scharrfuß, die Verneigung, der Bückling und der Fußfall, den Arm zu bieten, den Hof zu machen, jemanden bis ans Tor zu bringen und einen Abschiedsbecher mit ihm zu leeren – diese und viele andere gute Manieren wurden hier erdacht und erfunden und auf ihre metaphorische Tauglichkeit hin überprüft.

Die Höflichkeitsfloskeln und Gunstbezeigungen der Minnesänger bedeuteten in ihrem Kern nicht nur Beschwichtigung der und Werbung um die Überlegenen, sondern darüber hinaus auch einen Beweis eigener Souveränität. Die Höflichkeit des offenkundig Unterlegenen verbrachte diesen letztlich in die Position, bei Hof stilbildend zu wirken und somit manchem Feudalherrn zumindest in Bezug aufs Benehmen und die Umgangsformen den Rang abzulaufen.

Wie sehr sich dieser Prozess der Verhöflichung in den wenigen Jahrhunderten zwischen Mittelalter und Renaissance verfestigte und breite Zustimmung erfuhr, wird an einem kleinen Kompendium höflicher Sitten und Gebräuche deutlich, das der italienische Schriftsteller und Diplomat Baldassare Castiglione verfasst hat. In seinem Buch *Der Hofmann – Lebensart in der Renaissance* (1528)[3] entwarf er das Idealbild eines nicht-feudalen, nicht-aristokratischen Hofmannes und beschrieb die dafür nötigen Haltungen und Fähigkeiten:

Rhetorische Fertigkeiten, geistige Elastizität, spielerischer Umgang sowohl mit Fremdsprachen wie mit den Künsten, Kühnheit und Edelmut, Virtuosität in der Handhabung des Degens wie der Feder, unangestrengte Eleganz im Kontakt mit Hochwohlgeborenen wie Untergebenen, mit Damen wie mit Dirnen, verfeinerte Affekte und Leidenschaften, Anmut und Leichtigkeit der

---

[3] Castiglione, B.: Der Hofmann – Lebensart in der Renaissance (1528), Berlin 1996.

körperlichen wie der intellektuellen Bewegungen – und alles dies unter der Überschrift *Sprezzatura*, was soviel wie eine Haltung der Lässigkeit und der Mühelosigkeit bei der Bewältigung selbst schwierigster Aufgaben bedeutete.

Castiglione, der in mancher Hinsicht dem von ihm skizzierten Ideal durchaus nahekam, hat mit seiner Publikation ein Gegenstück zu dem bekannten Buch *Der Fürst* (1513)[4] von Niccolo Machiavelli geliefert. In *Der Hofmann* kommen dem Höfling und zukünftigen Bürger jene Rollen und Eigentümlichkeiten zu, die in *Der Fürst* lediglich einige wenige Privilegierte innehaben: Talent, sicheres Auftreten, ruhige und unaffektierte Reflexionsfähigkeit sowie Anmut und Selbstständigkeit. Die gesellschaftlichen Aufsteiger – so kann man die Schrift Castigliones verstehen – erobern sich über die Höflichkeit den Zugang zu den aristokratischen Kreisen und Lebensformen und überflügeln schließlich die Adeligen durch ihre geistig-kulturelle Gewandtheit und Eleganz.

Wenige Jahre nach seinem Erscheinen wurde *Der Hofmann* in die wichtigsten europäischen Sprachen übersetzt und fand vielfach begeisterte Aufnahme. Der von Castiglione geschaffene Prototyp des universal begabten und gebildeten *gentiluomo* hatte Vorbildfunktion für den *gentleman* englischer, den *honnête homme* französischer Prägung. Diese Begriffe stehen für den gesellschaftlichen Aufstieg und die bürgerliche Selbstverwirklichung, die in der Renaissance noch mit humanistischer Bildung und höflichen Verhaltensweisen assoziiert wurden.

Nur einige Jahrzehnte nach Castigliones *Hofmann* schlug Michel de Montaigne in seinen *Essais* (1580 ff.) deutlich kritischere Töne der Höflichkeit gegenüber an. Montaigne, der sich selbst als einen außergewöhnlich gut, umfassend und auch in französischer Etikette erzogenen Menschen bezeichnete, verwies darauf, dass so manche Benimmregeln zum leeren Ritual oder zum Zwang entarten und dann einen gegenteiligen Effekt auslösen: „Ich habe oft Menschen getroffen, die vor lauter Höflichkeit unhöflich waren und ungeschliffen durch zu viel Schliff."[5]

Auch andere französische Moralisten standen der (bloßen) Höflichkeit, dem Anstand sowie der Galanterie ambivalent oder sogar ablehnend gegenüber. So bemerkte La Rochefoucauld bei Gelegenheit, dass man in der Galanterie das am wenigsten findet, was sie oftmals vorgibt: nämlich Liebe; und dass die Höflichkeit lediglich den Wunsch zum Ausdruck bringt, selbst höflich behandelt und für fein und gesittet gehalten zu werden.

---

[4] Machiavelli, N.: Der Fürst (1513), Stuttgart 1978.
[5] Montaigne, M. de: Essais (1580ff.), Frankfurt am Main 1998, S. 29.

Was französische Moralisten ebenfalls beobachteten, war, dass sich Manieren nicht selten in Manierismen und Takt in Taktieren verwandeln. Das chevalereske, devote, diskrete, ehrerbietige, feinsinnige, formgewandte, das formelle, galante, geschliffene, korrekte, verbindliche und zuvorkommende Verhalten kann ebenso echt wie gekünstelt sein. Der Schein der guten Sitten korrespondiert nicht immer mit dem Sein einer Person, sondern provoziert oft das Gegenteil: Misstrauen, welch wahre Intentionen sich denn hinter der Fassade der Höflichkeit verbergen. La Rochefoucauld jedenfalls verwies an einer Stelle seiner *Reflexionen*[6] darauf, dass das Wort *poli* so viel wie höflich, aber eben auch poliert und glatt bedeutet.

Höflichen Menschen haftet potenziell der Verdacht der Maskenhaftigkeit, der Unechtheit oder letztlich sogar der Selbstentfremdung an. Die Verstellung, das Schauspiel sind weitere Begriffe, die diese problematischen Seiten der Höflichkeit abbilden und widerspiegeln. Dass Leidenschaften, Affekte, Missgunst, Hinterlist, Abneigung, Tücke und weitere distanzierende Einstellungen und Impulse einer Person hinter einer freundlich-sonnigen Oberfläche der Etikette verborgen und vom Firnis wohltemperierter Umgangsformen überzogen sein können, ohne dass dies im zwischenmenschlichen Verkehr immer und sofort evident wird, lässt die höflich-diplomatische Beziehungsaufnahme und -gestaltung manchmal zu einer regelrecht unheimlichen Veranstaltung geraten.

Hohe Konjunktur hatten Schicklichkeit und Zeremoniell, Förmlichkeit, Schliff und Parkettsicherheit an den Höfen der französischen Könige im 18. Jahrhundert. Ausgeklügelte Regelwerke für jeden nur erdenklichen Anlass präformierten den Lebensvollzug der Aristokratie ebenso wie auch darunter platzierter Stände. Die Verhöflichung ging so weit, dass sich schon die Kinder in ihrem Betragen ähnlich wie Erwachsene verhalten sollten.

Kein Wunder, dass ein Mann wie Jean-Jacques Rousseau dieser gekünstelten Welt der Rokoko-Formen und -Formeln den Kampf ansagte. Seinem imaginären Zögling Émile wollte er lieber grobe Worte und herbe Sitten als den Betrug der Höflichkeit zugestehen, und sein Ideal war an einer Erziehung ausgerichtet, die Natürlichkeit und Spontaneität statt Dressur und ästhetisiertes Benehmen auf ihre Fahnen geschrieben hatte. Wenn schon Höflichkeit, dann diejenige des Herzens, die aber wie alle anderen Facetten der Existenz aus dem gegebenen Material der Natur entspringen sollte. Für Rousseau jedenfalls galt allemal das Motto: Es ist besser, wenn man zu ehrlich ist, um höflich zu sein, als wenn man zu höflich ist, um ehrlich zu sein!

---

[6] La Rochefoucauld, F. de: Maximen und Reflexionen (1664), München 1987.

Neben mangelnder Ehrlichkeit und Authentizität gab es noch einen weiteren Gesichtspunkt, der Kritik an der Höflichkeit provozierte: der Aspekt der Originalität. Wer sich dem Reglement der Sitten und Gebräuche unterwirft und einen oftmals jahrelangen Sozialisationsprozess bezüglich guten Benehmens hinter sich bringt, lässt damit automatisch eine Prozedur der Normierung über sich ergehen. Nicht nur wegen der uniformierten Kleidung oder identischen Perücken, sondern auch wegen der Gleichförmigkeit ihrer Gesten, Bewegungen, Blicke und Bemerkungen wirkten viele Höflinge wie Kopien ihrer Herren und Vorgesetzten. Distinguiertheit und vornehmes Verhalten wurden inflationär in vielen Schichten, Kreisen und Klassen gehandelt und verloren damit an Wert.

In Deutschland waren es vorrangig die Dichter des *Sturm und Drang*, die sich dieser Kritik an Norm und Reglement, an höflichem Schein und außengeleiteter Noblesse anschlossen. Figuren wie Götz von Berlichingen, Karl Moor, Werther verkörperten die Werte des Originären, Natürlichen, Spontanen, Authentischen, die weit über den Werten der Etikette und des Anstands angesiedelt waren. Dass sie als literarische Figuren an den gesellschaftlich-zivilisatorischen Gegebenheiten scheiterten, untermauerte eher noch ihre moralische Überlegenheit.

Diese kurze Revue diverser Meinungen über die Höflichkeit mag genügen, um das Janus-Gesichtige dieser angeblichen „Tugend der Könige" zu verdeutlichen. Je nach Kulturverständnis wurde und wird der Höflichkeit entweder die Rolle eines notwendigen Korrektivs für menschliche Defizite, Leidenschaften, Affekte, Begierden oder der Vermittlerin einer humaneren Kultur zugewiesen. Auf den nächsten Seiten möchte ich zeigen, mit welchen Einstellungen und Werten die Höflichkeit verknüpft sein darf, damit sie nicht nur schönen Schein, leere Form oder kalt-herzlose Berechnung bedeutet, sondern zur Eudämonie beiträgt.

„Es gibt eine Höflichkeit des Herzens; sie ist der Liebe verwandt."[7] Dieser Satz aus Goethes *Wahlverwandtschaften* (1809) wird dort Ottilie in den Mund bzw. in ihr Tagebuch gelegt. Das Bonmot Goethes hat seit seinem ersten Auftauchen in seinem Ehebruchroman erfolgreich Einzug in viele verschiedene Aphorismen- und Schlagwortsammlungen, aber ebenso in philosophische Texte (zum Beispiel von Friedrich Nietzsche) gefunden. In *Jenseits von Gut und Böse* (1886) lesen wir: „Sich über ein Lob freuen ist bei Manchem nur eine Höflichkeit des Herzens – und gerade das Gegenstück einer Eitelkeit des Geistes."[8] Und in *Menschliches, Allzumenschliches* (1878) führte Nietzsche aus:

---

[7] Goethe, J.W. von: Die Wahlverwandtschaften (1809), in: HA Band 6, München 1981, S. 397.
[8] Nietzsche, F.: Jenseits von Gut und Böse (1886), in: KSA 5, München 1988, S. 94.

> „Die Gutmütigkeit, die Freundlichkeit, die Höflichkeit des Herzens sind immerquellende Ausflüsse des unegoistischen Triebes und haben viel mächtiger an der Kultur gebaut, als jene viel berühmteren Äußerungen desselben, die man Mitleiden, Barmherzigkeit und Aufopferung nennt."[9]

Was aber meinen Goethe, Nietzsche und andere mit dieser Form von Höflichkeit, die sie im Gemüt, in der Seele, im Herzen lokalisieren? Welche Empfindungen müssen als Ingredienz hinzukommen, dass aus bloßer Höflichkeit eine solche des Herzens wird? Ich meine, dass es die Haltung des Wohlwollens ist, die dazu beiträgt, eine Höflichkeit des Herzens entstehen zu lassen, und die verhindert, dass Höflichkeit mit maskenhafter Etikette und zynischer Berechnung gleichgesetzt werden muss. Zumindest Rousseau hätte mir diesbezüglich Recht gegeben: „Die wahre Höflichkeit besteht darin, den Menschen gegenüber gütig zu sein. Wer sie nicht hat, ist gezwungen, ihren äußeren Schein künstlich zu erzeugen."[10]

Ein früher Verfechter einer wohlwollenden Haltung war Immanuel Kant, der in *Die Metaphysik der Sitten* (1797/98) nicht nur der Höflichkeit, sondern auch dem Wohlwollen ein umfangreiches Kapitel gewidmet hat. In diesem Text entwarf Kant eine Ethik, die Begriffe wie Tugend und Moral näher erläutern und ihre inhaltlichen Aspekte darlegen sollte. Kant unterschied Tugenden und Pflichten, die hauptsächlich die eigene Person tangieren, von solchen, die im Kontakt mit anderen Menschen eine zentrale Rolle spielen. Zu den Letzteren zählte er die konkret gelebte Menschenliebe, die für ihn gleichbedeutend mit der Maxime des Wohlwollens war: „Die Maxime des Wohlwollens (die praktische Menschenliebe) ist aller Menschen Pflicht gegeneinander; man mag diese nun liebenswürdig finden oder nicht."[11]

Im Wohlwollen kommt Kant zufolge eine wichtige Facette des kategorischen Imperativs zum Tragen, die für den Philosophen übersetzt in etwa lauten könnte: „Ich will jedes anderen Wohlwollen gegen mich; ich soll also auch gegen jeden anderen wohlwollend sein." Wenn Wohlwollen nicht lediglich Wohlwünschen sein soll, muss es nach Kant in konkrete Wohltaten einmünden. Er stellte hierzu Überlegungen an, die darauf hinauslaufen, dass in den jeweiligen Wohltaten eine Hierarchie der zwischenmenschlichen Sympathien und der eigenen Intentionen vorherrschend sei.

Man helfe, unterstütze häufig den- oder diejenigen eher, die uns nahestehen, deren Not oder Bedürftigkeit uns betreffen und deren allgemeine

---

[9] Nietzsche, F.: Menschliches, Allzumenschliches (1878), in: KSA 2, München 1988, S. 69.
[10] Rousseau, J.-J.: Emil oder Über die Erziehung (1762), Paderborn 1971, S. 365.
[11] Kant, I.: Die Metaphysik der Sitten (1797/98), in: Werkausgabe Band VIII, Frankfurt am Main 1991, S. 587.

Lebenssituation wir nachempfinden können. Das *Wohlwollen* gelte zwar idealiter der gesamten Menschheit, das *Wohltun* beschränke sich dagegen eigentlich immer auf einige wenige. Spätestens bei den Wohltaten erweise sich aber, ob der Wohltäter aus einem sozialen oder doch mehr aus eigenem Interesse heraus gehandelt hat. Es bedeutet keineswegs eine Wohltat, andere nach den Maßstäben der eigenen Glückseligkeit zu beglücken und dabei eventuell sogar deren Freiheit, Wert und Würde einzuschränken.

Ein weiterer Philosoph, dem das Wohlwollen viel bedeutete, war Friedrich Nietzsche. Von ihm stammt einerseits der Gedanke, dass derjenige, der es redlich mit den Menschen meint, stets auch ein generöser Menschentyp sein müsse – wohlwollende Gesinnungen weisen nach Nietzsche auf großzügige Seelen hin. Neben der Generosität und Freigebigkeit zeichnen dem Denker zufolge einen wohlwollenden Menschen aber auch Edel- und Großmut, Mildtätigkeit, Güte, Humanität sowie Teilnahme am Schicksal der Menschheit aus.

Die Aufmerksamkeit und das Interesse wohlwollender Menschen erstrecken sich auf ihre nächsten Mitmenschen oder auf weiter entfernte Völker, aber auch auf die Kultur, auf Wissenschaft, Kunst, Mythos, Philosophie und all die anderen Manifestationen menschlichen Geistes. Die Höflichkeit wohlwollender Individuen kennt die Achtung vor dem Wert der anderen Person; sie kennt daneben aber auch die Achtung vor den kulturellen Werten, und (wir sind im 21. Jahrhundert angekommen und ergänzen deshalb Nietzsche und Kant) sie kennt die immensen Wertdimensionen alles Lebendigen (Tiere, Pflanzen) und des gesamten Globus.

Insbesondere diesen letzten Gesichtspunkt haben die Philosophen des 18. und 19. Jahrhunderts noch nicht als gesonderten Topos unter Wohlwollenskonzepte subsumiert. Im 21. Jahrhundert sind es Philosophinnen wie Martha Nussbaum[12] in den Vereinigten Staaten oder Corine Pelluchon[13] aus Frankreich, die in ihren Büchern auf die dringliche Notwendigkeit hinweisen, mit Tieren ebenso wie mit Pflanzen einen wohlwollenden, also werterkennenden sowie wertschätzenden Umgang zu pflegen.

Ein wichtiger Vertreter der Tiefenpsychologie, der sich mit dem Wohlwollen ausführlich auseinandergesetzt hat, war Alfred Adler. Dies verwundert nicht, so man bedenkt, dass die Individualpsychologie den zitierten Philosophen Immanuel Kant und Friedrich Nietzsche wesentliche Anregungen und Konzepte verdankt. Adler entwickelte manche ihrer philosophischen Ge-

---

[12] Nussbaum, M.: Gerechtigkeit für Tiere – Unsere kollektive Verantwortung (2023), Darmstadt 2023.
[13] Pelluchon, C.: Das Zeitalter des Lebendigen – Eine neue Philosophie der Aufklärung (2021), Darmstadt 2021.

danken weiter und brachte sie in eine Form, aus der konkrete psychotherapeutische Behandlungsstrategien abgeleitet werden konnten.

Das Wohlwollen finden wir bei Adler als Bestandteil des Gemeinschaftsgefühls wieder. Die Individualpsychologen debattieren immer wieder darüber, was unter Gemeinschaftsgefühl im Detail zu verstehen sei;[14] Adler selbst hat sich hierbei teilweise bedeckt gehalten und eindeutige oder scharf umrissene Definitionen vermieden. Dass jedoch das Wohlwollen als fundamentales Strukturelement das Gemeinschaftsgefühl ermöglicht und stützt, gehört heutzutage zum nicht mehr hinterfragten *common sense* der individualpsychologischen Lehre.

Das Adler'sche Gemeinschaftsgefühl setzt sich u. a. aus Mitgefühl, Sozialinteresse, Entgegenkommen, Hilfsbereitschaft, Freundlichkeit, Großmut, Güte, Loyalität, Toleranz, Herzlichkeit, Treue, Freigebigkeit, Milde, Rücksicht, Verbindlichkeit, Diskretion, Gerechtigkeitssinn, Friedfertigkeit, Verantwortung für Mitmenschen und Kultur sowie weiteren Aspekten zusammen. Schon allein diese Aufzählung macht deutlich, wie groß die Ähnlichkeiten zwischen Gemeinschaftsgefühl (im angelsächsischen Sprachraum und auch von Adler als *common sense* bezeichnet) und Wohlwollen sind.

Hinzu kommt, dass das Gemeinschaftsgefühl einen Kompensationsfaktor für defizitäre soziale Beziehungen bedeutet, der mit dem Wohlwollen im Sinne Kants vergleichbar ist. Kant wie Adler registrierten häufige Mängel der Sozialisation von Einzelnen wie von Gruppen, die dazu führen, dass zwischen den Individuen und den Staaten oftmals Feindschaft, Missgunst, Misstrauen und Destruktivität bis zu kriegerischen Auseinandersetzungen vorherrschen. Beide, Kant wie Adler, haben als Gegenmittel den kategorischen Imperativ des Wohlwollens (Kant) respektive das Gemeinschaftsgefühl (Adler) gesetzt. Was bei Kant als Pflicht-Ethik und als Imperativ imponiert, wird bei Adler zum Sozialisationsprogramm für Individuen, Familien, Schule, Gesellschaft und nicht zuletzt zur Psychotherapie.

Das Gemeinschaftsgefühl im Sinne Adlers stellt wie das Wohlwollen bei Kant diejenige Atmosphäre dar, in der Menschen am ehesten zur Person und zur Individualität reifen. Man kann daher den *common sense* wie das Wohlwollen als eine psychosoziale Atmosphäre begreifen, welche die vorhandenen ebenso wie die potenziellen Werte beim Einzelnen oder in einer Sozietät sichtbar und fühlbar werden lässt und ihnen gegenüber Impulse des Schutzes, der Förderung und des Respekts mobilisiert.

---

[14] Mackenthun, G.: Gemeinschaftsgefühl – Wertpsychologie und Lebensphilosophie bei Alfred Adler, Gießen 2012.

17 Höflichkeit, Wohlwollen, Takt – und dann?

Neben der Höflichkeit und dem Wohlwollen verspricht die Überschrift dieses Kapitels auch noch, den Takt zu behandeln – und es wäre wenig taktvoll, ihn nur wie eine bessere Fußnote unter ferner liefen einzuordnen. Bevor wir jedoch zum Takt und seiner adäquaten Darlegung kommen, schlage ich mit Absicht einen Seitenblick auf ein Thema vor, das Friedrich Schiller vor weit über 200 Jahren in seinem Text *Über Anmut und Würde* (1793) erörtert hat. Wir werden sehen, dass Anmut, Würde und Takt in einem engen Verwandtschaftsverhältnis zueinander stehen.

Was aber bedeuten Würde und Anmut? Unter Anmut verstand Schiller eine „bewegliche Schönheit"; Voraussetzungen für sie sind die Freiheit der Bewegung und die Lebhaftigkeit des Geistes, der „sich den Körper baut". Anmut können wir nicht direkt intendieren – sie entsteht vielmehr unwillkürlich und unbewusst. In dem Moment, in dem wir anmutig sein wollen, verfehlen wir auch schon die Anmut. Imitierte und gewollte Anmut wirkt hölzern oder theatralisch oder albern, keinesfalls aber echt, elegant oder grazil.

Schiller zufolge ereignet sich Anmut am ehesten, wenn die beiden „Naturen" im Menschen, seine Sinnlichkeit (Stoff) und seine Vernunft (Form), harmonisch miteinander einen Ausgleich suchen. Analoge Verhältnisse beschrieb Schiller in seinem Essay *Über die ästhetische Erziehung des Menschen* (1795), wobei der Ausgleich zwischen Stofftrieb (Vitalität, Sinnlichkeit) und Formtrieb (Geistigkeit, Vernunft) von ihm dort als Spieltrieb bezeichnet wurde. Immer ging es ihm um Lösungswege für das nicht enden wollende Spannungsverhältnis zwischen Körper und Geist, wobei das Überwiegen des Körperlichen (Sinnlichkeit, Stoff) zu Anmut, das Dominieren des Geistigen (Vernunft, Form) zu Würde beitragen kann:

> „Bei der Würde also führt sich der Geist in dem Körper als *Herrscher* auf ... Bei der Anmut hingegen regiert er mit *Liberalität*, weil er es hier ist, der die Natur in Handlung setzt und keinen Widerstand zu besiegen findet ... Anmut liegt also in der *Freiheit der willkürlichen Bewegungen*; Würde in der *Beherrschung der unwillkürlichen*."[15]

Takt kann nun ähnlich wie die Anmut ebenfalls als höchst bewegliche emotionale Qualität bezeichnet werden. Anders als die dressierte Höflichkeit entspringt der Takt einer unbewusst-unwillkürlichen Schicht unserer Existenz. Und ähnlich wie die Anmut braucht der Takt zu seinem Entstehen und Vorhandensein ebenfalls den harmonischen Ausgleich zweier Prinzipien: der ra-

---
[15] Schiller, F.: Über Anmut und Würde (1793), in: Sämtliche Werke, Band V, Philosophische und Vermischte Schriften, Darmstadt 1993, S. 477.

tional-bewussten Form (der Höflichkeit) und des emotional-intuitiven Stoffs (des Wohlwollens).

Das Wort Takt stammt aus dem Lateinischen und bedeutet hier so viel wie das Berührte. In der deutschen Sprache verband sich dieser Begriff inhaltlich mit den Termini von Metrum oder Maß. Besonders in der Musik und im Tanz kommt diese Bedeutung auch heute noch zum Tragen, aber auch in der Lyrik verwenden wir bisweilen den Begriff des Takts, um einen bestimmten Rhythmus der Sprache und ihre damit geformte Bewegung zu charakterisieren; Novalis sprach in diesem Zusammenhang regelrecht von poetischem Takt.

Im Französischen veränderte sich der Bedeutungsgehalt dieses Begriffs hin zu Feingefühl, Lebensart, Zurückhaltung. Vor allem diese Aspekte des Takts (als Art und Weise, wie ein Mensch die Welt und seine Mitmenschen berührt) werden meist anvisiert, wenn wir einem Menschen ein taktvolles Benehmen attestieren; und darauf zielte auch La Rochefoucauld ab, als er den Takt bei Gelegenheit als eine unverbildete Feinheit definierte.

Neben den Facetten der Berührung schwingen im Takt auch Gesichtspunkte der Wahrnehmung mit. Wir können von Menschen einen grazilen, anmutigen, vornehmen Umgang mit ihrer Mitwelt nur erwarten, wenn sie diese auch zart, erlesen, differenziert, geschmackvoll, kultiviert und abgestuft wahrnehmen. Auf diese Voraussetzungen des Takts hat Hans-Georg Gadamer in seinem Hauptwerk *Wahrheit und Methode* (1960)[16] hingewiesen. Gadamer, der sich in diesem Buch um eine Grundlegung der Hermeneutik, der Auslegekunst und des Verstehens verdient gemacht hat, betonte, dass eine hermeneutische Herangehensweise an die Mitmenschen, die Geschichte und Kultur nur von Erfolg gekrönt ist, wenn der Interpret und Hermeneutiker neben technischen Fähigkeiten vor allem auch über psychologischen Takt verfügt.

Der psychologische Takt als eine Art Sensorium für die Wahrnehmung sowie als Maßstab für die Beurteilung von sozialen, kulturellen und gesellschaftlichen Problemen und Sachverhalten ist nicht angeboren – er muss vielmehr eingeübt werden. Gadamer benannte die emotionale, ästhetische, historische sowie die intellektuelle Bildung, die für die Entwicklung von Takt unentbehrlich scheinen. Damit der Takt nicht nur Erkenntnis-, sondern auch Seinsweise ist, braucht es die souveräne geistige und gefühlsmäßige Beweglichkeit eines Individuums; beides war für den Philosophen in einer humanistischen Tradition verankert.

Ein weiteres Element des Takts, auf das ich im Abschnitt über das Wohlwollen bereits zu sprechen kam, wurde von Gadamer als *Sensus communis* ti-

---

[16] Gadamer, H.-G.: Wahrheit und Methode – Grundzüge einer philosophischen Hermeneutik (1960), Tübingen 1975.

tuliert. Die Wurzeln dieses Gemeinsinns verfolgte er bis in die römische Antike zurück, um die diversen Verzweigungen, die dieser Begriff im Laufe der Zeit genommen hat, zu rekonstruieren. Ein anderer Baustein des Takts besteht nach Gadamer in der autonomen Urteilskraft; diese ist mit dem *Sensus communis* eng verknüpft. Zu ihrer vollen Ausbildung braucht es Geschmack und ästhetisches Empfinden, Sinn für Gerechtigkeit, Liberalität, Wohlwollen, ethische Prinzipien und sittliches Unterscheidungsvermögen. Auch Intuition und Einfühlungsvermögen gehören zu den Voraussetzungen eines taktvollen Wahrnehmens, Urteilens und Handelns.

Diese Liste verdeutlicht, dass unter Takt etwas Umfassenderes zu verstehen ist als unter Höflichkeit. Taktvoll wahrnehmen, urteilen, handeln kann derjenige, der seine Personalität und Individualität entwickelt. Wenn die Höflichkeit eine geschickte und häufig oberflächliche soziale Umgangstechnik (Form) bedeutet, stellt der Takt eine tiefwurzelnde Eigenschaft eines Menschen dar, die ohne ein gerütteltes Maß an Wohlwollen (Stoff) nicht wächst und gedeiht. Takt entspringt im Menschen, wenn er eventuelle Selbstentfremdungen reduziert, die formale Höflichkeit und sein personales Wohlwollen verknüpft und beide zur prägnanten Gestalt zu amalgamieren versucht. Günstigenfalls steigert dies die Anmut der Persönlichkeit, die sich im sozialen und kulturellen Raum frei bewegen kann.

Ein taktvoller Umgang mit den Mitmenschen bewirkt, dass diese sich in ihrer Integrität, Personalität und damit auch in ihrer Würde respektiert fühlen. Takt schützt das Gegenüber vor Demaskierung und Beschämung, vor Entwertung und Verkleinerung. Der Takt hat vorrangig die Fremdperson im Auge – wobei es sehr wohl erwägenswert scheint, auch sich selbst taktvoll und mit dem dafür nötigen Wohlwollen zu betrachten, zu beurteilen und zu behandeln.

Insbesondere in Beziehungen, in denen einseitig Schwäche und Nicht-Können offensichtlich werden, ist Takt ein unentbehrlicher Bestandteil einer gedeihlichen Kooperation. Dazu zählen Beziehungen zwischen Eltern und Kindern, zwischen Lehrern und Schülern oder zwischen Ärzten, Psychotherapeuten und Patienten. Ein taktvoller Umgang gewährleistet am ehesten Wachstum, Entwicklung oder Gesundung derjenigen, die sich ihren Mentoren und Erziehern anvertrauen.

Doch nicht nur in sozialen Beziehungen mit einem offensichtlichen Gefälle ist ein taktvolles und umsichtiges Verhalten dringlich vonnöten; mindestens ebenso sehr erfordern partnerschaftliche Beziehungen, die mit immens großer Nähe und Intimität assoziiert sind, ein hohes Maß an Taktgefühl. Die Kunst im Führen und Gestalten einer Partnerschaft besteht darin, die Seelen der beiden Protagonisten in möglichst engen Kontakt zu verbringen, ohne dabei die Person-Grenzen des Anderen zu übertreten oder zu verletzen. Dies gelingt, wenn wir die seelischen Umrisse und das menschliche Profil unseres Gegenübers möglichst detailliert und plastisch wahrnehmen und rekonstruieren, wozu es außerordentlich weitläufig ausgebildete taktile Fähigkeiten unserer eigenen Person braucht, mit denen wir das Fremdseelische registrieren.

Der eine oder andere Leser mag sich am Ende dieses Kapitels fragen, ob es lohnt, sich mit derart bescheidenen Tugenden wie Höflichkeit, Wohlwollen und Takt so ausführlich zu befassen – und inwiefern sie der Eudämonie tatsächlich Vorschub leisten. Wie sehr dies für Einzelne von uns zutrifft, muss jeder und jede jeweils für sich selbst entscheiden. Sobald wir jedoch diese Trias vom Individuum weg auf die Ebene von Gruppen, Sozietäten und Staaten heben und imaginieren, wird schlagartig der immense Einfluss solch schlichter Tugenden einer zweiten Ordnung deutlich: Stellen Sie sich nur für wenige Minuten eine überwiegend höfliche, wohlwollende und taktvolle Menschheit vor …!

18

Witz, Komik, Humor – Zur Anthropologie der guten Laune

Die meisten kennen die Fragebögen von Max Frisch aus seinen *Tagebüchern*. Im Fragebogen *Humor* lesen wir unter anderem: Haben Sie Humor, wenn Sie allein sind? Was ertragen Sie nur mit Humor? Warum scheuen Revolutionäre den Humor? Verändert sich im Alter Ihr Humor? Gibt es klassenlosen Humor? Können Sie sich eine Ehe ohne Humor vorstellen? Wie unterscheiden sich Witz und Humor? Entsteht Humor nur aus Resignation?[1]

So reizvoll es klingt, etlichen dieser Fragen im Detail nachzugehen – stellen wir uns einmal Revolutionäre mit klassenlosem Humor vor oder humorlose Eheleute, die zusammen älter werden –, so sehr konzentriere ich mich letztlich auf den persönlichen Humor im privaten Dasein, von dem man mutmaßen darf, dass er das Leben mit allen seinen Härten erträglicher macht. Doch bevor wir uns dem Humor zuwenden, möchte ich ihn vor allem von Witz und Komik abgrenzen. Dabei klammere ich Phänomene des Lächerlichen aus, die kaum mit Witz, Komik und Humor übereinstimmen: Ironie, Parodie, Karikatur, Kalauer, Farce, Spaß, Ulk, Schnurre, Posse, Stichelei, Spott, Satire, Jux, Groteske, Faxen, Pointe, Schwank, Schlagfertigkeit, Burleske, Zote, Schabernack. Bei der Kürze des Daseins scheint Beschränkung erlaubt und angebracht.

Der Witz. – Was ist ein Witz? Friedrich Schlegel meinte einmal sinngemäß: „Ein witziger Einfall ist eine Zersetzung geistiger Stoffe, die also vor der plötzlichen Scheidung aufs Innigste vermischt sein mussten."[2] Damit hatte er

---

[1] Frisch, M.: Tagebuch 1966–1971 (1972), Frankfurt am Main 1973, S. 216ff.
[2] Schlegel, F.: Kritische Fragmente, Fragment Nr. 34 (1797), in: Schriften zur Literatur, München 1985, S. 10.

Richtiges gesehen: Bei Witzen unterscheiden wir analytische (also zersetzende) und synthetische (also verbindende) Anteile. Die Pointe eines Witzes lebt in der Regel davon, dass in Sekundenschnelle ein gewohnter Zusammenhang zersetzt und für ihn jählings ein neues Verhältnis etabliert wird, in dem Sinn und Widersinn miteinander ringen. Jean Paul hat diese Synthese mit den Worten charakterisiert: „Der ästhetische Witz ... (ist) der verkleidete Priester, der jedes Paar kopuliert."[3]

Sigmund Freud erwähnte in *Der Witz und seine Beziehung zum Unbewussten* (1905)[4] diverse Mechanismen, die bei der Entstehung von Witzen von Bedeutung sind. Dabei griff er auf Beschreibungen der Dynamik des Seelenlebens zurück, die er bereits in *Die Traumdeutung* (1900) erläutert hatte: Verwechslung von Teil und Ganzem, Ersatzbildungen, Verdichtung, Verschiebung, Zweideutigkeit und Verkehrung ins Gegenteil dienen dem Aufbau von Witzen und ihrer Pointen. Diese spielen sich nach Freud zwischen je drei Personen ab: Die erste Person macht den Witz, die zweite Person wird zum Objekt seiner sexuellen oder aggressiven Tendenz, und an der dritten Person erfüllt sich die Absicht des Witzes, nämlich pure Lust zu erzeugen. Diese Lust, die sich im Lachen der dritten Person kundtut, entsteht nach Freud, weil in Witzen sexuelle oder aggressive Triebimpulse trotz ihrer Hemmung oder Zensur überraschend befriedigt werden. Hierfür ein Beispiel:

Drei Briefe eines DDR-Bürgers an seinen Freund in Holland – Brief Nummer eins: „Lieber Jan-Pieter, bitte sende mir die Bombe in Einzelteile zerlegt, damit die Stasi das nicht erfährt." Darauf folgt der zweite Brief: „Lieber Jan-Pieter, die Bombe in Einzelteilen ist gut angekommen. Ich habe sie an verschiedenen Stellen im Garten vergraben, damit die Stasi davon nichts erfährt." Tage später folgt der dritte Brief: „Lieber Jan-Pieter, jetzt kannst du die Tulpenzwiebeln schicken – die Stasi hat den Garten umgegraben."

Wie ein Grenzgänger am Zöllner, so schmuggeln Witze am Zensor verdrängte Triebanteile vorbei (meinte Freud), die dieser wegen des harmlosen Gewands, in das sie aufgrund von Verschiebung, Verdichtung oder Verkehrung ins Gegenteil gekleidet sind, nicht sofort als solche erkennt. Erst hinterher, wenn die witzige Bemerkung gefallen ist und das Lachen längst schon eingesetzt hat, dämmert den Beteiligten, dass es sich um eine Triebabfuhr gehandelt haben könnte. Auf solche Aspekte der Witzentstehung hat

---

[3] Jean Paul: Vorschule der Ästhetik (1804/1813), Hamburg 1990, S. 173.
[4] Freud, S.: Der Witz und seine Beziehung zum Unbewussten (1905), in: GW Band VI, Frankfurt am Main o.J.

Marie von Ebner-Eschenbach angespielt, als sie ganz richtig meinte: „Ein guter Witz muss den Schein des Unabsichtlichen haben ... Ein guter Witz reist inkognito."[5]

In Witzen schimmert etwas von einem frühkindlich-anarchischen Lustprinzip durch, das dem dominierenden Realitätsprinzip mithilfe von Nonsense, Unlogik, schlichtem Widersinn ein Schnippchen schlägt. Im englischen Sprachraum sind diesbezüglich Schüttelreime beliebt, die geistreichen Nonsense ventilieren. Sie werden als *Spoonerisms* bezeichnet, benannt nach einem Dekan in Oxford, dem permanent witzige Verwechslungen unterliefen. Man erzählt sich, dass Mr. Spooner seine Ehefrau nur deshalb gefunden hat, weil er einmal eine Dame statt „Would you please make tea?" gefragt haben soll: „Would you please take me?"

Nach Freud besteht eines der wichtigsten Ziele des Witzes darin, den Zustand unserer (infantilen) Glückseligkeit zu reaktivieren, in dem die Härte und Strenge des Realitätsprinzips noch keine Herrschaft über uns erworben hatte und in dem wir noch keines Witzes, keines Humors und auch keiner Komik bedurften, um uns glücklich zu fühlen.

Witze bedeuten sprachlich-geistige Bewegungen, die Freiräume des Denkens und Fühlens eröffnen. Auf diese Aspekte ging Arthur Koestler in seinem Buch *Der göttliche Funke – Der schöpferische Akt in Kunst und Wissenschaft* (1964)[6] ein. Darin beschäftigte er sich mit künstlerischen und wissenschaftlichen Leistungen und mit der dafür erforderlichen Kreativität der jeweiligen Künstler und Forscher. Koestler nahm an, dass originelle Erkenntnisse oder auch witzige Bemerkungen aufgrund nicht von Assoziationen, sondern von den von ihm als Bisoziationen bezeichneten Verbindungen eigentlich unvereinbarer Matrizen entstehen. Unter einer Matrize verstand er Wahrnehmungs-, Funktions-, Verhaltens-, Bezugs-, Denksysteme, die für sich wie kleine abgeschlossene Welten wirken. Im Witz wie im kreativen Akt verknüpft das Individuum nun die eine Matrize mit einer gänzlich anderen.

Das menschliche Denken, das meist eindimensional und *assoziativ* stattfindet, springt in jenem Moment, in dem verschiedene Matrizen aufeinanderprallen, auf ein höheres Aktivitätsniveau und gestattet sich für Sekunden (Witz) oder auch für länger (Kunstwerk), *bisoziativ* den Inhalt zweier normalerweise getrennter Welten zusammen zu erleben. Als Beispiel mag jene

---
[5] Ebner-Eschenbach, M.: Aphorismen (1911), in: Das Gemeindekind / Novellen / Aphorismen, München 1978, S. 881.
[6] Koestler, A.: Der göttliche Funke – Der schöpferische Akt in Kunst und Wissenschaft (1964), Bern – München – Wien 1966.

Patientin gelten, die ihr Hausarzt ermahnte: „Gute Frau, Sie sind jetzt 82, Ihr Freund 31, da kann jeder Sexualkontakt zum Tode führen!" Worauf die alte Dame meinte: „Na ja, dann stirbt er halt!"

Die Bisoziation erinnert in gewisser Weise an Kippbilder, die seit Langem von den Gestaltpsychologen als Beispiele herangezogen werden, um Unterschiede von Vorder- und Hintergrund und die Mechanismen der Gestaltwahrnehmung zu verdeutlichen. Den Witz nun kann man als einen Wechsel der Perspektive und als eine schlagartige Veränderung der Gestaltwahrnehmung begreifen. Da solche Wechsel eventuell verunsichern, beobachtet man bei manchen Witzehörern statt eines Freiheitserlebens bisweilen auch Formen des Verstört-Seins oder Nicht-Verstehens der Pointe eines Witzes – wobei ich gern zugeben mag, dass nicht wenige Witze derart geistlos und banal wirken, dass das ausbleibende Lachen des Publikums keinen eineindeutigen Indikator für dessen beschränkte intellektuelle Fassungskraft bedeutet.

Das Komische. – Großen Wert auf eine in Abgrenzung zum Witz eigenständige Betrachtung und Beurteilung von Komik legte Henri Bergson. Ähnlich wie auf Sigmund Freuds Buch über den Witz wird bezüglich der Komik oft auf Bergsons *Das Lachen* (1900)[7] verwiesen. Das Buch ist mit dem Untertitel *Ein Essay über die Bedeutung des Komischen* versehen. Sein zentraler Gedanke lautet: Komik und das Lachen darüber entsteht, wenn und sobald uns da, wo wir Leben oder den *Élan vital* vermuten, ein ins Leben eingebauter und das Leben imitierender Automatismus begegnet.

Diese These verdeutlichte Bergson anhand vieler Beispiele. So lebt der Clown mit seinen parodistischen Slapstick-Einlagen ebenso wie der Karikaturist mit seinen Zeichnungen von der *Mécanisation de la vie,* von der Mechanisierung des Lebendigen, die als Verdoppelung, Nachahmung, Wiederholung, Übertreibung oder aber als Fixierung eines ursprünglich lebendigen und damit sich permanent verändernden Prozesses imponieren kann.

Einige dieser Mechanismen finden wir etwa beim zerstreuten Menschen. Die Zerstreutheit lässt sich als passagere oder permanente Lebenshaltung verstehen, bei der Menschen in ihrer Vigilanz und Konzentration reduziert und damit der momentanen Situation gegenüber als zu wenig gewappnet wirken. So kommt es, dass Dinge und Verhältnisse der Umwelt relative Macht über den Betreffenden erhalten und ihn partiell dominieren. Nicht mehr die Person beherrscht ihre Objekte, sondern die Objekte machen sich über den Einzelnen her und bewirken, dass er sich gleichsam an sie hingibt und verliert. Die Faszination der Materie induziert eine Fixierung und Mechanisierung des Lebendigen und damit eine komische Situation.

---

[7] Bergson, H.: Das Lachen – Ein Essay über die Bedeutung des Komischen (1900), Frankfurt am Main 1988.

18 Witz, Komik, Humor – Zur Anthropologie der guten Laune

Doch nicht nur zerstreute Menschen erleben wir komisch. Oftmals lachen wir auch über diejenigen, die uns körperlich als zu schwer, zu plump oder als viel zu unbeweglich, zu groß, zu klein, verwachsen oder unproportioniert erscheinen. So provoziert der bloße Anblick der beiden Filmhelden Dick und Doof ein vergnügtes Schmunzeln oder Lachen: Der eine ist schon *prima vista* zu dick geraten, und der andere macht einen fast verhungerten Eindruck. Unterstrichen werden diese Impressionen noch durch die unpassende Kleidung der beiden: Dick trägt immer zu knapp sitzende Anzüge, wohingegen Doof in weiten Gewändern und viel zu großen Hüten schlottert. Wieder hat hier die Materie scheinbar die Oberhand über das Lebendige errungen, indem sie den einen aufbläht und dem anderen seine körperliche Basis entzieht.

Auf diesen Entstehungsmechanismus der Komik hat auch Charlie Chaplin zurückgegriffen. Dieser Komiker wird uns immer als einer in Erinnerung bleiben, dessen Schuhe zu groß, dessen Hosen zu lang und dessen Frack zu weit geraten waren. Vor allem im Film *Modern Times* (1936) hat Chaplin die *Mécanisation de la vie* und die dabei entstehende Komik sozial- und kulturkritisch auf die Spitze getrieben, indem er die Dominanz der Technisierung über seinen eigenen Körper und alles Lebendige karikierte.

Was bei komischem Verhalten auf der Strecke bleibt, ist die Anmut. Anmut nennen wir seit Friedrich Schiller die Freiheit in der Bewegung, und diese Freiheit wird bei der Komik in Frage gestellt. Statt im Sinne dieser Freiheit agiert der betreffende Organismus maschinenartig und erweckt in uns Empfindungen von Komik. Ähnlich geht es, wenn Anmut bewusst gewollt wird. Sobald Dick und Doof sich vornehmen, anmutig Fahrrad oder Schlittschuh zu fahren, kommt mit hoher Wahrscheinlichkeit ein urkomisch wirkender Bewegungsablauf zustande; dieser erinnert viel mehr an die Monotonie und Ruckhaftigkeit von Maschinen statt an die tupfend-harmonische Leichtigkeit oder an die freizügige Eleganz unwillkürlich ablaufender motorischer Muster.

Die häufigste Reaktion auf die Wahrnehmung von Komik ist wie beim Witz das Lachen, dem aber eine andere Bedeutung zukommt. So betonte Bergson den exquisiten Korrekturfaktor, der im Lachen verborgen ist: Wer über seine komisch wirkenden Mitmenschen lache, gebe ihnen zu verstehen, dass er bei ihnen eine *Mécanisation de la vie* wahrgenommen habe und diese als deplatziert erachte. Dieses Lachen kann als Versuch interpretiert werden, den Unangepassten, der Gefahr läuft, wie ein Ding oder eine Maschine zu wirken, wachzurütteln und zu ermahnen, sich dem Leben und den damit verbundenen Veränderungen erneut hinzugeben. Das Lachen will den komisch anmutenden Menschen wieder in die Regionen von Mitte und von Maß zurückbringen.

Wenn Kleines sich als zu groß und das Große sich als zu klein gebärdet, wenn Anspruch und Wirklichkeit allzu sehr auseinanderklaffen, kann es hilfreich sein, wenn wir mit einem Lachen das eben noch Erhabene ins Lächerliche verwandeln. Anders als beim Witz, dessen Lachen gegen eine imaginäre oder reale dritte Person gerichtet ist und sich aus Affekten der Distanz und Überlegenheit speist, ereignet sich korrigierendes Lachen bei der Komik zwischen dem Betreffenden (der zweiten Person) und dem eigenen Ich. Und anders als beim Witz will das Lachen aufgrund von Komik den Betreffenden wieder ins mittlere und lebendige Menschentum zurückholen und integrieren:

> „Was das Lachen hervorheben und korrigieren möchte, das ist dieses Starre, Fixfertige, Mechanische im Gegensatz zum Beweglichen, immerfort Wechselnden und Lebendigen, es ist Zerstreutheit im Gegensatz zur Aufmerksamkeit, Automatismus im Gegensatz zum freien Handeln."[8]

Im großen Stil erfolgt eine solche Korrektur im Theater. Die Komödie ist jene Kunstgattung, die sich am intensivsten mit Komik beschäftigt, und daher treffen wir in Komödien auf viele Gesetzmäßigkeiten, die ganz generell für das Komische formuliert wurden. Die Figuren und Handlungen etwa in den Komödien von Shakespeare, Molière oder Shaw konfrontieren uns mit eben jener *Mécanisation,* die Bergson beschrieben hat. Lebendiges erhält durch systematische Umkehrung der Verhältnisse und damit verknüpfte Erwartungen einen mechanischen Drall. Einen ähnlichen Effekt erzielt der Stadthauptmann in Nikolai Gogols *Der Revisor* (1836), wenn er seinen Untergebenen mit den Worten zurechtweist: „Du stiehlst *zu viel* für einen Beamten deiner Klasse!"[9] Dabei wird ein qualitatives (ethisches) Thema und Problem in eine quantitative Aussage (zu viel) umgewandelt.

Komisch wirkt auf der Bühne auch die Inversion. Das Lebendige erhält dabei durch systematische Umkehrung der Verhältnisse und der mit ihnen verknüpften Erwartungen einen mechanischen Drall. Beispiele hierfür sind, wenn Schüler ihre Lehrer belehren; wenn Kinder in Erwachsenen- oder Erwachsene in Kinderkleider schlüpfen; wenn der Dieb selbst bestohlen wird oder dem Liebhaber seinerseits die Hörner aufgesetzt werden; wenn der Angeklagte den Richter verurteilt oder der Richter sich wie ein Angeklagter benimmt.

---

[8] Bergson, H.: Das Lachen – Ein Essay über die Bedeutung des Komischen (1900), Frankfurt am Main 1988, S. 86.
[9] Gogol, N.: Der Revisor (1836), 1. Akt, vierte Szene, Stuttgart 1996, S. 25.

18 Witz, Komik, Humor – Zur Anthropologie der guten Laune

Diese Dynamik hat Bertolt Brecht in der Komödie *Der kaukasische Kreidekreis* (1948)[10] köstlich zu nutzen gewusst: Die Figur des Azdak, der als Richter für Recht und Ordnung eintreten soll, ist von Brecht mit Attributen der Bestechlichkeit, der Willkür und Sprunghaftigkeit versehen worden, wobei alle diese problematischen Eigenschaften des Richters dazu führen, dass dieser sich letztlich für die bisher Entrechteten und Ohnmächtigen einsetzt.

Ähnlich komisch wie die Inversion erleben wir auf der Bühne die Interferenz. Zwei initial voneinander unabhängige Handlungsstränge werden so ineinander verflochten, dass die Figuren dauernd Anlass zu Verwechslungen geben. Jeden Augenblick droht der Schwindel aufzufliegen, und die Protagonisten entgehen gerade noch der Entdeckung – ein Spiel, das uns immer wieder lachen macht, mag das Stück nun *Die Hochzeit des Figaro* (Mozart/Beaumarchais) oder aber *Die Komödie der Irrungen* (Shakespeare) heißen. Eine moderne, urkomische Variante der Interferenz lässt sich im Film *Das Leben des Brian* (1979) studieren. Dieser Film stammt von der britischen Komiker-Gruppierung Monty Python, die in den 1970er-Jahren mit oftmals ins Groteske gesteigerten und mit viel *black humor* versehenen Produktionen kultur- und ideologiekritische Intentionen verfolgte.

Infolge der *Mécanisation* finden wir auf der Bühne eher Typen als Individuen. Wir sprechen von *dem* Menschenfeind, *dem* Hypochonder und *dem* Geizigen, deren Schablonenhaftigkeit über Individuell-Persönliches obsiegt, das die Helden der Tragödie auszeichnet. Mitleidend fühlen wir uns in Don Carlos, Hamlet oder Maria Stuart ein, wohingegen die Typen der Komödie allgemein bleiben und … uns lachen machen.

Dass uns das Lachen bisweilen im Halse stecken bleibt, erleben wir etwa in den Tragikomödien, die es bereits seit der Antike gibt. Der Begriff stammt von dem römischen Dichter Plautus (254–184 v. Chr.); doch schon Aristophanes hat im 5. Jahrhundert vor unserer Zeit – beispielsweise in seinem pazifistischen Drama *Lysistrata* (411 v. Chr.) – Tragikomisches auf die Bühne gebracht. Im 20. Jahrhundert war es unter anderem Friedrich Dürrenmatt, der die Tragikomödie – zum Beispiel in *Der Besuch der alten Dame* (1956) oder in *Die Physiker* (1962) – perfektionierte.

Für die Kombination aus Komik und Tragik, Typischem und Individuellem, dem zum Lachen reizenden mechanisierten und dem zum Weinen Anlass gebenden verzweifelt-nackten Leben hat die abendländische Kultur Figuren geschaffen, in denen diese Mischung sinnfälligen Ausdruck findet: den Clown, den Narren, den Harlekin, deren Heimat zumeist die Bühne und der Zirkus ist. All diese Rollen und „Berufe" zeichnen sich durch die dauernde

---
[10] Brecht, B.: Der kaukasische Kreidekreis (1948), Frankfurt am Main 2009.

Spannung zwischen Komik und Tragik aus, die mit dazu beiträgt, dass weder der Clown noch sein Publikum zur Ruhe der Eindeutigkeit kommen.

Weil Clowns, Narren, Harlekine im Zwischenreich der Tragikomik beheimatet sind, traute man ihnen manchmal eine tiefe Weisheit zu – ein Motiv, warum sich Fürsten häufig Narren hielten, denen sie Narrenfreiheit zugestanden, und die aus dieser Position heraus lächelnde Wahrheiten von sich gaben, je nachdem, was ihre Umwelt brauchte und vertrug. Im 20. und 21. Jahrhundert erleben Narren und Clowns nur noch selten Anstellungen an Fürstenhöfen; stattdessen werden sie sehr gern als Klinik-Clowns gesehen, weil man nachweisen konnte, dass das Lachen über ihre Sketche salutogenetisch (gesundheitsförderlich) wirkt.

Der Humor. – Mit den tragischen Aspekten, die sich in den komischen Attitüden, Handlungen und Bemerkungen (nicht nur von Narren, Clowns und Harlekinen) verbergen, haben wir die Region des Humors erreicht. Bertolt Brecht meinte einmal, es sei schlimm, in einem Land zu leben, in dem es keinen Humor gibt – noch schlimmer allerdings sei es, in einem Land zu leben, in dem man Humor braucht! Nun leben wir nicht nur in einem Land, sondern auf einem Globus, auf dem wir Humor dringend benötigen. Denn angesichts einer aus den Fugen geratenen Welt und der Tatsache, dass keiner da ist, sie wieder einzurenken *(Hamlet)*, muss man entweder verzweifeln oder aber Humor entwickeln.

Was aber ist und wie entsteht Humor? Die lateinische Wurzel des Terminus Humor, die *Humores* oder Säfte, deutet bereits auf eine wesentliche Eigenschaft dieser Emotion hin: Im Lateinischen zielte man mit diesem Wort auf Qualitäten und Zustände wie Feuchtigkeit, Körpersäfte oder Mischung der Säfte, aber ebenso auf Laune, Neigung, Veranlagung oder generell seelische Energie ab. Der heute gebräuchliche Begriff des Humors hat sich auf einige wenige Gefühlszustände eingeengt. Was an ihm jedoch haftenblieb, ist der Aspekt des Flüssigen, von dem wir sehen werden, dass er einen markanten Gesichtspunkt des Humors darstellt.

Im Gegensatz zum Witz und zur Komik verstehen wir unter Humor so etwas wie eine Tugend, einen Charakterzug oder beinahe eine Weltanschauung, die sich durch ein hohes Maß an Verbundenheits- und Solidaritätsgefühl mit den Mitmenschen und der Welt auszeichnen. Der Humor braucht, um entstehen zu können, unser grundsätzliches Bekenntnis zur Lebendigkeit und ihren Gesetzen. Wer Humor besitzt, reagiert auf Verhärtungen und Versteifungen des Daseins mit eleganter Flexibilität und souveräner Beweglichkeit. Komik (so habe ich oben erwähnt) entsteht, sobald das Lebendige vom Mechanischen verdrängt wird – Humor jedoch tritt gerade beim entgegengesetzten Prozess auf.

Den Humor können wir als Verflüssigungsmittel bezeichnen, das erstarrte Strukturen und Verhältnisse aufzuweichen imstande ist. Humorvolle Antworten auf Schicksalsschläge oder Niederlagen fallen uns jedenfalls am ehesten ein, wenn wir einigermaßen flexibel eingestellt sind – was einer spielerischen Haltung zum Dasein entspricht. Von Johan Huizinga stammt das Buch *Homo ludens* (1938),[11] in dem er ein engagiertes Plädoyer dafür abgab, dem Menschen die Freiräume des Spielens zu belassen oder womöglich zurückzugeben. Mit Spiel hob Huizinga auf künstlerisch-kreative Neuordnungen und Neuinterpretationen der Welt ab. Humor kann in diesem Sinne ebenso als eine spielerische Bewegung verstanden werden, bei welcher der Einzelne die Verhältnisse um sich her neu, originell und unkonventionell interpretiert. Im Kleinen vollzieht er eine kreative Bewegung, wie sie im Großen etwa bei Künstlern, Literaten, Philosophen, Wissenschaftlern zur Beobachtung gelangt.

Ein *Homo ludens* trotz aller Unannehmlichkeiten, Verletzungen, Zumutungen des Daseins zu sein oder zu werden, erfordert ein gewisses Maß an Ich-Stärke und gesundem Narzissmus. Um den eigenen Wert zu wissen und ihn angesichts der Entwertungen und der vielfältigen nihilistischen Tendenzen um uns her hoch und stabil zu halten, zeugt von Selbsterkenntnis ebenso wie von Lebenskunst. Beides wurde von Sigmund Freud in seiner kleinen Abhandlung *Der Humor* (1928) bewundernd als Leistung eines intakten Über-Ich und eines milden Gewissens erörtert:

„Der Humor hat nicht nur etwas Befreiendes wie der Witz und die Komik, sondern auch etwas Großartiges und Erhebendes … Das Großartige liegt im Triumph des Narzissmus, in der siegreich behaupteten Unverletzlichkeit des Ichs. Das Ich … beharrt dabei, dass ihm die Traumen der Außenwelt nicht nahegehen können, ja es zeigt, dass sie ihm nur Anlässe zu Lustgewinn sind … Der Scherz, den der Humor macht, … hat nur den Wert einer Probe … Er will sagen: Sieh her, das ist nun die Welt, die so gefährlich aussieht. Ein Kinderspiel, gerade gut, einen Scherz darüber zu machen."[12]

Wer Humor entwickeln will, braucht einen Schuss geistiger Souveränität und überlegener Gelassenheit. Solche Qualitäten scheinen notwendig, wenn uns das Leben mit allen seinen Kalamitäten und Forderungen bedrängt; denn angesichts solcher Bedrängnisse besteht nicht selten die Gefahr, dass wir uns verschließen. Idealerweise bleiben wir jedoch für die Welt und die Kultur offen, und der Lohn für die Öffnung zur Welt und zu den Mitmenschen besteht darin, dass wir mit unserer Seele an Menschen und Dinge rühren und so das

---
[11] Huizinga, J.: Homo ludens (1938), Reinbek bei Hamburg 1978.
[12] Freud, S.: Der Humor (1928), in: GW XIV, Frankfurt am Main 1976, S. 385 und 389.

Sein, das uns umgibt, erfassen. Doch dazu braucht es Mut. Wer immer eine Ich-hafte, um das eigene Selbst zentrierte Position auch nur kurzzeitig verlassen will, bemerkt bei sich bald Angst und Unsicherheit. Humor hingegen erwächst bei demjenigen, der diese Angst überwindet, sich und sein Selbst relativiert und damit auch über sich selbst lachen kann. Dazu passt der Gedanke Goethes: „Ich liebe mir den heitern Mann / Am meisten unter meinen Gästen: / Wer sich nicht selbst zum Besten haben kann, / Der ist gewiss nicht von den Besten."[13]

Allerdings besteht der Preis eines weltoffenen Existierens in einer erhöhten seelischen und manchmal auch körperlichen Verletzlichkeit, die zu Schmerzen, Verstimmungen oder eventuell sogar zu Krankheiten beitragen kann. Im Humor kommen alle diese Aspekte zum Tragen: Als humorvolle Menschen pflichten wir mit einer Träne im Auge lächelnd dem Leben bei. Diesen Sachverhalt hat Jean Paul in die Formeln gekleidet, Humor sei überwundenes Leiden an der Welt oder eine Melancholie des überlegenen Geistes.

Eine humorvolle Lebenseinstellung und Weltanschauung bedeuten demnach, Schwächen, Unebenheiten und Unzulänglichkeiten des Daseins zu durchschauen und das Geringe, Niedrige, Zufällige, Sinnlose des Lebens ebenso wie seine vielen Disharmonien und Widersprüche als dessen nicht völlig eliminierbare Merkmale zu begreifen. Jenseits von Enttäuschung, Trauer, Revolte und Empörung mischt sich in die humorvolle Antwort auf derartige Verhältnisse des Daseins ein Gran lächelndes Verstehen und gelassener Großmut. Eine solche Haltung ist umso anerkennenswerter, je aufgeklärter und wissender Personen der Welt gegenüber eingestellt sind. Die Welt zu durchschauen und trotzdem gütig und großherzig mit ihr Umgang zu pflegen, macht den Kern humorvoller Menschen aus.

So zeichnet sich der Humor durch ein Überwiegen von Gefühlen wie Güte, Großzügigkeit, Milde und Gelassenheit aus, wogegen viele Witze auf Affekten wie Aggression und Entwertung beruhen. Erstere spiegeln sich im Lächeln wider, Letztere finden im Lachen ihren Ausdruck. Komik, so habe ich betont, kommt durch Mechanisierung des Lebens zustande, Humor jedoch durch das Gegenteil, nämlich durch eine enorm freiheitliche Bewegung des menschlichen Geistes, die weiter oben schon als Anmut bezeichnet wurde. Wann immer der Mensch den Mut und die Kraft zu einer entschiedenen Wendung gegen die determinierenden Verhältnisse und hin zu einer zumindest gedanklichen Freiheit aufbringt, ist eine wichtige Bedingung für die Entstehung von Humor erfüllt.

---

[13] Goethe, J.W. von: Epigrammatisch (1827), in: HA, Band 1, München 1982, S. 318.

18 Witz, Komik, Humor – Zur Anthropologie der guten Laune

Wenn wir genauer zusehen, liegt in jedem echten Humor auch eine feine Form der Revolte. Der Humorist kämpft nicht gewaltsam gegen die Übel der Welt an. Indem er sie lächelnd durchschaut, unterhöhlt er sie aber und macht sie für eventuell später stattfindende Attacken empfindlich. Es liegt ein Faktor von Subversion und Entzauberung im Humor, der Unechtes, Hochgestochenes und Scheinbar-Großes ins Wanken bringt. Darum meinte der italienische Schriftsteller und Nobelpreisträger Luigi Pirandello (1867–1936) in seinem Essay *Der Humor* (1908), mit dem er sich eine für seinen Lebensunterhalt nötige Professur an der Pädagogischen Akademie in Rom erobern wollte und konnte:

„Der Humorist erkennt keine Helden an, oder richtiger, er lässt die anderen Helden darstellen. Was ihn betrifft, so weiß er, was eine Legende ist und wie sie entsteht, was Geschichte ist und wie sie entsteht. Er sieht die Welt, wenn auch nicht eigentlich nackt, so doch sozusagen im Hemd. Er sieht den König im Hemd, der doch sonst einen so feinen Eindruck auf uns macht, wenn wir ihn auf seinem majestätischen Thron mit Zepter, Krone und mit Hermelin besetztem Purpurmantel sehen."[14]

Eine solche humorvolle Einstellung wurde vom dänischen Philosophen Harald Höffding (1843–1931) in seinem Buch *Humor als Lebensgefühl – Der große Humor* (1918) strikt von Witz, Komik, Ironie, Satire, Scherz, Hohn oder dem Lächerlichen unterschieden. Höffding schlug vor, vom kleinen und großen Humor zu sprechen, wobei er mit kleinem Humor auf Qualitäten wie Gutmütigkeit und Jovialität abzielte, mit großem Humor jedoch auf eine regelrechte Lebensanschauung.

Um diesen großen Humor zu entwickeln, benötigt man manche Tugenden und Charaktereigenschaften – vor allem ein umfängliches Realitätsbewusstsein, das Einblicke und Kenntnisse in die Bau- und Webart von Menschen, Welt und Kultur ermöglicht. Der große Humorist hat verstanden, dass er wie seine Mitmenschen aus krummem Holz geschnitzt ist und dass menschlichen Verhältnissen deshalb immer etwas Schiefes und Imperfektes eigen ist. Die Genese des großen Humors ist an ein basales Bekenntnis zum Leben und zu seinen Gesetzen gekoppelt; und er reagiert auf dieses Leben mit flexibler Geschmeidigkeit. Demnach muss man einen unbeirrbaren Glauben an den Wert des Lebens und des Kosmos haben, um für den großen Humor empfänglich zu sein:

---

[14] Pirandello, L.: Der Humor (1908), München 1960, S. 205.

„Der große Humor ist eine Lebenskunst. Er führt über alles ästhetische Spiel hinaus mit seiner klaren Einsicht in die Disharmonien des Lebens und zugleich in die Werte des Lebens. Er verweilt nicht, wie die Kunst in engerer Bedeutung, bei einzelnen Bildern des Lebens ... Wenn man den Untergang von etwas Wertvollem erlebte – selbst wenn das, was unterging, bisher als der höchste Wert dastand –, findet der große Humor eine neue Bestätigung dafür, dass kein einzelner Wert allen Wert umfassen kann. Durch den Untergang selbst und in ihm weist der einzelne Wert über sich selbst hinaus."[15]

Menschen, die in den Situationen der Bedrängnis, Erschütterung und Niederlage ihren großen Humor bewahren, ziehen sich in die Sphäre einer Unangreifbarkeit zurück, die letztlich über das Tragische des Daseins obsiegt, selbst wenn das Scheitern offensichtlich geworden ist. Im humorvoll relativierenden Kommentar beweist der Betreffende sich und der Umwelt, dass er von Schicksalsschlägen eingeholt und verwundet wurde, sich aber geistige Freiheitsgrade bewahrt hat. Sein Über-Ich reagiert tröstend-aufmunternd in den Wechselfällen des Daseins und scheint bei allen Belastungen zu sagen: „Nimm das nicht so tragisch; du hast eine Zuflucht in deinem Inneren, das eine Art Weltüberlegenheit besitzt."

Wer großen Humor hat, ist nicht immer nur heiter gestimmt – oft besteht ein ernst-melancholischer Hintergrund bei der jeweiligen Person, von dem sich die hellere Empfindung des Humors abhebt; das macht den Unterschied zum bloßen Lustig-Sein aus. Der lustige Mensch verdrängt den oft traurigen Hintergrund des Daseins. Er will sich im Augenblick vergnügen und alles Schwere und Komplizierte vergessen. Das lässt das Lustig-Sein (beispielsweise in Form des Witze-Reißens) brüchig, boden- und geistlos werden, indes der große Humor stets eine geistige Leistung par excellence darstellt.

Zur geistigen Leistung beim Humor gehört die Bereitschaft zu dauerndem Perspektivwechsel. Wer allzu sehr in die Händel und Schicksalsschläge seines Daseins verstrickt ist und Mühe hat, zu ihnen zumindest zeitweise Distanz und das Empfinden von Relativität aufzubringen, wird bei sich kaum je die Haltung des großen Humors etablieren können. Der Humorist Karl Valentin soll jedenfalls die Notwendigkeit zum Perspektivwechsel schon erkannt haben, da er angeblich argumentierte: „Jedes Ding hat drei Seiten. Eine positive, eine negative und eine komische." Es passt zu dem Münchner Original, dass es sich bei diesem Gedanken um ein sogenanntes Kuckucks-Zitat handelt, das man fälschlicherweise Valentin seit Jahrzehnten unterschiebt, ohne dass es aber nachweislich von ihm stammt.

---

[15] Höffding, H.: Humor als Lebensgefühl – Der große Humor – Eine psychologische Studie (1916), 2. deutsche Auflage, Leipzig 1930, S. 105f.

18 Witz, Komik, Humor – Zur Anthropologie der guten Laune

Die eben erwähnte Fähigkeit zum Perspektivwechsel hätte Helmuth Plessner (1892–1985) unter dem Topos der exzentrischen Positionalität abgehandelt; ihre herausragenden Merkmale sind umfassende Weltoffenheit und Wertsichtigkeit. Großer Humor entsteht, wenn die Möglichkeiten der exzentrischen Positionalität bewusst erlebt und radikalisiert werden.

Gut erzählte Witze oder komische Situationen verführen uns für kurze Zeit zu einer partiellen Regression: Wir lachen und prusten los – eine Reaktion, die Plessner in seinem Buch über *Lachen und Weinen* (1941) als eine schlagartig-kippende Bewegung aus der exzentrischen in die zentrische Position verstanden wissen wollte. Im Lachen dominiert wie im Weinen eine leibhaftig-physiologische Reaktion, und die Überlegenheit einer geistigen Betrachtung ist zumindest für einige Momente *perdu*. Der Körper schiebt sich als Kichern, Schallen, Prusten oder Zerbersten in den Vordergrund, ohne dass der Betreffende jedoch völlig den Kopf beziehungsweise das Bewusstsein verliert:

„Durch das entgleitende Hineingeraten und Verfallen in einen körperlichen Vorgang, der zwanghaft abläuft und für sich selbst undurchsichtig ist, durch die Zerstörung der inneren Balance wird das Verhältnis des Menschen zum Körper in eins preisgegeben *und* wiederhergestellt. Die effektive Unmöglichkeit, einen entsprechenden Ausdruck und eine passende Antwort zu finden, *ist* zugleich der einzig entsprechende Ausdruck, die einzig passende Antwort."[16]

Personen mit (großem) Humor hingegen beantworten Situationen ihrer Existenz nicht mit Lachen, sondern allenfalls mit einem Lächeln, bei dem die exzentrische Position aufrechterhalten bleibt. Im Humor manifestiert sich also eine souveräne Haltung, die man – häufig ganz allein – sich selbst gegenüber an den Tag legt: Der Witz ereignet sich (wie erwähnt) in einer Dreieckskonstellation, wobei die dritte Person oft entwertet wird; die Komik entsteht in einer dualen Situation jeweils mit einem Gegenüber (Clown, Harlekin, Narr), dem man korrigierendes Lachen zuteilwerden lässt; der Humor hingegen findet als tröstend-ermutigender Kommentar allein in und mit uns selber statt.

Sucht man nach Modellen für großen Humor, wird man vor allem bei Literaten wie Shakespeare, Cervantes, Lawrence Sterne oder Thomas Mann fündig. Doch auch jener chinesische Weise, von dem vor Jahrzehnten Ernst Bloch berichtete, zeigte Ansätze großen Humors. Von diesem Weisen wird erzählt, dass sein Diener ihm jeden Morgen aus drei Haaren einen Zopf flocht.

---

[16] Plessner, H.: Lachen und Weinen (1941), in: Gesammelte Schriften VII, Frankfurt am Main 1982, S. 274.

Und es geschah nach einiger Zeit, dass dem Diener erst das eine und dann das andere der drei Haare in der Hand blieb und der Diener sich in Erwartung einer harten Strafe vor dem Herrn niederwarf – doch der Weise sagte ruhig, souverän und gefasst: „Von nun an werde ich mein Haar offen tragen." Sollte uns das Schicksal jemals in eine ähnliche Situation verbringen, wünsche ich mir und uns, dass wir mit ebenso formvollendeter Grandezza reagieren und lässig darauf verweisen, angesichts einer solch traumatischen Erschütterung unser Haar nunmehr offen zu tragen.

19

Homo movens et viator – der reisende Mensch

Als bevorzugte Hauptaktivitäten zur Eroberung von Glücksmomenten gelten seit Jahrzehnten für viele Menschen in der westlichen Welt ihre Urlaubsreisen und Wochenend-Trips. 2019, also noch vor den Corona-bedingten Lockdowns, gaben die Deutschen allein für ihren Hauptjahresurlaub aufsummiert etwa 75 Mrd. € aus – kleinere Städtereisen oder auch Tagestouren sind in dieser Summe noch nicht enthalten. Das Phänomen des Massentourismus und die weit verbreitete Sehnsucht nach nahen und fernen Reisezielen lassen es angeraten erscheinen, über die Eudämonie-Versprechungen des Reisens nachzudenken.

Das Reisen, das hier zur Sprache kommt, zielt auf freiwillige Unternehmungen ab, die nicht dem Gelderwerb dienen und in der Regel zyklische Bewegungen – Aufbruch, Passage, Ankunft, Rückkehr – aufweisen; Geschäftsreisen stehen also ebenso wenig wie erzwungene Touren – Exil, Flucht, Vertreibung, kollektive Völkerwanderungen – zur Debatte. Stillschweigend gehe ich des Weiteren davon aus, dass die Reisenden nicht nur die Fremde, sondern auch ein Zuhause, eine Heimat kennen, wenngleich wir alle nur Gast auf Erden sind und uns damit in gewisser Weise dauernd auf einer Art Lebensreise befinden.

Das Phänomen des Reisens ist uralt und tritt in der Menschheitsgeschichte parallel zum Phänomen der Sesshaftigkeit auf. Sobald das eigene Haus, das Dorf, die Stadt, in denen gelebt wird, Schutz, Heimat und Verlässlichkeit versprechen, gewinnen beinahe zeitgleich die Ideale der Freiheit, des Abenteuers, des Neuen, der Fremde und der Veränderung an Leuchtkraft und Attraktivität. Besonders die Freiheit lockt Reisende bei ihrem Unterfangen. Grenzen,

Regeln, die Wiederkehr des ewig Gleichen und viele Notwendigkeiten, die den Alltag charakterisieren und ihn oft genug stumpf und öde erscheinen lassen, schrumpfen für den Touristen in ihrer Macht und Unabweisbarkeit, sobald er auf Reisen geht – ja meist schon, wenn er den Plan dazu fasst.

Sich Reiseziele auszumalen bedeutet, sich Freiräume und -zeiten vorzustellen – Räume und Zeiten, die mit einem Plus an Freiheit versehen sind, verglichen mit dem sonstigen Dasein. Die Fantasie gaukelt uns dabei vor, wir könnten mittels unserer Tour dem Determinismus und den Zwängen unserer Existenz entrinnen, unsere vielfältigen Begrenzungen hinter uns lassen und uns überraschend und neu in einer anderen Welt mit einem weiten Raum und einer intensiv ablaufenden Zeit entwerfen und wiederfinden.

Unser Alltag bringt es mit sich, dass wir stets in Relation zu einem begrenzten Horizont der Motive leben und uns zu ihnen oftmals stereotyp verhalten. Die uns bekannten Mitmenschen und ihr Beziehungsgeflecht, berufliche Aufgabenfelder, unser Liebespartner, unsere Familie oder unser Wohnort bilden ein in der Regel konsistentes Gewebe von Themen, Fragen und Antworten, die uns als Individuen prägen und determinieren.

Reisevorbereitungen und die Reise selbst tragen zu Veränderungen dieses In-der-Welt-Seins bei, indem sie das Gesichtsfeld mit neuen Gegebenheiten weiten. Zwar gab bereits Horaz zu bedenken, dass derjenige, der übers Meer fährt, nur den Himmelsstrich, nicht aber sich selbst verändere. Aber immerhin vermag ein ungewohnter Himmelsstrich in bestimmten Fällen zur passageren Änderung des In-der-Welt-Seins des Touristen beizutragen. Dass Umstellungen der konkreten Lebensverhältnisse für den Einzelnen nicht geringzuschätzen sind, kommt auch in einem Gedanken von G.W.F. Hegel zum Ausdruck. Der Philosoph vertrat die Ansicht, dass das Individuum ist, was es in seiner Welt ist; und dass damit die Metamorphose von Personen eventuell möglich wird, wenn sie sich (für eine Weile) in einer anderen denn ihrer bisherigen Welt einrichten und bewegen.

Jeder Mensch existiert in und mit einer sehr eigenen, subjektiven Zeit sowie in einem ebensolchen Raum, die sich grundsätzlich von den objektiven Modalitäten von Raum und Zeit unterscheiden. Die Verhältnisse der subjektiven Zeit und des subjektiven Raumes hängen von Stimmungen, Aktivitäten, Expansionswünschen und Gestaltungsspielräumen der betreffenden Individuen ab. Reisen bedeutet eine Akzentverschiebung hinsichtlich des Raumes und der Zeit eines Menschen, die nicht nur die objektive Raumzeit betrifft. Im günstigen Fall entsteht beim Reisen erfüllte Zeit im bewegten, veränderten Raum, wobei die meisten Touren dem Motto „Überwinde den Raum und vermehre die Zeit" zu folgen scheinen. Je rascher wir den objektiven Raum durchmessen, umso mehr an subjektiver Zeit – und damit an Leben und Erleben – verheißt man uns. Zumindest die Touristikbranche der letzten Jahrzehnte hält sich eisern an diese Regel und verknüpft damit Lebenslust, Glück und Zufriedenheit ihrer Kunden.

Dass auf manchen Reisen der Quotient von Raum und Zeit sowie das daraus entspringende Wohlgefühl auch eine völlig umgekehrte Gültigkeit haben können, hat ein Individualreisender ganz besonderer Art gezeigt. Auf seinem *Spaziergang nach Syrakus im Jahre 1802* (1811) plädierte Johann Gottfried Seume (1763–1810) für die Langsamkeit der Fortbewegung und konstellierte sich mit dieser Art des Reisens den Raum der Fremde und die Zeit der Erfahrung sehr facetten- und erlebnisreich. Im Buch *Mein Sommer 1805 – Reisejournal* (1806) formulierte er eine für unsere Ohren überraschend aktuell klingende Philosophie der Fußreise:

„Wer geht, sieht im Durchschnitt anthropologisch und kosmisch mehr, als wer fährt ... Ich halte den Gang für das Ehrenvollste und Selbständigste in dem Manne, und bin der Meinung, dass alles besser gehen würde, wenn man mehr ginge. Man kann fast überall bloß deswegen nicht recht auf die Beine kommen und auf den Beinen bleiben, weil man zu viel fährt. Wer zu viel in dem Wagen sitzt, mit dem kann es nicht ordentlich gehen."[1]

Analoge Gedanken vertrat ein Jahrhundert später der französische Moralist Alain (Emile Auguste Chartier, 1868–1951) in seinen *Propos*: „Für meinen Geschmack besteht Reisen darin, alle zwei Meter stehenzubleiben und dieselben Dinge unter einem neuen Gesichtswinkel zu betrachten."[2]

Beim Reisen weiten wir den subjektiven Raum in eine unbekannte Fremde. Erwartungen, Wünsche, Hoffnungen besiedeln diesen Raum vor und zu Beginn einer Tour; es sind diese Emotionen und Gedanken, die uns zeigen, dass wir nicht nur arretiert im Trott unserer Gewohnheiten leben müssen, sondern dass es in uns auch den Konjunktiv des Möglichkeitssinnes gibt, den Robert Musil in seinem *Mann ohne Eigenschaften* beschrieben hat. Die *Einschiffung nach Cythera*, die Antoine Watteau (1684–1721) so faszinierend in ein Bild verwandelte und die das Motiv der Vorbereitung auf eine unbekannte, verheißungsvolle Zukunft in sich birgt, findet im übertragenen Sinne bei vielen von uns statt, die gedanklich und emotional ihre Reise planen.

Diese Erwartungen, Wünsche, Hoffnungen betreffen nicht nur die Qualität der Betten oder der kulinarischen Genüsse am Ankunftsort, sondern vor allem die eigene Person hinsichtlich ihres Verhaltens und Erlebens. Wer reist,

---

[1] Seume, J. G.: Mein Sommer 1805 – Reisejournal (1806), Nördlingen 1987, S. 6.
[2] Alain: Die Pflicht glücklich zu sein (1928), Frankfurt am Main 1993, S. 131f.

entwirft und imaginiert neben der Reiseroute, die er wählt, in gewisser Weise auch sich selbst. Dieser Entwurf des eigenen Selbst und seiner Aktivitäten bedeutet einen der wesentlichen Aspekte des Reisens schlechthin. Wer nach und nach die Etappen seiner Tour erreicht, hofft damit immer auch, einen Teil der eigenen Existenz zu realisieren.

Wir tragen Bilder und Vorstellungen hinsichtlich der Passage und des Ortes einer Reise ebenso in uns wie diejenigen über unsere Person. Oft genug sehen wir daher auf einer Tour nicht, was wir wissen, sondern eher, was wir wünschen und was zu unserem Charakter passt. Unsere Meinungen und Überzeugungen über uns und die Welt sind zählebig und widerstehen so mancher Wirklichkeit, die zu ihnen kontrastiert. Der Druck, beim Reisen etwas erleben und die Person ins Erlebnis involvieren zu wollen, lässt für Reisende nicht selten aus harmlosen Banalitäten exquisite *events* entstehen. Ernst Bloch, der das Reisen und den Reiz der Fremde als Form des zukünftigen *Noch-Nicht* beschrieben hat, fasste das durch Reisen veränderte Wahrnehmen und Erleben in die Worte:

> „Indem das Wunschbild unbelehrt bleibt, dringt es nicht richtig ins nüchtern Vorhandene ein; der Durchschnittsreisende ... nimmt eben die Armut noch weniger wahr als zu Hause. Andererseits ist der gleiche Bürger imstande, kraft der eigenen Verfremdung, die er den Gegenständen gibt, keine Abstumpfung des Alltags zu haben und an den Gegenständen gegebenenfalls Bedeutungen zu sehen, die im Alltag nur ein tüchtiger Maler entdeckt."[3]

Neben den Begriffen von Raum und Zeit, Transzendenz, Freiheit und Entwurf ist für das Reisen im 21. Jahrhundert oftmals noch ein weiteres Merkmal relevant: die fast als imperativ empfundene Aufforderung, Urlaube, Wochenenden und freie Tage für Städtetouren, Fernreisen und für Ausflüge aller Art zu nutzen. Als Zeitgenossen und Mitglieder einer westlichen Kultur und Sozietät entrichten wir alle mehr oder minder stark unseren Tribut an ihre Majestät, die Majorität, die uns versichert, reisend existenziellen Genuss, Bildungsaufschwung und „perfekte Wochenenden" in den sehenswürdigen Hauptstädten Europas zu erleben – so lautet zumindest der vielversprechende Slogan einer beliebten Buchreihe eines renommierten süddeutschen Verlages.

Das Reisen zählt in der westlichen Welt seit Jahrzehnten zu den bevorzugten Massenveranstaltungen, und Millionen von uns werden zu Beginn von Urlaubs- und Ferienzeiten von einer erklecklichen Unruhe erfasst, die oft erst abzuflauen beginnt, wenn wir im gebuchten Flugzeug, Schiff oder Eisen-

---

[3] Bloch, E.: Das Prinzip Hoffnung, Frankfurt am Main 1959, S. 431.

bahnabteil unseren Platz erfolgreich gefunden und verteidigt haben. Man lockt uns mit Fern-Sehen und Fern-Reisen, um entweder unsere Suche nach Glück und gelingendem Leben zu befriedigen oder uns mit einem Dasein zu versöhnen, das in vielerlei Hinsicht oftmals als selbstentfremdet erscheint.

Aus der Möglichkeit zu reisen, die noch vor Jahrhunderten nur den Betuchten und Privilegierten offenstand, ist inzwischen fast ein Zwang zu reisen geworden, den viele zu erfüllen haben, damit sie nach ihrem Urlaub etwas Aufregendes zu erzählen haben. Weil die Touristen diese Erwartungshaltung spüren, packen sie ihre Passage voll mit Besichtigungen, Führungen, Kontakten mit Einheimischen, kulinarischen Ereignissen und abenteuerlichen Exkursionen. Statt einer Geschichte der Metamorphose des Selbst und der Veränderung von Wahrnehmung, Fühlen, Denken hören die Zuhausegebliebenen vom Heimkehrer oft eine Aufzählung von Aktivitäten, die als dem Inhaltsverzeichnis eines Baedekers oder den Webseiten von Trekkingtour-Anbietern abgelauscht imponieren.

Wie aber könnten angesichts solcher Tendenzen Reisen beschaffen sein, die vorrangig als Eudämonie erlebt werden und das Wachstum der eigenen Person fördern? Und wie lassen sich aus dem Massenphänomen der Individualreisen tatsächliche Reisen von Individuen entwickeln? Zur Beantwortung dieser Fragen skizziere ich Beispiele von Reisenden, die ihre Touren als wesentliche Etappen ihrer Biografie und Existenz verstanden haben. Das Reisen war für sie ein Thema, dessen Durchführung sie mit Ernst und Umsicht ins Auge fassten.

Wenn Wissenschaftler reisen. – Natürlich ist Vorsicht geboten, wenn von *den* Wissenschaftlern die Rede ist oder wir *die* Wissenschaftler reisen lassen. Es gibt nicht *die* Wissenschaftler, genauso wenig wie es *die* Künstler, *die* Philosophen gibt. Dennoch lässt sich an Vertretern dieser Zünfte prototypisch studieren, wie Reisen für manche von ihnen persönlichkeitsprägend wirkten.

Ein bekannter Wissenschaftler, der gern und häufig verreiste, war Sigmund Freud. Der Begründer der Psychoanalyse unternahm Urlaubsreisen in die Alpen, Vortragsreisen bis nach Amerika, Bildungsreisen nach Italien und Griechenland. Bereits als junger Mann und Student hatte Freud von derartigen Expansionen geträumt und sich deren Realisation fest vorgenommen, und 1904 hat er einen Teil der Motive, die bei ihm die Lust aufs Reisen ausmachten, in einem Brief an Romain Rolland reflektiert und beschrieben:

> „Ich habe … daran gezweifelt, dass ich Athen je werde sehen können. So weit zu reisen, es „so weit zu bringen", erschien mir außerhalb jeder Möglichkeit … Es war mir längst klar geworden, dass ein großes Stück der Lust am Reisen in der Erfüllung dieser frühen Wünsche besteht, also in der Unzufriedenheit mit Haus

und Familie wurzelt. Wenn man zuerst das Meer sieht, den Ozean überquert, Städte und Länder als Wirklichkeiten erlebt, die so lange ferne, unerreichbare Wunschdinge waren, so fühlt man sich wie ein Held, der unwahrscheinlich große Taten vollbracht hat."[4]

Freuds Deutung des Reisens als Flucht, Wunscherfüllung oder Heldentat passte bestens zu seiner damaligen existenziellen Situation. Eine weite Reise konnte für ihn als ein Beweis für die erfolgreiche Ablösung vom Elternhaus und die heldenhafte Eroberung der Welt gelten, wobei das letztere Motiv sich auch in manchen seiner Hannibal-Fantasien widerspiegelte. Ab 1895 unternahm Freud fast regelmäßig Reisen nach Italien (gerne nach Rom), Griechenland, Südtirol und in die Schweiz, die auf den ersten Blick den tradierten Ansprüchen von Bildungs- und Urlaubsreisen Genüge taten.

Doch Freud wäre nicht Psychoanalytiker gewesen, hätte er seine Touren nur als Besichtigungsprogramm entworfen. In Rom beschäftigte er sich nachhaltig mit dem Bildhauer Michelangelo und dessen Moses-Statue, von der er meinte, einen Teil seines eigenen Schicksals und seines Charakters wiederzuerkennen: vor allem mit dem gebändigten Zornaffekt der Moses-Figur identifizierte sich Freud sehr. Ähnlich wie Moses, der – vom Berg Sinai zurückgekommen – den Israeliten die Gesetzestafeln bringen wollte und erkennen musste, dass diese sich schon längst um goldene Kälber gruppierten und diese anbeteten, hatte auch Freud in der Psychoanalytischen Vereinigung eine Reihe von treulosen Abweichlern (Adler, Stekel, Jung) zur Kenntnis zu nehmen, die seiner Meinung nach ebenfalls goldene Kälber anbeteten und die reine Lehre der Psychoanalyse verrieten.

Die Reise nach Rom sowie die Beschäftigung mit dem *Moses des Michelangelo* (1914), aus der diese Abhandlung Freuds hervorgegangen ist, ermöglichten dem Begründer der Psychoanalyse eine Diagnose wie auch Therapie seiner damaligen Lebenssituation. Als Oberhaupt der Psychoanalytischen Vereinigung spürte Freud die Gefahr, die von den Renegaten in Wien und Zürich sowohl für ihn persönlich als auch für die psychoanalytische Bewegung ausging, und die Beschäftigung mit dem Moses-Mythos ermöglichte es ihm, diese Situation einzuordnen und damit für sich etwas zu entschärfen.

Zugleich eröffnete ihm die Distanz zu Wien und das Modell der Michelangelo-Figur auch eine Therapie seiner eigenen Verstimmungen und Affekte. Nicht ein Ausagieren des heiligen Zorns über die Abweichler, sondern ein Transformieren dieser Emotion in Energie und Tatkraft bezüglich des weite-

---

[4] Freud, S.: Brief an Romain Rolland (Eine Erinnerungsstörung auf der Akropolis) (1936), in: GW Band XVI, Frankfurt am Main 1950, S. 256.

ren Auf- und Ausbaus der Psychoanalyse und ein Hintanstellen der persönlichen Kränkung waren die therapeutischen Resultate, die Freud aus seiner Romreise mit nach Hause nahm. Von nun an ging er einsamer, aber auch unbeirrter seinen Weg, für den er sich in Rom ein Vorbild (den Moses des Michelangelo) gesucht hatte.

Wenn Dichter reisen. – Vielen Lesern wird unter dieser Überschrift sofort Johann Wolfgang Goethe und dessen italienische Reise in den Sinn kommen. Kaum eine Reiseaktivität eines Schriftstellers oder Künstlers wurde in den vergangenen zwei Jahrhunderten derart intensiv bedacht, beschrieben und erforscht wie diejenige des Weimarer Dichters. Und wenig andere touristische Unternehmungen haben so modellbildend gewirkt wie die Reise Goethes in sein Arkadien. Doch sollen hier nicht die italienische Reise Goethes, sondern die touristischen Aktivitäten Theodor Fontanes (1819–1898) und Anton Tschechows (1860–1904) Erwähnung finden.

Die Anlässe, Motive und Resultate der Reisen Fontanes weisen im Vergleich zu Goethe ziemliche Unterschiede auf. Fontane war ein sesshafter Mensch, dem nach Aufbruch eventuell auch deshalb nicht sonderlich zumute war, weil seine Vorfahren bereits weite Strecken zwischen sich und ihre ehemalige Heimat zurückgelegt hatten. Der Dichter stammte von Hugenotten ab, die im 17. und 18. Jahrhundert aus Frankreich nach Preußen ausgewandert waren, da ihnen vom Kurfürsten Religionsfreiheit zugesichert worden war. Verglichen mit den überaus blutigen Verfolgungen, die die Hugenotten in Frankreich zu gewärtigen hatten, bot das preußische Exil bei Weitem günstigere Lebensbedingungen.

Doch trotz ihrer Assimilations- und Integrationsversuche fühlten sich manche Hugenotten und ihre Nachkommen auch im 19. Jahrhundert in Preußen noch nicht völlig heimisch. Ein Rest von Unterlegenheitsgefühl und Außenseitertum war bei etlichen von ihnen nachweisbar, und man kann mutmaßen, dass Fontane davon nicht verschont geblieben war. Dieser biografische Hintergrund macht das jahrelang beim Dichter bestehende Interesse begreiflich, seine nähere Heimat, die Mark Brandenburg, wandernd zu bereisen. Einerseits mag dabei der Wunsch eine Rolle gespielt haben, sich des neuen Zuhauses zu versichern und es durch Wanderungen, Erlebnisse und Erkenntnisse für sich in Besitz zu nehmen.

Darüber hinaus hat Fontane seine kleineren und größeren Reisen durch die Mark Brandenburg in glänzender Weise geschildert, woraus schließlich eine viel gelesene und teilweise immer noch gültige Beschreibung ehemals preußischer Gebiete entstanden ist, die die Sitten und Bräuche der Region ebenso wie viele ihrer architektonischen oder naturhaften Sehenswürdigkeiten begeistert und begeisternd schildert.

Blättert man in den *Wanderungen durch die Mark Brandenburg*, wird man den Eindruck nicht los, dass hier ein wohlwollender und gebildeter Schriftsteller seinen Mitbürgern die Schönheiten ihrer Heimat vor Augen hielt. Darüber hinaus hat er damit wohl auch um deren Gunst und Anerkennung geworben; nicht nur die Mark, auch der Dichter erscheinen darin in einem hellen Licht. Wenn nämlich ein Außenstehender das Innere eines Landes, Volkes, einer Kultur zu bereisen, zu erfassen und zu beschreiben unternimmt, diktiert ihm häufig die Sehnsucht nach dem Dazugehören im Kreis der Beschriebenen die Feder. Fontane hat damit das Integrationsprogramm seiner Vorfahren in stimulierende Literatur umgesetzt.

Ein weiterer Literat und Tourist, den ich in unserem Zusammenhang erwähne, ist Anton Tschechow. Kurz nach seinem 30. Geburtstag brach der russische Autor zu einer sonderbaren Reise auf. Quer durch Sibirien fuhr er auf die unwirtliche Insel Sachalin, die damals als eine Kolonie für Sträflinge diente. Drei Monate lang erforschte Tschechow die Insel, ihre Geo- und Ethnografie und vor allem ihre Bewohner. Er legte über 7000 Karteikarten an, auf denen er seine Eindrücke, Beobachtungen und Überlegungen notierte. Hinzu kamen teilweise wortwörtlich übernommene Erzählungen und Berichte von Verbrechern und Strafgefangenen, die dem Schriftsteller Ausschnitte ihrer Biografie oder erschütternde Details des zaristischen Strafsystems mitteilten.

Gegen die Widerstände seines Verlegers Suvorin montierte Tschechow seine Reiseaufzeichnungen zu einem über 400 Seiten umfassenden Buch, das 1895 mit dem Titel *Die Insel Sachalin* erscheinen konnte. Der Text ist eine aufrüttelnde Klageschrift, durchzogen vom sozialen, gesellschaftlichen, humanen Engagement des Autors, der darüber an seinen Verleger schrieb: „Ich bin froh, dass in meiner belletristischen Garderobe auch dieser grobe Häftlingskittel hängen wird."[5]

Das Buch weist eine merkwürdige Polarität auf. Tschechow hat darin etwa die ergreifende Beichte eines Mörders neben die lyrische Schilderung der Flora und Fauna dieses Eilands platziert – eine Anordnung, welche die Wirkung sowohl der Beichte als auch der Naturbeschreibung enorm erhöht. Außerdem bezieht der Text einen Großteil seiner Spannung aus dem Kontrast zwischen Tschechows politisch-sozialen Anliegen einerseits und andererseits seinem Impuls, das Leben nur beschreiben, es jedoch nicht wirklich verändern zu können und zu wollen.

Die Insel Sachalin am Ende der Welt wurde für Tschechow zu einer Metapher für die menschliche Existenz, die ausgespannt ist zwischen aktiver Ver-

---

[5] Tschechow, A.: Brief an A.S. Suvorin (02.01. 1894), in: Tschechow-Chronik, Zürich 1981, S. 192.

änderung und der Vergeblichkeit jeglichen Tuns; zwischen der Würde jedes Individuums und den erniedrigenden Verhältnissen, in denen Menschen oft zu vegetieren gezwungen sind. Seine Fahrt bedeutete für Tschechow das Eintauchen in eine Atmosphäre, die ungeschönt alle Brechungen, Verwerfungen des menschlichen Daseins widerspiegelte. Davon ungeschminkt Zeugnis abzulegen, gehörte für ihn zu den imperativen Konsequenzen, die sich für ihn aus seiner Reise ergaben.

Wenn Philosophen reisen. – Wenn es eine Berufsgruppe gibt, von der man gemeinhin annimmt, sie sei mehr oder minder resistent gegenüber den üblichen Touristikangeboten, ist es diejenige der Philosophen. Vertretern dieser Zunft traut man auch im 21. Jahrhundert noch am ehesten zu, dass sie den dominanten Lockungen der Majorität etwas widerstehen können und stattdessen einen individuellen Lebensstil entwickeln. Wenn Philosophen trotzdem hier und da zu Reisen aufbrechen, kann man mutmaßen, dass sie dies womöglich im bewussten Hinblick auf ihre innere oder äußere Werdens-Geschichte initiieren.

Ich beginne mit Michel de Montaigne (1533–1592). Dieser eigenartige Denker ist mit einem einzigen Buch unsterblich geworden: den *Essais*, die 1580 in einer ersten Auflage erschienen sind und vom Verfasser in den kommenden Jahren mehrfach erweitert wurden. Mit diesem Buch hat Montaigne unter Beweis gestellt, dass die Besinnung auf die eigene Person, gepaart mit Authentizität und Wahrhaftigkeit, zu einer außerordentlichen Gedankenfülle beitragen kann, von der wir Heutigen noch fasziniert sind und die uns immer wieder zu Reflexionen über das eigene Leben anregt.

Weil Montaigne ein kranker Mann war (er litt an Nierensteinen und starb mit 59 Jahren an Nierenversagen), begab er sich auf eine Badekur nach Lucca, also nach Italien. Während seiner Reise über Deutschland und die Schweiz nach Italien führte er ein Tagebuch, das nicht primär zur Veröffentlichung gedacht war, mit viel Glück jedoch im Jahre 1774 unter dem Titel *Tagebuch einer Reise Michel de Montaignes durch Italien, die Schweiz und Deutschland in den Jahren 1580 und 1581* publiziert wurde.

Sein Inhalt demonstriert, dass es bei Montaignes italienischer Reise um mehr als eine bloße Bäderkur ging. Obwohl der Autor haarklein die Symptome seiner Nierenkoliken und Steinabgänge beschrieb, befällt den Leser niemals das Gefühl einer Krankengeschichte. Montaigne hat, wohin er bei seiner Tour auch gelangte, mit nimmersattem Aufnahmevermögen die sozialen, politischen, historischen, architektonischen, naturhaften Verhältnisse der jeweiligen Gegend aufgesogen. Von Speisen und Getränken über Sitten und Gebräuche bis zur Begegnung mit einzelnen Personen hat dieser Tourist alles ihm Begegnende für interessant und des Notierens wert erachtet und entsprechend seinem Reistagebuch anvertraut. Bei alledem vermittelt das Diarium den Eindruck, als ob der Verfasser auch die Unannehmlichkeiten seiner Reise als Rahmenbedingung seiner Unternehmung bejaht hat. Im dritten Buch der *Essais*, das nach seiner Tour entstanden ist, lesen wir hinsichtlich der Bewegung und des Aufbruchs in neue Gegenden und Länder:

> „Keineswegs möchte ich, dass das Vergnügen des Herumstreifens mir das des Zuhauseseins trübe – im Gegenteil strebe ich an, dass sie sich wechselseitig fördern und steigern … Die Einteilung meines Reiseplans lässt sich jederzeit und allerorts ändern. Er gründet auf keinen großen Erwartungen, jede Tagesetappe ist mir Ziel genug (und mit meiner Lebensreise halte ich es genauso)."[6]

Montaigne war einer der Ersten in der Neuzeit, der sich als *Homo movens et viator*, als durch und durch bewegtes Wesen erfahren und beschrieben hat und der die Bewegungen des Reisens mit den Metamorphosen und der Dynamik der eigenen Existenz in Beziehung setzte. Reisen mit allen dabei zu Tage tretenden Eventualitäten interpretierte er lediglich als Metapher für das Leben schlechthin.

Andere Intentionen als Montaigne verfolgte Jean-Paul Sartre (1905–1980) mit manchen seiner Reisen. Zuallererst muss von ihm festgestellt werden, dass er ein überaus reisefreudiger Mensch war, der einen gehörigen Teil des Lebens „außer Haus" verbracht hat. Zu seinem Nomadentum passte, dass er über weite Phasen seines Daseins nicht einmal eine eigene Wohnung besaß, mehr oder minder aus Koffern lebte und in Hotelzimmern logierte.

Sartre war nicht nur in Sachen Philosophie, Literatur, Gesellschaftskritik ein unruhiger Geist; auch die konkrete Gestaltung seines Alltags wies Bewegungen und Veränderungen *en masse* auf. Oft genug diktierten ihm die tagespolitischen Ereignisse die Stationen seiner Lebenstour, die ihn von Algerien bis in die USA, von China bis in die Tschechoslowakei, von Polen bis weit in die Sowjetunion führte. Der *Workaholic* Sartre machte so gut wie nie Urlaub im Sinne von Muße und Entspannung; seine Reiseaktivitäten dienten eigentlich immer irgendeinem Zweck, ob politischer, sozialer oder literarischer Natur.

Eine der wenigen Ausnahmen bildete seine italienische Reise im Herbst 1951, als er ein Buchprojekt – *Saint Genet, Komödiant und Märtyrer* (1952), eine Studie von beinahe Tausend Seiten Umfang – beendet hatte und noch kein anderes Projekt dringlich war. Das Ungewöhnliche an diesem Unternehmen bestand für den Passanten Sartre darin, sich wie ein Tourist durch

---

[6] Montaigne, M. de: Essais, Drittes Buch, Über die Eitelkeit, in der ersten modernen Gesamtübersetzung von Hans Stilett, Frankfurt am Main 1998, S. 477/491.

Italien zu bewegen. Er hatte keinen Auftrag, kein fixes Ziel und keinen Plan, und nicht einmal die Frage, ob, und wenn ja, mit welchem Thema er sich denn während der kommenden Wochen beschäftigen wollte, war für diesen Schriftsteller *par excellence*, der ohne Stift und Blatt Papier nicht leben mochte, geklärt.

Seine Reise brachte Sartre nach Rom, Neapel, Capri und Venedig. Während seiner Passagen notierte er unaufhörlich seine Eindrücke auf kleine Zettel, Fetzen Papier, später in gebundene Hefte. Im Herbst 1951 fuhr ein Sartre durch Italien, dem das Leben *per se* ein Wert geworden war, ohne dass es in reflektierende und Erkenntnis heischende Sprache verwandelt werden musste. Gerüche, der Wind, das Wetter, die Stille, das Wasser, Musik, die Kunstwerke Tintorettos, Essen und Trinken, Glockengeläut, die Antike – alles ließ Sartre gelten, wie es das uralte Spiel von Natur und Kultur hervorgebracht und für gut befunden hat, ohne dass er es einer Kritik oder Theorie unterworfen hätte.

Dieser Sartre erinnert an den Nietzsche des *amor fati*, dem kein Vorwärts und kein Rückwärts in den Sinn kam, wenn er die Erde, diesen einmaligen Einfall des Kosmos, genoss und erlebte. Und er erinnert an den Rilke der *Duineser Elegien*, der das hohe Lied des großen Ja zu singen wusste, obschon ihm klar vor Augen stand, dass er ein Vergänglicher war. Sartre hat in seinem Schriftstellerdasein nie Lyrik verfasst – bis auf diese Aufzeichnungen seiner italienischen Reise, die nach seinem Tod unter dem Titel *Königin Albemarle oder Der letzte Tourist* (1991) herausgegeben wurden. Das Italien im Herbst 1951 sah einige Wochen lang einen Sartre, der lyrisch geworden war und sich an die Momente des Daseins hingeben konnte, ohne dauernd Vergangenes oder Zukünftiges als Flucht vor der Gegenwart bedenken und ins Feld führen zu müssen. In der Schilderung von Venedig wird diese Form der Hingabe besonders deutlich:

„Venedigs Tristesse ist wie eine bestimmte sanfte und durchdringende Kälte, die einen langsam, aber sicher bis in die Knochen erstarren lässt. Warum? Es gibt hier nicht mehr Elend als anderswo, oder man sieht es jedenfalls nicht. Nichts Hässliches. Sanfte und sichere Schönheiten, das Wasser, die Palazzi, die Gemälde. Das Leben ist leicht … Man gibt sich hin."[7]

Ohne große Theorien oder Abhandlungen zu zitieren, notierte Sartre *al fresco*, quasi in den noch feuchten Kalk hinein, seine Gedanken und Überlegungen, die er von den Steinen der venezianischen Paläste und von den Leinwänden der Kunstwerke abzulesen schien, wie Musiker ihre Noten vom Blatt spielen.

---

[7] Sartre, J.-P.: Königin Albemarle oder Der letzte Tourist (1991), Reinbek bei Hamburg 1994, S. 172.

Neben melodischer Schönheit und Anmut entstand dabei vor allem auch eine sprudelnde Lebendigkeit, die man an manchen seiner anderen Texte schmerzlich vermisst.

Diese italienische Reise Sartres zeigt ihn uns als *l'homme méditerranée*, als einen Menschen, der das Jetzt jubelnd genießt. Sinn, Wert und Bedeutung suchte der Philosoph während der Wochen im Süden nicht in historisch-gesellschaftlichen Theorien und Modellen, sondern in den alltäglichen Begebenheiten, im *Caffè del Greco*, in einer Gondel, im zufälligen Arrangement mit den Menschen, auf die er traf, oder in den überraschenden Perspektiven und Blicken, die in den Straßen und Palästen Roms oder Venedigs auf ihn warteten.

Sinn, Wert und Bedeutung entstehen oftmals, wenn Menschen das Naheliegende und Selbstverständliche der Welt, der Mitmenschen und ihrer Kultur erkennen, wobei Reisende – weil für sie Dinge und Verhältnisse nicht als selbstverständlich erscheinen – prädestiniert sind für derartiges Erleben und Wahrnehmen. Es ist daher ein Irrtum von Touristen zu glauben, sie könnten in der Fremde ähnlich viele Sinn- und Bedeutungszusammenhänge wahrnehmen, wenn sie denn wie die Einheimischen dort lebten, als wenn sie sich auf der Durchreise befinden.

Der Perspektivwechsel als Voraussetzung für die Wahrnehmung von neuen Sinnpartikeln und Bedeutungsverweisen verändert auch die Dimensionen des bisher Gewohnten. Das Kleine wird groß, und das Große wird klein, das angeblich Wichtige wird peripher, und das anscheinend Unwesentliche schiebt sich in den Mittelpunkt des Interesses – so erleben manche Touristen ihre Reise, und solche Effekte hat auch Sartre bei sich bemerkt und beschrieben:

„Das Menschengeschlecht – oder, wer weiß, der historische Prozess – schrumpft zu einem kleinen, begrenzten Wimmeln im Raum und in der Zeit. Von irgendwo außerhalb der Zeit und des Raumes sehe ich es in seiner Gesamtheit … Die Gegenwart ist, was ich berühre, sie ist das Werkzeug, das ich handhaben kann, ist das, was auf mich einwirkt oder was ich verändern kann."[8]

Wer sich als Reisender auf derartige Veränderungen seiner Beziehungen zur Welt und zu den Mitmenschen einlässt, wird bisweilen nicht nur mit der Wahrnehmung ungewohnter Sinn- und Wertaspekte in seiner Umwelt, sondern auch bei sich selbst belohnt. Das Neue, Überraschende, Abenteuerliche, Geheimnisvolle einer Reise ereignet sich einerseits um uns herum; andererseits hat der Tourist damit zu rechnen, dieses auch in sich zu entdecken und

---

[8] Sartre, J.-P.: Königin Albemarle oder Der letzte Tourist (1991), Reinbek bei Hamburg 1994, S. 246.

die eigene Person als ähnlich überraschend, neu und geheimnisvoll zu erleben wie die Fremde um ihn her.

Solche Zusammenhänge hatte bereits Jean Paul (1763–1825) im Sinn, wenn er vom menschlichen Unbewussten als von dem „wahren inneren Afrika" sprach, das man bereisen könne und solle wie einen fernen Kontinent. Ganz analog steht bei vielen heutigen Vertretern des fahrenden Volkes zu vermuten, dass sie ihre Reisen eigentlich als einen Aufbruch zum eigenen Selbst intendieren, ohne dass sie jedoch diese Aspekte immer und überall verwirklichen können.

Denn viele Reisen mögen zwar als Suche nach dem eigenen Selbst vorgestellt werden, enden aber als touristisches Spektakel. Die Konfrontation mit ihren oft ungelebten oder ungeliebten Seiten der Existenz ängstigt nicht wenige Passanten auf dem Weg zur eigenen Person. Aus Sorge um die möglichen Konsequenzen dieser Konfrontation bleiben viele beim Urlaubs- oder Reisevergnügen hängen und zucken vor den existenziellen Dimensionen dieser Unternehmung zurück – worauf auch schon Albert Camus (1913–1960) hingewiesen hat:

> „Was den Wert des Reisens ausmacht, ist die Angst. Denn in einem gewissen Augenblick, fern von unserer Heimat, von unserer Sprache, ... überfällt uns eine unbestimmte Angst, und wir empfinden unwillkürlich das Verlangen, in den Schutz unserer alten Gewohnheiten zurückzukehren ... Deshalb darf man nicht sagen, man reise zu seinem Vergnügen. Es gibt kein Vergnügen des Reisens. Ich möchte eher eine Askese darin sehen. Man reist um der Bildung willen, wenn wir unter Bildung die Betätigung des geheimsten unserer Sinne verstehen, nämlich des Sinns für das Ewige. Das Vergnügen lenkt uns von uns selbst ab, so wie die von Pascal beschriebene Zerstreuung uns von Gott entfernt. Das Reisen, das gleichsam eine höhere und ernstere Wissenschaft ist, führt uns zu uns zurück."[9]

Reisen sind Versuche, das Leben tief und bedeutsam werden zu lassen, uns aus den Rastern und Schemata des Alltags zu lösen und das Nicht-Alltägliche und Außergewöhnliche für uns erlebbar und verfügbar werden zu lassen. Wir alle sehnen uns nach dem Zentrum dessen, was wir Leben nennen, und stellen uns vor, dass dort Glück, Erfüllung und Zufriedenheit in hohem Maße zu finden sind. Darüber hinaus suchen wir vor allem aber auch uns selbst bzw. jene Aspekte unserer Person, die im nivellierenden Geschäft der Alltäglichkeit viel zu wenig zur Geltung und zum Vorschein kommen.

---

[9] Camus, A.: Tagebücher 1935–1951, Reinbek bei Hamburg 1989, S. 14.

Obwohl Matthias Claudius (1740–1815) vor über 200 Jahren in seinem Gedicht *Urians Reise um die Welt* hinsichtlich der Effekte von Reisen nachvollziehbare und berechtigte Skepsis angemeldet hat, bleibt wohl bei vielen von uns dennoch der Impuls, sich in die Fremde aufzumachen, um das eigene Selbst zu erreichen, ungebrochen erhalten. Dass sich beim Reisen solche Motive mit anderen, partiell recht profanen und alltäglichen Themen häufig verschränken, ist nicht beklagenswert, wenn man nur weiß und angemessen bedenkt, dass man heutzutage zwar in 80 Tagen gemächlich rund um die Welt, aber nur schwer bis zum eigenen Selbst gelangen kann:

„Wenn jemand eine Reise tut, / So kann er was verzählen; / Drum nahm ich meinen Stock und Hut / Und tät das Reisen wählen … / Und fand es überall wie hier, / Fand überall 'n Sparren, / Die Menschen grade so wie wir / Und eben solche Narren."[10]

---

[10] Claudius, M.: Urians Reise um die Welt (1789), in: Worauf es ankommt – Ausgewählte Werke nach Gattungen geordnet, Gerlingen 1995, S. 446–449.

Teil VIII

Finale

20

Glück gehabt? – Person geworden!

Als wir Kinder waren, und wenn Kindheit einigermaßen gelungen war, hat Kleines uns glücklich gemacht: gut endende Märchen, Karussellfahrten, Windbeutel am Sonntagnachmittag, Schulferien, hoch gespitzte Kartenhäuser, das überraschende Lächeln unserer Mutter. Damals war die Welt noch frisch und unverbraucht, und jedes Hinaus versprach Neues, versprach Wachsen und Weitung und damit auch Glück. Vieles erlebten wir das erste Mal; wir kannten wenig Vorsicht oder Zweifel und stürzten uns arglos in die Arme unseres jungen und momentanen Lebens.

Irgendwann setzte es dann Widerstand, Scheitern, Enttäuschung, Zurückhaltung, Unordnung und frühes Leid. Die paradiesischen Zustände unseres Beginnens, von manchen bald nicht nur als ungetrübte Idylle durchschaut, wichen dem herberen Geschmack von Aufgaben, Pflichten und täglichem Einerlei sowie dem besorgten Blick auf das Später. Lust- und Realitätsprinzip tauschten zunehmend die Plätze, und anstelle mit dem Glück des Augenblicks lernten wir uns mit der Sehnsucht auf ein schöneres Morgen anzufreunden. Spannungsbogen, Geduld, Aufschub und Verzicht gehören seither zum Koordinatensystem unseres erwachsenen und ach so oft verfehlten Glücks.

Wenn Glück nicht mehr selbstverständlich und voraussetzungslos erlebt wird, schieben sich Fragen nach seinem Wesen sowie nach seinem Entstehen und Vergehen in den Vordergrund. Weil Glück von den meisten Menschen zwar als Attraktion erhofft und angestrebt, viel zu selten jedoch realisiert wird, verwundert es nicht, dass in den letzten Jahrzehnten viele Wissenschaftler, Philosophen und Künstler wie auch die „Laien" über Möglichkeiten des Glücklich-Seins und Glücklich-Werdens verstärkt nachgedacht haben.

Darüber hinaus etablierten sich regelrechte Glücksagenturen, die mit mehr oder minder überzeugenden Argumenten Glück *en masse* und *en detail* anbieten: Kirchen, Sekten, Vereine und Parteien, revolutionäre Bewegungen, Heiratsvermittler, Sport- und Reiseveranstalter, Möbelketten sowie Klassenlotterien, Massenmedien, Schönheitsfarmen, Modedesigner, Kunsthändler, Opernhäuser und Restaurants haben ähnlich wie die Apotheker *(happy pills)*, Weinhändler oder Drogendealer angeblich nur unser Glück im Sinn.

Das Glück ist lange schon zu einer fragwürdigen Größe geworden, und Autoren sowie die Denker vom Fach suchen seit Jahrtausenden nach ihm ebenso intensiv und häufig leider doch vergebens wie wir alle anderen auch. Wie und wo also nach ihm fahnden? Und mit welchen Strategien nach ihm haschen und es fixieren, wenn es und sobald es um die Ecke lugt?

Einer der ersten, der vor diesem Hintergrund Antworten auf die Fragen nach dem menschlichen Glück formulierte, war Epikur (342–271 v. Chr.). Der Philosoph bedachte mit Freunden und Schülern in seinem Garten vor der Stadt Athen sich und die Welt, wobei man am Eingang zu seiner Schule mit den Worten begrüßt wurde: „Freund, das ist ein guter Ort; hier wird nichts mehr verehrt als das Glück!" Obwohl Epikur ein bescheidener Mensch war – Oliven, ein Stück Käse, etwas Wein und ein gutes Gespräch waren ihm als Garanten seines persönlichen Glücks meist schon genug –, wurden er und seine Lehre bald verpönt. Der Begriff Epikureer geriet zum Schimpfwort, mit dem man oberflächlich-hedonistische Lebensstile assoziierte, und der Meister selbst wurde verdächtigt, seine schlichte Ernährung lediglich aufgrund seiner schlechten Verdauung erfunden zu haben.

Die Ideen Epikurs zum Glück, die das Zentrum seiner Philosophie ausmachen, haben jedoch ernsthafte Konsequenzen, und nicht ganz zufällig hat sich im 19. Jahrhundert Karl Marx den griechischen Denker zum Inhalt seiner Dissertation gewählt. Die Definition von Glück bei Epikur erwuchs aus einer aufgeklärten und autonomen Gesinnung und endete in einem entschiedenen Skeptizismus und sogar Atheismus. So wurden von ihm Tugenden, ethische Vorschriften, Normen, Regeln, aber auch Antriebe, Wünsche, Begierden daraufhin untersucht, inwiefern sie den Einzelnen glücklicher zu machen imstande sind. Falls ein derartiger Effekt von ihnen nicht zu erwarten war, verwarf Epikur sie kurzerhand. Wenn sich jedoch ein Plus an Glück und Zufriedenheit durch deren Anwendung abzeichnete, wurden sie vom Philosophen hoch gelobt.

Weil Epikur die Vernunft zur Richterin über zu erwartendes Glück erhob, wurde der Verzicht etwa auf ungehemmte Leidenschaften von ihm häufiger empfohlen als das Gegenteil. Solcher Verzicht musste sich aber in konkretem und fassbarem Glückszuwachs niederschlagen, wobei der Zeitraum der Verzichtleistung kurz und derjenige des Glücks lang sein sollte. Bekannt geworden ist die Empfehlung Epikurs, den Genuss von Wein zurückzustellen, wenn ein Gespräch mit einem interessanten Freund dafür anregender verläuft – aber auch nur dann!

Noch ein weiterer Hinweis Epikurs zum Glück verdient Erwähnung. Er plädierte entschieden dafür, sich nicht in die Händel der Großen und Mächtigen dieser Welt einzumischen und stattdessen im Verborgenen zu leben: „Der Weise wird sich nicht an der Politik beteiligen und nicht Herrscher sein wollen."[1] – so lautete sein Credo. Mit einem Dasein im Verborgenen zielte er jedoch auf kein Glück im stillen Winkel ab; vielmehr war er überzeugt, dass sich dauerhaftes Engagement in der Sphäre der Macht mit dem persönlichen Glück nicht verträgt.

Den Herrschern gegenüber sollten die Menschen dasselbe Verhältnis entwickeln wie den Göttern gegenüber: ein furchtloses. Die Furcht fasste Epikur als großen Konterpart des menschlichen Glücks auf, weil damit jeder Augenblick, so schön und vollkommen er sich dem Einzelnen auch darzubieten vermag, entwertet und vergällt wird. Daher wandte der Philosoph viel Gedankenarbeit und Lebenspraxis dafür auf, sich und den Lesern ein relativ angstfreies Existieren zu ermöglichen.

Zwei wichtige Quellen menschlicher Furcht machte Epikur namhaft: die Götter und den Tod. Zu den Ersteren meinte er, dass sie von Menschen vorgestellt und geschaffen wurden, weil diese sich angesichts der Natur und unberechenbarer Kräfte zu Recht ängstigten. In den und durch die Gottheiten versuchten sie, Natur und Schicksal zu beeinflussen und zu besänftigen, aber in ihrer Fantasie statteten die Menschen ihre Götter mit Attributen der Allmacht aus, sodass sie schließlich vor ihnen erzitterten. Furcht rief die Götter auf den Plan – und die Götter jedoch provozieren ihrerseits wieder Furcht und reduzieren damit menschliches Glück. Dieser Zirkel kann Epikur zufolge durchbrochen werden, wenn die Götter und mit ihnen die Angst vor ihnen eingeklammert werden.

Wie aber sollen wir mit dem Tod verfahren, der sich schwer nur als Hirngespinst und Fantasiegebilde abtun lässt? Werden wir nicht doppelt unglücklich, wenn wir angesichts unserer Sterblichkeit Götter und Religionen ablehnen, die uns unter gewissen Kautelen immerhin ewiges Leben verheißen und uns mit dem Jenseits trösten? Epikurs Antworten auf diese Einwände werden seit Jahrhunderten zitiert: „Der Tod geht uns nichts an. Denn was sich aufgelöst hat, hat keine Empfindung. Was aber keine Empfindung hat, geht

---

[1] Epikur: Fragmente, in: Von der Überwindung der Furcht, München 1983, S. 114.

uns nichts an."[2] Wir stammen aus dem Nichts und tauchen nach dem Tod wieder in dieses Nichts ein; daher können wir es uns nicht leisten, die Existenz mit Nebensächlichkeiten und Tand zu vertrödeln oder Momente des gelingenden Lebens ungenutzt verstreichen zu lassen:

> „Wir sind ein einziges Mal geboren. Zweimal geboren zu werden ist nicht möglich. Die ganze Ewigkeit hindurch werden wir nicht mehr sein. Du aber bist nicht Herr des morgigen Tages und verschiebst immerzu das Erfreuende. Das Leben geht mit Aufschieben dahin, und jeder von uns stirbt, ohne Muße gefunden zu haben."[3]

Einen ähnlichen Standpunkt wie Epikur vertrat Horaz (65–8 v. Chr.) mit seinem Vers: „Trage das Haar der Hoffnung kurz und pflücke den Tag" (*Carpe diem*). Glück, die Erfassung des rechten Augenblicks, von den Griechen als *Kairos* bezeichnet, hängen eng miteinander zusammen, und wer die Imperative und Angebote, die von den Momenten unseres Lebens ausgehen, nicht hört oder nicht beantwortet, braucht sich über mangelndes Glück nicht zu beklagen. Auf diesen Zusammenhang spielt auch Friedrich Schiller in seinem Gedicht *Die Gunst des Augenblicks* an:

> „Aus den Wolken muss es fallen / Aus der Götter Schoß, das Glück, / Und der mächtigste von allen / Herrschern ist der Augenblick."[4]

Bei diesen Zeilen hätte Arthur Schopenhauer (1788–1860) wahrscheinlich heftig protestiert und polemisiert. Über Jahre und Jahrzehnte verfolgte er das Projekt einer alltagstauglichen Weisheits- und Glückslehre, die sich in seinem Hauptwerk *Die Welt als Wille und Vorstellung* (1819) bereits abzeichnete und in den *Parerga und Paralipomena* (1851), hier vor allem in den *Aphorismen zur Lebensweisheit*, breit zu einer regelrechten *Eudämonologie* ausgearbeitet wurde.

Für Schopenhauer waren nicht der Augenblick, der Zufall, der Kairos für das Erleben von Glück und Zufriedenheit ausschlaggebend, sondern die eigene Person respektive das, was einer ist (so bezeichnete er die Persönlichkeit eines Menschen in den *Aphorismen zur Lebensweisheit*). Alle äußeren Quellen von Glück, Genuss, Euphorie (in den Worten Schopenhauers: das, was einer hat – z. B. Besitz; oder das, was einer vorstellt – z. B. Ruhm und Ehre) sind

---

[2] Epikur: Katechismus, in: Von der Überwindung der Furcht, München 1983, S. 59.
[3] Epikur: Spruchsammlung, in: Von der Überwindung der Furcht, München 1983, S. 106f.
[4] Schiller, F.: Die Gunst des Augenblicks (1805), in Sämtliche Gedichte und Balladen, Frankfurt am Main 2004, S. 152.

ihrer Natur nach höchst unsicher, vergänglich und nicht selten dem Zufall unterworfen:

> „Was Einer in sich ist und an sich selber hat, kurz die Persönlichkeit und deren Wert, ist das alleinige Unmittelbare zu seinem Glück und Wohlsein. Alles andere ist mittelbar; daher auch dessen Wirkung vereitelt werden kann, aber die der Persönlichkeit nie … Was nun aber … uns am unmittelbarsten beglückt, ist die Heiterkeit des Sinnes … Sie allein ist gleichsam die bare Münze des Glücks und nicht, wie alles andere, bloß der Bankzettel."[5]

Auch Friedrich Nietzsche (1844–1900) entwickelte Dutzende von Gedanken zum Glück – obwohl man aus seiner Biografie kaum darauf hätte schließen können, dass er eine besondere Expertise zu unserem Kapitel beisteuern kann. Krankheit, Einsamkeit, fast völlig mangelnde Resonanz auf seine Schriften haben Nietzsches Dasein geprägt, von Glück in der Liebe und einem behaglichen Leben ganz zu schweigen. Zu Nietzsches vordergründig unglücklicher Vita passt sein Diktum, dass er niemals nach persönlichem Glück, sondern immer nur nach seinem Werk und dessen Entfaltung getrachtet habe.

Was ist Glück? – fragt Nietzsche sich und den Leser oft. Und er antwortet seiner Philosophie gemäß, es sei das Gefühl von wachsender Macht und überwundenem Widerstand. Macht und Machtzuwachs äußern sich jedoch nicht nur in Kraft, Durchsetzungsimpulsen und Überwindung; auch Phänomene wie Freiheit, Anmut und Schönheit künden laut Nietzsche vom Willen zur Macht. Seiner Theorie gemäß empfinden Menschen im Umgang mit derartigen Werten Glücksgefühle – ein Gedanke, der bereits von Stendhal vorformuliert wurde, als er das Schöne als *une promesse de bonheur* (ein Versprechen von Glück) charakterisierte.

Beim Glück, so der Denker, handelt es sich um kein bloß zufälliges Geschehen, so wie man eine Chance im Spiel oder in der Lotterie haben kann, sondern um eine existenzielle Einstellung und Haltung, die den gesamten Menschen ergreift und verändert. Glück muss nach Nietzsche mit allem, was Faser ist im Individuum, gewagt, errungen, verteidigt werden. Nicht irgendein hübsches Sümmchen setzen wir dabei auf Schwarz oder Rot – wir selbst sind Einsatz und damit eventueller Verlust oder Gewinn zugleich. In *Die fröhliche Wissenschaft* (1882) beschwor Nietzsche daher das große, das tiefe und existenziell bewegende Glück, das nur um das Risiko des Scheiterns zu haben ist:

---

[5] Schopenhauer, A.: Aphorismen zur Lebensweisheit (1851), in: Parerga und Paralipomena I (1851), Zürich 1988, S. 322f.

> „Ach, wie wenig wisst ihr vom *Glück* des Menschen, ihr Behaglichen und Gutmütigen! Denn das Glück und das Unglück sind zwei Geschwister und Zwillinge, die miteinander groß wachsen oder, wie bei euch, miteinander – *klein bleiben*!"[6]

Nietzsche beschrieb darüber hinaus auch das Glück des Wissens und Erkennens, von dem er meinte, dass es auf leidenschaftliche Geister (die man am ehesten bei Philosophen, Wissenschaftlern, Dichtern findet) faszinierend wie ein Zauber wirkt, der außerordentliche Kräfte und Fantasien freisetzt. Wie eine heftige Begierde mache sich diese Lust bei jenen bemerkbar, die den großen Appetit nicht nur auf Leben, sondern auch auf Denken und auf Schaffen verspüren. Dementsprechend bewegend und erschütternd empfinden diese Verzauberten ihr Glück, wenn ihre Leidenschaften des Lernens, Wissens und Wachsens befriedigt werden:

> „Das Wenigste gerade, das Leiseste, Leichteste, einer Eidechse Rascheln, ein Hauch, ein Husch, ein Augen-Blick – *Wenig* macht die Art des *besten* Glücks."[7]

Wir haben nach Nietzsche kein Anrecht auf Glück; wenn es sich einstellt, so als ein Empfinden, das aufgrund ganz anderer Aktivitäten als unbeabsichtigte Nebenwirkung erzeugt wird. Ähnlich argumentierte Sigmund Freud, der fest davon überzeugt war, dass menschliches Glück von der Natur und erst recht von der Kultur nicht vorgesehen ist. Dass es sich dennoch ab und an ereignet, liege vorrangig an den überraschenden Befriedigungen unserer Triebe. Solche Momente erleben wir etwa in Situationen von Zärtlichkeit und Sexualität, in denen die Spannung unserer Libido eine kurzzeitige Lösung und Befriedigung erfahre, um uns wenig später bereits wieder in den alten Status unbefriedigter Triebregungen und reduzierten Glücks zu entlassen.

Besonderen Anteil an den unglücklichen und unbefriedigten Phasen unseres Daseins hat dem Begründer der Psychoanalyse zufolge unsere Kultur, die sich im Laufe der Jahrtausende ein üppiges Repertoire der Triebunterdrückung erdacht habe. Viele Menschen weisen deshalb die Tendenz auf, sich in ihre Kinderzeit zurückzusehnen oder auf frühere Stufen ihrer Entwicklung zu regredieren, um ihr erinnertes oder imaginäres infantiles Glück zu reaktivieren. Nur Wenigen stünden Möglichkeiten offen, ihre Triebregungen so zu sublimieren, dass ihre Libido die Form von Kunstwerken oder philosophischen,

---

[6] Nietzsche, F.: Die fröhliche Wissenschaft (1882), in: KSA 3, München 1988, S. 567.
[7] Nietzsche, F.: Also sprach Zarathustra (1883–85), in: KSA 4, München 1988, S. 344.

wissenschaftlichen Abhandlungen annimmt und dass sie daher Augenblicke des Sublimierungs-Glücks genießen.

Wie sehr kulturelle Vorgaben, Normen, Werte, Sitten und Gebräuche das Maß an Unzufriedenheit beim Einzelnen erhöhen oder doch eher senken, war bereits zu Zeiten von Sigmund Freud höchst umstritten. Ein schriftstellernder Zeitgenosse Freuds, Robert Musil (1880–1942), bedachte in *Der Mann ohne Eigenschaften* (1930 ff.) die Konsequenzen der zivilisatorischen Regularien für das menschliche Glück und Unglück jedenfalls durchaus ambivalent:

> „Eine Zeit, in der alles erlaubt ist, hat noch jedesmal die in ihr gelebt haben unglücklich gemacht … Es gibt kein grenzenloses Glück. Es gibt kein großes Glück ohne große Verbote … Die Grenze ist das Geheimnis der Erscheinung, das Geheimnis der Kraft, des Glücks, des Glaubens und der Aufgabe, sich als winziger Mensch in einem Universum zu behaupten."[8]

Diese Zeilen legte Musil einer seiner Hauptfiguren, dem weltläufigen Wirtschaftsmagnaten Paul Arnheim, in den Mund. Deshalb dürfen wir uns fragen, inwiefern dessen Erläuterungen zur glücksinduzierenden Rolle und Funktion von Grenzen für alle oder aber nur für bestimmte Limitierungen Gültigkeit beanspruchen; und inwiefern das Glücksempfinden vor allem von sogenannt winzigen Menschen an den Grenzen ihres Daseins nicht darin besteht, dieselben sieg- und erfolgreich zu transzendieren.

Zur selben Zeit wie Musil publizierte Bertrand Russell (1872–1970) sein Buch *The Conquest of Happiness* (1930), zu deutsch *Die Eroberung des Glücks* (1977). In seiner Autobiografie bekannte der Philosoph, dass er zu jener Zeit, als er das Manuskript für dieses Buch verfasste, durch schmerzliche Erfahrungen Wichtiges gelernt hatte, um sich eine gewisse Lebenszufriedenheit für seine folgenden Jahre zu bewahren; und um auf Glück nicht zu warten, sondern es selbst zu initiieren: „Wenn man Leuten sagt, dass Glück eine einfache Angelegenheit ist, werden sie über einen ungehalten."[9] Einige dieser existenziellen Lehren wollte er seinen Lesern in dem Text über *Die Eroberung des Glücks* mitteilen, wobei er den Titel des Buches nicht zufällig wählte – Russell war ähnlich wie Epikur davon überzeugt, dass sich die meisten Menschen selbst bei noch so problematischen Daseinsbedingungen und bei schwierigen biografischen Ereignissen ein gewisses Maß an Glück (im Sinne von Wertempfinden, Zufriedenheit, Souveränität) bewahren oder erobern

---

[8] Musil, R.: Der Mann ohne Eigenschaften (1930 ff.), Band 1, Reinbek bei Hamburg 1978, S. 503.
[9] Russell, B.: Autobiographie 1914–1944 (1968), Frankfurt am Main 1970, S. 289.

können, wenn sie es denn auf eine sozial und/oder kulturell sinn- und bedeutungsvolle Art und Weise versuchen:

> „Der glückliche Mensch lebt sachlich, er hat freie Zuneigungen und umfassende Interessen und sichert sich sein Glück durch diese Interessen und den Umstand, dass sie ihn seinerseits auch wieder zu einem Gegenstand des Interesses und der Zuneigung für andere machen ... Der glückliche Mensch ist derjenige, der die Einheit seines Ichs zu wahren weiß, dessen Persönlichkeit weder in sich selbst gespalten noch gegen die ganze Außenwelt feindlich gesinnt ist. Ein solcher Mensch fühlt sich als ein Bürger des Alls, der ohne Hemmung das Schauspiel, das es bietet, und die Freuden, die es schenkt, genießen kann."[10]

Als eindrückliches Beispiel für diese Russell'schen Gedanken darf Rosa Luxemburg gelten, die aufgrund ihres politischen Engagements viele Wochen und Monate ihres Lebens im Gefängnis zugebracht hat. Bei aller niederdrückenden, inhumanen Behandlung, die ihr dabei widerfahren ist, ließ sich diese tapfere und kämpferische Frau von den Verhältnissen um sie her niemals völlig entmutigen. Sie fertigte in der Haftanstalt Aquarelle an, pflanzte Blumen und Flieder auf Gefängnishöfen, memorierte Gedichte der europäischen Klassiker und schrieb Brief um Brief an ihre Freunde und näheren Bekannten. Diese Korrespondenz ist ein bewegendes Zeugnis für die Fähigkeit von Menschen, selbst würdeloseste Zustände mithilfe geistiger Distanzierung zu relativieren und damit die Selbstachtung der eigenen Person zu retten:

> „Wir haben jetzt ... so herrlich milde ... Tage, die Abende mit dem silbernen Mond sind so schön. Ich kann mich gar nicht sattsehen, wenn ich in der Dämmerung meinen Spaziergang in dem Gefängnishof mache (ich gehe absichtlich abends, um die Mauern und die ganze Umgebung nicht zu sehen) ... Ich bin über die Ohren in der Geologie, die mich außerordentlich anregt und beglückt."[11]

Einen ziemlich ironischen Ton dem Glück gegenüber hat die Schriftstellerin Katherine Mansfield (1888–1923) angeschlagen. Mansfield wurde im letzten Jahrhundert mit ihren Erzählungen und Kurzgeschichten ebenso wie mit ihrem unkonventionellen Lebensstil (sie unterhielt Freundschaften zum Bloomsbury-Kreis um Virginia Woolf und zu Bertrand Russell) und ihren dichterischen Vorbildern (sie verehrte Anton Tschechow und Oscar Wilde)

---

[10] Russell, B.: Die Eroberung des Glücks (1930), Frankfurt am Main 1977, S. 168 und 171.
[11] Luxemburg, R.: Brief an Luise Kautsky (24. November 1917), in: Briefe – Herzlichst Ihre Rosa, hrsg. von A. Laschitza und G. Adler, Berlin 1990, S. 405f.

eine viel beachtete und viel gelesene Künstlerin. Vor allem ihr Erzählband *Bliss* (1920) erregte großes literarisches Interesse, wobei *Bliss* mit Glückseligkeit oder Wonne übersetzt werden kann:

„Was soll man tun, wenn man dreißig ist, in der eigenen Straße um die Ecke biegt und plötzlich überwältigt ist von Glückseligkeit – reiner Glückseligkeit! –, als habe man plötzlich ein gleißendes Stück dieser Nachmittagssonne verschluckt, und es brenne im Busen und jage einem Funkenschauer durch alle Glieder, in jeden Finger und Zeh? Ach, gibt es denn keine Möglichkeit, das auszudrücken, ohne öffentliches Ärgernis zu erregen? Wie idiotisch die Zivilisation doch ist! Wozu einen Körper geschenkt bekommen haben, wenn man ihn wie eine ach so kostbare Geige in einem Kasten einsperren muss?"[12]

Noch einen weiteren Intellektuellen möchte ich hier erwähnen, der 1930 einen (kurzen) Text über *Glück haben* publiziert hat: Alain (1868–1951), mit bürgerlichem Namen Émile Chartier, der in Frankreich und später in Europa mit *Propos*, also mit knapp gehaltenen Glossen und Traktaten, bekannt geworden ist. Einige Hundert dieser *Propos,* die ursprünglich in Zeitungen erschienen sind, wurden inzwischen in einer Reihe von Buchbänden zusammengefasst und unter Titeln wie *Die Pflicht, glücklich zu sein* (1928/1993) oder *Das Glück ist hochherzig* (1956/1987) neu veröffentlicht.

Alain hat beileibe nicht nur über das Glück nachgedacht und geschrieben; von ihm gibt es *Propos* zu beinahe allen menschlichen Angelegenheiten, und seine Texte lassen sich als eine regelrechte Anthropologie in Glossenform verstehen. Allerdings taucht der Begriff des Glücks bei ihm häufiger auf: So etwa als Tugend, die sich grundsätzlich vom Lottogewinn oder vielen anderen glücklichen Zufällen unterscheidet und von ihm als Persönlichkeitskonstante aufgefasst wird; oder als aktive Haltung und Einstellung („Glücklich sein muss man wollen und das Seine dazu tun.");[13] oder auch als eine Form der Lebenskunst:

„Auf allen Schulen müsste es Unterricht geben in der Kunst, glücklich zu sein. Nicht in der Kunst, glücklich zu sein, wenn einen das Unglück beim Wickel hat: das überlasse ich den Stoikern; vielmehr in der Kunst, glücklich zu sein, wenn die Umstände erträglich sind und die Bitternis des Lebens sich auf Kleinigkeiten beschränkt."[14]

---

[12] Mansfield, K.: Glückseligkeit (1920), in: Sämtliche Werke, Frankfurt am Main 2009, S. 230.
[13] Alain: Dass Glück großzügig ist (1923), in: Die Pflicht, glücklich zu sein, Frankfurt am Main 1993, S. 219.
[14] Alain: Die Kunst, glücklich zu sein (1910), in: Die Pflicht, glücklich zu sein, Frankfurt am Main 1993, S. 221.

Viele *Propos* spiegeln die Welt- und Lebensanschauung Alains wider, die man als humanistisch, skeptisch, pazifistisch, agnostisch beschreiben kann. In der Glosse *Glück haben* beschrieb er jene Formen des Glücks, die man im Jiddischen auch als Massel und im Deutschen als Dusel bezeichnet: unverdientes Glück, das über die betreffende Person hereinbricht wie ein Wetterumsturz; ganz folgerichtig nennen die Angelsachsen derartiges Glück auch *windfall*, also Glücksfall und unerwartetes Geschenk.

Wohl wissend, wie sehr sich solches Glück von Tugend, Haltung, Einstellung und eigener Leistung unterscheidet, versetzte sich Alain in seinem Kurzessay in die Gemütslage eines Glückspilzes und zeichnete dessen Emotionen ebenso wie seine Ansprüche auf Verwöhnung und bevorzugte Behandlung durch den Zufall nach. Die Pointe seines Textes bestand jedoch darin, eine analoge Anspruchshaltung häufig auch bei manchen tiefreligiösen Menschen zu vermuten:

„Der glückliche Zufall entzückt ... Wenn wir verlieren, ist das nur Zufall; aber wenn wir gewinnen, ist das ein Triumph ... wir spüren, dass die Dinge uns lieben. Das religiöse Gefühl besteht vielleicht ganz aus solchem Vertrauen in die Welt."[15]

Wie aber lassen sich nun die verschiedenen Formen und Facetten des Glücks – im Französischen z. B. als *fortune*, *félicité*, *chance* und *bonheur*, im Englischen als *luck*, *happyness*, *uplift* oder *gladness* und im Deutschen als Zufall, günstige Umstände oder Fatum, aber auch als gehobene Stimmung, Zufriedenheit, Freude, Ekstase und Ausgelassenheit, als Dankbarkeit, Entzücken und Euphorie, als Erleichterung, Weitung und Hindernisarmut oder auch als Aufgipfelung des Daseins bezeichnet – einordnen und in ihrer Wertigkeit beurteilen? Gibt es hier kleinste gemeinsame Nenner, oder unterscheidet sich das eine Glück vom anderen fundamental?

Ende des letzten Jahrhunderts hat der Frankfurter Philosoph Martin Seel (geb. 1954) im *Versuch über die Form des Glücks* (1995) einen Einordnungsvorschlag formuliert, bei dem der Begriff und die sehr verschiedenen Phänomene von Glück auf vier Stufen der Erfahrung angesiedelt werden. Die erste Stufe heißt bei Seel Wunscherfüllung – eine Art des Glücksempfindens, wie wir es meist als Kinder schon erlebt haben und wie es eingangs zu diesem Kapitel mit einigen Beispielen illustriert wurde.

Auf die zweite Stufe platzierte Seel die Phänomene des erfüllten Augenblicks. Wenn sich überraschend manche Hürden und Widerstände unseres

---

[15] Alain: Glück haben (1930), in: Das Glück ist hochherzig, Frankfurt am Main 1987, S. 121f.

Daseins in Nichts auflösen und wir damit aus engen, begrenzten, reduzierten Verhältnissen schlagartig ins Weite, Erhabene, Unbegrenzte geraten, induziert dies bei fast allen Menschen mächtige und momentane Glücksgefühle bis hin zu Emotionen wie Euphorie und Ekstase. Derlei lässt sich bei nicht planbaren Gewinn- oder Erfolgssituationen ebenso beobachten wie beim ersten Anblick des Meeres, des Gebirges oder beim ersten Hören einer betörend schönen Melodie.

Die dritte Stufe der Glücksempfindungen assoziierte Seel mit Selbstbestimmung des Individuums und die vierte Stufe mit Welterschließung. Diese beiden letzteren Glücksqualitäten beziehen sich kaum oder gar nicht auf einzelne Momente oder Sachverhalte, also auf die kleinen Freuden des Daseins; vielmehr handelt es sich bei ihnen um existenziell empfundene und zusammenfassende Kommentare zur eigenen Person und zur Welt. Die Philosophen Christoph Demmerling und Hilge Landweer bezeichneten deshalb Glück in *Philosophie der Gefühle* auch als eine Emotion zweiter Ordnung:

> „Wegen dieses umfassenden Charakters des Glücksgefühls könnte man versucht sein, es als ein Gefühl zweiter Ordnung aufzufassen, als ein Gefühl, das spezifischere Gefühle, „kleine" und „große" Freuden, verallgemeinert und mit einem Gefühl „kommentiert", das sich auf das eigene Leben im Ganzen bezieht."[16]

Versuchen wir, den erwähnten Gesichtspunkten und Beschreibungen jubelnder Glücksmomente bis hin zu den still in sich versunkenen Glücksgenüssen diverse Gemeinsamkeiten abzugewinnen, bietet es sich meiner Ansicht nach an, eine Idee der Gestaltpsychologen aus dem letzten Jahrhundert zu Rate zu ziehen. Diese gingen von der Grundannahme aus, dass Menschen in der Regel bestrebt sind, gute, prägnante und vollkommene Gestalten zu realisieren. Anfangs erörterten die Gestaltpsychologen diese Idee anhand der menschlichen Wahrnehmung, um später auch andere Daseinsbewegungen sowie das gesamte menschliche Leben unter ihrem Konzept der Gestalt zu begreifen. Wenn Gestalten als komplett oder vollkommen registriert oder aber gerundet werden, löst dies bei den Betreffenden Empfindungen der Befriedigung und des Glücks aus, wohingegen Gestaltauflösung oder -verzerrung Missmut, Ärger und Angst provoziert.

Den Gedanken, dass unsere Glücksempfindungen auch mit der Vervollkommnung von Gestalten zusammenhängen und bei Vervollkommnungsprozessen induziert werden, finden wir bei etlichen Experten des Glücks be-

---

[16] Demmerling, C. & Landweer, H.: Philosophie der Gefühle – Von Achtung bis Zorn, Stuttgart 2007, S. 119.

stätigt. So schrieb Goethe in den *Maximen und Reflexionen* (1821): „Der ist der glücklichste Mensch, der das Ende seines Lebens mit dem Anfang in Verbindung setzen kann."[17] Mit dieser Leistung realisiert der Einzelne eine ebenso prägnante und vollkommene Gestalt wie derjenige, von dem Oscar Wilde meinte: „Der Glückliche ist mit sich und seiner Umgebung einig."[18] Ins selbe Horn stieß Carl Spitteler, der einmal sinngemäß die Auffassung vertrat: „Menschen zu finden, die mit uns fühlen und empfinden, ist wohl das schönste Glück auf Erden." Derselbe Autor verfocht in seinen späteren Jahren allerdings auch den Standpunkt, Glück entstehe vor allem beim Anblick einer Wiese, auf der sich nackte Jungfrauen tummeln. Man sieht: Definitionen über das Glück sind unter anderem altersabhängig.

Akzeptiert man die These von der Vervollkommnungstendenz von Gestalten als Voraussetzung von Glücksempfindungen (und vieles spricht für sie), so dürfen wir uns fragen, welche Themen, Motive und Gestalten besonders aussichtsreich für die wahrscheinliche Induktion von Glücksgefühlen erscheinen. Darüber hinaus kann man mutmaßen, dass es womöglich zentrale Themen und Gestalten zweiter Ordnung gibt, die es lohnt, ins Auge zu fassen, und die viele andere Gestalten in sich fassen.

Zur Erörterung dieser Thesen möchte ich kurz auf die Titel zweier Märchen und eines Romans verweisen, die uns alle vertraut sein dürften: *Hans im Glück* oder (auf Dänisch) *Lykke-Per*. Die beiden Märchen (jeweils *Hans im Glück*) stammen von den Gebrüdern Grimm sowie von Hans Christian Andersen; bei *Lykke-Per* hingegen handelt es sich um den bedeutendsten Roman von Henrik Pontoppidan (1857–1943), einem dänischen Literaturnobelpreisträger, der den Text zwischen 1898 und 1904 publizierte und der 1917 dafür mit dem Nobelpreis belohnt wurde.

Im Grimm'schen Märchen definiert Hans sein Lebensglück auf überraschende Weise. Nachdem ihm sein Meister einen Batzen Gold zum Abschluss der Lehrzeit ausgezahlt hat, macht sich Hans auf den Weg und tauscht nach und nach sein frisch erworbenes Hab und Gut in immer wertlosere Gegenstände, bis er zum Schluss mit zwei Schleifsteinen an einem Brunnen sitzt, sie ins Wasser fallen lässt und froh ist, dass er auch diese noch losgeworden ist. Frank und frei und völlig ohne Besitz steuert er auf das Haus seiner Mutter zu, und die Gebrüder Grimm werden nicht müde zu betonen, dass Hans dadurch nun glücklich geworden ist.

---

[17] Goethe, J.W. von: Maximen und Reflexionen (1821), in: Sprüche in Prosa, Frankfurt am Main 2005, S. 21.
[18] Wilde, O.: Extravagante Gedanken, hrsg. von Wolfgang Kraus, Zürich 1988, S. 95.

Die eigentümliche Moral dieses Märchens – Erfolg und Besitz machen abhängig und belasten, und wirkliche Zufriedenheit lacht dem Armen, der sich von Geld und Gold emanzipiert und frei gemacht hat – wurde schon im 19. Jahrhundert kritisiert und hat seither an Überzeugungskraft nur wenig hinzugewonnen. Ähnliche Töne schlägt auch Andersen in seinem *Hans im Glück* an. Ein armer, aber fleißiger und talentierter junger Mann muss viele Erniedrigungen und Beleidigungen erdulden, die letztlich alle dazu dienen, ihn als Auserwählten und Genie zu charakterisieren. Glück und irdischer Jubel lachen ihm zum Schluss, weil er härteste Prüfungen über sich ergehen lässt, die sich das Schicksal und der liebe Gott für ihn ausgedacht haben sollen.

Die Helden dieser beiden Märchen erleben Glücksmomente allenfalls im Sinne der Stufen eins und zwei (Glückskategorien von Martin Seel) respektive im Sinne von kleinen Freuden (Glückskategorien von Demmerling u. Landwehr). Viel mehr auf Selbstbestimmung und vor allem auch auf Welterschließung hin orientiert ist Per Sidenius, die Hauptfigur des Romans *Lykke-Per* (deutsch: *Hans im Glück*) von Henrik Pontoppidan – er repräsentiert die Stufen drei und vier (nach Martin Seel) respektive die Glücksempfindungen zweiter Ordnung (Kommentarfunktion nach Demmerling u. Landwehr).

Mit *Lykke-Per* war Pontoppidan ein großer Wurf gelungen. In Per Sidenius hatte er eine Figur geschaffen, die ähnlich wie Ibsens Peer Gynt oder Goethes Wilhelm Meister eine Lebensreise absolviert mit dem Ziel, sich selbst zu suchen und die eigene Person zu wollen und womöglich zu verwirklichen. Für diesen Inhalt seines Daseins ist Per Sidenius bereit, billige Glücksangebote und sogar die Beziehung mit Jakobe, einer ausgesprochen attraktiven Frau, auszuschlagen. Nach seinem Tod stoßen die Testamentsvollstrecker auf ein Notizbuch von Per, das seine Notate der letzten Jahre enthält, und in dem sie Gedanken über sein Lebensglück lesen:

„Ohne jenen zutiefst menschlichen Entfaltungsdrang, ohne jene Schöpferkraft, die sich in der Leidenschaft äußert, und ohne jenen gewaltigen, ja abenteuerlichen Mut, sich selbst zu *wollen* in göttlicher Nacktheit, gelangt niemand zur wirklichen Freiheit. Daher preise ich mich glücklich, dass ich in einer Zeit lebte, die ... diesen Mut stärkte. Sonst wäre ich mein ... Leben lang ein halbfertiger Mensch, ein Sidenius, geblieben."[19]

Pontoppidan betont in seinem Roman das große Beharrungsvermögen, das Per in die Lage versetzte, trotz der Verlockungen von einerseits Reichtum, Ruhm, Ehre, andererseits von Landleben, Zurückgezogenheit, Idylle am Plan

---

[19] Pontoppidan, H.: Lykke-Per (1898–1904), Berlin 1975, S. 810f.

der Entdeckung und Kultivierung seiner Person bis zuletzt festzuhalten. Dieses existenzielle Thema Pers strahlte über ihn hinaus auch auf andere ab. Vor allem Jakobe bekennt nach seinem Tod, wie sehr seine Art auch für sie Ansporn der Selbstfindung war:

> „Ich betrachte es als ein großes Glück für mich, dass ich Per gekannt habe. Durch das Glück und den Schmerz, die er mir bereitete, bekam mein Leben erst seinen eigentlichen Inhalt."[20]

Es waren Sätze wie die eben zitierten, die dazu beitrugen, dass der Philosoph Ernst Bloch über Jakobe einmal meinte, sie sei ihm „nah wie keine andere geschriebene Frau". Für ihn zählte *Lykke-Per* regelrecht zu den Grundbüchern der Weltliteratur und Pontoppidan zu den großen Dichtern Europas. Zum 80. Geburtstag des Autors 1937 hat Bloch ihm und seinem *Hans im Glück* einen begeisterten Essay gewidmet, und einige Jahre später erwähnte er Pontoppidans *Lykke-Per* lobend in seinem philosophischen Hauptwerk *Das Prinzip Hoffnung* (1959):

> „Hans im Glück-Faust durchfährt seine Lebenskreise und wirft sie ab und zieht sie wie Schleier herunter, … die ein noch Unbekanntes verhüllt haben. Darum erscheint das Werk des Dichters als eines der tiefsten Dokumente vom wirklichen Menschen und seinem Widerspruch."[21]

Fasst man nun alle hier vorbeschriebenen Glücksphänomene und Glücksdefinitionen – von Epikur über Schopenhauer und Nietzsche bis zu Katherine Mansfield, Alain, Robert Musil und Bertrand Russell, von den kindlichen Wunscherfüllungsszenarien bis hin zu den hochfeinen Strategien der Welterschließung (Wissenschaft, Kunst, Philosophie) – zusammen und fragt sich, wer all dies leisten, genießen und erleben kann und soll, landen wir bei Begriffen wie Person und Persönlichkeit (siehe hierzu auch entsprechende Schriften von Josef Rattner[22]).

Was Person und Persönlichkeiten sind, wie sie werden und welche Eigenschaften und Qualitäten sie im Detail auszeichnen, kann und will ich an dieser Stelle nicht ausführlich referieren. Hier mag der Hinweis genügen, dass die Entwicklung von Personalität und Persönlichkeit unter anderem von den Werten abhängt, die ein Mensch erkennt und verwirklicht; und dass diese

---

[20] Pontoppidan, H.: Lykke-Per (1898–1904), Berlin 1975, S. 807.
[21] Bloch, E.: Pontoppidans Roman Hans im Glück (1937), in: Literarische Aufsätze, Werkausgabe, Band 9, Frankfurt am Main 1965, S. 87.
[22] Z. B. Rattner, J.: Aufsätze aus drei Jahrzehnten über personale Psychologie, Berlin 2018.

Entwicklung stets nur im engen sozialen, emotionalen und kulturellen Austausch mit anderen gedeihen kann.

Auf *eine* auszeichnende Eigenart von Menschen mit einem halbwegs stabilen und hohen personalen Niveau möchte ich in unserem Zusammenhang aber doch gesondert hinweisen: Solche Menschen sind glücksempfänglich – wobei mit Glück die kleinen Freuden des überraschend glücklichen Zufalls ebenso gemeint sind wie die manchmal als überwältigend empfundenen Zusammenhangserlebnisse des eigenen Daseins oder von allfälligen Welterschließungen – Erschließungen, über die bereits Otto Friedrich Bollnow (1903–1991) in *Das Wesen der Stimmungen* (1941) schrieb: „Alle tragenden Lebensbezüge im Allgemeinen und alle Gemeinschaftsbezüge im Besonderen erschließen sich dem Menschen allein durch das Medium der glücklichen Stimmung."[23]

Doch selbst bei noch so günstigen personalen Voraussetzungen und noch so ausgeprägter Glücksempfänglichkeit gibt es keine Gewähr für tatsächliches und verwirklichtes Glück. Im Grunde alle seriösen Autoren betonen die Fragilität und Kurzlebigkeit dieses Gefühls, und nicht wenige unter ihnen müssen am Ende des Lebens ähnlich wie Goethe zugeben, „keine vier Wochen eigentliches Behagen gehabt" zu haben – von einem dauerhaften Glück ganz zu schweigen. Und in diesem Sinne argumentierte auch der zeitlebens glücklich-unglückliche Heinrich Heine in seinem Gedichtzyklus *Romanzero*:

„Das Glück ist eine leichte Dirne, / Sie weilt nicht gern am selben Ort; / Sie streicht das Haar dir aus der Stirne / Und küsst dich rasch und flattert fort."[24]

Die Unbeständigkeit des Glücks gehört zu seinen Eigentümlichkeiten, die sich nicht beseitigen lassen, und die Rolle von Zufall oder Schicksal, die im Begriff des Glücks mitschwingen, kann mitnichten eliminiert werden. Aller Flüchtigkeit dieses Gefühls zum Trotz fällt mir jedoch zum Ende dieses Kapitels und als Abschluss des gesamten Buches Goethes *Stein des guten Glücks* ein, den er 1777 im Garten seines Hauses an der Ilm aufstellen ließ, und den er in manchen Briefen auch als *agathe tyche* (griechisch: glücklicher Zufall) bezeichnete.

Eine mächtige Steinkugel liegt da scheinbar lose auf einem noch mächtigeren Steinkubus – und aus einiger Entfernung betrachtet meint man, die Kugel könnte jederzeit rollen und nach unten fallen, so schwebend-punktuell tou-

---

[23] Bollnow, O.F.: Das Wesen der Stimmungen (1941), in: Schriften Band I, Würzburg 2009, S. 76f.
[24] Heine, H.: Romanzero (1851), in: Sämtliche Gedichte in zeitlicher Folge, Frankfurt am Main 2005, S. 468.

chieren sich die beiden Steine. Aber die Kugel mit ihrer rollenden Beweglichkeit liegt nunmehr nach Jahrhunderten immer noch auf ihrem stabilen Kubusfundament (die Steinmetze haben beim seinerzeitigen Errichten der Skulptur eine kaum merkliche Vertiefung an der Oberseite des Kubus angebracht) und erzählt von der eventuellen Dauer des glücklichen Augenblicks.

Diese abstrakte Skulptur erzählt jedoch nicht nur vom momentanen oder vom dauernden Glück, sondern auch von der Eudämonie als dem gelingenden Leben – ein Dasein, das möglich ist, wenn wir es als dialektisches Geschehen zwischen den Polen der Festigkeit, Bodenhaftung, Stabilität (Würfel, Quader, Kubus) einerseits und der freien und zufälligen Beweglichkeit (Kugel) andererseits begreifen. Beides zusammen charakterisiert unsere Existenz, und wer das Leben als Person human-menschengemäß, zufrieden und gesund bestehen will, tut gut daran, sowohl dem Quader als auch der Kugel ihre Rolle bei der Daseinsgestaltung zuzugestehen.

Stichwortverzeichnis

Adler, Alfred 12, 22, 45, 134, 159, 206, 253, 278
Ainsworth, Mary 98
Alain (Émile Chartier) 22, 275, 297
Albaret, Céleste 90
Altmann, Lotte 89
Andersen, Hans Christian 300
Antonovsky, Aaron 236
Appiah, Kwame Anthony 210
Arendt, Hannah 30, 99, 121, 206, 240
Aristophanes 265
Aristoteles 4, 10, 82, 98, 128, 184, 189, 199
Arnim, Bettina von 41
Aurel, Marc 4

Bach, Johann Sebastian 229
Bachmann, Ingeborg 132
Bachofen, Johann Jakob 170
Bacon, Francis 117, 120, 163
Barbusse, Henri 238
Barenboim, Daniel 21
Baudelaire, Charles 174
Beethoven, Ludwig van 20
Benevolo, Leonardo 212
Benjamin, Walter 27, 184, 187
Bergman, Ingmar 114
Bergson, Henri 26, 28, 262
Bernhard, Thomas 89
Binswanger, Ludwig 70
Bjerre, Poul 174
Bloch, Ernst 43, 46, 67, 271, 276, 302
Blücher, Heinrich 99
Boétie, Étienne de la 82, 85
Bollnow, Otto Friedrich 303
Börne, Ludwig 245
Boss, Medard 175
Bovenschen, Silvia 91
Bowlby, John 97, 98
Brandt, Willy 231
Brecht, Bertolt 90, 132, 216, 225, 239, 265, 266
Brendel, Alfred 37
Brentano, Clemens 41
Buber, Martin 69, 77
Busch, Wilhelm 245
Buytendijk, Frederik 56

C

Cage, John 114
Caillois, Roger 53
Camus, Albert 9, 128, 208, 285
Cannon, Walter 98
Carus, Carl Gustav 24
Castiglione, Baldassare 248
Cervantes 271
Chamisso, Adelbert von 41
Chaplin, Charlie 263
Chartier, Émile 22
Châtelet, Émilie du 203
Claudius, Matthias 230, 238, 286
Colloredo, Hieronymus von (Erzbischof) 37

D

Da Ponte, Lorenzo 37
da Vinci, Leonardo 23, 105
Demmerling, Christoph 299
Descartes, René 65, 74
Dilthey, Wilhelm 66
Diogenes von Sinope 199
Dostojewski, Fjodor Michailowitsch 59
Droste-Hülshoff, Annette von 103
Durkheim, Émile 201

E

Ebner-Eschenbach, Marie von 12, 261
Eichendorff, Joseph von 113
Eisenman, Peter 116
Elias, Norbert 247
Epiktet 4
Epikur 23, 180, 184, 290
Épinay, Louise d' 203
Erasmus von Rotterdam 82, 232
Erikson, Erik Homburger 101, 159

F

Feuchtersleben, Ernst von 24

Fichte, Johann Gottlieb 41
Figal, Günter 188, 192
Fontane, Theodor 279
Foucault, Michel 10, 13, 42, 133
Freud, Sigmund 11, 66, 98, 118, 178, 241, 260, 262, 277, 294
Fried, Erich 93
Friedrich, Caspar David 43, 113, 114
Frisch, Max 61, 259
Fröbel, Friedrich 53
Fromm-Reichmann, Frieda 97

G

Gadamer, Hans-Georg 53–55, 96, 107, 256
Galtung, Johan 232
Gans, Eduard 41
Gebsattel, Viktor Emil von 175
Geibel, Emanuel 208
Gentz, Friedrich 41
Gide, André 90
Goethe, Johann Wolfgang von 10, 16, 22, 24, 25, 38, 50, 78, 83, 90, 106, 150, 167, 173, 186, 191, 201, 245, 251, 268, 279, 300, 301, 303
Gogol, Nikolai 264
Goldsmith, Oliver 203
Goldstein, Kurt 148, 158
Gorki, Maxim 103
Grimm, Jacob 300
Grimm, Melchior 37, 204
Grimm, Wilhelm 300
Günderode, Karoline von 103

H

Habermas, Jürgen 118, 233
Haffman, Gerd 139
Handke, Peter 115
Hartmann, Nicolai 76, 87
Haydn, Joseph 37

Hegel, Georg Wilhelm Friedrich 41, 68, 69, 104, 135, 147, 274
Heidegger, Martin 9, 54, 122, 156, 188
Heine, Heinrich 41, 103, 303
Heinroth, Johann Christian August 24
Helvétius, Mme. 203
Herakles 15
Heraklit 21, 66, 143
Herder, Johann Gottfried 202
Herder, Siegmund August Wolfgang 84
Herz, Henriette 203
Hessel, Franz 187
Hessel, Stéphane 129
Hobbes, Thomas 163
Höffding, Harald 269
Hofmannsthal, Hugo von 22, 117
Hölderlin, Friedrich 181
Holt-Lunstad, Julianne 73
Horaz 274, 292
Horkheimer, Max 139
Horney, Karen 157, 158
Hösle, Vittorio 139
Hrdlicka, Alfred 115
Hufeland, Christoph Wilhelm 24
Hugo, Victor 96
Huizinga, Johan 51, 55, 267
Humboldt, Alexander von 41
Humboldt, Wilhelm von 41
Husserl, Edmund 30, 151, 188
Huxley, Aldous 176

Ibsen, Henrik 301

Janzarik, Werner 97
Jaspers, Karl 9, 133, 219
Jean Paul 41, 239, 245, 260, 285
Jung, Carl Gustav 278

Kafka, Franz 119
Kaiser, Joachim 20
Kant, Immanuel 9, 30, 52, 120, 134, 139, 203, 204, 206, 213, 233, 238, 252, 254
Kesten, Hermann 89
Keun, Irmgard 89
Keyserling, Eduard Graf von 188
Kierkegaard, Sören 36, 66, 86, 103, 113, 120, 155
Kisch, Egon Erwin 89
Knigge, Adolph von 246
Knipper, Olga 88
Koestler, Arthur 89, 261
Kohr, Leopold 207, 208
Kokoschka, Oskar 115
Kracauer, Siegfried 187
Krüger, Hans-Peter 57

La Mettrie, Julien Offray de 145
La Roche, Sophie von 203
La Rochefoucauld 249, 256
Landweer, Hilge 299
Lao Tse 216
Lazarus, Moritz 53
Lessing, Gotthold Ephraim 203
Lévinas, Emmanuel 74, 78
Libeskind, Daniel 112, 114
Lindgren, Astrid 122, 238
Locke, John 162
Louis Ferdinand (Prinz) 41
Löwith, Karl 71, 75, 78, 240
Lukács, Georg 102
Luxemburg, Rosa 296

Machiavelli, Niccolo 249
Mahler, Margret S. 97
Mann, Thomas 19, 33, 60, 179, 194, 205, 240, 271

Mansfield, Katherine 296
Manutius, Aldus 82
Marx, Karl 66, 178, 290
Mbembe, Achille 139
Mendelssohn-Bartholdy, Felix 114
Merleau-Ponty, Maurice 28, 141, 144, 152
Michelangelo 23, 25, 278
Molière 264
Montaigne, Michel de 5, 23, 24, 59, 82, 85, 103, 219, 249, 281
Montesquieu, Charles de 204, 245
Monty Python 265
Morus, Thomas 82
Mozart, Leopold 36
Mozart, Wolfgang Amadeus 32, 36, 39, 48
Munch, Edvard 115
Musil, Robert 67, 151, 275, 295

Nietzsche, Friedrich 7, 8, 11, 23, 25, 32, 38, 49, 53, 66, 77, 85, 97, 100, 103, 108, 122, 127, 132, 136, 140, 141, 162, 171, 173, 185, 189, 195, 251, 253, 283, 293
Novalis 256
Nussbaum, Martha 209, 253

Odysseus 48, 165
Orwell, George 234, 236, 237
Ottmann, Henning 226

Pascal, Blaise 112
Paz, Octavio 103
Pelluchon, Corine 211, 253
Piaget, Jean 51

Pirandello, Luigi 269
Plath, Sylvia 119
Platon 77, 118, 184, 189
Plautus 265
Plessner, Helmuth 56, 58, 146, 147, 152, 195, 271
Poe, Edgar Allen 187
Proust, Marcel 90

Rabelais, François 170
Raffael 23
Ranke, Leopold 41
Rattner, Josef 73, 238, 302
Rée, Paul 85
Reemstma, Jan Philipp 116
Remarque, Erich Maria 238
Ricoeur, Paul 11, 66, 74
Riesman, David 99, 187
Rilke, Rainer Maria 21, 28, 61, 103, 119, 120, 162, 163, 191, 283
Rimbaud, Arthur 119
Rodet Geoffrin, Marie Thérèse 203
Rodin, Auguste 163
Rolland, Romain 101, 236, 277
Rosa, Hartmut 113, 156
Roth, Joseph 89, 187
Rousseau, Jean-Jacques 52, 222, 250, 252
Russell, Bertrand 195, 295
Rysselberghe, Maria von 90

Sachs, Nelly 103
Salomé, Lou 85
Sartre, Jean-Paul 9, 22, 30, 59, 70, 121, 131, 139, 161, 282
Scheler, Max 9, 67, 88
Schiller, Friedrich 52, 83, 84, 202, 255, 263, 292
Schlegel, August Wilhelm 41

Schlegel, Friedrich 41, 259
Schleiermacher, Friedrich 41
Schmid, Wilhelm 13
Schopenhauer, Arthur 6, 61, 85, 103, 107, 128, 245, 292
Schopenhauer, Johanna 203
Schulthess, Barbara 203
Schumacher, Fritz 207
Seel, Martin 298, 301
Sen, Amartya 210
Seneca 4, 5
Seume, Johann Gottfried 275
Shakespeare, William 35, 112, 264, 271
Shaw, George Bernard 264
Simmel, Georg 87, 93, 187
Sloterdijk, Peter 139
Sokrates 77
Solnit, Rebecca 237
Sophokles 102, 237
Spaemann, Robert 3
Spinoza, Baruch de 82, 103
Spitteler, Carl 100, 300
Spitz, Réne 97
Spitzer, Manfred 97
Staël, Germaine de 203
Stanislawski, Konstantin 88
Steiner, George 119
Stekel, Wilhelm 278
Stendhal (Marie-Henri Beyle) 108, 293
Stern, Daniel 156
Stern, William 21, 174
Sterne, Lawrence 271
Strauß, Johann 12
Sullivan, Harry Stack 97
Susmann, Margarete 103
Suttner, Bertha von 238

Taylor, Charles 156
Tieck, Friedrich 41

Tieck, Ludwig 41
Tischbein, Johann Heinrich Wilhelm 196
Toller, Christiane 89
Toller, Ernst 89
Tolstoi, Leo 104, 235, 238
Tönnies, Ferdinand 156
Toulmin, Stephen 139
Tschechow, Anton 88, 103, 279, 280
Tuchman, Barbara 238

Vaihinger, Hans 51
Valentin, Karl 270
Varnhagen, Rahel 40, 42, 48, 91, 204
Voltaire (Arouet, François Marie) 120, 129, 204

Watteau, Antoine 275
Weber, Max 27, 113, 240
Weidermann, Volker 89
Wieland, Christoph Martin 202
Wilde, Oscar 300
Wilhelm, Richard 217
Winnicott, Donald 97
Witt, Johan de 83
Wittgenstein, Ludwig 50, 59, 103, 111, 117, 120
Wolf, Christa 238
Woolf, Virginia 103, 238

Yeats, William Butler 119

Zedong, Mao 183
Zola, Émile 129
Zweig, Stefan 89

GPSR Compliance

The European Union's (EU) General Product Safety Regulation (GPSR) is a set of rules that requires consumer products to be safe and our obligations to ensure this.

If you have any concerns about our products, you can contact us on

ProductSafety@springernature.com

In case Publisher is established outside the EU, the EU authorized representative is:

Springer Nature Customer Service Center GmbH
Europaplatz 3
69115 Heidelberg, Germany